Carl Hoffman · Tödliches Paradies

Carl Hoffman

Tödliches Paradies

Über Kannibalen, Kolonialisten
und Michael Rockefellers
mysteriösen Tod

*Deutsch
von Ingo Wagener*

btb

Für Lily

*Jede Begegnung mit etwas Fremdem gleicht einem Enigma,
einer ungeheuren Größe – ich würde sogar so weit gehen,
sie ein Mysterium zu nennen.*

– RYSZARD KAPUSCINSKI

Inhalt

TEIL I

1

. . . .

19. November 1961

DAS MEER FÜHLTE sich warm an, als sich Michael Rockefeller von dem gekenterten Boot ins Wasser ließ. René Wassing blickte zu ihm hinab. Michael wusste, dass er von der Sonne verbrannt war und eine Rasur brauchte. Sie wechselten ein paar Worte. Immerhin trieben sie jetzt schon seit vierundzwanzig Stunden

MICHAEL ROCKEFELLER IN NEUGUINEA.

zusammen vor der Südwestküste Neuguineas, und es gab nicht viel, über das sie noch nicht geredet hatten.

Ich glaube wirklich, es wäre besser, wenn du hierbleiben würdest.

Ach, das wird schon. Ich schaffe das.

Michael streckte die Arme von sich und drehte sich um. Es war acht Uhr am Morgen, und die Flut hatte schon eingesetzt. Er trug eine weiße Baumwollunterhose und eine schwarz umrandete Brille. An seinem Armeegürtel aus Stoff waren zwei leere Benzinkanister festgebunden. Auf den einen legte er einen Arm und fing dann an zu schwimmen, stieß sich mit den Beinen Richtung Küste ab, die nichts weiter war als eine verschwommene graue Linie in der Ferne. Sie war kaum zu erkennen. Er nahm an, dass sie zwischen acht und fünfzehn Kilometer vor dem Festland trieben. Während er langsam mit den Beinen trat, überschlug er die Zahlen noch einmal im Kopf. Eineinhalb Kilometer in der Stunde bedeutete, dass er in zehn Stunden Land erreichen würde. Einen Kilometer die Stunde, und es würde schon fünfzehn Stunden dauern. Kein Problem. Das Wasser war beinahe so warm wie in der Badewanne, und alles, was er tun musste, war, sich der Sache anzunehmen. Außerdem besaßen René und er Gezeitentafeln von der Region, und er wusste, dass er noch ein Ass im Ärmel hatte: Ebbe und Flut waren nicht gleichzeitig getaktet. Zwischen vier Uhr am Nachmittag und dem darauffolgenden Morgen kam die Flut, Höhepunkt um Mitternacht. Um zwei Uhr in der Nacht folgte eine kleine Ebbe, um dann um acht wieder von einer Flut abgelöst zu werden. Also konnte er in zwölf von vierzehn Stunden darauf zählen, dass das Wasser ihn zur Küste tragen würde – gerade in der Zeit, in der die Müdigkeit am gefährlichsten für ihn werden würde.

Es dauerte nicht lange, bis René auf dem gekenterten Katamaran Michael aus den Augen verlor. Er kannte das Gefühl von den vielen Sommern in Maine. Auch dort schwamm er weit von der Küste weg und wusste, dass sie sich rasch entfernte, auch wenn das angepeilte Ziel keinen Deut näher gekommen zu sein schien. Außerdem war die Arafurasee vor Asmat ein flaches Gewässer. Schon eineinhalb Kilometer vor dem Festland müsste er stehen und den schlammigen Boden mit den Füßen berühren können. Er drehte sich auf den Rücken und trat mit den Beinen. Schön langsam und regelmäßig, die Kanister hinter sich herziehend. Er konnte sein Herz schlagen und den eigenen Atem hören.

Er hätte es nie ausgesprochen, aber er verspürte eine Art Bestimmung. Eine Größe. Ein Selbstbewusstsein, dessen er sich kaum bewusst war. Dreiundzwanzigjährige denken nicht an den Tod; das Leben scheint ein Geschenk für immer zu sein. Es war, als würde er in seinem Studebaker mit hundertdreißig die Interstate in Maine entlangbrausen. Das *Hier und Jetzt* ist das Einzige, was für einen Dreiundzwanzigjährigen zählt. Zudem war er ein Rockefeller. Manchmal fiel ihm das zur Last, manchmal schien es ein Geschenk zu sein. Aber wie dem auch sei, es definierte ihn, selbst wenn ihm nicht danach war. »Unmöglich« stand nicht im Familienlexikon. Alles war machbar. Dieses Gedankengebäude war Teil von ihm, er war damit aufgewachsen. Er konnte überall hinfahren, alles tun, jeden kennenlernen. Sein Urgroßvater war der reichste Mann der Welt gewesen, sein Vater der Gouverneur des Staates New York, und gerade hatte er für die Präsidentschaft der Vereinigten Staaten von Amerika kandidiert. In schicksalhaften Überlebenskämpfen zählt nichts mehr als der Wille, und Michaels Wille kannte keine Grenzen. Wie jeder Rockefeller trug er Verantwortung. Er musste Gutes und Großes zu tun, etwas aus sich machen. Während »unmöglich« ein Tabu war, stand »gesellschaftliche Verantwortung« im Familienlexikon ganz groß geschrieben. Er schwamm nicht nur um sein Leben. Er schwamm für René, der gerettet werden musste. Er schwamm für seinen Vater Nelson, für seine Zwillingsschwester Mary und sogar für die Asmat, denn er hatte so viel wunderschöne Kunst von ihnen gesammelt, die er mit seinem Vater, mit Robert Goldwater vom Museum for Primitive Art, mit seinem besten Freund Sam Putnam und mit der ganzen Welt teilen wollte. Das alles hatte er zwar nie in Worte gefasst, aber er wusste es einfach, spürte es. Also schwamm er, wedelte mit den Armen, schlug mit den Beinen, war voller Zuversicht. Die Welt war groß, er aber befand sich in einer Blase. Er und das Meer, die große Arafurasee.

Michael war nicht in Eile. Angst, Panik – sie waren es, die Menschen töteten, ihre Sinne verwirrten, ach so wertvolle Energie verschwendeten. Das wusste er noch von der Grundausbildung bei der Armee. Und jetzt musste er sogar ein wenig lächeln, als er sich daran erinnerte, wie er und seine Kommilitonen an der Harvard-Universität mit den Augen gerollt hatten, als sie sich mit dem Widener-Schwimmen konfrontiert sahen. Es war Bedingung, dass jeder Harvard-Absolvent fünfzig Meter schwimmen musste, ehe er seinen Abschluss erhielt. Die Mutter eines ehemaligen Studenten namens Harry Elkins Widener, der mit der *Titanic* untergegangen war, hatte ihre Spende von zweieinhalb Millionen Dollar für die neue Universitätsbibliothek davon abhängig gemacht.

Nein, hier ging es um Beharrlichkeit. Sobald er spürte, wie seine Waden verkrampften und seine Schultern ermüdeten, ruhte er sich aus. Treibend klammerte er sich an die leeren Benzinkanister und starrte auf den großen Himmel über sich, der voller sich stets verändernder Wolken hing. Zum Glück herrschte beinahe Windstille, und das Meer war ruhig. Je länger der Nachmittag andauerte, desto gleichmütiger wurde das Wasser. Bei Sonnenuntergang glich das Meer einem Schwimmbad an einem warmen Sommerabend. Er paddelte und strampelte weiter, dachte an die Ausstellung, die er in New York eröffnen wollte. Die sechs Meter hohen Ahnenpfähle, die er gesammelt hatte – nie zuvor hatte ein Mensch auf dem amerikanischen Festland so etwas zu sehen bekommen; sie würden alles andere in dem neuen Museum seines Vaters in den Schatten stellen. Dann leuchteten die Sterne am Himmel auf, Milliarden von ihnen. Am Horizont konnte er Wetterleuchten sehen. Der Mond ging auf, es waren nur noch drei Tage bis Vollmond, und er schien auf ihn herab.

Michael schwamm weiter.

Er war sich nicht sicher, wo genau er sich befand; wahrscheinlich irgendwo zwischen den Flussmündungen des Faretsj und des Fajit bei den Ortschaften Omadesep und Basim. Bei Morgengrauen würde die Küste nur so von Menschen wimmeln, schließlich waren sie immer mit Fischen beschäftigt. Michael war froh darüber, dass er diese Leute schon so gut kannte; Asmat, die am weitesten entfernte Ecke des hiesigen Universums, war auch seine geworden. Sein Kosmos, diese alternative Welt, die er entdeckt hatte, entwirrte sich langsam, und diese Strecke zu schwimmen glich einer Taufe tief in Asmat. Außerdem würde es gutes Seemannsgarn werden. Es war dunkel, schon lange, als er merkwürdige Strahlen und Lichter auf dem Wasser widerspiegeln sah. Hinter ihm begann der Himmel zu leuchten, weiß, phosphoreszierende Leuchtraketen, die in das Meer stürzten. Er sah sie, wusste aber nicht, was sie bedeuteten.

Gegen vier Uhr am Morgen verfärbte sich der Himmel, nahm ein leichtes Violett an. Das erste Licht. Hier draußen konnte Michael diese kaum wahrnehmbaren Veränderung spüren. Er war jetzt achtzehn Stunden unterwegs, hatte die Strecke beinahe hinter sich gebracht, so viel wusste er. Er durfte nicht schlapp machen. Seine Taille tat ihm weh, der Gürtel mit den angebundenen Benzinkanistern hatte die Haut wund gescheuert. Er war körperlich am Ende, aber das Morgengrauen verlieh ihm neue Kräfte. Jetzt konnte er Bäume sehen. Nicht viel mehr als eine dunkle Linie, aber sie waren da. Erneut ruhte er sich aus, ließ sich wieder treiben. Sein ganzer Körper schmerzte. Er hatte Hunger und Durst, und das Salzwasser brannte ihm am ganzen Leib. Er hätte alles für ein Glas kaltes, frisches Süßwasser gegeben. Er fröstelte. Besser, weiterzumachen. Je heller der Morgen, desto näher kam er dem Ufer.

Er versuchte, sich aufzustellen. Es gelang ihm, wenn auch nur gerade eben. Der Boden war schlammig und klebrig, aber irgendwie fiel ihm das Schwimmen jetzt leichter. Er könnte sich einfach hinstellen und sich ausruhen, und allein diese Tatsache gab ihm neue Kraft. Er wusste, dass er es schaffen würde. Er band einen der Kanister los und ließ ihn forttreiben; ohne ihn würde es leichter sein. Er schwamm, stand, schwamm wieder – jetzt immer auf dem Rücken, die einzige Art, sich fortzubewegen, obwohl es schmerzte. Bald wäre er in Sicherheit. Nipapalmen und Mangroven erhoben sich scheinbar direkt aus dem Wasser, dazwischen Kanus, eine ganze Flotille inmitten der Bäume.

Und Menschen.

2

20. November 1961

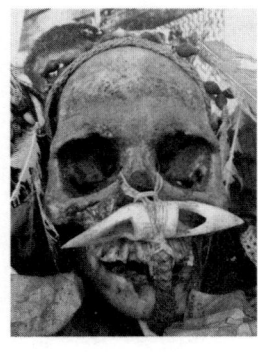

SCHÄDEL EINES ASMAT-AHNEN; DER VORHANDENE UNTERKIEFER LÄSST DARAUF SCHLIESSEN, DASS ES SICH HIER NICHT UM DAS OPFER EINER KOPFJAGD HANDELT.

SIE SAHEN IHN, fünfzig von ihnen. Sie ruhten sich in acht langen Kanus an der Mündung des Ewta-Flusses aus. Es war sechs Uhr. Die Sonne erhob sich schon über den Bäumen, und die gesättigten Farben des frühen Morgens in den Tropen würden sehr bald von der schonungslosen Sonne ausgebleicht werden. Die Flut hatte beinahe ihren Höhepunkt erreicht, eine Küstenlinie war nicht klar zu erkennen – lediglich einzelne überflutete, buschige Bäume, wo das Wasser auf Land traf und das Sumpfland und dichter Dschungel begannen. Hier konnten sie im Schatten warten und die langen Zigaretten rauchen, die sie aus den gelben Deckblättern der Nipapalmen drehten. Sie mampften Sagobällchen nach einer langen Nacht des Paddelns. Ihr Zuhause lag nur noch fünf Kilometer flussaufwärts.

»Schaut, ein *ew!*«, rief Pep auf Asmat. Ein Krokodil!

Die Männer griffen nach ihren Speeren, drei Meter lang,

19

kunstvoll geschnitzt und mit fürchterlichen, drei Zentimeter langen Widerhaken versehen. Einige waren sogar mit der Klaue eines Kasuar-Vogels geschmückt.

Sie beobachteten das Krokodil, das sich allerdings anders bewegte als andere Krokodile. Michael schwamm auf dem Rücken, drehte sich dann aber und sah die Männer und ihre Kanus, roch den Rauch ihrer Zigaretten und der Feuer, die achterlich eingebettet in Schlamm vor sich hin schwelten, und er winkte und rief ihnen zu.

Unglaublich. Er hatte es geschafft!

»Nein«, sagte Fin. »Das ist ein Mann!«

»Wow!«, grunzten sie. Pep, Fin und Ajim, wie auch die anderen, standen gebeugt auf ihren Kanus und paddelten mit kräftigen Zügen auf den schwimmenden Mann zu. Die anderen Männer gesellten sich ebenfalls zu ihnen. Die Boote waren etwa zwölf Meter lang, schmal, sehr niedrig, und einige wiesen verblichene ockerfarbene und weiße vertikale Streifen auf. Sie umzingelten ihn. Michael lächelte und schnappte nach Luft. Sein Bart war nass, seine Lippen aufgeplatzt und voller Blasen. Pep streckte den Arm nach ihm aus und versuchte, ihn an Bord zu hieven, aber Michael war zu erschöpft, um mitzuhelfen. Letztlich nahmen Fin und Pep je einen Arm, während der Rest Richtung Ufer paddelte. Sie erkannten ihn. In einer Welt ohne Fotos oder Schriftgut besaßen sie ein bestens ausgebildetes Erinnerungsvermögen. Er war schon einmal in ihrem Dorf gewesen, sie konnten sich gut an ihn erinnern. Er hieß Mike.

Die Männer in den Kanus waren schwarzhäutig, besaßen markante Gesichtszüge mit hohen Wangenknochen und münzengroßen Löchern in den Nasenflügeln. Außer dem einen oder anderen Wildschwein oder Menschen nahmen sie kein Fett zu sich, kein Öl, und Zucker gab es nicht. Ihnen fehlte die Schicht Unterhautfett, die selbst dünne Menschen in Industrienationen aufweisen. Sie bestanden aus harten Muskeln, Venen und Haut, hatten von dem vielen Paddeln eine breite Brust bekommen. Ihre Taillen waren schmal, die Bauchmuskeln ausgeprägt. Abgesehen von eng, aber fein geflochtenen Rattanbändchen über ihren Knien und Ellenbogen waren sie nackt. Zudem trugen sie Bastbeutel, die mit den Samen der Hiobsträne und Kasuar- oder Kakadufedern geschmückt waren. Die Beutel der älteren Männer mit höherem Status hingen über der Brust, die der jüngeren über dem Rücken. Ajims, Peps und Fins Beutel hingen über der Brust, und an ihren linken Handgelenken trugen sie dicke, fünfzehn Zentimeter breite Armreife, die als Schutz gegen die zurückschnappende Rattan-Sehne ihrer gut zwei Meter hohen Bögen dienten. Einige trugen geschnitzte Schweineknochen in den Nasen.

Ajim warf Pep einen Blick zu. »Das ist deine Chance«, sagte er. Es war nicht nur eine Feststellung, sondern auch eine Herausforderung. Ajim war das Oberhaupt einer der fünf *jeus* oder Männerhäuser, aus denen die Asmat-Siedlung Otsjanep bestand. Er hatte mehr Männer als alle andere getötet, mehr Schädel erobert. Er besaß einen raschen Geist, war wild, mutig, tapfer, kriegerisch und voller leidenschaftlicher Extreme. Er hatte sich seinen Status mit seiner Furchtlosigkeit und Risikobereitschaft verdient und versprühte das, was die Asmat *tes* nennen: Charisma.

Pep zögerte keinen Augenblick. Umringt von Verwandten und Bekannten aus seinem Dorf wusste er, dass sein Ruf auf seiner Kühnheit gründete, darauf, wie viele Schädel er eroberte. Er heulte auf, drückte den Rücken durch und versenkte dann den Speer in den Rippen des weißen Mannes.

Michael schrie auf, gab ein beinahe unmenschliches Stöhnen von sich. Sie hievten ihn in das Kanu, Blut quoll aus der Wunde. Sie wussten, was sie taten, hatten es Dutzende Male zuvor getan, folgten heiligen Regeln, die jeden Schritt vorgaben, Regeln, die sie definierten, sie zu Männern, sie vollständig machten. Gleich würden sie seine Macht an sich nehmen, zu ihm *werden* und somit das Gleichgewicht der Welt wiederherstellen.

Die fünfzig Männer paddelten gen Süden auf die Arafurasee hinaus, in gerader Reihe auf ihren Kanus stehend, vorne und achtern jeweils die wichtigsten Männer, dort, wo die Arbeit am härtesten war. Sie ließen ihre Schultern und Muskeln spielen; Schweiß glitt von ihren Brustkörben und Stirnen; ihre Rücken glänzten in der Sonne. Sie sangen, brüllten »Wow! Wow! Wow!«, während sie mit den Paddeln gegen das Kanu schlugen und auf den Bambushörnern bliesen, die klangen wie unheimliche Nebelhörner. Sie lachten. Im feierlichen Sprechgesang hörte man immer wieder »Wow! Wow! Wow!«. Adrenalin schoss durch ihre Adern, das Blut des weißen Mannes vermengte sich mit dem Wasser im Kanu, spülte um ihre nackten Füße.

Einige Kilometer südlich des Ewta-Flusses bogen sie links ab, erreichten so einen kaum erkennbaren Einschnitt am Ufer. Hier glänzte das Meer silbern über dem schwarzen Schlamm, der sich in langen Bänken vor der Küste erstreckte. Der Dschungel besaß ein sattes Grün und schien sie von allen Seiten her einzuengen. Nipapalmen und Mangrovenwurzeln stachen wie Klauen in das Wasser. Kakaduschwärme mit schwefelfarbenen Hauben flogen über ihre Köpfe hinweg, stießen Schreie aus. Die Vögel aßen Früchte, und Pep, Fin und Ajim taten es ihnen gleich, denn auch sie aßen die Früchte – menschliche Köpfe. Menschliche Köpfe waren die Früchte der Menschen und dienten als beeindruckende Symbole der Fruchtbarkeit, wertvolle Samen, die erblühten, wuchsen, starben und aus denen neue Menschen stammten.

Sie bogen in den Meeresarm ein – ein verlassener, wunderschöner Ort, in den sanfte, weiße Wellen hineinrollten, und der Schlamm unter ihnen glänzte in der Sonne, das Wasser war braun. Es war ein Ort, an dem es noch nie einen Motor oder ein Radio gegeben hatte, ein Ort, an dem sich die Lebensgeister versammelten. Und nun waren sie kurz davor, einen weiteren mächtigen Samen zu ernten: den Schädel von Michael Rockefeller.

Es gab keinen Strand, lediglich ein schmales Ufer aus dickem, aschfarbenem Schlamm. Sie zerrten den weißen Mann aus dem Kanu und schlugen ihm leicht auf den Kopf.

»Das ist mein Schädel!«, rief Fin, während die anderen sich zu ihnen gesellten und Rufe der Ermunterung ausstießen. Michaels Körper war schlaff, er war lebensgefährlich verletzt. Blut quoll aus seinem Mund, rann in Rinnsalen auf seinen verfilzten, nassen Bart. Fin, Pep und Ajim hielten ihn aufrecht und verpassten ihm einen Axtschlag ins Genick. Michael Rockefeller war tot.

Ajim drehte ihn um und rammte ein Bambusmesser in seine Gurgel, ehe er den Kopf derart nach hinten riss, dass die Halswirbel knirschend nachgaben. Mensch, Schwein, jetzt war alles gleich – Michael war heiliges Fleisch. Während die anderen totes Geäst aus dem Wald sammelten und es mit den glühenden Kohlen aus den Kanus ansteckten, schnitt Fin sein Opfer vom After bis zum Hals auf: von einer Seite des Rumpfs bis zur Achsel, über das Schlüsselbein hin zur Gurgel, um dann an der anderen Seite wieder hinunter zum After zu schlitzen. Genau wie ihre Ahnen ihnen geboten haben, genau wie man einen Menschen schlachtet. Überall war Blut, an ihren Händen, ihren Armen, ihren Beinen. Fliegen versammelten sich, summten zu Tausenden über ihren Köpfen.

Mit einer Axt brach Fin eine von Michaels Rippen heraus und legte sie beiseite. Ajim kugelte dem Toten Arme und Beine aus und riss dann Michaels Gedärme von der Bauchhöhle. Fünfzig Stimmen sangen in Einklang. Es war ein mächtiger, urtümlicher Rhythmus, der der Puls des Schlamms und der Bäume hätte sein können. Hier herrschte heilige Gewalt. Das Feuer knisterte, rauchte, war heiß, und die Fleischbrocken wurden darin gegart. Als sie fertig waren, zog man die verkohlten Beine und Arme aus dem Feuer, löste das Fleisch von den Knochen und vermischte es mit dem krümeligen weißgrauen Sago zu länglichen Stücken, sodass jeder von ihnen etwas zu essen bekam. Ihre Hände waren ganz verschmiert mit dem wertvollen Fett, von dem sie kleine Brocken in ihre Bastbeutel steckten.

Wenn es sich um eine normale Tötung eines Einwohners ihres Dorfs gehandelt hätte, nur wenige Jahre zuvor, dann hätte man den Leichnam mit nach Hause genommen, um dort die aufwendigen schamlosen Rituale zu vollziehen, die eine solche Tat nach sich zog. Aber die Zeiten hatten sich geändert. Dies war ein weißer Mann, und sie mussten es hier und jetzt tun, im Geheimen. Sie hielten den Kopf lang genug über das Feuer, um die Haare anzusengen. Fin schnitt sie ab und vermischte sie mit dem aufgefangenen Blut. Sie schmierten sich damit gegenseitig die Köpfe, Schultern, Körper, selbst den Anus ein. Sie umgaben sich völlig mit Michael Rockefeller. Als der Schädel gar war, skalpierten sie ihn, schnitten ihn von der Nasenwurzel bis zum Genick auf. Während der Arbeit erzählten sie sich von dem Handeln Michaels, als er noch gelebt hatte.

»Gestern noch hat er Fisch gegessen«, sagte Pep.

»Er ist geschwommen«, befand Fin. »Aber jetzt ist er tot.«

Ajim nahm eine Steinaxt und schnitt damit ein Loch von fünf Zentimeter Durchmesser in Michaels Schläfe. Die Axt besaß jetzt einen Namen, einen neuen. Von nun an hieß sie Mike. Sie schüttelten das Gehirn auf ein Palmenblatt, schabten den Schädel mit einem Messer aus, um auch noch die letzten Brocken zu ergattern, ehe sie alles mit Sago vermengten, das Blatt umwickelten und im Feuer rösteten. Dieses Mahl war etwas Besonderes. Nur Pep, Fin, Ahim und Dombai, die ältesten Anwesenden, durften davon essen. Eine üppige Speise. Es war nicht leicht, sich in Asmat den Bauch vollzustopfen, aber jetzt war ein jeder pappsatt. Endlich konnten sie sich ausruhen, ohne Furcht einschlafen. Sie wickelten den Schädel in Bananenblätter ein, legten ihn in Fins Kanu und paddelten heimwärts.

3

Februar 2012

WIR ERREICHTEN DEN Scheitelpunkt der Welle. Das neun Meter lange Boot aus Fiberglas schmetterte in das schmale Wellental hinab. Als die Wogen der Arafurasee über mir tosten, wunderte ich mich, wie Michael Rockefeller wohl gestorben war. Der Seegang war kurz und steil, und meine Gedanken begannen zu rasen. Ich stellte mir Michael als Opfer einer heiligen Ritualtötung der Asmat vor, einer Schlachtung, die in einer Ausgabe des *American Anthropologist* aus 1959 detailliert geschildert ist. Falls sie Michael getötet haben, dann so.

AMATES, MANU UND WILEM (VON VORNE NACH HINTEN) IN EINEM BOOT AUF DER ARAFURASEE

Falls sie ihn getötet haben – aber deswegen war ich ja hier. Genau das wollte ich herausfinden. Die Wogen brachten mich wieder auf den Boden der Tatsachen zurück. Wir griffen sie seitlich an, Wilem gab Gas, um sie zu erklimmen, ehe sie brachen, um dann das Tempo wieder zu drosseln und damit den Fall in das sofort folgende Wellental zu mildern. Er war auf diesen Gewässern aufgewachsen und wusste, was er tat, aber das Boot drohte, außer Kontrolle zu geraten. Es wurde gerade hell; in Asmat richtet man sich nach Ebbe und Flut, nicht nach der Uhr, und wir hatten die Ortschaft Atsj um halb vier in der Nacht verlassen. Der Vollmond war riesig und hell gewesen, wie eine düstere Sonne in der Dunkelheit; er tauchte die Bäume in Schatten und ließ die Bugwelle silberfarben erscheinen. Das Kreuz des Südens war direkt über uns, so hell und klar wie eine Weihnachtsbeleuchtung. Kleine Fledermäuse zogen ihre Kreise über dem Boot. Aber jetzt wurden wir auf der offenen See hin und her geschaukelt. Die Wellen traten über die Bordwand in das Boot, und die Anmut der Nacht hatte dem Terror der See Platz gemacht. Ich kroch Richtung Vorschiff, griff mit der Hand unter die Plane, suchte blindlings nach meiner Tasche, fand sie, holte den wiederverschließbaren Plastikbeutel mit dem Satellitentelefon hervor und steckte ihn ein. Dann kam erneut eine Welle, die mich von oben bis unten durchtränkte.

Eigentlich hatte ich das Telefon gar nicht mitnehmen wollen, aber im letzten Moment war mir der Gedanke gekommen, dass ich ganz schön blöd dastehen würde, wenn ein einziger Anruf mein Leben retten könnte. Hätte Michael Rockefeller 1961 zumindest ein Funkgerät in seinem gekenterten Boot gehabt, wäre er nie vom Erdboden verschwunden. Da gab es kein Wenn und Aber.

Wir navigierten die Mündung des Betsj-Flusses an der Südwestküste Neuguineas. Hier, nördlich von Australien, rollt die Arafurasee über eineinhalbtausend Kilometer vor sich hin, ehe sie auf die Sümpfe der indonesischen Provinz Papua trifft. Wo das Wasser endet und das Land beginnt, ist schwierig zu sagen. Die Arafurasee hat die Farbe eines blassen Opals und trägt den ganzen Schlamm der tausend braunen Flüsse in sich, die von dem gewaltigen, zerklüfteten Zentral-Massif Neuguineas, das bis zu knapp fünftausend Meter in den Himmel ragt, herabstürzen. Die Gipfel fangen die schweren tropischen Wolken voller Feuchtigkeit ab, jeder Bach fließt in einen anderen, und sie wachsen und verflechten sich in der flachen Ebene, die sich urplötzlich über gute hundertfünfzig Kilometer vom Fuß des Gebirges bis zur Küste erstreckt – ein Land ohne Hügel, Stein oder gar Kies.

Die Arafurasee erlebt Tiden von viereinhalb Meter, monumentale Wassermassen schwappen unsichtbar tagein, tagaus über diesen flachen Sumpf und überfluten das Land, das sich in eine Unterwelt aus Wasser und Bäumen verwandelt. Es ist, als ob man mit dem Kanu durch einen Wassergarten gleitet. Von Mangroven mit verknoteten und moosbewachsenen Wurzeln hängen Kletter- und Aufsitzerpflanzen. Bambushorste ragen in dichten grünen Gruppen empor. Bis zu neun Meter lange, prähistorisch anmutende Nipapalmwedel rascheln in der Brise, ihre Wurzeln schwarz, verdreht und bauchig. Himmelhohe Kängurubäume wachsen aus dem Wasser, das die gleiche Farbe hat wie eine Tasse starker Tee. Wenn die Ebbe kommt, hinterlässt die Arafurasee gewaltige Mengen an glänzendem Schlamm, der so fein ist, dass man bis in die Knie einsinkt. Er fühlt sich so weich und samtig an wie flüssiges Satin. Und kühl. Es wimmelt darin von Schlammspringern und winzigen gelben Krabben, so groß wie Fingernägel.

Von oben, aus einem Flugzeug, sieht man nichts weiter als einen flachen, undurchdringlichen grünen Teppich, der von verzweigten braunen Adern durchzogen ist. Sie scheinen in alle Himmelsrichtungen zu führen. Aus einem Boot oder von einem Ufer aus ist das Land so flach, dass der Himmel riesig erscheint.

Ständig verändert er sich, ist voller Schichten und Formen, blaue Flecken vermischt mit bedrohlichen zinnfarbenen Wolken. Sintflutartiger Regen prasselt mit unglaublicher Wucht zu Boden, so viel Wasser in solch riesigen Tropfen, dass man nicht glauben kann, dass genügend Platz dafür in der Luft ist. Oft regnet es, obwohl gleichzeitig die Sonne scheint. Es ist heiß. Schwül. Manchmal so grell, dass die Landschaft schimmert. Stille, das Geräusch von raschelnden Blättern, tröpfelndem Wasser, das Platschen eines springenden Fischs, der Schrei eines Kakadus oder das Eintauchen eines Paddels. Nachts stehen die Sterne hell und licht am Firmament, die Milchstraße verwirbelt und weiß und dicht wie Tapioka-Pudding. Und selbst in diesen herrlich klaren Nächten sieht man am Horizont immer wieder Wetterleuchten, als ob irgendwo irgendetwas Großes passiert, bloß nicht hier. Die Arafurasee ist ein ganzes, ein großes Meer; manchmal ist sie ruhig und still und beinahe blau, dann aber wieder auch wütend und wild, ein beständig heißer Wind drückt sie gegen die Flussmündungen, die bis zu fünf Kilometer breit sind, und schafft so brodelnde Turbulenzen. Es hat etwas Urtümliches, Biblisches. Weit weg von allem.

Auf seine Art ist Asmat perfekt. Es gibt alles nur Erdenkliche, was man zum Überleben braucht. Es gleicht einer Petrischale voller Garnelen, Krabben und Fischen, Muscheln und Schnecken. Fünf Meter lange Krokodile sind vor den Flussufern auf Beute aus, und kohlrabenschwarze Leguane sonnen sich auf entwurzelten Bäumen. Im Dschungel gibt es Wildschweine, die flauschigen, oppossumähnlichen Kuskus und die straußähnlichen Kasuar. Und natürlich die Sagopalme, deren Mark man zu einer weißen essbaren Speisestärke stampft und das die Larven des hiesigen Bockkäfers enthält, beides Hauptnahrungsquellen. Die Flüsse gleichen navigierbaren Autobahnen. Es gibt Schwärme schillernder rotgrüner Papageien, Nashornvögel mit über zehn Zentimeter langen Schnäbeln und blauen Hälsen, weiße Kakadus mit schwefelfarbenen Hauben und rabenschwarze Kakadus mit brillanten Hauben.

Und Geheimnisse, Geister, Gesetze und Traditionen, die von Männern und Frauen heraufbeschworen wurden, die seit Menschengedenken durch das Meer, die Berge, den Schlamm und den Dschungel vom Rest der Welt abgeschottet sind.

Bis vor fünfzig Jahren hat es hier kein Rad gegeben. Kein Stahl oder Eisen, noch nicht einmal Papier. Selbst heute gibt es keine einzige Straße, geschweige denn ein Auto. Auf sechsundzwanzigtausend Quadratkilometern existiert eine Landebahn, und außerhalb der »Hauptstadt« Agats gibt es keinen einzigen Mobilfunkmast.

Die Wellen brachen über uns zusammen, und das Boot rollte, während ich versuchte, einen Plan auszuhecken. Unser schwimmender Untersatz bestand aus Fiberglas; man konnte also davon ausgehen, dass er nicht unterging. Würde ich in der Lage sein, irgendwie aus dem Wasser auf den Rumpf zu klettern und das Telefon zu benutzen? Wen würde ich anrufen, und was könnten sie anstellen, wenn ich sie mitten in der Nacht in den Vereinigten Staaten erreichte? Und außerdem war ich Sklave meines Handys: Ich hatte die Nummern der meisten Leute nicht im Kopf. Wir näherten uns der südlichen Spitze der Flussmündung, recht nahe am Ufer, wenn es auch kein richtiges Ufer gab – nur überflutete Küste und Sumpf. Würde ich vielleicht auf die windigen Mangroven klettern können? Das Verrückteste überhaupt war ja, dass wir uns an exakt derselben Stelle befanden, an der vor fünfzig Jahren Rockefeller gekentert war.

Er war dreiundzwanzig Jahre alt und hatte gerade die Harvard-Universität absolviert. Der privilegierte Sohn des Gouverneurs des Staates von New York, Nelson Rockefeller, hatte eine siebenmonatige Reise hinter sich, die aus dem adretten Studenten einen abgerissenen Fotografen und Kunstsammler gemacht hatte. Gerade noch hatten die Wellen sein Boot hin und her geworfen, ehe es plötzlich kenterte. Und dann ist Rockefeller zur Küste geschwommen und ward nie wieder gesehen. Verschwunden, keine Spur von ihm oder seinem Körper, nie. Und das trotz einer zweiwöchigen Suchaktion mit Schiffen, Flugzeugen, Helikoptern und Tausenden Einwohnern, die Dschungel, Sümpfe und Küste durchkämmt hatten. Die Tatsache, dass ihm etwas so Einfaches, Banales passiert war, machte unsere Situation um ein Vielfaches realer. Es würde keine unheilverkündende Musik erklingen. Eine einzige Welle, und ich würde mich mitten im Nirgendwo an einen Bootsrumpf klammern.

Laut offiziellem Bericht ist Michael Rockefeller ertrunken, aber es gibt eine Vielzahl an Gerüchten. *Er ist gekidnappt worden und wird gefangen gehalten. Er hat sich freiwillig den Einheimischen angeschlossen und versteckt sich jetzt im Dschungel. Er ist Krokodilen oder Haien zum Opfer gefallen. Er hat es bis zum Festland geschafft, nur damit Asmat-Kopfjäger ihn dort umbrachten.*

Die Geschichten wollten nicht abreißen, hatten beinahe mythische Proportionen angenommen. Sogar ein Theaterstück, ein Buch und ein Rocksong wurden über Michaels Verschwinden geschrieben. Der Höhepunkt kam mit einer dreiteiligen Fernsehserie in den Achtzigerjahren mit Leonard Nimoy. Mich hat die Geschichte in ihren Bann gezogen, als ich das erste Mal das Foto von Michael zu Gesicht bekommen hatte. Er trug einen Bart, war auf den Knien und hielt seine Fünfunddreißig-Millimeter-Kamera hoch, sodass die Einwohner des damaligen Niederländisch-Neuguinea sie begutachten konnten. Er war bei Filmarbeiten im Baliem-Tal unterwegs. Der Film namens *Dead Birds* war eine bahnbrechende und umstrittene ethnographische Dokumentation einer kaum kontaktierten Steinzeitkultur, bei der rituelle Kriegsführung auf der Tagesordnung steht. Die Berge, der Nebel, all die nackten, brüllenden Männer, die mit Speeren und Pfeil und Bogen aufeinander losgingen, hatten mich in ihren Bann gezogen, mich bezaubert. Überhaupt war die Idee faszinierend, Kontakt mit einer Welt so völlig außerhalb der unseren herzustellen. Mit Mitte zwanzig versuchte ich, das damalige Irian Jaya zu besuchen, aber es stellte sich als zu teuer für meinen Geldbeutel heraus, und so wurde aus dem Ganzen nicht mehr als ein kurzer Trip nach Borneo. Damals besaß ich ein Foto von mir, das dem von Michael Rockefeller verblüffend ähnlich war – wir waren beinahe gleich alt, und ich hielt meine Kamera in die Höhe, damit ein Dayak-Kind im indonesischen Borneo sie sich genau betrachten konnte.

Ich war ein gutbürgerlicher Junge mit einem jüdischen Elternteil, hatte eine staatliche Schule besucht, war kein blaublütiger Spross wie Michael, aber die Reise Rockefellers hat etwas in mir ausgelöst. Ich wusste, was er vorhatte und warum er da war, zumindest im Ansatz. Er wollte nicht nur die damals noch als »Primitive Kunst« betitelten Werke sammeln, sondern mit eigenen Sinnen diese Welt schmecken, riechen, berühren. Eine ältere, weniger »zivilisierte« Welt, eine Welt, die sich so radikal von der unseren unterschied. Erstkontakt mit anderen. Und ich überlegte, ob er, genauso wie ich, wissen wollte, was die anderen über ihn, über uns zu sagen hatten. Ob er nicht nur mit ihnen kommunizieren, sondern sehen wollte, ob diese nackten Männer, deren Streben nach heiligen Schädeln und den daraus folgenden fantastischen Schnitzereien nicht ein Spiegel eines jüngeren, elementareren Selbst sind, eines Selbst, das sich nicht mit all den Komplikationen des Fortschritts und der Zivilisation beschäftigen musste. Vielleicht wollte er sehen, ob er so etwas wie einen Garten Eden vorfand – eine Welt, wie sie gewesen war, ehe Eva in den Apfel biss. Er wollte es am eigenen Leib erfahren, dieser Michael Rockefeller, abseits jeglicher Privilegien oder gesellschaftlicher Konventionen. Waren sie wie wir oder tatsächlich anders?

Und wie könnte er seinem Vater, dem Sammler »Primitiver Kunst«, mehr Stolz einflößen, als selbst zur Quelle zu fahren und sich tiefer hineinzustürzen, als der forsche Gouverneur und Präsidentenkandidat es sich jemals erträumt hatte? Michael würde sich die Werke nicht aus Kunstgalerien oder Flohmärkten zusammenklauben, sondern sie von den Erschaffern selbst holen, sie verstehen und somit der Welt eine neue Gruppe Künstler vorstellen.

Ich habe Stunden damit verbracht, mir das Foto anzuschauen, und dabei überlegt, was Michael wohl in Asmat gesehen, verspürt hat. Was war mit ihm geschehen? Würde ich dieses Rätsel lösen können? Ein Kidnapping oder gar eine Flucht seinerseits ergab keinen Sinn. Und wenn er tatsächlich ertrunken war, nun, dann konnte man jetzt auch nichts mehr machen.

Aber er hatte die beiden leeren Benzinkanister dabeigehabt, und sein Leichnam war nie gefunden worden. Und was Haie angeht, so greifen sie trotz ihres furchterregenden Leumunds sehr selten Menschen in der Arafurasee an. Das alles hieß so viel wie: Wenn er es tatsächlich bis ans Ufer geschafft hatte, dann war die Geschichte nicht zu Ende erzählt. Sie besaß ein offenes Ende. Irgendjemand musste mehr wissen. Und dieses »mehr« war der Albtraum eines jeden Reisenden – von einem Ort angelockt zu werden, den man nie wieder verlassen wird. Es musste ein Aufeinanderprallen der Kulturen gewesen sein, irgendeine Art kolossales Missverständnis. Die Asmat-Krieger wuschen sich die Hände im Blut ihres Gegners, aber die niederländischen Kolonialherren und Missionare hatten sich zu Michaels Zeit bereits über zehn Jahre in der Region aufgehalten, und während der gesamten Zeit hatten die Asmat nie einen Weißen getötet. Wenn er also wirklich umgebracht worden war, dann stellte dies einen monumentalen Hieb in das Herz des Kampfs zwischen dem Abendland und dem anderen dar – dem Kampf, der seit dem Tag tobt, an dem Kolumbus die Neue Welt entdeckt hatte. Es faszinierte mich, dass in dieser entfernten Ecke der Welt die Macht und das Geld der Rockefellers geradezu impotent waren. Wie konnte das sein?

Michaels Verschwinden war ein Rätsel, und es liegt in der Natur des Rätsels, dass es einer offenen Wunde gleicht, ein nicht abgeschlossenes Ereignis offenbart. Wir sehnen uns nach Antworten, und die Idee des Verschwindens ist ganz besonders verstörend. Die großen existentiellen Fragen beschäftigen sich nicht umsonst damit, wer wir sind, wo wir herkommen und wo wir enden. Zeremonien, von Geburtstagen über Hochzeiten und Abschlussfeiern bis hin zu Beerdigungen, sind Rituale, die sich mit diesen Fragen in einer öffentlichen und symbolischen Art beschäftigen, einer Art, die es uns erlaubt, damit umzugehen, die sich verändernden Lebensbedingungen, die verstrichene Zeit zu akzeptieren. Michael Rockefeller aber war verschwunden. Obwohl seine Familie ihn für tot erklärt, sogar einen Gedenkgottesdienst für ihn abgehalten und ihm eine Ruhestätte im Familiengrab gewidmet hatte, gab es keinen Leichnam; niemand konnte mit Sicherheit sagen, was ihm widerfahren war. Auch hatte es keine Todesanzeige in den Tageszeitungen gegeben. Ein Geist ist das, was von einem Menschen übrig bleibt, wenn er nicht an das andere Ufer des Hades gelang – ein ungeklärter Todesfall. Als ein Reisekollege, ein Journalist, der sich des Öfteren bis an das Ende der Welt vorgewagt hatte, mit einem Bus durch Afghanistan gefahren, wutentbrannten, völlig durchgeknallten Soldaten im Kongo über den Weg gelaufen war und sich auch sonst in hundert anderen verrückten Situation befunden hatte, wusste ich, dass irgendetwas schiefgelaufen sein musste. Und ich war verstört von der Tatsache, dass wir der Geschichte vielleicht nie auf den Grund gehen würden. Michael Rockefeller war eine Art Geist. Seine Zwillingsschwester Mary hat ihr ganzes Leben damit verbracht, mit der Trauer, dem Verlust und dem mangelnden Schlussstrich unter Michaels Verschwinden zurechtzukommen, ein Prozess, der sie von Psychiater zu Psychiater bis hin zu Heilungszeremonien jagte. Dieses Rätsel zu lösen, so entschied ich, würde nicht nur einen der berühmtesten Cold Cases der Welt aufklären, sondern diente gleichzeitig auch als Ritual: Ich würde das Ende einer Geschichte erzählen, einen Schlussstrich ziehen.

Ich begann, in den niederländischen Kolonialarchiven zu stöbern und die Notizen niederländischer Missionare zu durchforsten, und ein Dokument führte zum nächsten. Ich fand mehr, als ich mir erhofft hatte. Nachdem die Schiffe, Flugzeuge und Helikopter abgerufen worden waren, traten wenige Wochen nach Michaels Verschwinden neue Informationen ans Tageslicht, und eine Reihe neuer Ermittlungen wurden ins Leben gerufen. Es gab Seiten über Seiten, Akten über Akten an Berichten, Telegrammen und Briefen, die sich mit dem Fall und dessen Hergang beschäftigten – von den niederländischen Behörden, den Asmat sprechenden Missionaren vor Ort, der katholischen Kirche –, aber nichts davon wurde jemals der Öffentlichkeit präsentiert. Menschen, die bei den Ermittlungen Schlüsselrollen gespielt hatten, haben fünfzig Jahre lang geschwiegen. Aber sie lebten noch, und sie waren durchaus bereit, endlich zu reden.

Ein Krachen. Das Boot rollte. Der Wind wurde immer stärker, und obwohl wir uns der Küste näherten, konnte Wilem dem Rhythmus der Wellen nicht folgen. Sie waren zu wild und folgten zu rasch aufeinander, waren zu eng zusammengedrängt. Wilem und Amates Owun, mein Übersetzer und Reiseführer, berieten sich. Schließlich berichtete Amates in seinem mühevoll langsamen Englisch: »Hier haben viele Boote Probleme im Winter. Aber es gibt den Bus hier, unter dem Wasser.«

»Einen Bus?« Die meiste Zeit hatte ich keinen blassen Schimmer, wovon Amates redete. Es lag nicht nur an seinem Englisch, sondern an der Denkweise der Asmat, die in eine geheime Welt eingeweiht sind, die ich niemals betreten, geschweige denn begreifen würde. In der Hauptstadt von Asmat, Agats, stand ein kleines, aber wundersames Museum voller Ahnenpfähle, Schilde, Trommeln, Speere, Paddel, Schädel und Masken. Nachts war es dunkel und verschlossen, zumindest für mich – aber für die Asmat war es voller Trommeln und singender Geister ihrer Ahnen, die von den Schnitzereien verkörpert wurden. Ein Bus also? Es gab weit und breit kein Auto, geschweige denn eine Straße, nicht über Hunderte von Kilometern. Ein Bus?

»Ein Bus, so mit Rädern, der Menschen transportiert?«, wollte ich mich vergewissern.

Amates deutete mit dem Stumpen seines rechten Zeigefingers auf das Wasser – letzten Monat hatte man ihm die ersten fünf Zentimeter bei einem Kampf abgebissen. Sein Gesicht war schmal, die Augen eng beieinander, er hatte riesige Lippen und die hohen Wangenknochen, die für die Asmat so typisch sind. Ihm fehlten ein paar Zähne, und jene, die sichtbar waren, waren vom Betelkauen ganz braun. Er war einen Meter achtzig groß und spindeldürr. Ich blickte auf das Wasser und sah Wellen und Himmel und schwere schwarze Wolken vor einigen blauen Flecken, aber weit und breit keinen Bus.

»Ja«, beteuerte er. »Der Bimpu Bis. Das ist ein großer Bus, der hier im Wasser lebt, und wenn Leute Probleme haben, kommt er hoch und fährt sie an die Küste. Er hat schon vielen Menschen das Leben gerettet. Michael Rockefeller wusste nichts über diesen Bus.«

Ich steckte mir eine Nelkenzigarette an – wir rauchten in einer Tour – und ergriff das Satellitentelefon in meiner Tasche, als wäre es mein Talisman. Ich hatte keine Ahnung, wovon Amates redete. Mir war eisig von dem vielen Spritzwasser, und ich hatte Hunger – eine Ernährung basierend auf Reis und dem einen oder anderen Stück Fisch enthielt nie genügend Kalorien, und ich hätte alles gegeben, um ein Steak zwischen die Zähne zu bekommen. Meine Beine und Füße waren voller roter Stiche. Wir lenkte auf die Küste zu, surften auf den Kronen, und schon bald tat sich ein schmaler Einschnitt in dem sumpfigen Dschungelgrün vor uns auf. Sobald wir hineinfuhren, legte sich der Wind, und das Wasser wurde ruhig. Ich roch Rauch und Urin; der Geruch von Menschen. Wir fuhren um einen kleinen Bogen im Verlauf, und plötzlich tauchten acht Hütten in hundert Meter Entfernung vor uns auf – Dächer und Wände mit Palmenblättern gedeckt. Sie standen drei Meter über dem Wasser auf dünnen Pfählen, und jede Hütte besaß eine ein Meter breite Veranda. Frauen, einige davon mit nacktem Oberkörper, und Kinder hockten auf der einen Seite, während Männer es sich auf der daneben gemütlich gemacht hatten. Niemand sprach ein Wort; es gab keine Begrüßung. Das war immer so, wenn ich während meines ersten Besuchs in Asmat in ein neues Dorf kam. Wir fuhren weiter, an der nächsten Hütte vorbei – noch immer nichts. Wir machten unser Boot fest. Ich schnappte mir einen Beutel mit losem Tabak und ein paar Zigarettenpapiere und kletterte auf die Veranda aus mit Rattan zusammengebundenem, gespaltenem Bambus. In der ganzen Ortschaft gab es keinen einzigen Nagel, kein fließend Wasser, keine Elektrizität, keine Verbindung zur Außenwelt – zumindest nicht weiter als die akustische Entfernung eines menschlichen Schreis. Es herrschte Stille, unterbrochen von dem einen oder anderen Vogelruf. Die Männer auf der Veranda trugen keine Hemden, nur abgewetzte kurze Sporthosen. Wir schüttelten Hände, ledrig, rau und trocken, und sie legten die andere auf ihr Herz, eine Geste, die sie sich bei den Muslimen Indonesiens abgeguckt hatten.

Nass, dreckig und müde ließ ich mich nieder und teilte den Tabak aus. So saßen wir da, rauchten und starrten auf das morgendliche Grün. Ich war angekommen; ich hatte die Reise überlebt. In meinem Kopf schwirrten Tausende von Fragen umher, aber ich sah keine Möglichkeit, sie zu stellen.

4

20. Februar 1957

AM 20. FEBRUAR 1957, in einem Stadtteil aus Stahlbeton, der sechstausend Mal mehr Menschen beherbergte als die größte Stadt Asmats, stellte ein Mann namens Nelson Rockefeller der Welt eine neue Sichtweise vor. Die Temperaturen in New York City lagen an jenem Tag knapp über dem Gefrierpunkt, und Ro-

MICHAEL ROCKEFELLER UND SEIN VATER NELSON BEI MICHAELS GRADUIERTENFEIER, HARVARD, JUNI 1960.

ckefeller trug den für seine Schicht in New York letzten Schrei: eine schwarze Krawatte. Er, der Enkel des Standard-Oil-Gründers John D. Rockefeller, war neunundvierzig Jahre alt, besaß ein kantiges Kinn und war ehrgeizig. Zu seiner Geburt, die auf der Titelseite der *New York Times* verkündet worden war, war John D. mit einem geschätzten Vermögen von rund neunhundert Millionen Dollar der reichste Mann der Welt. Nelsons Vermögen und politischer wie auch gesellschaftlicher Einfluss waren selbst für Amerikaner beinahe unvorstellbar, geschweige denn für eine Stamm von Jägern und Sammlern. In einem Jahr würde er der Gouverneur von New York State werden. In zweien sollte er für die Präsidentschaft kandidieren. 1974 wurde er unter Gerald Ford Vizepräsident der Vereinigten Staaten.

Er besaß den typischen Akzent eines Ostküstenpatriziers und war bekannt dafür, die Hände seiner Wähler zu schütteln und zu sagen: »Hiya, fella.« Er »versprühte ein überbordendes Gefühl der Zuversicht, die so unerschütterlich schien, dass er sie von Geburt an erlebt haben muss«, schrieb sein ehemaliger Pressesprecher Joseph Persico. »Keine gesellschaftliche Anmaßung, vielmehr eine beinahe kindliche Offenheit, die er vor allem und jedem kundtat.« Es schien, als ob ihm und seiner Familie halb Manhattan gehörte. An jenem Tag im Februar trafen die Gäste gegen halb neun Abends ein. Das in Rockefeller-Besitz befindliche vierstöckige Stadthaus mit elegant geschwungenen Erkerfenstern in der West Fifty-Fourth Street Nummer 15 – um die Ecke der Fifth Avenue im Herzen Manhattans und direkt hinter dem Museum of Modern Art gelegen – war erst vor Kurzem renoviert worden und diente jetzt als Treffpunkt für einen privaten Empfang, bei dem die ersten Werke für das Museum of Primitive Art gezeigt wurden, das am folgenden Tag eröffnet werden sollte.

Der schlichte, moderne und minimalistische Raum, von dem ein Kritiker behauptete, er sei »so geschmackvoll und zurückhaltend«, dass er »kaum den Eindruck eines Museums macht«, hätte nicht im stärkeren Gegensatz zu den Werken stehen können, die in ihm ausgestellt wurden. Das Gleiche galt für die Menschen, die diesen Empfang besuchten. Einige der mächtigsten Männer und Frauen der Kunstszene sowie der feinen Gesellschaft standen auf der Gästeliste. Zum Beispiel René d'Harnoncourt, der Direktor des Museum of Modern Art, oder Robert Woods Bliss, dessen vierundfünfzig Hektar großer Landsitz in Washington, D.C., namens Dumbarton Oaks heute im Besitz der Harvard-Universität ist und als Museum und Bibliothek dient. Ebenso eingeladen waren die New Yorker Salonlöwin Gertrud Mellon, Henry Luce, der Gründer der *Time* und *Life* Magazine, und Henry Ochs Sulzberger, Eigentümer der *New York Times*. Und selbstverständlich Nelsons neunzehnjähriger Sohn Michael.

Die Exponate, um die sie sich scharten, stammten aus anderen Welten. Ein geschnitztes Paddel von der Osterinsel, ein langgezogenes, überspitztes Gesicht auf einer hölzernen Maske aus Nigeria, präkolumbische Steinfiguren von den Azteken und den Maya aus Mexiko, Hopi-Kachina-Puppen und ein geschnitzter Rentierknochen aus den Pyrenäen. Allesamt geschaffen von namenlosen Künstlern aus allen Ecken der Welt. Die Objekte standen für sich, es umgaben sie keine ethnografischen Dioramen, keine Bilder afrikanischer Hütten oder Kanus, keine Fischernetze, keine Karten. Sie standen auf nüchternen weißen zylindrischen und quadratischen Blöcken und wurden von Deckenstrahlern angeleuchtet. Hinter ihnen weiße Wände, ein »streng schlichtes Ambiente«, hieß es in der *New York Times*. Die Präsentation allein schrieb schon vor, dass diese Exponate als eigenständige Kunstwerke gesehen werden sollten.

Während die Gäste an ihren Cocktailhäppchen und Weißbrotschnittchen knabberten und an ihrem Wein nippten, erinnerte Nelson sie daran, dass dieses Museum das »Erste … seiner

Art in der Welt« war – das erste Museum, das sich gänzlich der primitiven Kunst widmete. Während draußen ein eiskalter Wind die Fifth Avenue entlangblies, bestaunten Harnoncourt und Luce die Schönheit der Formen und Linien der Objekte und hörten zu, wie Nelson selbstsicher seinen Vortrag hielt. Geschichts- und Völkerkundemuseen, fuhr er fort, stellten Exponate wie diese hier schon seit langer Zeit aus, aber, so erinnerte er die Anwesenden, dies geschah stets im Dienst ihrer Dokumentation der eingeborenen Kulturen.»Es ist unser Ziel, die Errungenschaften dieser Museen zu ergänzen«, erklärte er mit dem Selbstbewusstsein eines Rockefellers.»Wir wollen primitive Kunst nicht als eine separate Sparte etablieren, sondern sie mit ihrer ganzen noch abgängigen Vielfalt in die schon bestehende Kunst integrieren. Unser Ziel wird es immer sein, Stücke von unbeschreiblicher Schönheit auszuwählen, deren außerordentliche Qualität der der Werke in anderen Kunstmuseen rund um die Welt gleicht, und sie auszustellen, sodass ein jeder seinen vollen Genuss aus ihnen zu schöpfen imstande ist.«

Dies waren kühne Worte, wohl gewählt und unmissverständlich. Seit abendländische Entdecker angefangen haben, die Welt für sich einzunehmen, sind sie mit Souvenirs wiedergekommen, um diese in speziellen Räumlichkeiten oder Kuriositätenkabinetts auszustellen. Die Beschreibung eines solchen Kabinetts aus dem Jahr 1599 listet den Inhalt auf:»ein afrikanisches Amulett aus Zähnen, ein Filzumhang aus Arabien, eine indianische Steinaxt, ein Amulett aus Affenzähnen«. Wer reisen will, möchte sich erinnern, in den Besitz von Andenken kommen.»Souvenir« stammt aus dem Lateinischen für Erinnerung, wie wohl jedem Flughafenladenbesitzer geläufig ist. Ich war noch nie unterwegs, ohne mit heiß begehrten Gegenständen zurückgekehrt zu sein. Mein Haus ist reich geschmückt mit Blasrohren aus Borneo, buddhistischen Talismanen aus Thailand, einer Opiumpfeife aus China, und es darf angenommen werden, dass jeder europäische Matrose bis hin zum Kapitän seit den Tagen von Kolumbus exotische Erinnerungsgegenstände mitgenommen hat, entweder in Taschen oder den Schiffslagerräumen. Aber als genau das wurden sie auch angesehen – als exotische Kinkerlitzchen. Die Ureinwohner Afrikas und der beiden Amerikas, Asiens und Ozeaniens galten als ungeformte Wilde, Menschen ohne Religion, und die Objekte, die sie schufen, waren alles andere als Kunst. So wurde zum Beispiel auf Kapitän James Cooks dritter Reise jeder Samen, jedes Blatt, jede Pflanze gesammelt und dokumentiert, während die meisten von Menschen geschaffenen Objekte gar nicht erst aufgelistet wurden. Ethnografische Artefakte im Besitz von Sir Hans Sloane, auf dessen Sammlung die Basis des Britischen Museums beruht, wurden lediglich unter »Sonstiges« kategorisiert.

Anfang des zwanzigsten Jahrhunderts ließen sich eine Handvoll abendländischer Künstler stark von der Primitive inspirieren. Paul Gauguins Gemälde nackter Tahitianerinnen schockierten die Welt. Pablo Picasso begann, die Masken abzubilden, die er auf Pariser Flohmärkten erstand, und seine kubistischen Figuren ähneln den rauen, übertriebenen Formen afrikanischer Schnitzereien. Aber Künstlern wie Gauguin und Picasso lag es im Wesen, radikal zu sein. Es war eine Sache, als abendländischer Künstler von »der Primitive« inspiriert zu werden, aber eine ganz andere, dass primitive Gegenstände als gleichwertige Objekte zu denen eines Leonardo da Vinci oder Matisse ausgestellt werden sollten.

Die Geschichte der Kunst ist ebenso die Geschichte der Männer und Frauen, die sie sammeln, und es gab keine wichtigeren Kunstsammler als die Rockefellers. So wuchs Nelson Rockefeller inmitten von Kunst auf. Sein Vater, John D. Rockefeller jr., liebte Porzellan. Über einen Zeitraum von fünfzig Jahren sollte er mehr als zehn Millionen Dollar ausgeben und so eine Sammlung anhäufen, die von einigen Kritikern als die Wichtigste ihrer Art in der Welt gepriesen wurde. Seine Mutter Abby Aldrich Rockefeller war leidenschaftliche Sammlerin französischer und asiatischer Impressionisten, und die Villa an der West Fifty-Fourth Street, die sie ihr Eigenheim nannte, quoll förmlich über von Werken – zusammen mit mittelalterlichen Gobelins, chinesischem Porzellan und einem sich drehenden Podest voller französischer und amerikanischer Modernisten. Obwohl ihr Mann eine fundamentalistische Interpretation der Bibel vertrat, liebte Abby die gewagten Gemälde und Skulpturen, die quasi konträr zu dem Kunstverständnis der meisten Amerikaner standen. Der Einfluss der Rockefellers kann nicht hoch genug eingeschätzt werden. Abbys Leidenschaft führte zu der Eröffnung des New York Museum of Modern Art, das 1929 neun Tage nach der Weltwirtschaftskrise an der Wall Street für den Publikumsverkehr freigegeben wurde. Als Kind erfuhr Nelson eine Schulung in den darstellenden Künsten, wie sie die meisten Jungen in Baseball genossen, eine Bildung, die unter anderem Besuche in den Ateliers prominenter moderner Künstler beinhaltete. Als er seiner Mutter 1927 einen Brief über einen solchen Ausflug nach Dartmouth schickte, antwortete sie: »Wenn du in einem solch zarten Alter deinen Geschmack und dein Verständnis verfeinerst, solltest du, sobald du es dir leisten kannst, ein hoch angesehener Sammler werden.«

1930 erhielten Nelson und seine neue Frau Mary Todhunter Clark ein Hochzeitsgeschenk von zwanzigtausend Dollar sowie eine neunmonatige Weltreise von John D. Wie bei Michael dreißig Jahre später kümmerten sich Angestellte des Rockefeller-Imperiums um sämtliche Details und stellten Beziehungen zu den höchsten Regierungsebenen en route her. In Indien traf Nelson sogar Mahatma Gandhi. In Sumatra erstand er ein Messer, das mit einem nachgestellten menschlichen Kopf und echten Haaren verziert war, ein Kauf, mit dem seine lebenslange Liebe zur primitiven Kunst begann. »Ich fing an, Kunst als eine sich stark unterscheidende Ausdrucksart des Individuums zu verstehen«, erklärte er. »Individuen aus allen Ecken der Erde, aus allen Altersgruppen mit starken Gefühlen und großen kreativen Fähigkeiten konnten diesen Ausdruck zeigen. Meine Wertschätzung war nicht mehr nur an die klassischen Formen der Kunst gebunden, die in unseren Schulen gelehrt und in unseren großartigen Museen ausgestellt wird.« Als er im gleichen Jahr zum zweiten Präsidenten des Museum of Modern Art ernannt wurde, versuchte er, eine Ausstellung primitiver Kunst auszurichten. Nelson war seiner Zeit jedoch voraus, und die Kuratoren lehnten die Idee ab.

Zwanzig Jahre später hat Nelson seine Eltern in den Schatten gestellt. Picasso, Braque und Léger, Leinwände sowie Wandmalereien von Matisse hingen in seiner Wohnung in New York. In den Gärten des Familienlandsitzes Kykuit in Pocantico Hills, knappe fünfzig Kilometer nördlich von Manhattan, wimmelte es nur so von Calders, Giacomettis, Noguchis und selbst einer Aphrodite, von der man annahm, dass sie von Praxiteles stammte. Laut Persico wies das Innere des Herrenhauses »ein Ambiente auf, das einem Museum nach Geschäftsschluss glich. George Washington blickte von einem Gilbert-Stuart-Original in den Raum, und vor einem Rundbogenfenster stand ein lebensgroßer männlicher Akt, das Eherne Zeitalter, Rodins erstes großes Werk. Eigentlich erwartete man, dass die Stühle hinter roten Kordeln standen, damit man sie nicht benutzte.« In der Nähe der Sommerresidenz der Rockefellers in Seal Harbor, Maine, unterhielt Nelson eine weitere Galerie, die von dem Architekten Philip Johnson renoviert worden war. Es handelte sich um ein ehemaliges Kohlelager voller moderner Gemälde und Skulpturen, und moderne lateinamerikanische Kunst füllte seine Ranch in Venezuela. 1955 zeigte das Museum of Modern Art eine Fotoausstellung namens »The Family of Man«. Carl Sandburg bemerkte in dem dazugehörigen Katalog, dass »Sonne, Mond und Sterne, das Klima und das Wetter für Menschen auf der ganzen Welt Bedeutung haben. Obwohl die Auslegungen durchaus verschieden ausfallen können, sind wir alle gleich, egal, aus welchem Land wir kommen oder welchem Stamm wir zugehörig sind, gleich, indem wir versuchen, das zu deuten, was der Himmel, das Land, das Meer uns zu vermitteln haben. Gleich und gleichgestellt auf allen Kontinenten sind wir durch unseren Bedarf nach Liebe, Essen, Kleidung, Arbeit, Sprache, Anbetung, Schlaf, Spiel, Tanz und Spaß. Von den Tropen bis zur Arktis teilt die Menschheit diese Grundbedürfnisse, die sie so erbarmungslos gleichsetzt«.

Die Zeiten änderten sich. Kunst, Politik, Kultur – man konnte sie nicht mehr trennen, und was in der Welt der Kunst passierte, wurde in der globalen Politik widergespiegelt. Völker, die in weit entfernten Kolonien vor Kurzem noch dominiert, konvertiert, versklavt und ausgenutzt worden waren, brachten ihr Recht auf Unabhängigkeit zur Geltung. 1947 gaben die Briten Indien auf. 1949 gaben die Niederlande das indonesische Archipel bis auf den Osten Neuguineas zurück. 1960 gewann der Belgisch-Kongo seine Freiheit, Kenia folgte drei Jahre später.

Als Nelson Rockefellers neues Museum die Türen öffnete, standen die Sechzigerjahre vor der Tür: die Bürgerrechtsbewegung, der Feminismus, das zweite vatikanische Konzil und die Liberalisierung der katholischen Kirche sowie der Friedenscorps läuteten Veränderungen ein. Die Verschiebung der Wahrnehmung dieser mythischen Wilden deckte sich perfekt mit der Eröffnung des Museums. Die Rezension der ersten Ausstellung des

Museum of Primitive Art des New Yorker Kunstkritikers Hilton Kramer, die beinahe ausschließlich aus Objekten aus dem Privatbesitz Nelson Rockefellers stammte, liest sich wie ein Manifest für das Ende des Kolonialismus.

»Viel frappanter als jegliche gemeinsame Nenner von Form oder Handwerk oder kulturellen Ursprungs«, schrieb er, »ist die überwältigende Vielfalt künstlerischer Eingebungen und die Kraft, mit der jedes Exponat gefertigt wurde. Sie zerschmettert einige der differenziertesten Thesen darüber, was primitiv ist; für den Autor zumindest verliert der Begriff selbst völlig an Bedeutung ... Man ist plötzlich empört darüber, dass, statt uns irgendetwas zu sagen, er nur dazu dient, unsere Ignoranz zu verbergen. Er erinnert uns daran, zu welchem Grad unsere Auslegung der Geschichte einige der grandiosesten Kulturen ausgesperrt hat ... Er unterstreicht die Herrschsucht unseres abendländischen Zartgefühls und enthüllt eine Art historischen Provinzialismus.«

Aber hinter dieser Zuneigung gegenüber der Primitive verbirgt sich etwas Dunkleres, Ironisches. Wer weiß, welche inneren Verlangen und Dämonen, Leidenschaften und Kuriosa in einem Michelangelo, Matisse oder gar einem Hockney steckten? Van Gogh verübte Suizid. Picasso hatte einen schier unstillbaren sexuellen Appetit. Wen stört das heute noch? Wir mögen vielleicht die Farben, können Form und Linien bewundern. Das Privatleben eines abendländischen Künstlers mag sein Œvre beeinflussen, aber es ist eine Art des individuellen Ausdrucks, die der Betrachter nachempfinden kann oder auch nicht. Trotzdem ist er in der Lage, das Gemälde oder die Skulptur zu schätzen, ohne sich der Absicht des Künstlers bewusst zu sein.

Bei primitiver Kunst handelt es sich jedoch fast ausschließlich um heilige Kunst. Der Künstler befindet sich gänzlich in der symbolischen Sprache, die in seiner Gesellschaft und von ihren religiösen Anführern auf Anhieb verstanden wird. Für den Erschaffer primitiver Kunst gibt es keine Trennung zwischen Form und Funktion. Ein Schild der Asmat ist vielleicht geschnitzt, um Pfeile abzuwenden, aber der Penis, der aus dessen Spitze hervorragt, die Flügel des Flughunds oder die Hauer eines Wildschweins, die darauf abgebildet sind, dienen einem spirituellen Zweck, besitzen Bedeutung, und in ihm lebt der Geist eines dem Künstler bekannten Menschen. Für den abendländischen Sammler ist der Schild ein bemerkenswertes Kunstwerk, für einen Asmat jedoch besitzt er übernatürliche Kräfte. Sein Gegner sieht den Schild und kniet vielleicht vor Furcht nieder. »Der Geist eines Ahnen lebt in einem Schild«, schrieb Tobias Schneebaum, ein Autor und Künstler, der mehr als fünf Jahre in Asmat verbracht hat, »und ist eine Präsenz, die dem Lebenden allen Widrigkeiten zum Trotz nicht nur zu Furchtlosigkeit und Mut verhilft, sondern auch noch Allmacht verleiht, um den Feind zu besiegen und als Sieger hervorzugehen.«

Nelson Rockefeller erkannte die Schönheit und Form des Messers aus Sumatra, das er während seiner Flitterwochen erstanden hatte. Mit seinem geübten Auge erkannte er ein Kunstwerk – was man ihm hoch anrechnen muss. Aber er erfasste lediglich das Äußere. Ein menschlicher Kopf, echtes Menschenhaar – diese beiden Elemente suggerierten, dass etwas viel Tieferes dahinterlag, etwas, das die Bedeutung für den Erschaffer aus Sumatra gegenüber der von Nelson Rockefeller gänzlich anders aussehen ließ.

Als primitive Kunst von einer ethnografischen Kuriosität zu echter Kunst heranwuchs, einer Kunst, die man auf weißen Sockeln unter Deckenleuchten in einem Stadthaus in Manhattan zu würdigen wusste, wurde ihr der eigentliche Sinn und Zweck entrissen. Einem Interviewer gegenüber äußerte Nelson 1965: »Mein Interesse an der primitiven Kunst ist nicht intellektueller, sondern rein ästhetischer Natur. Fragen Sie mich bitte nicht, ob diese Schale, die ich in den Händen halte, in den Haushalt gehört oder ob es sich um ein rituelles Gefäß handelt... Es ist mir auch völlig egal! Ich genieße die Form, die Farben, die Struktur, die Beschaffenheit. Der anthropologische oder ethnografische Hintergrund interessiert mich nicht im Geringsten. Deswegen habe ich ja das Museum ins Leben gerufen: Um zu zeigen, dass sich die Kunst primitiver Völker aus rein ästhetischen und formellen Aspekten behaupten kann.«

Jene, die sich in diese neue, exotische Welt begaben, wie auch Nelson Rockefeller, erwarben aber nicht nur leblose Objekte, sondern betraten völlig andere Sphären: eine potenziell gefährliche Welt der Geister, die sie krank machen oder gar töten konnten, der Geheimnisse und Bedeutungen, deren Sprache sie nicht kannten, deren Symbole sie nicht verstanden und in der Leben und Tod wortwörtlich auf des Messers Schneide standen.

In Science-Fiction-Geschichten kommt oft ein verrückter Wissenschaftler vor, der ein Portal zwischen zwei weit entfernten Welten erschafft, durch das der Held tritt. Sobald dieses Portal geöffnet ist, geschehen unerwartete Dinge. So geschah es auch an jenem Abend im Jahr 1957. Nelson Rockefeller hatte eine Tür zu einem weit entfernten Sumpf in Neuguinea aufgetan, einer von Geistern durchstreiften Welt, in der es keine Grenzen zwischen Leben und Tod gab, zwischen dem Ich und dem anderen, zwischen dem Mensch als Esser und dem Mensch als Nahrung – eine Welt, so anders als Manhattan, wie man sie sich kaum vorstellen kann, quasi einem parallelen Universum. Einige Leute (wahrscheinlich sogar die meisten) sind damit zufrieden, ein Paddel von der Osterinsel oder eine nigerianische Maske auf einem Sockel zu betrachten. Oder irgendetwas zu bewundern, das ihr Vater aufgestellt hat. Aber nicht jeder und insbesondere nicht der Junge, der sich angesichts eines solch übergroßen, übermächtigen Vaters beweisen wollte.

Michael Rockefeller war gerade neunzehn, als sein Vater das Museum eröffnete, und es ist ein Leichtes, sich vorzustellen, welchen Eindruck der Abend auf ihn gemacht haben muss. Der Stolz und die Befriedigung seines beinahe omnipotenten Vaters über das neue Museum, die merkwürdige und exotische Schönheit der Exponate, ihr Anziehungsvermögen, gekrönt von der feinsten New Yorker Gesellschaft, um sie zu bewundern. Über Tausende von Kilometern hinweg wurden Mächte freigelassen, Verknüpfungen ins Leben gerufen. Man kann sich nur schwerlich vorstellen, dass Nelson Rockefeller folgende Worte, die er am nächsten Tag in einem Brief an den Museumsdirektor Robert Goldwater schrieb, nicht bereute: »Gestern Abend war wahrhaftig perfekt – die Erfüllung eines Traumes, den wir alle teilten. Die Eröffnung dieses Museums und die daraus entstandene Zusammenarbeit mit Ihnen dienen mir zu ungehemmter Freude.«

5

. . . .

Dezember 1957

SIEBEN MONATE NACHDEM Nelson Rockefeller sein neues Museum of Primitive Art der Öffentlichkeit vorgestellt hatte, tauchten Pip, Dombai, Su, Kokai, Wawar und Pakai ihre Paddel in die Arafurasee und zogen sie mit langen, gleichmäßigen Schlägen durch das Wasser. Ins Wasser eintauchen und ziehen. Komplexe Familienverhältnisse verbanden sie zu einer Einheit, und Jahre der Übung ließen sie ihre Paddel im Einklang bewegen.

KANUS VON DER ORTSCHAFT OMADESEP AUF DEM FARETS-FLUSS.

Ihr ausgehöhlter Einbaum war kaum dreißig Zentimeter breit und fünfundvierzig Zentimeter tief. Diese Bootsart ist bekannt dafür, extrem wackelig zu sein, aber sie standen aufrecht darin und zogen ihre Paddel durch das Wasser, balancierten auf ihren hornhäutigen, ausgespreizten Füßen, die noch nie im Leben Schuhe gesehen hatten. Die Paddel waren drei Meter lang mit schmalen ovalen Blättern und sich nach oben verjüngenden Stielen. Von einigen Spitzen hingen die weißen Federn von Kakadus, die Auszeichnung eines bewährten Kopfjägers. Auf Dreiviertel-, also Augenhöhe, war auf jedes Paddel das kleine Abbild eines Ahnen geschnitzt, sodass der Ruderer das Abbild seines verstorbenen Bruders, Onkels oder Cousins mit jedem Schlag direkt vor Augen hatte und sich an ihn erinnerte. Am Bug des Kanus befand sich ein nach oben gerichteter Penis, von dessen Ende ein dynamisches, wunderschön gearbeitetes Gesicht eines Mannes nach vorn blickte. Das Kanu trug seinen Namen.

In den Kanus hatten sie stets Proviant in der Form von getrocknetem Sagomehl, das in Bananenblättern aufbewahrt wurde, zwei Meter lange Bögen zum Abschießen der unbefiederten Bambuspfeile mit Widerhaken, lange Speere mit mehreren Spitzen und Stein- und Stahläxte. Die Steine stammten aus den Bergen und gelangten über uralte Handelsstraßen zu ihnen, während der Stahl von niederländischen Missionaren kam, die seit 1952 nach und nach Asmat zu bekehren versuchten. In den feuchten Sümpfen und auf den Flüssen hatten die Kanufahrer keine Möglichkeit, ein Feuer zu machen, sodass ihnen nichts anderes übrig blieb, als es stets bei sich zu haben: im Heck eines jeden Boots rauchten ein paar heiße Kohlen in einem Bett aus Schlamm vor sich hin.

Eintauchen und ziehen. Eintauchen und ziehen. Und nach jedem Mal wurden die Paddel gegen den Bootsrumpf geschlagen. Ein Rhythmus, ein Herzschlag.

Sie stammten allesamt aus der Siedlung Otsjanep, und schon bald sollten die meisten von ihnen ihren Tod erleben.

Falls es den Männern irgendwie unbehaglich sein sollte, so hätten sie es nie öffentlich gezeigt. Mit ihnen gen Süden ruderten elf Kanus mit hundertachtzehn Männern aus der benachbarten Siedlung Omadesep. Manche Siedlungen in den Sümpfen und an den Flüssen beherbergten hundert Menschen, manche weniger, manche mehr, aber in Otsjanep und Omadesep wohnten mehr als tausend Leute. Bei ihnen handelte es sich um große, mächtige, traditionsreiche Ortschaften, die an parallel fließenden Gewässern lagen und Luftlinie nur wenige Kilometer voneinander entfernt waren. Die Männer der beiden Siedlungen kämpften, töteten und beschützten ihre Frauen Seite an Seite – manchmal gab es sogar Frauentausch für eine Nacht. Ihre Leben waren so eng mit ihrem Wohnort, ihrem *jeu* verstrickt, dass sie mehr einem einzigen Organismus als einer Reihe Individuen glichen. Aber selbst diese enge Zusammenarbeit, ja beinahe Symbiose, rettete sich nicht vor dem einen: Die Asmat lebten in einer komplexen Welt der Geister, die durch aufwendige Zeremonien und immerwährende gegenseitige Brutalitäten im Gleichgewicht gehalten wurde. Kein Tod *passierte* einfach so. Selbst Krankheiten wurden von den Geistern ausgelöst. Jeder Dorfbewohner konnte sie sehen, mit ihnen sprechen. Es gab Geister im Rattan, in den Magroven, in den Sagopalmen, in den Flussstrudeln, selbst in ihren eigenen Fingern und Nasen. Es gab ihre Welt und die von Safan, dem Reich der Seelen und ihrer Ahnen über den Meeren. Beide Welten waren echt und gleichberechtigt. Krankheit und Tod wurden durch konstante Opfer und Beschwichtigungen in Schach gehalten, indem die Seelen ihrer Ahnen immer wieder über die Arafurasee verbannt wurden, dorthin, wohin sie gehörten und wo sie ihnen keinen Schaden zufügen konnten. Die Geister suchten sie oft nachts auf, und um sie davon abzuhalten, quasi als Abschreckung, benutzten die Asmat die Schädel ihrer Vorfahren als Kopfkissen.

Die Kanus von Pip, Dombai, Su, Kokai, Wawar und Pakai wie auch die der Männer von Omadesep waren eng zusammengerückt, schienen über das Wasser zu schweben, als ob sie eins mit ihm wären, so natürlich wie Männer, die einen Pfad entlangschleichen. Ihre Kanus, ihre Paddel, ihr Schmuck, alles kam aus dem Dschungel. Manchmal paddelten sie still vor sich hin, manchmal stimmten sie ein Lied an. Jedes Wort wurde langsam gesungen, beinahe wie ein Trauergesang.

Seevogel kommt
Wie kommst du?
Du kannst mir Gesellschaft leisten.

»Wow!«, rief Wawar, um dem Ganzen extra Gewicht zu verleihen, während die sechs Paddel gegen die Bordwand schlugen. »Wow!«

Wir glauben dir
Jeder glaubt dir
Denn du lebst im Meer.
Aber woher stammst du?
Ich werde dir folgen.

Sie machten sich übereinander lustig, witzelten über die Frauen; sie waren der Grund für die Hälfte ihrer Kämpfe. Siedlungen stritten sich oft um Frauen, und die Kriegsführung diente natürlich auch dazu, sie zu beeindrucken.

Sie sahen alles, wenn auch ein Fremder die vielen Bächlein und Seitenarme der Flüsse vielleicht gar nicht erst bemerken würde. In einer Landschaft der unendlichen grünen Eintönigkeit, ohne Jahres-, ja selbst ohne Regen- oder Trockenzeiten, wussten sie genau, welche Sagopalme wem gehörte oder wo das Gebiet der Einwohner Otsjaneps endete und das der von Omadesep begann.

Hier herrschte die Tradition der mündlichen Überlieferung vor, die sie schon als Kinder neben ihren Vätern in den langen, mit Rauchschwaden verhangenen *jeus* gelernt hatten. Als Jäger und Sammler in dieser Welt ohne Jahres- oder Regenzeiten kannten sie keine Zeit als solche. Manchmal trommelten und sangen sie die ganze Nacht hindurch und schliefen am darauffolgenden Tag, manchmal aber legten sie sich schon vor der Abenddämmerung hin. Das Einzige, wonach sie sich richteten, waren die Gezeiten. Pakar erwähnte die Siedlung Biwar Laut, und sie erinnerten sich, dass Biwar zwei Frauen von Otsjanep gestohlen hatte und man im Gegenzug Männer mit ihrem Leben bezahlen lassen musste. In diesem Fall heißt »man« Väter, Brüder, Schwager und Onkel. Das war vor dreißig Jahren, hätte aber auch gestern gewesen sein können.

An der Mündung des Jawor-Flusses, einem kaum erkennbaren Einschnitt in der schlammigen Küstenlinie, lief ihnen allesamt ein kalter Schauder über den Rücken, denn der Jawor war ein Ort voller Geister.

Sie alle kannten eine Version der Geschichte von Desoipitsj und Biwiripitsj, den ersten Brüdern der Welt, die ihnen beigebracht hatten, wie man Kopfjagd betreibt und einen Menschen schlachtet, wie man das Fleisch und den Schädel benutzt, um neue Männer aus Jungen zu machen, damit das Leben weiterhin in diese Welt fließt. Die Ursprünge dieses Asmat-Schöpfungsmythos sind nicht bekannt. Ähnlich ist es mit einer simplen Erklärung für die Entstehung des Kannibalismus, einem komplexen Thema, das oft eine angeheizte Debatte zwischen Anthropologen herbeiführt. Warum praktizierten manche Kulturen etwas, das andere als eines der fundamentalsten Tabus ihrer Gesellschaft ansehen? Ursache und Wirkung, das Huhn und das Ei, sind schwer unterzubringen, einzuordnen, aber in Asmat ist zumindest Essen – insbesondere solches, das reichhaltig an Fett und Protein ist – weder oft noch regelmäßig anzutreffen. Außer Krokodilen gibt es keine größeren essbaren Säugetiere zum Jagen – Wildschweine wurden erst später nach Neuguinea eingeführt. Es gibt keine Ackerböden, und das Gelände ist undurchdringlich. Als die ersten Menschen vor vierzigtausend Jahren hier landeten, hatten sie bereits ihre Endstation erreicht. Die Asmat kämpften entschlossen gegeneinander, Siedlung gegen Siedlung, um Zugang zu Sagopalmen und Fischereigründe für sich zu gewinnen; der Anthropologe David Eyde glaubte, dass sämtliche kriegerische Tendenzen der Asmat aus diesem existenziellen Ringen entstanden sind. In einer Studie über Kannibalismus, die einhundert traditionelle Kulturen untersuchte, fand die Anthropologin Peggy Reeves Sanday, dass einundneunzig Prozent der Menschenfresserei betreibenden Völker unter einer Form von »ökologischem Stress« litten. Selbst auf ihrem Höhepunkt war die Mordrate unter den Asmat nicht ausreichend, um die Gesamtbevölkerung mit genügend Nährstoffen zu versorgen. Das soll aber nicht heißen, dass Menschen keine wichtige Nahrungsquelle für die Anführer und ihre Familienangehörigen darstellten. Menschen erfinden Mythen und Geschichten, um ihrem Leben einen Sinn zu geben, es zu erklären, und die Asmat erschufen Geschichte und Rituale über einen Zeitraum von Tausenden von Jahren. Diese Mythen erhoben sich über die basale Nahrungsaufnahme und lieferten sowohl eine Erklärung für ihre Entstehung als auch eine Rechtfertigung ihrer Praktiken. In den fünfziger Jahren wurde der Kannibalismus als Nebenprodukt der Kopfjagd und den damit verbundenen heiligen Ritualen verstanden, nicht als deren Auslöser.

Der Kannibalismus der Asmat ist in völlig anderem Kontext zu verstehen. Sie leben in einer Welt der Gegensätze, und die Geschichte von Desoipitsj und Biwiripitsj zeigt die enge Verbindung in Asmat zwischen Opfer und Täter auf, dem Ich und dem anderen. Ein niederländischer Priester namens Gerard Zegwaard hat in den Fünfzigerjahren detaillierte Notizen bezüglich der Kopfjagd und den mit ihr verbundenen Ritualen gemacht. Seine Aufzeichnungen haben meine Vorstellungskraft bezüglich Michaels Tod angeheizt, denn wenn er tatsächlich umgebracht worden ist, dann so.

Desoipitsj war älter und nicht mehr in der Lage, auf die Jagd zu gehen, sodass Biwiripitsj die Arbeit verrichten musste. Eines Tages brachte der jüngere Bruder ein Wildschwein nach Hause. Er trennte den Kopf ab und fixierte ihn dann mit seinem Kasuar-Messer am Boden, damit der Schädel nicht wegrollen konnte. »Pah, ein Schweinekopf ist nur ein Schweinekopf«, sagte Desoipitsj, während er zuschaute. »Warum nehmen wir stattdessen nicht einen menschlichen Schädel? Ich glaube, das würde mir gefallen.«

Biwiripitsj war davon nicht so angetan. Und überhaupt, wo sollte er einen menschlichen Schädel herkriegen?

Desoipitsj aber ließ der Gedanke nicht los, und er sagte: »Du könntest meinen Kopf nehmen.« Nach einiger Überredung hatte er Biwiripitsj überzeugt, ihn mit einem Speer zu töten, seinen Hals mit einem Bambusmesser durchzuschneiden und den Kopf so weit nach vorne zu drücken, bis die Halswirbel brachen. Selbst als Biwiripitsj den Schädel seines Bruders abtrennte, wies Desoipitsj ihn an, wie er sich zu verhalten hatte, beschrieb die richtige Art, wie man einen Menschen schlachtete und Jungen in die Männerwelt einweihte. Alles Anweisungen, die man auf das Genaueste befolgen musste. In dieser Geschichte verlagern sich Zeit und Raum, denn sie dient als Leitsatz, eine Art Gesetz, nach dem alle Asmat-Männer und -Frauen sich in Zukunft zu verhalten hatten, obwohl es noch keine anderen Menschen auf der Welt gab.

Als er mit den Männern von der erfolgreichen Kopfjagd zurückkehrte, blies Biwiripitsj sein Bambushorn, um ihre triumphale Rückkehr zu verkünden.

»Wie ist es euch ergangen?«, riefen die Frauen von den Ufern. »Was habt ihr vollbracht?«

»Ich, Biwiripitsj, war heute Nacht auf dem Fluss. Ich habe einen Mann getötet, einen großen Mann. Sein Fleisch liegt im Kanu.«

»Wie hieß er?«, wollten die Frauen wissen.

»Er hieß Desoipitsj.«

Die Frauen jubelten, tanzten, hüpften vor Freude und johlten, als die Krieger in den Kanus auf sie zupaddelten, so rasch sie konnten.

Als sie im *jeu* waren, musste sich Biwiripitsj auf den Boden setzen und den Kopf in einer Haltung der Schande senken. Dann wurde ihm der Name seines Opfers verliehen, der seines älteren Bruders Desoipitsj – der *nao juus* oder Enthauptungsname. Später, wenn er der Mann geworden war, den er getötet hatte, würde er von der Familie des Opfers willkommen geheißen werden, als ob er das Opfer selbst wäre.

Der älteste Bruder der Mutter hielt den Kopf lang genug über das Feuer, um die Haare anzukokeln, die sie dann mit dem Blut, das während der Enthauptung gesammelt wurde, vermischte. Die Mischung wurde schließlich auf den Kopf, die Schultern und den Körper des Initiierten geschmiert, um die Verbundenheit zwischen ihm und seinem Opfer zu besiegeln.

Der Junge, der jetzt Desoipitsj hieß, wies sie an, seinen Körper mit rotem Ocker, feuchter Asche und Kreide zu bemalen. Seine

Haare wurden mit den Fasern von Sagoblättern verlängert, und ein Stück Perlmutt hing von seiner Stirn. An seinem Hinterkopf wurden zwei Quasten aus schwarzen Kasuarfedern befestigt, in seine Nasenflügel steckte man einen geschnitzten Schweineknochen. Seine Arme, Handgelenke, Waden und Fesseln wurden mit fein gespalteten Rattanfasern umwickelt, und an einem Arm trug er ein aus einem Kasuarschenkel geschnitztes Messer. Später, wenn er ein Mann geworden war und andere Männer getötet hatte, würde der Dolch aus dem Schenkel eines Menschen oder dem Kiefer eines Krokodils gefertigt. Von seinem Abdomen hing die Muscheln einer Tritonschnecke, um die Hüfte trug er eine Schürze aus Sagoblättern und auf dem Rücken einen Panzer aus Bambus. Jetzt war er gekleidet wie ein Mann.

Dann gab Desoipitsj weitere Anweisungen an die Onkel mütterlicherseits des Initiierten. Jetzt war es an ihnen, den Schädel zu präparieren, die Welt wieder ins Gleichgewicht zu bringen, das andere zu werden.

Der Kopf musste mit Asche, Ocker und Kreide bemalt und mit Quasten aus Kasuarfedern und Perlen geschmückt werden. Harz wurde in die Nase gefüllt. Schließlich wurde er mit einem Netz überworfen, damit man ihn weiter behängen konnte. Den so ausstaffierten Schädel legte man zwischen die Beine Biwiripitsjs. Dieser Kopf, die Frucht der Menschen, würde seine Genitalien nähren, aus denen neue Menschen sprießen sollten, würde seine Reife bestätigen, genau wie die Früchte den Baum nähren, indem neue Bäume aus ihnen wachsen, die wiederum von Menschen gegessen wurden. Der Kopf musste zwei oder drei Tage zwischen seinen Beinen liegen bleiben, und Biwiripitsj beziehungsweise Desoipitsj durfte die Augen währenddessen nicht von ihm abwenden.

Nach ein paar Tagen wies Desoipitsj die Dorfbewohner an, wie sie sich schmücken und dass sie die Kanus mit Streifen aus

Kalk und Ocker bemalen sollten. Dann stiegen sie in die Einbäume. Der junge Initiierte stand in dem Kanu seiner Verwandten, der Schädel vor ihm. Während sie trommelten und sangen und in Richtung Meer paddelten – nach Westen, wo die Sonne unterging und die Ahnen wohnten –, lehnte er sich an einen Stock und tat, als ob er ein erschöpfter alter Greis wäre. Je weiter gen Westen sie paddelten, desto schwächer und älter wurde er, bis er an der Schulter eines Onkels lehnen musste. Schließlich war er so alt, dass er starb und auf dem Boden des Kanus zusammenbrach.

Einer seiner Onkel mütterlicherseits tauchte ihn dann zusammen mit dem Schädel in das Wasser. Man zog ihn wieder heraus und entfernte sämtliche Ornamente, die auf eine magische Matte gelegt wurden. Er war neu geboren, ein Kind einer Frau, jetzt neugeboren als Mann, als Mann seiner Zeit.

Sie sangen unentwegt, und die Männer in dem Kanu, das den Initiierten transportierte, paddelten zurück, wieder nach Osten, wo die Sonne aufgeht, ins Land der Lebenden. Zuerst verhielt sich das Neugeborene wie ein Baby, dann wie ein Kind, das die Namen der Flüsse, der Bäume nicht kannte und überhaupt nichts wusste. Dann begann er zu lernen, an jedem Zufluss wurde der Name des Flusses ausgerufen, und er musste mit einem Ton aus seinem Bambushorn antworten. Als sie wieder zu Hause angekommen waren, verbrachte er die Nacht mit seiner Familie und wurde erneut von Kopf bis Fuß geschmückt. Nachdem sie sich ausgeruht hatten, sammelten die Familienmitglieder Sago aus dem Dschungel. Dann gab es weitere Tänze und das Stampfen von Sago. Der Kopf wurde in der Mitte des *jeu* aufgehangen. Endlich verließ der Initiierte das Männerhaus, die magische Matte unter dem Arm, den reich geschmückten Schädel in der Hand. Die Männer trugen Schilde, die sie während des Gesangs auf und ab schwangen. Sie tanzten, und jetzt durfte auch der Initiierte zu ihnen; er schwenkte den Schädel hin und her. Die Lieder, die sie schon während der Vorbereitung des Kopfs und des Sagostampfens gesungen hatten, wurden wiederholt.

Und wieder wies der Schädel Desoipitsj' die Umstehenden eindringlich an, dass man sich ihm auch in Zukunft fügen müsse.

In vielerlei Hinsicht war die Welt der Asmat zur Zeit des ersten Kontakts mit Europäern das genaue Gegenteil von ihnen, ein verkehrtes Spiegelbild, eine Verkörperung aller Tabus der abendländischen Welt. In Teilen Asmats hatten Männer Geschlechtsverkehr miteinander. Manchmal wurden Frauen ausgetauscht. In Bonding-Ritualen wurde der Urin des Gegenübers getrunken. Sie konnten sehr intime, sehr unterwürfige Akte begehen; einmal saugten alle Männer der Tambor-Siedlung an dem Penis ihres Anführers Basim. Sie töteten ihre Nachbarn, jagten Schädel und aßen menschliches Fleisch, und Pip und seine Brüder fanden all dies normal. Das lateinische Wort für »Wald«, *silva*, ist Ursprung des englischen und französischen Worts »savage« – wild –, und die Asmat von Otsjanep, die an jenem Tag auf der Arafurasee paddelten, hätten genauso Figuren eines mittelalterlichen Fantasyromans sein können. Männer, die mit den Worten des Historikers Kirkpatrick Sale in Wäldern lebten voller »Monster und Höllenkreaturen, die Frauen entführen und Kinder fressen; ganze Rassen verfluchter Halbmenschen, animalistisch und wild... eine riesige, mächtige, haarige Gestalt mit einer großen Holzkeule und beeindruckenden, entblößten Genitalien, behangen mit üppiger Vegetation, stumm und somit ohne jegliche Vernunft, vereinnahmt von den Geheimnissen der Natur, Sklave seiner natürlichen Verlangen und unkontrollierten Leidenschaften, stets auf der Lauer im dunklen Wald – und in den dunklen, unterdrückten Ecken des menschlichen Verlangens, des Unbehagens und der Furcht.«

Aber Pip und seine jeu-Kameraden waren keine Wilden, sondern komplexe, biologisch moderne Menschen mit einem Gehirn und den körperlichen Fähigkeiten, eine 747 zu fliegen, mit einer solch komplizierten Sprache, dass sie siebzehn Tempora besitzt, deren ganze Erfahrung, deren ganze Welt hier lag, aus diesem isolierten Universum aus Bäumen, Meer, Flüssen und Sumpf entsprang, abgeschnitten von Ressourcen und anderen Menschen, anderen Ideen, anderen Technologien. Sie waren Jäger und Sammler, die von der Hand in den Mund lebten. Es gab keine Kulturpflanzen, keine Lebensmittelquelle, die länger als ein paar Tage hielt. Die Kopfjagd und der Kannibalismus waren so selbstverständlich für sie wie die Kommunion oder dass man sich auf einem Teppich Richtung Mekka kniete. Es gab kein Empire State Building, kein Amerika, keinen Shakespeare, keine Atombombe oder Raketen, keine Autos oder Radios, keinen Jesus Christus oder Telefon. Sie besaßen andere Symbole, andere Dinge, die ihre Welt und ihren Platz darin ordneten. Sie wussten, dass ein roter Sonnenuntergang bedeutete, dass irgendwo eine große Kopfjagd im Gange war. Sie wussten, dass der Mond jede Nacht eine andere Form annahm, weil die Sonne ihn verärgerte, die in die Unterwelt hinabgetaucht war, in das Land hinter dem Meer, und das jeden Abend. Sie wussten, dass sie von Bäumen abstammten, denn Bäume wie auch Menschen hatten Füße, Beine und Arme und wurden von einer Frucht gekrönt. Ein Mann war ein Baum, ein Baum ein Mann. Sie wussten, dass sie einem Flughund, einem Kuskus, einem Kakadu glichen, denn alle jagten und aßen dasselbe: Früchte, ob die Frucht von Bäumen oder die Frucht von Menschen. Sie glichen dem Wildschwein und dem Krokodil, denn Wildschweine und Krokodile töteten Menschen und aßen ihr Fleisch, genau wie sie. Und sie glichen Gottesanbeterinnen, denn auch sie waren wie die Menschen: Auch sie aßen Köpfe – der eigentliche Akt der Erneuerung.

Sie wussten, dass ein Mann, der viele Köpfe gejagt hat, ein mächtiger Mann war – von anderen Männern gehuldigt, von Frauen begehrt. Sie kannten die Gezeiten, jedes Flüsschen, die besten Jagdgründe für Fisch und Garnelen, wussten, wie man Kasuar und Wildschweine mit ihren Jagdhunden ausfindig machen konnte. Sie konnten Kanus herstellen, ein Haus in wenigen Stunden mit den Sachen bauen, die gerade zur Hand waren. Und sie wussten, wie man schnitzte, wie man einem leblosen Stück Holz Leben einhauchte, in einer Sprache aus Form und Symbolik, die jeder Mann und jede Frau im Dschungel sprechen und verstehen konnte. So sind sie schließlich entstanden – der erste Mensch hat andere Menschen aus Holz geschnitzt und sie dann zum Leben ertrommelt. Die Trommel, der Speer, der Bug des Kanus, der Schild, der Ahnenpfahl, die Lieder – all das war ihre Literatur.

Die Otsjanep-Männer sangen »Es ist ein Vogel über dem Meer« und schlugen mit den Paddeln im Rhythmus gegen das Kanu.

Über mich wachend,
weil ich hier im Boot bin.
Schick mir keinen großen Wind
Bis ich wieder zu Hause bin.

Das Wasser spritzte gegen die Außenwände. Die Küste schien nichts weiter als ein dünner Streifen zu ihrer Linken zu sein – nichts außer Meer und Himmel und Grün. Sie waren auf dem Weg zur Ortschaft Wagin am Digul-Fluss, über hundert Kilometer entlang der Kasuarina-Küste. Für Asmat war das eine lange Reise, und es würde sie an Dutzenden von Siedlungen vorbeiführen, keine davon freundlich gesinnt.

Die Krieger von Otsjanep wussten es noch nicht, aber sie wurden in eine Falle gelockt. Täuschung war in Asmat an der Tagesordnung. Der Feind musste getäuscht werden, damit man ihn überwältigen konnte, die Geister mussten getäuscht werden, wenn man sie zurück nach Safan treiben wollte, alles, um das Gleichgewicht aufrechtzuerhalten, das unentbehrlich für das Leben in Asmat war. Otsjanep und Omadesep waren Feinde. Sie haben sich über Jahre hinweg ausgetrickst, einander getötet, und Otsjanep hatte oft den Kürzeren ziehen müssen. Aber sie waren auch Nachbarn und durch Tod und Hochzeiten eng miteinander verbunden.

Faniptas, ein Meister-Schnitzer, Anführer eines *jeus* in Omadesep, war zum Beispiel mit drei Männern in Otsjanep verwandt. Er war groß, hatte lange Sagoblätterfasern ins Haar geflochten und trug einen geschnitzten Schweineknochen in der Nase. Ein paar Tage zuvor war er den Faretsj-Fluss hochgepaddelt, der sich bei Flut bis hin zu befahrbaren Sümpfen erstreckte. Nach den Sümpfen erreichte er den Ewta-Fluss, der an Omadesep vorbeifloss. Die Reise dauerte etwa zwei Stunden. »Hallo, Schwestern und Brüder«, hatte er die Menschen in Otsjanep begrüßt. »Greift mich nicht an. Kommt mit mir nach Wagin.« Vor einigen Jahren waren ein paar Familien von Omadesep dorthin gezogen. »In Wagin gibt es viele Hundezähne; wir werden dahin paddeln und reich werden.«

Im Dschungel in der Nähe von Wagin, an einem Zufluss zum Digul, gab es einen Strudel, und jeder Asmat wusste, dass Strudel Portale zur Unterwelt waren; Orte, an denen Geister verweilten. Dieses Portal hatte einen Hüter, einen Hund, und der Strudel erzeugte *jursis* – Hundezähne. In Asmat gab es kein Geld, und Ketten mit aufgereihten Hundezähnen, wie bei einem Patronengurt, besaßen eine symbolische Kraft und wurden hoch gehandelt; zudem waren sie die bevorzugte Art, eine Braut zu kaufen. Aber um Hundezähne zu erzeugen, brauchte der Strudel Opfergaben beziehungsweise frische, in Bananenblätter eingewickelte Schädel. Aber woher sollten die Männer aus Omadesep diese Schädel nehmen? Faniptas und seine Kumpane aus dem *jeu* Desep heckten einen Plan aus: Sie würden nach Otsjanep fahren, um dort Männer zu überzeugen, mit ihnen zu kommen. Sobald sie am Ziel angekommen waren, würden sie sie töten und dem Strudel opfern.

Aber so leicht sollte es doch nicht werden. Es würde ein gegenseitiges Massaker folgen, das erste einer ganzen Reihe von ineinander verflochtenen Geschehnissen, die letztendlich zu dem Tod von Michael Rockefeller führten. Und Pip, Dombai, Su, Kokai, Wawar und Pakai paddelten munter darauf zu.

6

· · · · · · · · · · · · · · ·

Februar 2012

DIE TRIEBWERKE DES zweimotorigen *Tregana Airways Otter*-Flugzeugs dröhnten. Ich saß auf der vordersten Sitzbank, war angeschnallt und hatte so wenig Beinfreiheit, dass meine Knie gegen meine Brust drückten. Das Flugzeug war bis aufs Letzte ausgeschlachtet worden, selbst der Boden bestand aus Spanplatten. Drei Kilometer unter uns lag ein grüner Teppich, durch den so viele Flüsse mäanderten, dass es aussah, als ob wir über ein Trainingsgelände für wild gewordene Baggerfahrer flögen.

DER FLUGHAFEN IN EWER, DIE EINZIGE LANDEBAHN IN ASMATS KNAPP 26.000 QUADRATKILOMETERN DSCHUNGEL UND SUMPF.

Die Triebwerke wurden gedrosselt, wir verloren an Höhe, und die Maschine drehte hart nach links ein, als ein Einschnitt unter uns im Dschungel sichtbar wurde – ich sah ein paar Häuser mit Wellblechdächern und eine grüne Landebahn, die mit Aluminiumplatten aus dem Zweiten Weltkrieg bedeckt war. Wir drehten erneut ein, flogen knapp über den Fluss hinweg und landeten. Am Ende der Landebahn musste der Pilot hart bremsen. Dann öffnete sich die hintere Luke, und die Hitze schoss in das Flugzeug, eine feuchte, heiße Wand. Kaum war ich die zwei Sprossen der Leiter hinabgestiegen, als die Triebwerke der Otter wieder zu tosen begannen und die Maschine abhob. Jetzt war ich ganz allein in Asmat.

Es hatte neun Tage und ein Leben lang gedauert, bis ich endlich angekommen war.

Ich bin mir nicht ganz sicher, woher meine Besessenheit von der Primitive, wie sie genannt wurde, stammte. Selbst wenn ich jetzt diverse Klischees bediene – ich kann mich noch genau an die Tarzanfilme erinnern, die über unseren alten Schwarz-Weiß-Fernseher huschten. Sie gehören mit zu meinen ersten Fernseherinnerungen, ich kann kaum älter als vier oder fünf gewesen sein. Dichter Dschungel. Trommeln. Geheul. Feuer.

Als ich älter wurde, gewann das Ganze an Form. Ich konnte mich keinem Gruppenbewusstsein unterordnen, ragte immer aus der Menge heraus oder fühlte mich zumindest so, als ob ich es tat. Ich wurde gemobbt, geriet in Raufereien. In der fünften Klasse stolperte ich über Karate oder eine antiquierte Form davon, die von einem Außenseiter gelehrt wurde. Es war hart, strapaziös, voller nicht enden wollender Wiederholungen, Körperkontakt und Gewalt. Ich fuhr sofort darauf ab, das war mein Ding. Ich, der Kleine, der Typ, der nicht einmal einen Ball fangen wollte, konnte kicken, bis alle um mich herum umfielen, konnte Schläge einstecken, Schmerzen ertragen, bis ich blau und schwarz und grün geschlagen wurde und meine Nase gequetscht und blutig war, und es dauerte nicht lange, bis ich die großen Schulhofschläger in die Knie zwang.

Ich las viel. Stunden über Stunden in Hängematten und Hollywood-Schaukeln, bis spät in die Nacht. Ich liebte die Idee von parallelen Welten und Universen. Eines Tages sah ich David Leans Filmepos *Lawrence von Arabien*. Ich war zu jung, um die Feinheiten von T.E. Lawrences inneren Konflikten zu verstehen, aber alt genug, um sie zu erahnen, um ihn als Schicksalsgenossen, als weiteren Außenseiter zu erkennen.

Fantasien machten dem großen Genre der Sachbücher und Abenteuerromane Platz. Ich las den echten Lawrence – *Die sieben Säulen der Weisheit*. Wilfred Thesigers *Die Brunnen der Wüste*, das von seinen harten Trecks mit Beduinen durch das »leere Viertel« der arabischen Halbinsel berichtet. Die großen Segelklassiker, allesamt von Einzelgängern: Joshua Slocum, Francis Chichester, der Kap Horn während seiner Einhand-Weltumseglung umschiffte, ein Geräusch hörte, an Deck ging und ein Flugzeug im Himmel sah, das seinen Fortschritt verfolgte. Aber statt ein flüchtiges Gefühl der Kameradschaft zu empfinden, empfand er es als Belästigung, eine Unterbrechung seiner Einsamkeit. Oder Bernard Moitessier, der das *Sunday Times* Golden Globe Race gewonnen hätte, das erste Einhandseglerrennen um die Welt, wenn er nicht die Ziellinie ignoriert hätte und einfach weitergesegelt wäre. Er konnte einfach nicht anhalten; er umsegelte noch einmal die halbe Welt, ehe er in Tahiti endlich Land betrat.

Nach dem College ging ich auf Reisen. Ich kann mich noch daran erinnern, wie ich in Kairo aus dem Flugzeug stieg und etwas gerochen habe, das noch nie zuvor an meine Nase gedrungen war. Es war ätzend und süß. Rauch. Staub. Eine Spur fauliges

Obst, vermischt mit Auspuffgasen. Dann die Dunkelheit, spärlich erhellt von zu wenigen und zu schwachen Straßenlampen. Ein Bus ohne Fensterglas, verrostet und kurz vor dem Auseinanderfallen, rasselnd und scheppernd und grauen Rauch aus dem Auspuff speiend. Dazu einen charmanten, sehr überzeugenden Mann mit faulenden Zähnen, der darauf bestand, dass das Hotel, zu dem meine Freundin und ich wollten, geschlossen hatte. Wir endeten in einer maroden, aber sehr freundlichen Absteige in der Nähe des Tahrir-Platzes, und ich habe nie wieder ein Land so geliebt wie Ägypten. Ich schaffte es, die Angst hinter mir zu lassen. In Luxor verbrachten wir Stunden am Ufer des Nils damit, mit einem Felucken-Kapitän darüber zu verhandeln, uns statt auf den normalen dreistündigen Törn auf eine fünftägige Reise nach Aswan mitzunehmen – ein unfassbarer, wunderschöner Trip mit Mahlzeiten aus Tomaten, Fischen frisch aus dem Nil und merkwürdigen Feuern, die abends achtern auf den Booten um uns herum brannten.

Nach Ägypten kam die Welt, ich wollte in sie eintauchen. Nicht in die normalen Gegenden, aber in die verstaubten Ecken, die Nischen. Amerika wirkte, als ob es in Plastik eingewickelt wäre. Kontrolliert. Ich wollte Getrommel und Gejohle, diese Feuer aus den Tarzanfilmen. Die Angst und Einsamkeit der Einhandsegler. Die Leidenschaft und das Gepränge Thesingers und Lawrences Beduinen. Sudan. Kongo. Indien. Afghanistan. Die Arktis. Sibirien. Bangladesch und Mali und Indonesien. Über zwei Jahrzehnte habe ich meine Flügel ausgestreckt. Ich hatte Geschmack für das Intensive entwickelt, und das beinhaltete auch intensive Gefühle unserer Menschlichkeit – Liebe und Hass, Brutalität und Schmerz und Leid, emotional und körperlich. Mir gefiel die Vorstellung, all das, was uns meiner Meinung nach zu zivilisierten Menschen machte, wegzuschälen, eine Schicht nach der anderen. Und als Außenseiter fühlte ich mich in diesen abgelegenen Ecken der Welt oft weniger entfremdet als in meinem eigenen Land, wo niemand von mir erwartete, dass ich dazugehörte, wo es offensichtlich war, dass ich es nicht tat und wahrscheinlich auch nie tun würde. All das ließ mich zu dem Schluss kommen, dass mich traditionelle Stammesgesellschaften im Dschungel zu den Wurzeln führen könnten. Zu welchen Wurzeln? Zu denen, die uns verraten, wer wir sind.

Anthropologen der Gegenwart haben sich vor Langem von der These verabschiedet, dass es einen gleichmäßigen, linearen Pfad gibt, der von der primitiven zur zivilisierten Gesellschaft führt, und dementieren sogar die Auffassung, dass moderne, technologisch fortgeschrittene Kulturen »zivilisierter« sind als zum Beispiel die Asmat mit all ihren Komplexitäten. Nelson Rockefellers Museum, das die Kunst der Analphabeten und isolierten Stammesangehörigen auf die gleiche Ebene gebracht hat wie die Werke übergebildeter Abendländer, war ein erster Schritt in diese Richtung. Aber Kindheitsträume sterben nicht. Primitiv, unzivilisiert, nenne man es, wie man wolle, aber ich war hungrig danach, die Menschheit vor der Bibel, vor dem Koran, vor der christlichen Schuld und Schande, vor Kleidern und Besteck zu sehen. Mir war nach einer Welt, wie Kirkpatrick Sale sie so treffend beschrieben hatte, bevölkert von vorzeitlichen Wilden, von Menschen, vereinnahmt von den Geheimnissen der Natur, einer Welt, in der noch natürliches Verlangen herrschte. Einer Welt, in der ein Junge in einem Wolfspelz mit Kreaturen tanzen konnte, die ihre fürchterlichen Zähne fletschten und ihr fürchterliches Brüllen brüllten.

Auf meinem Pfad stolperte ich über Tobias Schneebaums Buch über die Asmat. Sie lebten in einer der abgelegensten Ecken der Welt, weit weg von allem Modernen, und verkörperten für mich wohl die naive und idealisierte Idee, dass ich in ihnen eine raue, ungefilterte Welt vorfände. Schneebaum hat mit ihnen im Schlamm gewühlt, ist in ihren Kanus gepaddelt, hat mit ihren Männern geschlafen. Ich war nicht schwul, aber das Buch hat bei mir Widerhall gefunden, und durch Schneebaum hatte ich das erste Mal die Michael-Rockefeller-Geschichte gehört.

Und jetzt war ich hier. Endlich.

Ich hatte mich während der letzten Monate in Asmat vertieft, war die niederländischen Kolonialarchive und die der Missionare durchgegangen. Es war eine mühsame Arbeit gewesen. An einem kalten Winterabend saß ich mit Pfarrer Hubertus von Pej zusammen in Tilburg, Niederlande, und war über eine aufgefaltete Karte gebeugt, die er gerade gemalt hatte. An einem anderen verbrachte ich Stunden auf der kanarischen Insel Teneriffa und hörte Wim van de Waal zu, einem ehemaligen niederländischen Kolonialoffizier, der 1961 in Asmat stationiert und in den Rockefeller-Fall involviert gewesen war. Beide gaben mir Namen und Daten, denen mein niederländischer Mitarbeiter und ich nachjagen konnten. Diese Papierspur wurde nie veröffentlicht und erzählte lebhaft eine Geschichte, die erstaunlich unspektakulär ist. Aber um zu verstehen, was mit Michael passiert war, musste ich Asmat kennenlernen; diese Geschichte aufzuarbeiten war mir ein persönliches Anliegen geworden.

Dorthin zu kommen war eine andere Angelegenheit gewesen. Es gab genügend Seiten im Internet mit Fotos und Informationen, die einem stückchenweise präsentiert wurden, aber entweder war alles hoffnungslos veraltet oder bis zur Nutzlosigkeit ungenau. Auf Google Maps sieht man lediglich einen großen grünen Teppich. Es blieb mir also nichts anderes übrig, als selbst hinzufahren und meine eigenen Erfahrungen zu sammeln. Ich konnte nichts reservieren, hatte keinen Plan, nur einen Namen – einen »Mr Alex«, der angeblich ein Hotel in Agats besaß und

Englisch sprach. Er würde mir bei der Weiterreise behilflich sein können.

Ich war von Washington, D.C., über London und Singapur nach Jakarta geflogen, um dann nachts in ein weiteres Flugzeug nach Port Numbay zu steigen (dem ehemaligen Hollandia, Hauptstadt von Niederländisch-Neuguinea). Dort holte ich eine Polizeierlaubnis ein, damit ich mich frei im indonesischen Papua bewegen konnte. Auch Michael war in Port Numbay gewesen, wie die meisten Kolonialverwalter auch, und ich stellte mir vor, dass ich bei meiner Ankunft ihre ehemalige Herrschaft in Form der alten Gebäude in mich aufsaugen könnte, aber Indonesiens Strategie, eine lang schwelende papuanische Unabhängigkeitsbewegung zu schwächen, bestand darin, die Gegend mit Indonesiern zu bevölkern, sodass die Papua mittlerweile eine Minderheit in ihrem eigenen Land waren. Port Numbay war nichts als eine weitere indonesische Großstadt, überfüllt mit Motorrädern und Autos und Minivans und Betongebäuden, und man musste sich glücklich schätzen, einen Papua zu erspähen.

Ich flog weiter nach Timika, einer verrückten Kleinstadt fest in den Klauen von Hitze und Staub. Von hier aus hoffte ich, ein Schiff oder ein Boot nach Agats zu finden. Aber es gab kein Boot, nicht einmal einen Fluss – der »Hafen« war fünfzig Kilometer entfernt. Also machte ich mich auf den Weg. Mein Taxifahrer hieß Ainum, ein Indonesier aus Makassar, und wir fanden einen hölzernen Frachter, der keinen genauen Fahrplan besaß, ein Schiff, das vielleicht alle zwei Wochen auslief. Es gab ein Flugzeug, meinte Ainum, das donnerstags und samstags flog, aber um an ein Ticket zu kommen, musste man zum Terminal. Timika ist fest in den Händen der Grasberg-Mine, der größten Kupfermine der Welt und der drittgrößten Goldmine. Sie gehörte einer Tochtergesellschaft der amerikanischen Firma Freeport-McMoRan. Timikas Terminal war funkelnagelneu, modern und glänzte an allen Ecken und Enden. Es roch frisch, und Freeports Bestrebungen des ökologischen Abbaus hingen an jeder Wand neben Uhren, die die Zeit in Jakarta, London und New Orleans angaben. Das Terminal für Binnenflüge auf der anderen Seite des Parkplatzes bestand aus nichts weiter als einer Hütte, der Estrich voll oranger Betelnussspucke, Zigarettenenden, Strohhalmen, leeren Joghurtbechern und kaputten Plastiktüten. Aus dem Klo strömte Flüssigkeit über den Boden – aber hier zumindest fand ich Papua, kleine schwarze Männer und Frauen in zerfledderten T-Shirts mit Hornhaut an den bloßen Füßen. Es stank nach Schweiß.

Für den Flug am Donnerstag gab es keine Tickets mehr. »Kein Problem«, sagte Ainum. »Ich habe einen Freund, der am Flughafen arbeitet. Ich kann Ihnen eines besorgen.« Das tat er auch und besuchte mich später im Hotel, um mir ein Ticket zu geben. Es war auf jemand anderen ausgestellt und kostete mich das Doppelte des normalen Preises.

Vier Tage später stand ich wieder im Binnenterminal. Es herrschte das gleiche Chaos, es schienen die gleichen Menschen da zu sein. Es herrschten an die vierzig Grad Celsius, und zwei rotgrüne aneinandergebundene Papageien saßen auf einer Bank. Die Frauen hatten zwei kleine schwarze Tattoos auf der Wange, kaum größer als Punkte, und die Männer trugen Bärte. Wie ich später herausfinden sollte, war keiner von ihnen Asmat. Niemand wusste, wo das Flugzeug war, geschweige denn, wann es starten würde. Wir saßen herum. Ich fühlte mich schwach, Fieber drohte mich zu übermannen, und ich litt unter Bauchkrämpfen. Nach drei Stunden tauchte der Flieger auf. Wir drängten uns hinein, und vierzig Minuten später stieg ich in Asmat aus.

Ich war in Ewer, dem einzigen Ort in einer Umgebung von Tausenden Quadratkilometern, der genügend trockenes Land besaß, damit ein Flugzeug landen konnte. Ich warf die Tasche über die Schulter und folgte den anderen Passagieren über einen klapprigen Bürgersteig gen Fluss. Wir gingen an einigen Holzhäusern vorbei. Ich machte ein großes, langes *jeu* aus, ein Asmat-Männerhaus, dessen Bewohner auf der Veranda faulenzten. Es wollte mir nicht in den Kopf, es war, als ob ich mir Bilder aus einem Buch anschaute. Am Ende eines zerbröckelnden Betonkais mit in alle Windrichtungen herausstehenden Bewehrungsstäben war eine Reihe farbenfroher roter, gelber und grüner Schnellboote aus Fiberglas festgemacht. Ich reichte meine Tasche einem Indonesier und sprang in das kleine Boot, und zusammen mit drei anderen Passagieren, allesamt Indonesier, legten wir ab.

Ich hatte keine Ahnung, wo es hinging oder wie lange die Fahrt dauern würde. Wir schossen einen kilometerbreiten Fluss hinab, der von dichtem Dschungel eingezäunt zu sein schien. Zu unserer Linken und Rechten die anderen Boote, mit denen wir um die Wette fuhren. Der Fluss wurde breiter – wir näherten uns der Mündung, die große, weitläufige Arafurasee direkt vor unserer Nase –, als uns ein Langboot entgegenkam und auf uns zuschiffte. Die Passagiere gestikulierten wild, hoben und senkten die Hände. Der Grund dafür wurde mir schon bald klar. Als wir die Mündung erreichten, wurden wir von einer wilde Masse brodelnden Wassers voller Strudel und Strömungen willkommen geheißen. Der Kapitän drosselte den Motor, aber das Wasser spritzte trotzdem über die Bordwand ins Boot. Er steuerte auf das gegenüberliegende Ufer zu, durch die Turbulenzen, und wir bogen links ab, den Asawets flussaufwärts. Fünfzehn Minuten später erreichten wir Agats.

Es kam mir vor, als ob ich am Ende der Welt wäre. Eine meilenlange Reihe wackeliger Kais und Hütten auf Stelzen, unter denen Plastikflaschen, leere Ramen-Nudelverpackungen und Nelkenzigarettenschachteln im Wasser trieben. Dutzende nackter, nasser Kinder hüpften in den braunen schäumenden Fluss. Ein kaputter hölzerner Gehweg neigte sich ins Wasser. Ein Mann mit bloßen Füßen schnappte sich meine Tasche, und ich folgte ihm blindlings. Wenige Minuten später stand ich im Pada Elo Hotel. Vier fensterlose Zimmer mit Wänden aus Spanplatten direkt über dem Fluss. Im Hof standen Ölfässer voller Wasser, Wäsche trocknete auf einer Leine. Eine junge Frau in Jeans zeigte mir mein Zimmer – zwei Einzelbetten und ein Loch im Fußboden über dem Wasser, mein Privatklo. Kein fließend Wasser, kein Strom. Ein Kakadu raste auf dem Rand eines Fasses hin und her und starrte mich mit einem schwarzen Auge unruhig an.

»Ist Mr Alex da?«, fragte ich.

Sie schüttelte den Kopf, zuckte mit den Achseln. Offensichtlich sprach sie kein Englisch.

Dann öffneten sich die Himmelsschleusen, und ich brach zusammen. Es goss wie aus Kübeln, schlimmer, als ich es mir je hätte vorstellen können, und das Fieber in mir wütete. Es herrschte völlige Dunkelheit, und im Zimmer war es zum Ersticken heiß. Eine Autobahn voller Ameisen krabbelte einen Bettpfosten hoch, und das Wasser drang durch das Dach und floss in einem kleinen Fluss über die Spanplatten. Zwei Tage lang trommelte der Regen unaufhörlich und gnadenlos auf das Wellblech über mir, während ich mich im Bett hin- und herwälzte. Was zum Teufel tat ich hier? Was wollte ich eigentlich erreichen? Wie sollte ich nur in diese Welt eintauchen, wenn ich noch nicht einmal ihre Sprache konnte?

Dann wachte ich zu einem wilden Durcheinander krähender Gockel auf, und grelle Helligkeit drang durch die Ritzen an der Tür, den Wänden und des Dachs. Ich schüttete mir einen Eimer kaltes Wasser über den Kopf und trat hinaus. Dampf stieg von den moosigen, wackeligen Planken der Bohlenwege auf, die über den allgegenwärtigen schlammigen Teppich leerer Plastikflaschen führten. Tausende und Abertausende Flaschen. Überall waren Boote zu sehen – Einbaum-Kanus, zwanzig Meter lange Lang- und farbenfrohe Schnellboote –, auf den Bächen, auf dem Fluss, am Kai. Agats hatte siebentausend Einwohner, aber es gab keine einzige Straße, kein einziges Auto. Am Hafen waren die Gehwege von Geschäften gesäumt, und es wimmelte nur so von Javanern, Bugis, Toraja und Indonesiern. Ob Geschäftsleute oder Abenteurer von den umliegenden Inselgruppen, alle versuchten hier ihr Glück. Der Marktplatz und der Bolzplatz bestanden aus Holzbrettern, die über dem Schwamm schwebten. Hier war die Grenze der wachsenden Republik, der Anfang der Eingeborenen Indonesiens. Ihr offenkundiges Schicksal war so ersichtlich und bedrückend wie vor hundert Jahren in den Vereinigten Staaten. Als Michael Rockefeller Fuß nach Agats gesetzt hatte, war es ein niederländischer Verwaltungssitz mit einer Handvoll niederländischer Priester, Nonnen und Kolonialherren neben der Asmat-Siedlung namens Sjuru gewesen. Die niederländische Regierung hatte alle Angelegenheiten Michaels geregelt. Jetzt aber war kein anderer Weißer zu sehen, und Agats wuchs Tag für Tag, solange die Gelder aus Jakarta flossen. Beamte erhielten hier das Sechsfache von dem, was sie auf Java verdienten.

Der Markt jedoch war voller Asmat. Tiefschwarze Männer, knochig, aber mit breiter Brust, und kurzhaarige Frauen verkauften in Palmenwedel eingewickelte Muscheln und Krabben, sechzig Zentimeter lange Haie, Rochen und nach Luft schnappende Welse sowie merkwürdig anmutende weiße Haufen – das Mark der Sagopalme, das Hauptnahrungsmittel der Asmat. Langsam kam ich der Sache näher; die pure Welt der Asmat wartete dort draußen bereits auf mich.

Nach einer Stunde des Herumwanderns stolperte ich über ein weiteres Hotel. Es hatte Zimmer mit Toilette und Laken und Fenster, die auf den Innenhof aus schwarzem Schlamm blickten.

Das Beste aber war der Rezeptionist, der gebrochenes Englisch sprach. Als ich mich nach einem Reiseführer erkundigte, holte er sein Handy hervor, sprach mit jemandem, und wenige Minuten später trat Harun ein.

Er war Asmat, dunkel und undurchschaubar, still. Er sprach nicht, er flüsterte, die Augen zu Boden gerichtet, und um den linken Arm trug er einen dreckigen Gipsverband. »Ich bin Reiseführer«, hauchte er. »Es gibt viele Touristen hier in Asmat.«

»Wie viele?«, fragte ich.

»Dieses Jahr schon vier«, antwortete er.

Ich wollte ein Boot mieten und die umliegenden Flüsse und Siedlungen erkunden, erklärte ich, verlor aber kein Wort über Rockefeller. Ich hatte einen Plan, wollte eine generelle Erkundungsreise machen, gen Süden, die Siedlungen anschauen, die auch Michael besucht hatte. Mein Ziel lautete Omadesep oder Otsjanep.

Ich holte eine Karte hervor, auf der die Routen seiner zwei Reisen angedeutet waren, und zeigte sie Harun. »Eine Woche, vielleicht zwei. Ich bin mir nicht sicher«, fuhr ich fort. »Ich will einfach nur ein wenig herumkommen.«

Harun nickte. »Ich kann Sie überallhin begleiten.«

Als Nächstes wurde der Preis besprochen. Sein Arm tat weh, behauptete er – er war mitten in der Nacht von einem der Gehwege gefallen, musste jetzt ins Krankenhaus und meinte, dass er in ein paar Stunden wiederkommen würde.

Und das tat er auch, mit zwei weiteren Männern, Amates und Wilem. »Der Arzt meint, ich kann mit meinem Arm nicht weg, aber meine Freunde hier können Sie begleiten.«

Amates machte einen nervösen Eindruck, beinahe überdreht. Der Schweiß tropfte von ihm herab, sein Körper wirkte in der weiten schwarzen Hose verloren, und sein Mund war eine hässliche dunkle Höhle. Am Hals hatte er einen eiternden Furunkel, den er anscheinend nicht in Ruhe lassen konnte. Und dann gab es noch den halben Finger, einen Stumpen, der noch immer angeschwollen war.

Wilem schien das komplette Gegenteil zu sein. Für einen Asmat war er recht rundlich, trug Flipflops, eine Turnhose und ein rot-weiß gestreiftes Fußballtrikot. Er hatte etwas Hochnäsiges an sich. Amates Englisch war langsam und schwerfällig. »Ich komme aus Biwar Laut«, fing er an. »Ich war auf der Universität. Ich unterrichte Englisch. Das hier ist Wilem, er steuert das Boot.«

Wir verhandelten erneut den Preis, erreichten ein Übereinkommen, und die Sache war erledigt. Sie würden für alles sorgen, Essen, Benzin, alles.

Am nächsten Morgen um sechs legten wir in einem neun Meter langen Boot ab, das über einen Johnson-Motor mit fünfzehn Pferdestärken verfügte. Es herrschte Windstille auf dem knapp einen Kilometer breiten Asawets-Fluss. Wir waren zu fünft: Amates und Wilem, ich, dann noch Manu, Wilems linke Hand, und Filo, Amates' Bruder. Wir hatten zweihundert Liter Benzin, Reis, Ramen-Nudeln und genug Tabak sowie Nelkenzigaretten an Board, um in der gesamten Bevölkerung von Asmat Krebs hervorzurufen – Tabak im Wert von Hunderten von Dollar. Wir steuerten am linken Ufer entlang, vorbei an Sjuru, der ehemaligen Asmat-Siedlung, neben der Agats gebaut wurde (jetzt nur noch ein Haufen voller Müll und Hütten, umnebelt von Rauchschwaden), ehe wir nach links in den Famborep-Fluss einbogen.

Wo gerade noch Boote fuhren, es von Handelsleuten wimmelte und der Geruch und der Lärm von Agats und Sjuru in der Luft hing, herrschte auf einmal völlige Stille. Plötzlich waren wir in eine Welt aus Wasser und leuchtendem Grün eingetaucht. Der Famborep war gerade einmal sechs Meter breit, um uns herum

Unmengen an herunterhängenden Lianen, Kletterpflanzen und moosbewachsener Mangroven. Im dunklen Wasser spiegelten sich der Himmel und die Bäume wider, und vereinzelte Sonnenstrahlen brachen durch das dichte Gestrüpp. Der Fluss überflutete das Land, so weit das Auge reichte. Vögel sangen. Es war wunderschön, kaum zu fassen, weit ab von allem. Hier lag kein Müll herum, es gab auch sonst keinerlei sichtbare Spuren von Menschen – es wirkte, als ob sich hier seit dem Anbeginn der Zeit nichts verändert hätte.

Amates deutete auf üppig wucherndes Blattwerk. »Eine Sagopalme!«, erklärte er. »Da habe ich mal drin geschlafen, als ich von Biwar nach Agats zur Schule musste.« Er war zweiunddreißig Jahre alt, hatte sechs Kinder und war schlau genug, dass man ihn auf die katholische Schule in Agats geschickt hatte, ehe er die Universität auf Bali besuchte. Er war arbeitslos, hatte kein Geld, und obwohl Biwar Laut mit einem Motorboot nur wenige Stunden flussabwärts lag, war er fünf Jahre lang nicht mehr zu Hause gewesen. Die Reise war einfach zu lang und zu teuer.

Wir bogen in den Banduw-Fluss ein. »Hier gibt es viele Krokodile.« Wir fuhren im Zickzack weiter, bis wir zum Jet-Fluss kamen, und Wilem steuerte gen Norden. Der Fluss wurde breiter, und allmählich ergab das alles Sinn – warum hier überhaupt Menschen lebten, warum die Handvoll Weißer, die es bis hierher geschafft hatten, von der Gegend so betört waren. Asmat schien aus einer anderen Welt zu stammen. Unwiderstehlich. Ein fremdes, fruchtbares Universum, das völlig vom Rest der Welt abgeschottet war. Der Dschungel war undurchdringlich, aber die Flüsse dienten als Straßen und trugen dazu bei, dass die Natur einen völlig vereinnahmte, ja es wirkte beinahe beklemmend. Es war ein in Wasser versunkener Garten Eden voller Vögel, Fische, süßem Frischwasser und einem gigantischen Himmel, der sich ständig veränderte. Wir fuhren an Siedlungen vorbei, die wir hatten riechen können, bevor wir sie sahen, voller Rauch und lachender Kinder, Stimmen und Kanus, die auf die schlammigen Ufer gezogen waren. Männer, stehend in ihren Einbäumen, paddelten an uns vorbei. Auch hier stiegen stetige schmale Rauchsäulen der Kohlen, die achtern im Kanu glühten, in die Luft.

Nach vier Stunden endlich erreichten wir Atsj, eine der größten und am besten erschlossenen Siedlungen neben Agats. Als wir auf dem Wasser unterwegs waren, hatte uns noch eine stete Brise um die Nase geweht. Jetzt aber, da wir angehalten hatten, brannte uns die Sonne heiß auf den Rücken, während wir das Boot an wackeligen Pfählen festmachten und dann auf eine Holzhütte zugingen, die Amates' Schwester gehörte. Die Veranda war voller Männer und Frauen in T-Shirts und Turnhosen. Die Bretter waren glatt und glänzten wie poliert, das Resultat jahrelanger Bearbeitung durch nackte Fußsohlen. Eine dünne Frau mit kurzen Haaren rannte auf uns zu. »Oh, oh, oh!«, entfuhr es ihr. »Ooooh«, stöhnte sie, ergriff Amates am Ellbogen und umarmte ihn, hängte sich an ihn. Sie schwankte hin und her, begann zu schluchzen und rieb schließlich ihr tränenüberströmtes Gesicht an seinen Armen und Wangen. Es war ein dramatischer und plötzlicher Erguss von Gefühlen, der ebenso rasch wieder versiegte, wie er begonnen hatte: Sie drehte sich einfach um und ging davon. Das war mein erster Einblick in die Wesensart der Asmat – ein Ort der Extreme, der intensiven Emotionen, mit dem Bewusstsein und dem Selbstempfinden, die zum Wesen eines Kannibalen gehörten –, obwohl es recht lange dauern würde, ehe ich es verstehen sollte.

Das Haus hatte vier Zimmer, Holzbretter dienten als Wände, und in einer Ecke standen zwei rote Velourssofas. Über dem Eingang hingen ein Schweinekiefer und ein zwei Meter langer Bogen, der zusammen mit einem prall gefüllten Köcher voller Bambuspfeile von einem Nagel in der Wand herabbaumelte. Der

Hinterhof war vollgestellt mit Wannen, in denen Regenwasser gesammelt wurde. Ein handgeknüpftes Fischnetz hing an einer Wand. Dahinter lagen noch mehr Räume, dunkel, fensterlos und rauchig. In einem konnte ich eine Feuerstelle und diverse geschwärzte Töpfe ausmachen. Onkel, Cousins, Neffen – Amates begrüßte jeden von ihnen mit »mein Bruder«, einer davon ein Albino – lagen, saßen und hockten auf dem Boden, schienen überall zu sein. Am Feuer presste eine Frau eine Handvoll rosaweißen Sago in eine Form, bedeckte ihn mit einem Bananenblatt und legte ihn dann ins Feuer. Nach wenigen Minuten holte sie das Ganze wieder hervor und stürzte die rechteckigen Kuchen auf einen Zinnteller. Der Sago war warm, schmeckte nussig, aber gehörig trocken. Mir war, als ob ich Sand äße; ich konnte mir schwer vorstellen, mich hauptsächlich davon ernähren zu müssen. Und obwohl sie hier in Atsj wohnten und lebten, stammte Amates' Familie aus Biwar Laut, und laut Amates kam »der Sago aus dem Dschungel um Biwar Laut. Nicht Atsj. Wenn wir hier in den Dschungel gehen und Sago holen, wird es zu Kämpfen kommen, schlimmen Kämpfen. Das wird ganz schlecht ausgehen«.

Die Stunden vergingen, aber niemand schien sich groß zu bewegen. Mich überkam ein Gefühl der Verunsicherung, ein Gefühl der Aufhebung von Zeit und Raum. Atsj besaß ein Hotel, mehrere Läden und ein kleines Restaurant, das von indonesischen Handelsleuten betrieben wurde, einen großen Kai aus Beton, Moscheen, und wir saßen in einer Hütte mit einem Wellblechdach und diesen roten Veloursofas, ein Stilbruch sondergleichen. In einer Ecke stand ein Fernseher, der erst vor Kurzem mit einer durchsichtigen Plastikfolie bedeckt worden war. Aber das Hauptnahrungsmittel war noch immer Sago, das im offenen Feuer zubereitet wurde, und es stammte noch immer aus einer vorbestimmten Quelle. Ich war um die ganze Welt gereist und habe mich immer sehr willkommen gefühlt – normalerweise stehe ich im Mittelpunkt, die Leute sind immer neugierig und fasziniert, von woher ich stamme und warum ich gerade mit ihnen Zeit verbringen will, ich, ein kleines Fenster zum mythischen Amerika. Hier aber stellte niemand Fragen. Ich kam mir vor wie ein Geist, ein Gefühl, das stärker werden sollte, je tiefer ich vordrang. Niemand außer Amates sprach Englisch, und ich konnte nichts weiter machen, als dasitzen und zuhören, die anderen beobachten, wie sie schwitzten, rauchten und redeten. Ich verspürte eine Wand, die ich nicht zu überwinden vermochte, hinter der ich nichts erkennen konnte außer dem einen oder anderen lockenden Hinweis. Dabei war ich mir nicht einmal sicher, wie die Wand selbst aussah. Dies war nicht das Asmat, das Michael Rockefeller kennengelernt hatte. Seitdem sind Schichten über Schichten hinzugefügt worden, durch das Christentum, durch den Einfluss von Indonesien, aber wie sehr sich die Asmat dadurch verändert hatten, wer sie wirklich waren und was sie dachten, konnte ich nicht erahnen. Zumindest noch nicht.

Um aufs Klo zu gehen, musste ich durch eine hölzerne Tür und ein drei Meter langes Brett entlang, das in steilem Winkel über den Schlamm führte, gefolgt von einem Drahtseilakt über einen sieben Zentimeter breiten Stamm, der zu einer anderen Hütte unterhalb der unseren führte. Auch diese war voller Leute, die entweder kochten oder auf dem Boden lagen. Dort musste ich mich durchkämpfen, um schließlich über eine weitere Planke zu einem hölzernen Klohäuschen zu balancieren, in dessen Boden es ein Loch über dem Fluss gab.

Als es dunkel wurde, kochte Filo im Kerzenschein etwas weißen Reis und Instant-Ramen-Nudeln, als sich die Himmelsschleusen erneut öffneten und wahre Höllenkräfte entfesselten, mit denen der Regen auf das Wellblech prasselte. Unter dem Dach entwickelte sich ein feiner Nebel. Ich zog mich in das große Schlafzimmer zurück, das man mir angeboten hatte, einen unmöblierten Raum voller Fischernetze, einer Axt, Pfeil und Bogen und einem knallbunten Abbild von Jesus. Im schimmernden Kerzenschein blies ich meine dünne Isomatte auf und legte mich erschöpft hin.

7

Dezember 1957

PFARRER CORNELIUS VAN KESSEL MIT
WILDSCHWEINHAUER UM DEN LINKEN
ARM, EINEM KUSKUSPELZBAND AUF
DEM KOPF UND IN TRADITIONELLER
ASMAT-BEMALUNG.

ALS DIE HUNDERTVIERUNDZWANZIG Männer aus Otsjanep und Omadesep entlang der Küste gen Süden Richtung Wagin paddelten, wussten Pip und Faniptas bereits, dass Fremde von jenseits des Horizonts wie von Zauberhand in Asmat erschienen waren. Aber 1957 hieß das noch nicht viel, verlor beinahe an Bedeutung, denn es nahm keinerlei Einfluss auf ihr Leben. Sie machten sich keine Sorgen wegen der Weißen.

Die Krieger hielten die ganze Zeit über einen gehörigen Abstand vom Ufer ein, aber als sie Digul erreichten, wechselte das Wetter schlagartig. Große grünschwarze Wolken bedeckten den Himmel, und der Wind peitschte die Wellen auf. Überall waren Schaumkronen zu sehen. Ein kräftiger Wintersturm kam auf sie zu und drückte die Arafurasee auf die flach ansteigende Küstenregion. Die kurzen, steilen Wellen drohten die Kanus unter sich zu begraben. Wasser schwappte über die niedrigen Bordwände. Die Männer taten sich schwer, das Gleichgewicht zu halten, und sie kamen nicht mehr voran. Unentwegt brach das Wasser über sie hinweg, sammelte sich in ihren Kanus. Sturzflutartige eiskalte Regenschauer stürzten aus den tiefen grauen Wolken auf sie herab. Inmitten der rollenden Brandung und der brechenden Wellen hatten sie keine andere Wahl, als in der Nähe der Küstensiedlung Emene an Land zu gehen.

Während in New York Kunstkritiker die Einheit der Menschheit, die Gemeinsamkeiten wie Liebe, Spiel, Tanz und die Wertschätzung von Sonnenuntergängen feierten, sollten sich in Asmat genau die Männer gegenseitig mit Speeren, Pfeil und Bogen und Äxten angreifen, die schon bald zu den größten Künstlern der Welt zählen sollten. In dem kalten Regen, der in Strömen auf sie herabprasselte, erschienen plötzlich Krieger aus Emene und überfielen die Männer aus Omadesep und Otsjanep. Sie fochten miteinander, grölten und schrien, waren von Kopf bis Fuß mit Schlamm beschmiert. Es war fürchterlich, aber gleichzeitig auch ruhmreich, denn sie waren Krieger. Ein Mann aus Omadesep starb, vier aus Emene, und die Männer aus Omadesep und Otsjanep flüchteten in den Dschungel, in den Sumpf.

Am nächsten Morgen sahen sie, dass man ihre Kanus zerstört hatte. Faniptas führte sie weiter nach Norden. Sie stapften durch den Schlamm, kämpften sich nach Hause durch, passierten ein feindseliges Dorf nach dem anderen. In Baiyun ließen sechs ihr Leben. Bei Basim griffen die Männer aus Omadesep ihre eigenen Weggefährten an, wollten sie alle töten. Pip erlitt einen Hieb mit einer Stahlaxt in den Unterleib und ging zu Boden. Everisus Birojipts war damals ein kleines Kind, vielleicht sechs oder sieben Jahre alt, und er sah, wie Pip fiel. Er starrte auf den Toten und sagte zu seinem Vater: »Ich habe gesehen, wie Pip die Augen aufmachte; vielleicht ist er ja gar nicht tot.«

»Doch, er ist tot«, antwortete Birojipts' Vater. »Keine Angst.«

Aber Pip lebte noch. Nach drei Stunden stand er wieder auf, versorgte die Wunde und ging dann allein zum Ewta-Fluss und nach Otsjanep, seiner Heimat. Ohne die anderen war er flott unterwegs, schneller als in Gesellschaft.

Die Mündung eines jeden Flusses gehörte zu der Siedlung flussaufwärts. So auch die Mündung des Ewta, wo Pip auf seine Stammesbrüder traf. Er berichtete von der Heimtücke der Männer aus Omadesep. Die Krieger malten sich mit Ocker und schwarzer Asche ein X auf die Brust und Ringe um Arme und Beine. Sie schmückten sich mit einem Stirnband aus Kuskuspelz und mit Büscheln aus Kakadufedern. Sie steckten sich gebogene Muscheln in die Nasenflügel, die wie die Hauer eines Wildschweins aussahen, damit sie dessen Kraft und Macht für sich in Anspruch nehmen konnten. Sie wollten wild aussehen, um die Herzen ihrer Gegner erzittern zu lassen. Sie wurden zu den Tieren des Dschungels, Fresser von Früchten, Fresser von Menschen. Im *jeu* begannen sie zu trommeln und zu singen, die ganze Nacht hindurch, Schweiß tropfte von ihnen herab und erfüllte das *jeu* mit ihrem Geruch, einem Geruch, der ihnen Mut und weitere Kräfte verlieh. Sie tanzten mit Pfeil und Bogen, mit Speeren, versehen mit langen Widerhaken und bis zu sechs Spitzen, die abbrachen, sobald sie sich im Fleisch eines Gegners versenkten. Kurz vor Morgengrauen holten sie ihre Schilde – einen Meter achtzig hoch und voller fein gearbeiteter Schnitzereien mit Symbolen aus dem Wald und von der Kopfjagd, mit Flughunden, Hauern und Gottesanbeterinnen –, und aus jedem ragte ein hervorstechender Penis in Form eines Mannes in die Höhe. Sie trugen gemahlenen Kalk mit sich (ein getrocknetes Sekret der Frauen, das die Männer heißmachte), um ihn in die Luft zu werfen und somit ihren Gegnern Furcht einzuflößen. Jetzt sahen sie genauso aus, wie sie sich fühlten, wie das, was sie waren – wilde Dschungelkreaturen. Zweihundert Männer paddelten in der Morgenröte in zwanzig Kanus lautlos den Ewta-Fluss hinab und warteten an der schmalen, verworrenen Flussmündung.

Es ist schon bemerkenswert, dass die Asmat so lange keinen Kontakt mit der Außenwelt hatten. Es ist doch etwas anderes, sich eineinhalbtausend Kilometer im Inland an den Zuflüssen zum Amazonas zu verstecken, als direkt an der Küste zu leben und die Flüsse als Transportwege zu benutzen wie die Asmat. Seit Jahrhunderten fuhren die Europäer schon hier vorbei. Die Portugiesen landeten 1526, die Spanier einige Jahre später. 1595 schickten die Holländer eine Expedition zu den Molukken – neunhundert Kilometer nördlich von Asmat –, um sich Gewürze zu sichern. Kurz darauf riefen sie die niederländische Ostindien-Kompanie ins Leben, die über das indonesische Inselarchipel herrschen sollte. Aber Neuguinea war ein riesiges, unerforschtes Geheimnis. An den Küsten heiß und schwül, das Inland undurchdringlich mit seinen steilen Berghängen und tiefen Tälern. Schlimmer noch war die Südwestküste. Die Gegend befand sich länger als jede andere nicht-arktische Küste außerhalb eines Staatenbunds oder unter der Kontrolle einer Regierung. Es wuchs auch nichts, und Asmat konnte weder große Säugetiere ernähren, die man jagen oder domestizieren konnte, noch besaß es bekannte Bodenschätze. Außerdem war es so flach und gefangen in der Gewalt der Gezeiten, dass es auch mit Booten äußerst schwierig zu befahren war. Asmat schien unbezwingbar zu sein. Gavin Souter schrieb in seiner Chronik Neuguineas über

Jan Carstenz' Landung 1623, dass »die Eingeborenen ohne Vorwarnung angriffen« und »Männer in Stücke rissen, acht andere mit Pfeil und Bogen sowie Speeren töteten und die restlichen sieben schwer verletzten«.

1770 warf der britische Seefahrer James Cook vor der Mündung des Cook-Flusses – dem heutigen Kuti – Anker und schickte zwei Erkundungsboote flussaufwärts, wo sie Kanus voller Asmat begegneten, die mit Speeren und Pfeil und Bogen bewaffnet und von weißen Rauchschwaden umgeben waren – dem Kalk, den die Asmat in die Luft warfen. Cooks Männer hielten ihn für den Rauch von Feuerwaffen. »Ihre Waffen bestanden aus gemeinen, meterlangen Pfeilen, die aus einer Schilfart gefertigt und deren Spitzen mit Hartholz versehen waren. Was uns aber am meisten verwunderte, war die Tatsache, dass sie etwas besaßen, das aufblitzte oder Feuer oder Rauch hervorrief, genauso wie das Feuern einer Pistole oder eines Gewehres, aber ohne Knall. Die Täuschung war so perfekt, dass die Seemänner glaubten, sie besäßen Schusswaffen.« Bei diesem ersten Kontakt starben zwanzig von Cooks Leuten und eine unbekannte Anzahl von Asmat. Cook verspürte keinen Grund, sich dort weiter aufzuhalten oder je zurückzukehren.

1800 vereinnahmte die niederländische Regierung das Archipel von der Ostindien-Kompanie und begann hundert Jahre später mit Vorstößen in das Landesinnere, ausgehend von Papuas südwestlicher Küste. Bei diesen Expeditionen trafen sie aber nicht auf die Asmat. Unter dem Druck der Briten, deren Territorien von den Kopfjägern der Marind-anim-Krieger von der niederländischen Seite der Insel immer wieder überfallen wurden, etablierten die Niederländer 1902 einen Polizeistützpunkt in Merauke, etwa zweihundertfünfzig Kilometer südwestlich von Asmat. Die niederländische Kolonial-Hauptstadt Hollandia befand sich fünfhundert Kilometer nördlich jenseits der hohen

Gebirgszüge, sodass sie ebenso auf einem anderen Planeten hätte sein können.

Die Asmat lebten weiterhin in ihrer eigenen Welt, als ob diese ab und zu auftauchenden Fremden nichts weiter wären als gelegentlich erscheinende Geister, mit denen sie nichts zu schaffen hatten. Als der Zweite Weltkrieg über den Pazifik hereinbrach, wüteten große Schlachten an der Nordküste, mit dem Resultat, dass die Amerikaner Militärbasen in Hollandia und auf der Insel Biak bauten. Die Japaner etablierten vorübergehend einen Stützpunkt dort, wo später Agats entstehen sollte, und töteten zweiundzwanzig Männer an einem Tag, aber ihr Einfluss auf den Rest von Asmat war kaum spürbar.

Nach dem Krieg im Jahr 1947 gelangte der niederländische Priester Gerard Zegwaard nach Mimika, einer kulturell und linguistisch gesonderten Region nordwestlich von Asmat mit viel festerem Land. Zegwaard gehörte dem Orden des Heiligsten Herzens Jesu an, einer missionarische Bruderschaft, die seit Ende des neunzehnten Jahrhunderts im Pazifik aktiv war. OHHJ-Priester waren sehr gebildete und devote, aber auch harte Kerle. Sie praktizierten Selbstkasteiung, geißelten den eigenen Rücken mit Peitschen, deren Enden geknotet waren. Außer ihrer niederländischen Muttersprache beherrschten sie Latein, Englisch, Französisch und Deutsch. Sie waren mit der Philosophie Aristotels', Thomas von Aquins und Nietzsches vertraut. Zegwaard war gerade achtundzwanzig Jahre alt und besaß einen beinahe anthropologischen Sinn für das Wunderbare und die dementsprechende Neugier, und es dauerte nicht lange, ehe er sich einen Bart wachsen ließ und von der Sonne braun gebrannt war. Er rauchte Pfeife und stürzte sich tief in die Asmat-Kultur, stolperte über Rituale und Kopfjagden, die noch nie ein weißer Mensch zuvor miterlebt hatte – und hielt die so gewonnen Einsichten in seinen Tagebüchern fest.

Überfälle konnten überall und jederzeit passieren. Siedlungen befanden sich ständig im Umbruch, die größeren, mächtigeren weiteten ihren Einfluss aus, indem sie ihre kleineren Nachbarn zerstörten und deren Fisch- und Jagdgründe sowie Sagopalmen in Besitz nahmen. Direkte Zweikämpfe zwischen Kriegern waren eher selten. Wenn sich Kanus zweier angefeindeter Siedlungen auf einem Fluss trafen, johlten die Männer und warfen einander Beleidigungen an die Köpfe, beschimpften ihre Gegenüber als Weiber oder Frauen. Sie bemalten ihre Boote, schossen Pfeile über die Köpfe der anderen, und ganze Hände voll Kalk wurden in die Richtung des Gegners geworfen. Da aber keiner von ihnen einen Vorteil für sich sah, gab es auch keinen Grund, richtig zu kämpfen.

Der plötzliche Überfall einer Siedlung oder das Verschleppen von Männern, Frauen oder Kindern, die das Pech hatten, allein in der Wildnis angetroffen zu werden, war allerdings an der Tagesordnung. Aus Gründen des Schutzes gingen ganze Siedlungen oder Männerhäuser zusammen fischen oder Sago sammeln. Krieger formten eine Reihe den Fluss entlang bis zu dem Punkt, an dem die Arbeiten stattfanden, andere begleiteten Frauen in den Wald, um Sago zu sammeln. Natürlich bedeutete dies, dass die Alten und die Kinder allein im Dorf zurückgelassen wurden, und auch diese waren akzeptable Beute.

Aber selbst zwischen verfeindeten Siedlungen herrschten Blutsverwandtschaften, und sie konnten, wie Faniptas aus Omadesep, durch das Gebiet reisen, ohne einen Angriff fürchten zu müssen, und wurden oft sogar als Gäste empfangen. Durch den Austausch von Kindern oder Bräuten oder das Annehmen eines Namens entstand eine Verbindung zwischen den Siedlungen, die ermöglichte, dass die Kommunikation nicht abbrach. Aber die Asmat waren opportunistische Gauner. Manchmal töteten sie ihre Gäste im Schlaf, oder sie reichten ihnen Geschenke und töteten sie, wenn sie wieder gehen wollten. Es konnte auch passieren, dass sie andere überredeten, mit ihnen auf Reisen zu gehen, wie es Wagin mit den Kriegern aus Otsjanep getan hatte. Überfälle waren stets an Rituale geknüpft, die dafür sorgen sollten, Ordnung in einer Welt voller Gegensätze herzustellen. Das beinhaltete auch das Errichten von fein geschnitzten Pfählen aus einem Mangrovenbaum. Die resultierenden Kunstwerke waren bis zu sechs Meter lang und hießen bisj oder Ahnenpfähle. Jeder Pfahl bestand aus einer Reihe von übereinander angeordneten geschnitzten Ahnenbildern. Er wurde sogar nach dem obersten Ahnen benannt. Kanus, Schlangen und Krokodile fanden ebenfalls Platz, allerdings am Fuß des Pfahls, und auf den meterlangen Astauswüchsen an der Spitze wurde die Kopfjagd symbolisch abgebildet. Die Pfähle waren tief bewegend, scheinbar lebendig und besaßen oft sexuelle Anspielungen.

Für die Asmat sind die Ahnen an jedem Aspekt ihrer Existenz beteiligt. Die Schnitzereien sind Mahnmale für die Lebenden und geben den Ahnen zu verstehen, dass man sie nicht vergessen hat, dass die Aufgabe der Nachfahren, ihre Toten zu rächen, noch immer eine hohe Bedeutung in deren Leben einnimmt, und dass die Lebenden nicht dafür bestraft werden sollen, wenn ein Tod noch nicht gesühnt worden war. Bisj stammt von dem Wort mbiu – die Geister oder Seelen der Toten – ab, und der bisj-Pfahl ist die Verkörperung der toten Person, deren Geist er beherbergt. Der Pfahl ist ein Symbol seiner Gegenwart, ein Symbol der Erinnerung an die Pflicht der Rache und, da er sowohl einen Penis als auch eine Vagina aufweist, ein Symbol der Fruchtbarkeit. Tod wird zu Leben und Leben zu Tod, untrennbare Gegensätze vereint im großen Ganzen.

Im Westen liegt Safan, Heimat der Ahnen. Der Mensch ist in Asmat geboren und verbringt sein Leben dort, bis er stirbt. Dann betritt er eine zweite Ebene der weltlichen Existenz, eine

Art Limbus. Um sie zu verlassen und nach Safran zu gelangen, braucht er die Hilfe der Lebenden. Sie müssen ein bisj-Fest feiern, das bis zu sieben Monate dauern kann. Es beginnt damit, dass die Krieger eine Mangrove im Dschungel angreifen, und zwar in der gleichen Art, als ob der Baum ein Mensch wäre. Sie brüllen und schreien und beschießen ihn mit Pfeilen, ehe sie ihn fällen und zur Siedlung schaffen – genau wie man es mit einem Mann nach einer Schlacht machen würde. Nur ein erfolgreicher Mann kann es sich leisten, ein solches Fest zu finanzieren – so müssen zum Beispiel die Schnitzer ernährt werden, und für die Feier bedarf es ungeheurer Mengen an Nahrung.

Das Anfertigen eines Ahnenpfahls bedeutete in der Regel, dass ein Überfall anstand; Rache wurde geübt und das Gleichgewicht wiederhergestellt, neue Köpfe wurden ergattert – neue Samen, um das Heranwachsen junger Männer zu fördern –, und der Pfahl wurde mit dem Blut der Opfer bestrichen. Am Ende eines solchen Rituals und des *bijs*-Fests war der Geist im Pfahl vervollständigt und konnte wiederkehren, um den Lebenden zu helfen. Dann hatten die Einwohner wilden Sex, die Pfähle dagegen wurden in ein Sagofeld geworfen, um dort zu verrotten und den Kreis wieder zu schließen. Wenn es aber keine Totenfeier gab, kein *bisj*-Fest stattfand, keine neuen Köpfe erjagt wurden, könnten weder Leben noch Glück aus der Ahnenwelt in die menschliche Existenz einfließen.

Die Überfälle fanden gewöhnlich im Morgengrauen statt. Nachdem in der Nacht davor der Schlachtplan geschmiedet wurde, teilte man die Krieger in drei Gruppen auf: die Anführer, die eine beratende Funktion hatten, die Bogenschützen, die den Angriff einleiten würden, und die mit Speer und Schild bewaffneten Krieger, die das Töten bewerkstelligten. Zusammen würden sie sich per Kanu der Siedlung nähern und sie umzingeln. Die Anführer, allesamt ältere, bedeutende Krieger, stellten sich rückwärtig auf. Die Bogenschützen krochen voran, zwischen die Siedlung und den Fluss, und die Speerwerfer sicherten die hintere Flanke zwischen Siedlung und Dschungel, denn alle Asmat-Häuser besitzen geheime Hinterausgänge.

Einer der Angreifer würde ein Geräusch machen.

»Wer ist da?«, würde es aus einem Haus ertönen.

»Dein Mann, Sjuru!«, würde er antworten und dabei den Namen seiner Siedlung benutzen.

Dann bräche Panik aus. Frauen und Kinder versuchten, in den Dschungel oder per Kanu zu flüchten. Manchmal verschonte man sie, die Frauen wurden als Ehefrauen genommen, die Kinder adoptiert. Sobald ein Opfer überwältigt war, drückte man es zu Boden und schlug darauf ein, insbesondere auf den Kopf, und der siegreiche Krieger würde rufen: »Mein Kopf, mein Kopf gewonnen bei einem Überfall!« Dann wurde der Name des Opfers in Erfahrung gebracht, falls man ihn nicht ohnehin kannte. Wenn man genug Zeit hatte, wurde das Opfer nicht gleich getötet, sondern zu einem Kanu geführt, wo es mit einer Stange zwischen Brust und Armen zum Sitzen gezwungen wurde.

Dort, wo sich zwei Flüsse kreuzten, wurden die Opfer dann geköpft (manchmal sogar von Frauen – die Gattin eines bedeutenden Kopfjägers konnte so auch selbst an Ansehen gewinnen), und wenn die siegreichen Krieger in ihre Siedlung zurückkehrten, wurden die Hörner geblasen und damit die Festivitäten eingeläutet.

Als Zegwaard 1947 in Mimika ankam, trugen sich diese Auseinandersetzungen zu, wie sie es schon seit Anbeginn der Zeit getan hatten. 1928 landeten zehn Kanus mit einhundert Asmat-Kriegern vor der Mimika-Siedlung Atuka in der Nähe einer niederländischen Außenstelle. Die Einwohner flüchteten, und die Asmat plünderten die Siedlung, nahmen alles mit, was aus Stahl gefertigt war. Sie brachen Schultische und -bänke auseinander, um die Nägel herauszuziehen. Diese hämmerten sie flach und benutzten sie zum Schnitzen. 1947 hatten die Überfälle schließlich solche Ausmaße angenommen, dass bis zu sechstausend Asmat ihre Dörfer verließen, um der Gewalt zu entgehen. Sie landeten in Mimika, wo Zegwaard ihnen das erste Mal begegnete. Um der Flüchtlingskrise entgegenzuwirken, zwang die niederländische Regierung die Menschen, wieder zu ihren Siedlungen zurückzukehren, und Zegwaard und der niederländische Verwalter begannen, regelmäßig die Sümpfe und Flüsse der Asmat zu besuchen.

Zegwaard war und blieb der beste Kenner der Asmat in ihrem ursprünglichen Zustand, denn er war dabei, als der erste andauernde Kontakt mit Europäern stattfand, und seine Notizen weisen auf eine blutige Geschichte hin. »Es herrscht die Tendenz vor, die Brutalität der Asmat-Kultur, von der man überall hört, herunterzuspielen«, schrieb er. »Ich kann das Gefühl nicht abschütteln, dass Regierungsbeauftragte sehr skeptisch sind, wenn sie von den ›wilden Geschichten‹ der Asmat erfahren. Ich kann es ihnen nicht verdenken, denn auch mir erging es anfangs ähnlich, als ich die Asmat nur oberflächlich kannte. Wie schon erwähnt, sind sie hervorragende Schauspieler und können durchaus positiv in Erscheinung treten. Dies lässt leicht den Eindruck enstehen, dass es in Wirklichkeit ›nicht ganz so schlimm ist‹.«

»Die Sprache der Asmat«, fährt er fort, »besitzt eine Vielzahl an Wörtern für solche Konzepte wie ›Kampf‹, ›Streit‹, ›Zank‹, ›Mord‹ und ›Kopfjagd‹. Ein Konflikt zwischen zwei Personen greift rasch um sich, sodass anfangs sämtliche enge Familienmitglieder, gefolgt von der Sippe und letztendlich das ganze Dorf mit hineingezogen werden können. Ein Konflikt mit einer verwandten oder freundlich gesinnten Ortschaft endet normalerweise in einer großen Schlacht. Die Asmat kämpfen mit allen

Mitteln, die sie in die Hände bekommen: Keulen, Pfeil und Bogen, Speere, Paddel und so fort. Bei verwandten oder ›freundlich‹
gesinnten Siedlungen sind sie meist bestrebt, eine Art Gleichgewicht wiederherzustellen. Aber im Kampf oder im Krieg gegen
eine nicht verwandte oder feindliche Siedlung ist alles erlaubt.
Einige Beispiele, die erst nach dem Zweiten Weltkrieg stattfanden, dienen dazu, Klarheit in dieses Durcheinander zu bringen.
Zwei Männer aus Sjuru wurden während eines Streits über Tabak und Frauen von Pfeilen aus Jasakor getötet. Weitere sechs
Männer aus Ewer sowie fünf Männer und eine Frau aus Sjuru
wurden ermordet. 1950 wurden zwei Kinder bei einem Streit
über eine Frau zu Tode geprügelt, eine Tat, die nach Vergeltung
schrie … Ich weiß von drei Männern, die 1952, und drei weiteren, die im März 1953 in Jamasj umgebracht wurden. Die Kämpfe
können Stunden, gar tagelang ohne Pause andauern. Wenn ein
Mann glaubt, man hätte ihm Unrecht angetan, welcher Art auch
immer, wird er im Stillen seine Zeit abwarten und auf Rache po-
chen. Manchmal bedeutet dies, auf die richtige Gelegenheit und
am richtigen Ort zu verharren. Als ich in Asmat eine Volkszäh-
lung durchführte, dienten Racheakte, ausgeführt an Kindern,
als Erklärung für deren niedrige Anzahl. Ich weiß noch von
einem entsprechenden Vorfall, als ein Kind in Erma im Jahr 1952
aus Rache getötet wurde. Es wurde umgebracht, weil seine Eltern Sago einer Palme gesammelt hatten, die jemand anderem
gehörte. Die Eltern töteten im Gegenzug einen Mann aus Joni,
der ein Verwandter des Kindsmörders war. Diese Konflikte (die
so häufig in Mord und Totschlag endeten) sind des Öfteren der
Grund für die Zersplitterung einer Sippe (d.h. JEW-Einheit) [sic]
oder für den Zerfall einer ganzen Dorfgemeinschaft. Und so
beruht auch die Entstehung eines Jew [sic] beinahe immer auf
einem Konflikt.«

In der Siedlung von Sjuru in den Jahren 1947 und 1948 zählte

Zegwaard »einundsechzig Morde auf Grund dieser stets präsenten Brutalität. Sechsundfünfzig dieser Menschen fielen einer Kopfjagd zum Opfer, d.h., sie wurden anschließend von ihren Feinden gegessen und verloren ihren Namen an ihren ›Mörder‹. So reduzierte sich die Bevölkerung Sjurus innerhalb von zwei Jahren von sechshundertsiebenundfünfzig auf sechshundertzehn – eine Abnahme von jährlich vier Prozent und insgesamt zehn Prozent.«

Nachdem Zegwaart die Daten für Sjuru, Ewer, Ayam, Amborep und Warse für die gleiche Zeitspanne ausgewertet hatte, kam er zu dem Schluss, dass »wir als Resultat dieser Brutalität von einem Bevölkerungsrückgang von zwischen zwei und drei Prozent pro Jahr ausgehen können«. Das war eine der höchsten Mordraten, die jemals erfasst worden war. In der Zeit, als Washington, D.C. als Stadt mit den meisten Morden der Vereinigten Staaten in die Schlagzeilen kam, betrug die Mordrate trotzdem weniger als ein Prozent.

1952 eröffnete Zegwaard eine Pfarrei in Sjuru, und die niederländische Regierung folgte kurz darauf mit einem Polizeistützpunkt ganz in der Nähe, den sie Agats nannten. Die Pazifizierung der Asmat begann – der Anfang eines langen Prozesses, der mehr als zwanzig Jahre dauern sollte. Eine Handvoll Regierungsbeamter und Pfarrer fuhren mit einem Motorboot oder Kanu die Flüsse aufwärts und stellten Kontakt her, benutzten Angelhaken, Äxte und Tabak, nach dem die Asmat rasch süchtig wurden. Für ein Volk, das nichts außer Wald und vielleicht ein paar Steinen kannte, die aus dem Gebirge herabgespült wurden, waren diese Gegenstände revolutionär. Das Fällen von Sagopalmen, ihrer Hauptnahrungsquelle; das Aushöhlen von Einbäumen, das Schnitzen von Schilden, Trommeln, Schalen und *bisj*-Pfählen – sämtliche lebensnotwendigen Aktivitäten – wurden bisher mit Steinen vollbracht. Ein Stück Stahl hatte wohl den gleichen Stellenwert für sie wie ein Traktor für den Bauern.

Obwohl es sich nur um wenige Weiße handelte, darf man ihren Einfluss nicht unterschätzen. Sie befanden sich an einem Ort, für dessen Einheimische die sichtbaren und unsichtbaren Teile der Welt zu einer riesigen Einheit verschmolzen sind. Ihr Bewusstsein beruhte ausschließlich auf der fassbaren Welt um sie herum – dem Dschungel, den Flüssen, dem Himmel, dem Schlamm, sich selbst. Und für die meisten Asmat bestand diese Welt aus ihrer Siedlung, ihren Jagdgründen und Sagopalmen, den umliegenden Dörfern und ihrem Kriegsgebiet. Sie konnten ihr gesamtes Universum überblicken. Alles außerhalb dieser greifbaren Unmittelbarkeit musste aus dem Reich der Ahnen stammen – das war die einzige Erklärung, die sinnvoll war. Diese Geister waren allgegenwärtig, stets neidisch auf die Lebenden, sie wollten wiederkehren, stifteten Unruhe. Wenn jemand starb, wälzten sich die Frauen der Siedlung im Schlamm, damit der Geist des Toten sie nicht riechen, sie nicht ausfindig machen konnte. Ein Flugzeug war ein opndettaji – ein Über-das-Kanu-fliegen-der-Geister –, und Weiße waren Überwesen, die auf unerklärliche Weise aus dem Land hinter dem Meer kamen, dem gleichen Ort, wo die Ahnen lebten. Eintreffende Fremde glichen einer Invasion wiederbelebter Geister, ihrer Ahnen, die sich nicht mit ihrem Schicksal zufriedengaben, stets zurückwollten und den Lebenden aggressiv gegenübertraten. Die Asmat hatten Angst vor ihnen, waren feindselig, begrüßten sie mit Speeren, Pfeil und Bogen und Schädeln, um diese invasiven Geister zu beeindrucken und ihnen Furcht einzuflößen, denn der Anblick ihrer ausgehöhlten Köpfe sollte sie dazu bewegen, wieder wegzufliegen.

Außerdem waren diese neuen Überwesen reich. Nägel und Äxte aus Stahl waren Wunder von unschätzbarem Wert, gefertigt aus dem seltensten und wertvollsten Rohstoff, den die Asmat je zu sehen bekommen hatten. Ein ganzes Schiff voller Metall zu erblicken – es war unvorstellbar. Welch Reichtum! Den Wesen, denen jene Wunder gehörten, wurde auf der Stelle eine Furcht einflößende Macht zugesprochen. Für die Asmat-Männer waren ihre Frauen sakrosankt; bei Ehebruch geriet die Welt aus den Fugen, Brutalität brach aus, ganze Siedlungen zersplitterten. Aber sie praktizierten *papisj* – das Teilen von Frauen zwischen zwei tief miteinander verbundenen Männern – eine Praxis so zerstörerisch, so schlimm, dass sie den Geistern Angst einflößen und sie zurück nach Safan schicken sollte. *Papisj* geschah hauptsächlich, wenn eine Siedlung unter starkem Stress stand, und die Ankunft der Missionare und Regierungsbeamten, wie sollte es auch anders sein, führte in jenen Jahren zu einer wahren Flutwelle der sexuellen Freizügigkeit.

1955 zog Zegwaard zurück nach Merauke. Er wurde von seinem Landsmann, dem Priester Cornelius »Kees« van Kessel, abgelöst. Van Kessel war groß und schlaksig mit einem schmalen Gesicht und einem dicken, widerspenstigen Bart. Er hatte sein ganzes Leben lang eine tiefe Wanderlust in sich verspürt und schon im Alter von sieben Jahren davon geträumt, Missionar zu werden. Bereits mit zwölf besuchte er das theologische Seminar, ehe er 1947 nach Neuguinea geschickt wurde. Acht Jahre später kam das Telegramm, das ihn nach Atsj berief, eine Asmat-Siedlung im Süden der Insel, die auch gleichzeitig eine der größten und gewalttätigsten war.

»Die Mission verfügte nicht einmal über ein Motorboot«, schrieb er in seinen unveröffentlichten Tagebüchern, »sodass sämtliches Gepäck in zehn Kanus verladen wurde. Das Dschungel-Telefon funktionierte einwandfrei: Auf dem Siretsj begrüßte uns eine ansehnliche Eskorte der Anführer von Atsj. Kurz vor der Siedlung nahm die Armada eine bestimmte Position ein, ganz nach Asmat-Protokoll, aber außer dem ruhigen Platschen der Paddel herrschte Stille. Als wir uns Atsj weiter näherten, begann ein Vorsänger mit einem feierlichen Lied, das von den lauten Schreien der Eskorte immer wieder unterbrochen wurde. Zu dem Zeitpunkt, da wir zu den Häusern kamen, warfen die Frauen Kalk in die Luft.«

Van Kessel baute ein Haus, paddelte die Flüsse mit einem Kanu entlang und achtete darauf, dass er stets genügend Wunder des weißen Mannes auf Lager hatte. Und natürlich lernte er die Sprache. »In jedem Dorf habe ich ein oder zwei [Äxte] zurückgelassen, aber in Atsj gab ich Hunderte aus... um sie von der Kopfjagd abzuhalten. Tagtäglich musste ich Essen und Kunstgegenstände eintauschen, um ihren Hunger auf Messer, Beile, Rasierklingen, Angelhaken und Tabak zu stillen!«

Van Kessel war ein ungewöhnlicher Mann. Er besaß ein großes, ein riesiges Herz. Er war zutiefst religiös, hatte aber einen Glauben, der darauf basierte, dass alle Menschen gut, die Welt und das Leben herrlich und voller Wunder und Gott eine warme, liebende Präsenz war, die die exzentrischen Ausbrüche und Unzulänglichkeiten der Menschen billigte. Außerdem glaubte er an den Himmel. Er schätzte Zigarren – seine Familie in Holland schickte ihm regelmäßig seine niederländische Lieblingsmarke, La Paz. Er vertrat den Standpunkt, dass man Religion nicht erzwingen konnte, und so bekehrte er behutsam und ohne Eile. Er wollte die Asmat erst kennenlernen, redete viel, schlief und aß mit ihnen. Seinen Gott erwähnte er dabei nicht allzu oft. Er war unverkennbar, dieser schlaksige weiße Mann in kurze Hose und Turnschuhen, mit diesem wilden Bart und dem Zigarrenstumpen zwischen den Lippen. Oft trug er weiße und ockerfarbene Streifen auf der Brust, den Armen und Beinen. Von seinem Kopf ragten weiße Federn in die Luft empor, manchmal trug er sogar ein Stirnband aus Kuskuspelz, das seinen kahlen Schädel beinahe ganz bedeckte. Er war ein Freigeist, ein fröhlicher Mann, wofür die Asmat ihn liebten und weswegen seine Vorgesetzten ihm misstrauten. Sie standen ständig im Widerspruch. Er konnte nicht mit Autorität umgehen und sagte immer das, was er dachte. Die Archive des Orden des Heiligsten Herz Jesu sind bis heute zum Bersten gefüllt mit den Briefen seiner Vorgesetzten, in denen sie sich über dieses übersprudelnde Kind beschweren, das man nicht zu kontrollieren vermochte. Er wurde abgemahnt, weil er nicht genügend Taufen vornahm, dafür gerügt, dass er seine Meinung äußerte und nicht den Anordnungen der Obrigkeit in den Niederlanden folgte, die, so seine Überzeugung, nichts von der Realität der Asmat oder ihrer Kultur wussten.

Van Kessel war ein Priester mit den besten Beweggründen, den richtigen Beweggründen, ein optimistischer Romantiker, der sich Jahre später verlieben, den Priesterstand verlassen und heiraten sollte – ohne sich aber von der Kirche zu entfernen. Er hielt an seinem Glauben fest. Diese Kluft zwischen van Kessel und seinen Vorgesetzten sollte im Zusammenhang mit Michaels Verschwinden schwerwiegende Folgen nach sich ziehen.

Langsam begannen die Priester, papuanische Laienprediger in den Siedlungen einzusetzen, die den Asmat die Grundlagen des Christentums beibringen und der Kirche und der Regierung von den Kopfjagd-Überfällen berichten sollten. Einige Dörfer waren dem gegenüber aufgeschlossener als andere, aber Otsjanep erwies sich als besonders widerspenstig. Der erste Kontakt mit Fremden war nicht sonderlich gut verlaufen. Im Oktober 1953 stellte eine Gruppe chinesischer Krokodiljäger Männer aus Omadesep als Fremdenführer an. Sie attackierten eine Gruppe aus Otsjanep, die in der Nähe der Ewta-Mündung Fische fing. Die chinesischen Jäger töteten sechs Frauen und zwei Kinder. Vier davon erlegten sie mit Schusswaffen – das war Otsjaneps erste Begegnung mit Fremden, Fremde, die zudem im Besitz von Feuerwaffen waren. Als der niederländische Regierungsbeauftragte F.R.J. Eibrink Jansen Otsjanep im Jahre 1955 besuchte, um die Morde zu untersuchen, entfaltete sich eine klassische Geschichte des kulturellen Missverständnisses. Obwohl Eibrink Jansen im Interesse der Dorfbewohner handeln wollte, trat er mit einer schwer bewaffneten Polizeipatrouille in Otsjanep auf. Zudem begleiteten ihn Krieger aus Omadesep. Die Männer aus Otsjanep sahen die weißen Niederländer, die Waffen, ihre Feinde aus Omadesep, und sie rasteten aus; die Polizeipatrouille wurde auf dem schmalen Fluss kurzerhand von Hunderten brüllenden, Kalk werfenden und gut bewaffneten Kriegern umzingelt. Eibrink Jansen war so geistesgegenwärtig, sich schnell zurückzuziehen. Er drehte um und verschwand wieder. »Ich hätte sie alle niedermähen können«, erzählte er van Kessel am nächsten Tag, »aber ich hätte auch Dutzende Unschuldige getroffen. Also entschloss ich mich, ohne jeden Kontakt umzudrehen.«

Zwei Monate später besuchte van Kessel Otsjanep zum ersten Mal. »Ich hätte sie alle niedermähen können, aber wir waren natürlich weder bewaffnet noch begleitete uns eine Polizeipatrouille.« Am 15. April 1956 erstattete er der Siedlung einen zweiten Besuch, wurde erneut »mit offenen Armen empfangen« und brachte zwei Laienprediger mit sich, die in der Siedlung bleiben sollten, aber bereits nach vierundzwanzig Stunden die Flucht ergriffen. »Sie interpretierten den Enthusiasmus der Bewohner von Otsjanep für den Tabak falsch und verschwanden!«

Die Tötungen in Asmat aber hielten an. Im September 1956 ermordeten Omadesep-Krieger vier Menschen aus Otsjanep, sodass die Zahl der nicht gerächten Tode auf zehn anstieg.

Van Kessel reiste nach Amborep, nur um herauszufinden, dass die Siedlung »gerade eine Attacke von Jasokor und Kaimo abgewendet hat. Außerdem hat Jakosor noch etwas anderes geplant.« Daraufhin fuhr er, so schnell er konnte, nach Jakosor, fand die Siedlung aber abgesehen von zwei Laienpredigern leer vor, »die mir in ihrer lakonischen Art erzählten, dass ›das Dorf einen Überfall auf Damen unternimmt‹. Also mache ich mich auf den Weg nach Damen, aber ich war zu spät: Die Häuser brannten schon, acht Kinder waren getötet und in die Jasokor-Kanus für das kannibalische Ritual gebracht worden.«

Im Mai brachten Krieger aus Ajam achtundzwanzig Männer und Jungen aus Japaer um, die bei ihnen zu Besuch waren. Van Kessel entging dem Gemetzel nur knapp. »Ich ruderte gerade auf dem Asawetsj [sic] Richtung Ajam, als ich in einen wahren Pfeilhagel einer Armada an Kriegern aus Jepaer [sic] geriet. Ich war mit drei Kanus aus Atsj unterwegs, und die Jepaer [sic] nahmen die Verfolgung auf. Also warf ich Tabak in den Fluss, um die gegnerischen Kanus etwas aufzuhalten (kostenloser Tabak wirkt Wunder!). Es hat auch geklappt, denn letztendlich gaben sie die Verfolgung auf, als wir in die Nähe von Ajam kamen, wo es einen gut ausgebauten Polizeistützpunkt gab. Ich entkam damals einem prekären Schicksal, denn die Leute aus Jepaer [sic] verspürten noch immer Rachegefühle gegenüber jedem, der ihnen über den Weg lief.«

Van Kessel führte eine Liste der Gewalttaten. 1955 starben dreihundert, 1956 einhundertzwanzig, darunter vier aus Otsjanep, die von Kriegern aus Omadesep getötet wurden, und zwei aus Otsjanep, die Opfer von Kriegern aus Basim wurden. 1957 lag die Ziffer bei zweihundert Toten. Man muss bedenken, dass es sich hier lediglich um Süd-Asmat handelt. Es ist unmöglich, die Anzahl der Tötungen für das gesamte Asmat abzuleiten.

Im Oktober 1956 erhielt van Kessel Unterstützung von einem Kollegen, dem Priester Hubertus von Peij. Er war sechsundzwanzig und erst vor Kurzem ordiniert worden. Er hatte, wie van Kessel auch, seine Berufung früh verspürt. Seit er zwölf Jahre alt war, wollte er Priester werden. Er hätte sich zwischen Brasilien, den Philippinen oder irgendeinem anderen Ort in Indonesien entscheiden können, wollte aber nach Neuguinea. Er suchte das Abenteuer. »Wir haben gewisse Geschichten gehört«, erzählte er. »Das hat mir gefallen.« Nach vier Monaten in Merauke, wo er Malaiisch lernte, geleitete ihn van Kessel, sein Vorgesetzter, nach Ajam, in seine zukünftige Heimat. »Die Lage in Ajam war schlimm«, sagte er, als ich ihn frohen Mutes mit vierundachtzig Jahren in Tilburg, Niederlande, antraf. »Es gab viele Rachefeldzüge, die die Überfälle während der vierziger Jahre sühnen sollten.« Mehr als zehn Jahre waren vergangen, aber wie von Peij meinte: »Sie vergessen nie. Niemals.«

Zegwaard half von Peij beim Einzug und verkündete dann: »Also, ich bin weg.« Kurz darauf war er verschwunden. Von Peij erinnerte sich: »Ich hatte kein Funkgerät, kein Telefon, konnte mich mit niemandem verständigen.« Von Peij blieb drei Jahre in Ajam, gefolgt von einem zwei Jahre währenden Aufenthalt in Atsj. Er war viel konservativer als van Kessel, der mit seiner Kriegsbemalung, den Federn im Haar und im Bart wie ein Wilder aus dem Dschungel aussah, während sich von Peij eher an den Status quo hielt – ein weißer Missionar, stets glatt rasiert und gewaschen, gekleidet in eine kurze weiße Hose und ein weißes T-Shirt. Er versuchte, jede Siedlung in seiner Gemeinde einmal im Monat zu besuchen, und platzierte außerdem papuanische Laienprediger in allen, um »festzuhalten, was geschah und, wenn notwendig, der Regierung Bescheid zu geben.« Er lernte Asmat, sprach es fließend. Und wie schon van Kessel vor ihm verspürte er keinerlei Eile, die Asmat zu taufen. »Wir hatten viel Zeit, und sie konnten es so oder so nicht verstehen.«

Deswegen versteckten sich die Männer an jenem Tag Ende 1957 in dem dichten Gestrüpp an der Mündung des Ewta, um die Morde an Dombai, Su, Kokai, Wawar und Pakai zu rächen – die Männer, die am Tag zuvor von den Omadesep-Kriegern getötet worden waren. Sie wussten, dass Überwesen ihre Welt betreten hatten, sie kannten van Kessel und von Peij, aber sie akzeptierten ihre Besuche nur, weil sie sie mit der Zeit kennengelernt hatten und ihren Tabak und ihre Werkzeuge zu schätzen wussten. Außerdem war ihnen bewusst, dass die Regierung und die Polizei hinter diesen Wesen stand. Aber realistisch gesehen stellten all diese Personen nichts weiter dar als unklare Existenzen am fernen Horizont ihrer Lebensinhalte. Die Asmat aus Otsjanep hatten sich noch nicht verändert. Ihre Daseinsberechtigung und das Gleichgewicht ihrer Welt hingen von der Kopfjagd und den Ritualen ab. Und hier und jetzt lauerten sie auf die Männer aus Omadesep, um ihren Zweck als Männer zu erfüllen. Um anzugreifen. Um zu kämpfen. Um das Gleichgewicht dieser dualen Welt wiederherzustellen. Wenn wir uns in ihre Köpfe, in ihren Zustand versetzen könnten, wenn wir filmen könnten, was sie sahen, was sie spürten, wenn wir wie sie sein könnten, dann wären wir vielleicht in der Lage, ihre Bedürfnisse zu verstehen. Die Gewalt war genau das, was ihr Leben ausmachte – sie vervollständigte sie, gab ihnen eine Daseinsberechtigung, gab ihnen eine Identität, ja ernährte sie wortwörtlich. Sie ließ den Samen fließen und die Sagopalme sprießen. Daraus erschufen sie Schilde und Speere, Trommeln und Masken und Ahnenpfähle. Das war ihre Sprache, ihre Kunst, ihre Art des symbolischen und kreativen Ausdrucks – ironischerweise genau die »Kunst«, die durch immer mehr abendländische Sammler wie Michael Rockefeller Beachtung fand.

Die letzten Nachzügler aus Omadesep waren von den Kämpfen an der Küste Wagins völlig erschöpft, als sie auf dem Heimweg den Fluss passierten. Es war die ideale Zeit für einen Angriff der Krieger aus Otsjanep. Vom Fluss aus behielten sie ihre Opfer im Auge, denn ohne Kanus waren sie verletzlich. Die Krieger aus Otsjanep brüllten, schrien, und Wolken aus Kalkstaub schwebten über dem Wasser, begleitet von dem Blasen der Bambushörner. Sie schlugen mit den Paddeln gegen die Kanus. Die Krieger schlachteten ihre Feinde aus Omadesep mit Pfeil und Bogen und Speeren, und sie zeigten kein Erbarmen. Der Fluss färbte sich rot vom Blut. Sie schlugen auf die Köpfe ihrer Gefangenen ein, zerrten sie zurück zu ihren Kanus und banden ihnen eine Bambusstange zwischen Brust und Arme, sodass man sie den Regeln entsprechend enthaupten konnte. Von den hundertvierundzwanzig Männern, die Omadesep und Otsjanep wenige Tage zuvor verlassen hatten, um ihr Glück in Wagin zu suchen, kehrten nur elf lebend nach Hause zurück.

Van Kessel gab dem Geschehnis einen Namen. Es passierte Ende Dezember, und so nannte er es das Silvester-Massaker.

8

· · · · · · · · · · · · · · · ·

Februar 2012

KOKAI, EHEMALIGER ANFÜHRER DES
DORFS PIRIEN, MIT TRADITIONELLEM
ASMAT-KUSKUS-STIRNBAND, NASEN-
SCHMUCK, BEUTEL UND PFEIL UND
BOGEN.

WILEM RÜTTELTE MICH um drei Uhr morgens wach. Ich schlich in der Dunkelheit auf Zehenspitzen durch das Wohnzimmer, den herumliegenden Körpern ausweichend, kletterte ins Boot, und bald schon fuhren wir mit der Ebbe in Richtung Arafurasee.

Es war noch immer mitten in der Nacht, am gegenüberliegenden Ufer flackerten ein paar Laternen, und der Himmel pulsierte mit dem Leuchten von Millionen Sternen. Der Vollmond war so hell, dass die langen Schatten der Bäume bis über den eineinhalb Kilometer breiten Fluss reichten. Über uns strahlte das Kreuz des Südens, der nach Süden zeigende Pfeil. Wir waren alle müde, still, verloren in unseren eigenen Gedanken, während Flughunde über uns kreisten. Amates verteilte Zigaretten für alle.

Nach einer Stunde wurde es langsam hell, und wir fuhren zum gegenüberliegenden Ufer. Die Wellen schwollen an und ließen das Boot bocken. Der Morgen war grau, und als wir die Arafurasee erreichten, hatte es die Sonne noch immer nicht über den Horizont geschafft. Der Wind nahm zu, blies uns von Süden in die Gesichter, und wir fuhren einen halben Kilometer die Küste vor der Mündung des Betsj entlang, dieselbe Route, die auch Michael Rockefeller an jenem schicksalhaften Tag genommen hatte. Endlich ging die Sonne auf, der Wind begann die Wellen aufzupeitschen, die das Boot hin und her warfen. Wasser spritzte über die Bordwände. Ich griff nach meinem Satellitentelefon, und wir suchten Zuflucht auf dem Aping-Fluss.

Oft standen ein oder zwei Hütten an den Mündungen von Flüssen, die als provisorische Nachtlager für die Fischer dienten, und ich nahm an, dass eine vor uns auftauchende Anzahl von Gebäuden genau zu diesem Zweck errichtet worden war. Wir fuhren ans Ufer, versuchten, uns in einer der Hütten zu trocknen, während Filo Wasser kochte, um Reis zuzubereiten, und ich mich auf dem Boden aus gespaltenen Bambussprossen ausruhte, der mit süß duftenden Farnblättern bedeckt war. Amates erklärte, dass es sich um eine neu errichtete Siedlung handelte, die sich von Omadesep abgespalten hatte, wobei Omadesep wiederum ein Ableger von Biwar Laut war. »Warum?«, wollte ich wissen.

»Frauenprobleme«, antwortete er.

Wir aßen, rauchten, schlummerten und schlugen nach Fliegen, als Wilem entschied, dass der Wind genügend abgeflaut war, um weiterzufahren. Am frühen Nachmittag erreichten wir Basim am Fajit-Fluss. Basim war eine weitläufige Siedlung mit einer Handvoll Läden am Kai. Es war glühend heiß, windstill und ruhig. Wie immer kletterten wir auf den Gehsteig, wie immer wurden wir von einer Reihe schweigender, starrender, in Fetzen gekleideter Männer, Frauen und Kinder beobachtet. Amates murmelte einige Worte und verschwand außer Sicht, um kurz darauf wiederzukommen und uns im Haus des Schulmeisters unterzubringen. Es bestand aus vier leeren Räumen und stand gegenüber der Grundschule.

Zuerst hatte ich den Eindruck, als ob diesen Dörfern etwas fehlte, als ob man ihnen etwas genommen hätte. Es war, als würden sie auf etwas warten, wären innerlich ausgehöhlt. Als hätte man ihnen den Sinn des Lebens genommen. Basims *jeu* stand komplett leer und war in einem Zustand des Verfalls, aber trotzdem beeindruckend – lang und riesig und nur mit Rattan zusammengebunden, ganz ohne Nägel. Auch waren nirgends Schnitzereien zu sehen, und wenn die Menschen nicht gerade Sago sammelten oder fischen gegangen waren, so saßen sie einfach herum – apathisch, wartend. Alle außer den Kindern, die wild, unbändig und laut spielten, Palmen hochkletterten, sich im Schlamm wälzten und vom Kai in das braune Wasser sprangen. Die Geräusche einer Asmat-Siedlung glichen denen eines belebten Spielplatzes – voll lachender, schreiender, spielender Kinder.

In jener Nacht saßen wir auf dem Boden, als ein älterer Mann eintrat. Er war dünn, knappe einen Meter siebzig groß und wog so um die siebzig Kilo. Er besaß ein markantes Kinn, eine große Nase und tief liegende Augen. Venen ragten aus Hals und Schläfen hervor, und er hatte ein großes Loch in den Nasenflügeln. Sein T-Shirt aus Polyester war verdreckt, voller Löcher und bedruckt mit einem Bild eines Papua und einer Muschel neben der Aufschrift NOSESLIDE! Ein gewebter Beutel, geschmückt mit einer Hiobsträne und Kakadu-Federn, hing von seinem Hals und über seine Brust – ein Zeichen von hohem Rang. Seine Augen schossen aufgeweckt hin und her, und er hatte eine raue Stimme, die an über Glas rollenden Kies erinnerte. Er strahlte eine Wildheit aus, die ich bisher in Asmat noch nicht gesehen hatte. »Das ist Kokai«, sagte Amates. »Er ist mein älterer Bruder, mein Papa, der Anführer der Pirien-Krieger.« Das bedeutete, dass er Anführer des Dorfs Pirien war. Diese Siedlung, die nach einem *jeu* in Otsjanep benannt war, hatte sich einige Zeit nach Rockefellers Verschwinden unter gewaltsamen Umständen von Otsjanep getrennt, um eine neue Dorfgemeinschaft zu gründen. »Er hat eine neue Frau hier in Basim und verbringt deshalb viel Zeit hier.«

Kokai setzte sich zu uns, und Amates holte den Tabak und die Zigarettenpapiere hervor. Die Gelegenheit war zu gut, um sie nicht am Schopf zu packen: Ich gab Amates gegenüber zu, dass ich an einigen alten Geschichten aus Otsjanep und Omadesep interessiert war, insbesondere an einem niederländischen Überfall 1958, einem Racheakt, um die Morde der Reise nach Wagin zu sühnen. Ich besaß sogar die originalen Kolonialmanuskripte aus den niederländischen Regierungsarchiven, die die Geschehnisse genau schilderten.

»Wie alt ist er?«, fragte ich Amates.

Sie redeten, ich wartete. »Das weiß er nicht«, antwortete Amates. »Aber vielleicht so um die sechzig.«

»Kann er sich an einen Überfall der Niederländer erinnern? Damals wurden Menschen getötet.«

Amates sprach mit Kokai, und das Prozedere sollte mir schon bald geläufig werden – meine Frage war schlicht, zwölf Wörter lang, aber es folgte ein langatmiger, sich windender Austausch, der statt zwölf Wörtern zwölf Minuten dauerte. Schließlich war Amates mit seiner Befragung fertig, und Kokai musterte mich, rollte sich eine Zigarette, eine lange aus zwei Zigarettenpapieren. Die Kerze flackerte. Es war heiß, meine Beine schmerzten von dem harten, hölzernen Boden. Ich hatte kein Kissen mehr unter meinem Hintern gehabt, seit ich morgens von meiner Isomatte aufgestanden war. Dann fing Kokai an zu reden.

»Er erinnert sich«, übersetzte Amates. »Er war noch ein Kind, aber er hat es gesehen.« Und so nahm die Geschichte ihren Anfang. Mir wurde ein Brocken des Ereignisses nach dem anderen zugeworfen, unzusammenhängend und chaotisch. Außerdem mussten dazwischen immer wieder Pausen eingelegt werden, damit Amates übersetzen konnte. Aber ich sollte lernen, dass die Asmat in einer Welt ohne Fernsehen, Film oder sonstige im Vorhinein aufgezeichnete Medien hervorragende Geschichtenerzähler waren. Kokai tat so, als würde er den Bogen spannen, um einen Pfeil abzuschießen. Er klatschte sich auf die Schenkel, die Brust und die Stirn, dann schnellten seine Hände rasch über den Kopf. Damit wollte er verdeutlichen, dass er sich den Hinterkopf angeschlagen hatte. Seine Augen weiteten sich, um Furcht darzustellen, dann bewegte er seine Schultern und Arme so, als würde er rennen, ehe er sich auf anmutige Weise in den Dschungel schlich. Er hielt die Zigarette zwischen Mittelfinger und Daumen und fuhr mit dem Zeigefinger über die Glut, um die Asche abzuwerfen. Ich vernahm die Namen Osom, Faratsjam, Akon, Samut und Ipi und eine Geschichte, die das zweite Glied einer Kette von Geschehnissen werden sollte, die zum mysteriösen Verschwinden Michael Rockefellers führte. Eine Geschichte, die bisher nur aus einigen getippten Seiten eines staubigen Archivs in den Niederlanden bestand.

9

Februar 1958

AM 6. FEBRUAR 1958 brannte die Sonne mit einer solchen Intensität vom Himmel herab, dass Max Lepré das Gefühl hatte, an Ort und Stelle zu verwelken wie eine Pflanze. Er stieg in das niederländische Boot Eeendracht und steuerte Richtung Otsjanep. Die Eendracht war neun Meter lang und besaß wenig Tiefgang. Der Bug war hochgezogen, um dann nach achtern wieder steil ab-

OTSJANEP UND DER EWTA-FLUSS BEI EBBE ZUR ZEIT VON MAX LEBRÉS ANGRIFF.

zufallen, sodass sich die Bordwand mittschiffs nur dreißig Zentimeter über dem Wasserspiegel befand. Vorne lag eine kleine Kombüse mit nur einer Kabine und zwei Bullaugen. Ein weißes Bootsverdeck diente als Schutz vor der Sonne. Lapré war drahtig und aufs Äußerste gespannt. Er wurde von elf papuanischen Polizisten begleitet, die in khakifarbene Militäruniformen gekleidet und mit Mauser-M98-Gewehren und einer Schmeisser Maschinenpistole bewaffnet waren. Lapré trug ebenfalls eine Pistole bei sich.

Lapré hatte Angst. Ihm folgten drei Kanus mit Kriegern aus Atsj, und als er sie musterte, wie sie nackt in der Sonne paddelten, konnte er sich des Gefühls der Bedeutungslosigkeit seiner Person nicht erwehren; er war ein weißer Punkt in einer völlig fremden schwarzen Welt. Nichtsdestotrotz sollte sein Land hier herrschen, über diesen Dschungel, diesen Sumpf, diese Menschen – er hatte hier das Sagen, er musste sie bändigen, und er hatte sich vorgenommen, den Ureinwohnern eine Lektion zu erteilen. Sie würden schon erfahren, welche Macht eine zivilisierte Regierung ausüben konnte.

Die Tage der Kolonialzeit waren vielleicht schon gezählt, aber Lapré, der neue Verwaltungsbeauftragte, der sein Amt in Asmat 1956 angetreten hatte, stammte aus einer anderen Ära. Max Laprés Ahnen hatten sich seit dem siebzehnten Jahrhundert in Niederländisch-Indien aufgehalten. Er selbst wurde 1925 auf Sumatra geboren. Sein Vater war Soldat in der Königlichen Niederländisch-Indischen Armee gewesen. Als Max Lapré drei Jahre alt war, zog seine Familie nach Malang, wo Max regelrecht in einer geschlossenen Gesellschaft aufwuchs, wie es nur unter Kolonialherren üblich ist. Es war eine Gemeinschaft, in der jeder auf den anderen angewiesen war, um sich gegen die Mehrheit zu behaupten. Hier wurden anlässlich des Geburtstags der Königin noch Tischreden gehalten. Die Situation sollte sich ab 1930 weiter zuspitzen, da die Indonesier für ihre Unabhängigkeit kämpften und Japan seine Macht im Pazifik ausbreitete. Jahre später erinnerte sich Max in einem Interview an seine erste Begegnung mit japanischen Soldaten: »Da war dieser japanische Laden im chinesischen Viertel von Malang«, erklärte Lapré. »Die Gebäude waren sehr tief, und ganz hinten hatte man immer einen Wohnbereich mit einem Innenhof. Ich ging also tiefer und tiefer in den Laden, bis ich die Japaner sah, die im Innenhof im Kreis saßen. Sie trugen Uniformen, die Samuraischwerter waren gegen ihre Stühle gelehnt. Sie haben mich gesehen, und ich duckte mich. Ich hatte Angst.«

Und trotzdem entsetzte es die Niederländer, als Japan 1942 Singapur einnahm. Laprés Vater wurde an die Front geschickt, und der siebzehnjährige Sohn sollte die Abschiedsworte an seinen Vater nie vergessen: »Geh fort und lehre sie das Fürchten.«

Stattdessen aber trat William Lapré auf eine Landmine und wurde im Krankenbett gefangen genommen. Er sollte seine Familie nicht vor 1946 wiedersehen. Als der Krieg zu wüten begann, verloren die Laprés ihr Einkommen und ihre Bediensteten. Die niederländischen Schulen schlossen ihre Tore. Max begann, auf dem Schwarzmarkt zu handeln, verkaufte Uhren, Stoff, Kleidung und Kosmetikartikel an Prostituierte. Der Vater seiner Freundin wurde hingerichtet. 1944 wurde er von japanischen Soldaten verprügelt und in ein Gefangenenlager geschickt. Man rasierte ihm den Kopf, und er musste mit einer stumpfen Axt Bäume fällen, in einer Holzhütte schlafen und sich von Tee und einer Tasse Haferbrei am Morgen und Haferbrei mit etwas Gemüse am Abend ernähren. Er erkrankte an der Ruhr, wurde schwach, durchlitt wilde Fieberträume; sein Kopf schien seinen Körper zu verlassen, fortzuschweben.

Laprés Krankheit hat ihm vielleicht das Leben gerettet, denn man transportierte ihn schon bald in ein Krankenhaus. Er musste nicht zurück ins Gefangenenlager, sondern zog nach seiner Genesung zu seinen Großeltern. Mit dem Krieg sollten seine Probleme allerdings kein Ende finden, denn die Indonesier forderten ihre Unabhängigkeit. Indonesische Republikaner beschlagnahmten Häuser und Autos, Niederländer wurden gesteinigt und mit Stöcken geschlagen. Die Bediensteten der Laprés, man konnte sie sich wieder leisten, wurden daran gehindert, das Haus zu betreten. Max wurde erneut gefangen genommen, diesmal von jungen Indonesiern mit Maschinenpistolen und Schwertern, und in eine Zelle in Malang gesperrt. Ein Gefangener stimmte einmal »Het Wilhelmus« an, die niederländische Nationalhymne, und alle Gefangenen stimmten ein, bis man sie mit Steinen bewarf und anschließend mit Stöcken verprügelte. Als ein Mann, halb Indonesier, halb Europäer, auftauchte und versuchte, sie zu überreden, Indonesier zu werden, buhten sie ihn aus.

Nachdem man ihn im Juni 1946 wieder freiließ, segelte Lapré Richtung Heimat.

Nun aber, zehn Jahre später, war er zurück und arbeitete für die Regierung in ihrer letzten asiatischen Kolonie. Über den einen oder anderen Tod konnte man hinwegsehen, aber das kürzlich stattgefundene Chaos zwischen Omadesep und Otsjanep hatte das Fass zum Überlaufen gebracht. Die Niederlande waren ein zivilisiertes Land und versuchten ihr Bestes, etwas aus ihrer Hälfte von Neuguinea zu machen. Es war an der Zeit, einzugreifen. Hegte er Feindseligkeit gegenüber den Asmat? In späteren Interviews sollte er behaupten, dass dies nicht der Fall war, aber er hatte sein ganzes Leben als Kolonialist verbracht, erst als Herrscher, gefolgt von Jahren der Misshandlungen, und er wurde gewaltsam aus der ihm einzig bekannten Welt gerissen. Wusste er überhaupt etwas über die Kultur der Asmat? Kümmerte es ihn? Aus seinen Schriften, Berichten und Interviews ist nicht herauszulesen, ob er auch nur über einen Funken Empathie ihnen gegenüber verfügte, und er schien seinen Posten mit einer strengen Agenda angetreten zu haben. Nachdem van Kessel ihn getroffen hatte, lamentierte er, dass Lapré »vorhatte, die Asmat mit starker Hand zu regieren«.

Kurz nachdem Lapré in Asmat den Dienst angetreten hat, ging die kleine Siedlung von Atembuk nach Biwar Laut auf Kopfjagd und erbeutete einen Schädel, weil drei Jahre zuvor zwei Männer und Frauen aus ihrem Dorf bei einem Besuch in Biwar Laut ums Leben gekommen waren. Lapré war kurz darauf nach Atembuk gefahren, um ihnen eine Lektion zu erteilen. Er fand die Siedlung leer vor, setzte aber trotzdem das *jeu* in Brand, zerstörte sämtliche Kanus und schoss ein ganzes Magazin seiner Maschinenpistole in die Luft. Van Kessel betrachtete diese Reaktion als »unangemessen«.

Als ihn die Nachrichten über die Kämpfe zwischen Omadesep und Otsjanep erreichten, schickte Lapré einen Polizisten namens Dias, halb Indonesier, halb Niederländer, um sich der Sache anzunehmen. Am 18. Januar 1958 fuhr er mit einer Truppe nach Omadesep, inhaftierte elf Männer, beschlagnahmte sämtliche Waffen, setzte Kanus und mindestens eines der Männerhäuser in Brand. Dann erfuhr Dias, dass sich Otsjanep nicht so einfach einnehmen lassen würde. Also entsandte er drei papuanische Polizisten mit einer niederländischen Flagge und einer Handvoll Stahläxte. Otsjanep wollte aber nichts mit der Regierung zu tun haben und war laut offiziellem Bericht von Lapré bereit, »Gewalt einzusetzen, um seinen Standpunkt klarzumachen. Die niederländische Flagge wurde nicht anerkannt«.

Zehn Tage später fuhr Lapré nach Otsjanep. Zuerst hielt er in Atsj an, um die Einwohner um Hilfe zu bitten. Im Nachhinein ein fragwürdiger Schachzug, denn die Siedlungen hatten so gut wie nichts miteinander zu tun, und außerdem würde der

Anblick von Kanus mit Kriegern aus Atsj kaum dienlich sein, um die Nerven der Leute aus Otsjanep zu beruhigen. »Vielleicht sahen sie darin eine Gelegenheit, jemandem den Schädel abzuhacken«, gab Lapré später zu. »Bei diesen Leuten kann man nie wissen, und wenn es einen Kampf gab, dann ja, da waren sie sofort dabei.« Erneut schickte er drei Papua mit einer Flagge vor, und erneut kehrten sie unverrichteter Dinge zurück. Die Flagge wurde zurückgewiesen, und ganz Otsjanep hatte »bis an die Zähne bewaffnet auf sie gewartet«.

Jahre später behauptete Lapré, dass er nach Otsjanep gefahren war, um die Sache »zu untersuchen« und zu sehen, ob er jemanden fand, »der die Verantwortlichen identifizieren könnte«. Wenn das tatsächlich der Fall gewesen sein sollte, hätte er auch etwas warten können, bis sich die Lage entspannt hätte. Außerdem wäre es klug gewesen, in einem unbewaffneten Kanu mit von Peij oder van Kessel zu kommen und Tabak mitzubringen. Es ist eine Tatsache, dass vor 1958 kein Weißer von den Asmat angegriffen worden war, denn entweder fürchteten sie die Fremden in ihrer Mitte oder sie begegneten den wenigen, die ohne Waffen, dafür aber mit Angelhaken, Äxten und Tabak kamen – wie van Kessel –, mit Toleranz.

Und das war bisher so gut wie immer der Fall gewesen, wenn erster Kontakt mit einer Stammesgesellschaft aufgenommen wurde. Als Christopher Kolumbus die Neue Welt 1492 erreichte, schrieb er in seinem Bericht vom 16. Dezember 1492:

Es sind die besten Leute in der Welt, vor allem die sanftmütigsten. Sie wurden rasch zu unseren Freunden, es war ein wahres Wunder ... Sie handelten und gaben alles, was sie hatten, und das mit Wohlwollen. Ich schickte das Beiboot an Land, um Wasser zu holen, und sie zeigten meinen Leuten bereitwillig die Quelle und trugen gar selbst die vollen Fässer zurück zum Boot. Es ist ein sehr sanftmütiges Volk, so ganz ohne Boshaftigkeit. Auch morden oder stehlen sie nicht. Eure Hoheit mögen davon ausgehen, dass es auf der ganzen Welt keine besseren oder sanftmütigeren Menschen gibt.

Vierhundert Jahre später reiste Tobias Schneebaum zum letzten Missionarsposten im peruanischen Amazon. Dort, weit entfernt von der eigentlichen Mission, sollte es noch unbekannte Stämme geben, die auf die Schädel ihrer Feinde eindroschen und jegliche Kontaktversuche von Fremden aggressiv abwehrten. Schneebaum aber verspürte eine tiefe Seelenverwandtschaft mit derartigen Ureinwohnern – sie machten ihm keine Angst. Eines Tages verließ er die Mission und machte sich in den Dschungel auf. Nach vier Tagen des Umherwanderns erblickte er eine Gruppe Männer am Ufer eines Flusses. Wenn er bewaffnet gewesen wäre oder Furcht gezeigt hätte, wäre der Ausgang ungewiss gewesen. Schneebaum aber gab sich vollends der Begegnung hin, entkleidete sich und ging dann nackt in ihre Mitte. Wie lautete die Reaktion der Wilden? Sie umarmten ihn, berührten ihn, küssten ihn und staunten, ehe sie ihn mit in ihre Siedlung nahmen, wo er viele Monate blieb.

Zwangsläufig mussten sich die Beziehungen nach solch ersten friedlichen Begegnungen wandeln, und die Ureinwohner bedienten sich schon bald der Gewalt. Der Zusammenprall der Kulturen und das Machtgefälle zwischen Menschen, die nichts außer ihrer unmittelbaren Welt kannten, und jenen, die glaubten, alles zu wissen, war zu groß. Schließlich handelte es sich hier nicht nur um Menschen mit andersartigen Werkzeugen, sondern um Menschen, die in vollkommen anderen Welten lebten – und die Weißen hatten selbstverständlich nicht die leiseste Ahnung von dieser anderen Welt. Sie konnten keine Geister sehen, wussten nicht einmal, dass sie existierten, und waren blind, taub und stumm für alle Symbole und Bedeutungen der Kulturen, die sie überrumpelten.

Anfang der Dreißigerjahre des letzten Jahrhunderts wagten sich Entdecker mit längeren Fußmärschen in die Gebirgsregionen von Papua-Neuguinea vor. Es handelte sich dabei fast ausschließlich um größere Expeditionen mit mehreren Weißen und einer ganzen Reihe von Trägern und Polizisten. Ein jeder war bewaffnet, und die Antwort auf solche Vorstöße war stets gleich: Die Papua hatten furchtbare Angst, glaubten, dass die Weißen Gespenster waren, Geister der Verstorbenen. Die Spuren ihrer Stiefel suggerierten ihnen – schließlich besaßen sie Erfahrung im Spurenlesen –, dass den Weißen die Zehen abgeschnitten worden waren, und das Profil hatte nur von einem Skeleton stammen können.

Diese Kreaturen hieß es entweder zu vermeiden, sie von den Siedlungen wegzulocken oder mit Süßkartoffeln und Schweinen zufriedenzustellen, und sämtliche Berichte deuten auf ein Missverständnis nach dem anderen hin. Als die Australier Jack Hides und Jim O'Malley 1935 das Große Papua-Plateau betraten, schienen sie für die einheimischen Etoro aus den unbekannten Weiten des Universums zu kommen. »Wir haben vor Angst mit den Zähnen geklappert«, erinnert sich ein Etoro, der damals dabei gewesen war. »Niemand hatte je zuvor so etwas gesehen oder wusste, was es war. Als sie die Kleider an den Sowelo – den Europäern – und den anderen sahen, glaubten sie, es seien Menschen, wie man sie in Träumen antrifft; ›das müssen Geister-Leute sein, die sich offen zeigen‹.« Schließlich erschienen fünfzig mit Pfeil und Bogen bewaffnete Etoro-Krieger. Sie hüpften um die Expedition herum und schrien sie laut an. Um sie abzulenken, steckte Hides zwei Finger in den Mund und pfiff. In jenem Moment prallten zwei – oder eigentlich drei – Welten aufeinander: die

Welt der Weißen, die Welt der Etoro und die Welt der Geister, eine vierte Dimension, die Hides nicht sehen konnte und von der er keine Ahnung hatte. Für den Australier war es nur ein Geräusch, ein lautes Geräusch, um die Aufmerksamkeit der Eingeborenen auf sich zu lenken. Für die Etoro aber handelte es sich um etwas ganz anderes: das Geräusch eines Geists, wenn er sich näherte. Nach dieser nicht enden wollenden Häufung eskalierender kultureller Missverständnisse hatten Hides und seine Träger drei Schüsse abgefeuert und zwei Etoro getötet.

Als Lapré in den Ewta-Fluss einbog, bereitete ihm das Gewässer sofort Probleme. Der Fluss war schmal – bei Hochwasser keine zwanzig Meter breit an der Mündung, was sich rasch auf die Hälfte reduzierte, je weiter man flussaufwärts fuhr. Dreihundert Meter weiter trafen sie auf eine Flotte Kanus voll bewaffneter Krieger aus Otsjanep. Sie kreischten, »heulten«, wie Lapré es nannte, zogen sich aber zurück, als er näher kam. Eine Weile lang jagte er ihnen hinterher, wurde dann aber nervös und entschied sich, den Rückzug anzutreten.

Lapré wollte keine Risiken eingehen, und so plante er einen erneuten Besuch, diesmal aber besser vorbereitet. Am 6. Februar entsandte er schließlich eine mobile Einsatztruppe der Polizei aus Merauke zur Mündung des Faretsj, wo sie sich mit Dias, weiteren zehn Polizisten und vier Kanus mit Kriegern aus Atsj zusammenfanden. Es war Nachmittag, und die Flut hatte eingesetzt. Das Wasser an der Mündung aber war noch zu seicht, um sie mit der Barkasse zu befahren. Es blieb ihnen nichts anderes übrig, als zu warten, während sowohl die Hitze als auch ihre Anspannung stieg. Endlich, sehr viel später, war der Pegel genug gestiegen, um die Mündung zu passieren, und sie stießen in eine Landschaft vor, die ihnen wie das Herz der Dunkelheit vorgekommen sein muss. Als sich der Ewta zu einer Breite von ungefähr zehn, an manchen Stellen auch nur sechs Metern verengte, drohte ein Gewirr von Nipapalmen, Schilf und Mangrovenwurzeln, die von beiden Seiten der Ufer aus dem schwarzen Schlamm ragten, sie zu verschlucken. Plötzlich begann es zu regnen, eine treibende tropische Sintflut. Lapré war unsicher, wusste nicht, was als Nächstes passieren sollte. Wo van Kessel in kurzer Hose und Turnschuhen auf dem Boden eines Kanus sitzend eingetroffen wäre, fuhr Lapré unter Dampf in einem Boot aus Stahl voll bis an die Zähne bewaffneter, uniformierter Polizisten den Fluss hinauf. Schlimmer noch, er führte eine Horde Krieger aus Atsj an, alte Gegner Otsjaneps. Hinter jedem Baum lauerte ein wilder Krieger, und er machte sich Sorgen, wie er wieder zurückkommen sollte – der obere Ewta war zu schmal, um rasch abzudrehen.

Lapré ergriff selbst das Ruder. Es dauerte eine Stunde, ehe sie Otsjanep erreichten. Die Hitze. Der Baumüberhang und die herabbaumelnden Lianen, feucht und tropfend. Dazu ein mäandernder, schmaler Fluss. Der Lärm ihres Motors wurde von den Ufern zurückgeworfen. Die qualvoll langsame Fahrt zu einer Schlacht mit nackten Kriegern, die sich bemalt, mit Federn und Hauern von Wildschweinen, mit Hundezähnen, Muscheln und Schweineknochen in den Nasen geschmückt hatten und keinerlei Konventionen folgten, wenn es um Gefangene ging – alles war so anders, so von Grund auf verschieden.

Laprés Sorgen wurden zu einer selbsterfüllenden Prophezeiung. Nach einer Stunde passierten sie eine Biegung, und eine neue Welt schien sich ihnen zu öffnen. Die Lichtung war voller Männer. Lapré bemerkte, dass er keine Frauen oder Kinder sah – »immer ein schlechtes Zeichen«. Die Bewohner Otsjaneps, Männer und Frauen, waren genauso verängstigt wie Lapré, vielleicht sogar noch mehr. Die Nachricht hatte sich rasch im Dschungel ausgebreitet, und man wusste, was in Omadesep geschehen war – die zerstörten Kanus, die Männer festgenommen. Und sie wussten von den Waffen, der Gewalt, die sie anrichteten. Aber sie waren verwirrt. Sie wussten nicht, was Lapré und seine Patrouille vorhatten, was sie tun sollten, vielleicht gar nicht, wer oder was er eigentlich war. Sie waren stolz und unabhängig in ihrer Welt, und Lapré konnte gar ein Geist sein. Also, was sollten sie tun?

Zu seiner Linken erschien eine Gruppe. Lapré glaubte, sie wollten kapitulieren. Zu seiner Rechten aber stand eine weitere, die mit Pfeil und Bogen, Speeren und Schilden bewaffnet war. Lapré blickte nach links, dann nach rechts und wusste nicht, was er als Nächstes tun sollte. Frauen und Kinder strömten jetzt aus den Häusern und flüchteten in den dichten Dschungel. Hinter den Häusern erschien plötzlich eine dritte Gruppe Männer und fing einen »Kriegstanz« an, wie er es später beschrieb. Lapré und ein Polizeitrupp landeten am linken Ufer, während Dias und seine Mannen ans rechte Ufer fuhren. Ein paar Männer aus Otsjanep rannten in den Dschungel, während sich die bewaffneten Krieger langsam an die Baumgrenze zurückzogen.

»Kommt hervor«, brüllte Lapré mit der Hilfe von Dolmetschern, »und legt eure Waffen ab!«

Einige Männer kamen etwas näher, versuchten dann aber, wieder wegzurennen, aber Laprés Polizisten hielten sie fest und fesselten sie.

Dann brach Chaos aus. Ein Mann kam aus einem Haus, trug etwas bei sich und rannte auf Lapré zu. Was hielt er bloß in der Hand?

Der Lärm von Schüssen kam aus allen Richtungen, ein einziges Knallen und Krachen. Ein Asmat namens Faratsjam wurde in den Kopf geschossen, und sein Hinterkopf explodierte. Osom wurde gleich vier Mal getroffen – in den Bizeps, in beide Achselhöhlen und in die Hüfte. Kugeln vergruben sich in Akons Rumpf und Samuts Brust. Ipis Kiefer löste sich in einer blutigen Wolke auf. Wie auch bei ähnlichen Geschichten aus den Gebirgsregionen konnten sich die Asmat genau an die Schäden und Verletzungen erinnern, die die Kugeln anrichteten. Sie waren so erschreckend, die Gewalt so rasch und grausam und magisch für Menschen, die den Kampf Mann gegen Mann gewohnt waren und ihre Gegner mit einem Speer oder Pfeil und Bogen verletzten, sie aber so gut wie nie mit einem Hieb umbrachten.

Die Asmat brachen in Panik aus, flüchteten in alle Himmelsrichtungen, verschwanden im tiefen Dschungel. »Feuer einstellen!«, brüllte Lapré. Er sah sich rasch um, zählte zwei Tote und setzte dann die größten Kanus in Brand. Kurz vor Sonnenuntergang kletterten Lapré und seine Männer wieder auf ihre Barkasse und zogen sich zurück.

Lapré erklärte seine Taten gegenüber van Kessel mit den Worten: »Es goss in Strömen, und die Leute verhielten sich so merkwürdig.«

Lapré verbrachte die Nacht auf See, da er am nächsten Morgen um halb sechs den Ewta wieder flussaufwärts fahren wollte, aber der Fluss war blockiert. Die Männer aus Otsjanep hatten die ganze Nacht über Bäume gefällt, sodass der Weg nun versperrt war. Lapré und seine Männer brauchten sechs Stunden, um die paar Kilometer nach Otsjanep zurückzulegen. Die Siedlung war verlassen, aber aus dem Dschungel drangen Gesang und das Schlagen von Trommeln an ihre Ohren. Lapré entschied sich, sie nicht weiterzuverfolgen.

Während der darauffolgenden Tage besuchte Lapré weitere Siedlungen. Basim war nur wenige Kilometer entfernt und mit Otsjanep durch Heirat und Blutsverwandtschaften verbunden. Auch diese Siedlung stand komplett leer. Buepis machte einen recht »unberechenbaren« Eindruck auf ihn, und an der Mündung des Fajit traf er auf einen mächtigen Anführer namens

Betekam, der es geschafft hatte, fünf Frauen aus fünf verschiedenen Ortschaften zu heiraten, was ihm nicht nur zu Macht und Prestige verhalf, sondern ihm auch noch freies Geleit garantierte. Laut Betekam hatte Lapré fünf Männer aus Otsjanep ermordet und einen Verwundeten zurückgelassen. Außerdem war die Siedlung Lapré gegenüber nicht wohlgesinnt, weil sie »die alten Traditionen und die Kopfjagd« nicht aufgeben wollte. Weiter meinte er, dass die Einwohner Angst hatten und nicht zurückkehren wollten. Lapré schlug einen Kompromiss vor, den Betekam ihnen unterbreiten sollte: Er würde sie in Ruhe lassen, wenn sie zu ihrer Siedlung zurückkehrten und ihm die Schädel der Männer von Omadesep aushändigten.

Es gibt keine Hinweise darauf, dass Lapré auch nur einen Schädel erhielt, und seine Taten unterbanden die Kopfjagd weder in Otsjanep noch sonst wo in Asmat. Lapré räumte ein, dass er die Siedlungen wohl nur tiefer in den Dschungel oder weiter flussaufwärts getrieben hatte, weg von der Regierung. Als er Otsjanep drei Monate später erneut besuchte, flohen die meisten Einwohner, und Männer versteckten sich unter den Häusern, um »zu sehen, wie der Hase läuft«, schrieb er in seinem Bericht. »Die Entwicklung der Dinge ist sicherlich bedauerlich, aber andererseits ist ihnen unmissverständlich klargemacht worden, dass die Kopfjagd und der Kannibalismus von der Regierung, die ihnen wohl gänzlich unbekannt ist und mit der sie lediglich zufällig Kontakt hatten, nicht geschätzt wird. Es ist sehr wahrscheinlich, dass diese Menschen von nun an verstehen, dass sie es besser unterlassen, sich gegen die Obrigkeit zu erheben. Ihr vorsätzlicher Widerstand, den sie anhand ihrer Ablehnung gegenüber jeglichen Kontaktversuchen und der niederländischen Flagge zum Ausdruck gebracht haben ... war umso tadelnswerter ... So bedauerlich es auch sein mag, dass es Verluste geben musste, so ist dies dennoch der Abwanderung von Siedlungen in den Dschungel vorzuziehen, wo sie sich unserer Autorität entziehen können. Im letzteren Fall würde sich jeglicher Respekt in Luft auflösen, und es wäre auf Grund der Kopfjagd zu mehr Verlusten gekommen.«

Die Wortwahl war absurd, insbesondere angesichts der Menschen, über die er schrieb. Für uns Abendländer ergeben sie Sinn – eine einfache Analyse von Menschen, die sich gegen eine Regierung wehren, denen eine Lektion erteilt werden musste. Aber eine niederländische Flagge? Eine Obrigkeit? Ein Rechtsgrundsatz? Für die Asmat war Laprés Überfall wohl etwas ganz anderes, ein zutiefst verstörendes Erlebnis, etwas viel Größeres als ein einfaches Aufzwingen eines Rechtsstaats: Es war das verwirrende Auftauchen von Überwesen, von Geistern, auf deren Beschwichtigung, deren Täuschung und Davonjagen ihr ganzes Leben ausgerichtet war. Und sie waren aufgetaucht, um sie mit beinahe übernatürlichen Waffen zu töten.

Man stelle sich einen Katholiken vor, den der Teufel oder die Engel höchstpersönlich fleischlich heimsuchen und ihn brutal zur Strecke bringen. Und dann stellt sich natürlich die Frage: Wozu das Ganze?

Und was ist mit den Seelen der fünf Männer, die Lapré hat umbringen lassen? Sie waren da, geisterten umher, verbreiteten Unheil, suchten die Siedlung auf, machten Menschen krank, so präsent im Tod, wie sie im Leben gewesen waren. Die chinesischen Krokodiljäger hatten acht Menschen getötet. Omadesep vier weitere. Lapré hatte jetzt noch fünf hinzugefügt. Siebzehn Männer, Frauen und Kinder waren tot. Die Welt war aus dem Gleichgewicht geraten, eine offene Wunde, die in der Siedlung tagein, tagaus vor sich hin faulte. Die Tatsache, dass Lapré ein Weißer war, machte es nur noch schlimmer. Die Fassungslosigkeit, die dies hervorrief, ist nur schwer auszumalen. Wie konnte man so etwas erklären? Wie sollte man damit umgehen?

10

. . . .

März 1958

MAX LAPRÉS WEITERES Handeln aber fand nicht in luftleerem Raum statt. Wenn die Welt der Asmat und Otsjanep in Aufruhr war, so galt das Gleiche für die große, ganze Welt um und außerhalb von Neuguinea. Innerhalb weniger Tage nach Laprés Überfall auf Otsjanep wohnte der neue Botschafter der Vereinigten Staaten für Indonesien, William Palfrey Jones, einer Zeremonie des indonesischen Präsidenten Sukarno in Jakarta bei. Kameras blitzten, als Sukarno und Jones ihre Champagnergläser mit Orangensaft (Sukarno als Muslim trank keinen Alkohol) in die Höhe hielten und auf die Gesundheit von Sukarno selbst und Präsident Dwight D. Eisenhower tranken. Jones wiederholte die Haltung seiner Regierung – dass sie keinerlei Interesse daran hätte, sich in die internen Affären Indonesiens einzumischen, jedoch

INDONESISCHER PRÄSIDENT SUKARNO.

alles tun wollte, um dem Land in seiner neu erlangten Unabhängigkeit zu helfen.

Jones' Worte waren allerdings bedeutungsvoller, als sie zunächst klangen. Die Inseln des indonesischen Archipels verfügten über eine tiefe, komplexe Kultur, die von den Niederländern schon länger unterjocht worden war, als die Erinnerungen der Lebenden, ihrer Großeltern oder gar Urgroßeltern zurückreichten. 1928 hatte Sukarno verkündet, dass ein vereintes und unabhängiges Indonesien das höchste Ziel war. »Prinz und Bettelknabe, Adliger oder Tagelöhner, Muslim oder Christ – Sukarno sah, dass sie alle durch ihre Leidenschaft für dieses gemeinsame Ziel vereint werden könnten«, schrieb Jones. »Dieses Ziel beinhaltete Freiheit, oder merdeka, ein Wort, dass zum Schlachtruf der Sache werden sollte.« Am 17. August 1945, während der letzten Tage der japanischen Besatzung, rief die nationalistische Bewegung Indonesiens die Unabhängigkeit des Landes aus. Eine neue Republik war geboren.

Die Niederlande jedoch wollten ihre Kolonie zurück und rückten mit Panzern und Flugzeugen an. Erst nach vier Jahren Krieg und Verhandlungen mithilfe einer Kommission der Vereinten Nationen gaben die Niederlande ihren Anspruch auf. Während der Verhandlungen bestand die alte Kolonialmacht jedoch darauf, dass sie West-Neuguinea – den westlichen, niederländischen Teil der Insel – unter ihrer Kontrolle behalten würde. Indonesien war muslimisch, Neuguinea war melanesisch und somit animistisch – eine andere Kultur, ein anderer Ort und eine Tatsache, die den Niederlanden half, ihre Forderungen durchzusetzen. Sukarno legte den Streitpunkt Neuguinea vorerst zu den Akten, und der Vertrag für die neue Republik Indonesien wurde Ende 1949 unterzeichnet. Eine Bedingung lautete, dass ein Jahr darauf die Verhandlungen über Neuguinea wiederaufgenommen werden würden. Kaum aber war die einhundertfünfzig

Millionen starke neue Republik – ein Land, das sich über Tausende von Kilometern erstreckte – ins Leben gerufen, bockten die Niederlande und verstießen gegen die Vereinbarung, indonesische Ansprüche auf Neuguinea weiter zu besprechen. Diese Haltung wurde von Großbritannien, Australien und den Vereinigten Staaten unterstützt. Jones' Worte stellten eine vorsichtige Gratwanderung bezüglich der indonesischen Unabhängigkeit, Papua und Sukarnos eigenem Drahtseilakt mit der kommunistischen Partei (PKI) dar.

Auch Sukarnos Rede während der Zeremonie war mit höchster Sorgfalt gewählt. Er hob Indonesiens unabhängige Außenpolitik hervor – es wollte sich an keinen der beiden Blöcke und die damit verbundenen Weltmächten binden – und betonte »die Vollendung Indonesiens Revolution durch die Rückgabe West Irians« (der niederländischen Kolonie Neuguineas). Für Sukarno und Indonesien war die »Rückgabe« Neuguineas das grundlegende Thema; ohne sie würde Indonesien in seinen Augen weiterhin gespalten und unfrei bleiben.

Zwischen 1954 und 1957 unterbreitete Indonesien vier Ausarbeitungen einer Resolution bezüglich Neuguineas an die Hauptversammlung der Vereinten Nationen, aber keine wurde beschlossen. Als Vergeltungsschlag verstaatlichte Indonesien 1956 sämtliche niederländische Firmen und wies Zehntausende Niederländer aus, die bis dahin in Indonesien gelebt hatten. Als Resultat wuchs der Antagonismus zwischen den beiden Ländern zunehmend.

Für die Niederlande hatte das Festhalten an ihrer Kolonie einen rein emotionalen Ursprung – schließlich verfügte sie über keine bekannten Bodenschätze. Auch lag der Verwaltungsaufwand wesentlich über dem, was sie einbrachte. Aber die indonesische Armee und die kommunistische Partei befanden sich in einem permanenten Machtkampf, und Präsident Sukarno hatte alle Hände voll zu tun, das Gleichgewicht zwischen ihnen zu wahren – und beide abzulenken, indem er nationalistische Gemüter erhitzte und die Besatzung West-Neuguineas und Britisch-Neugineas immer wieder thematisierte. Percy Spender, Australiens damaliger Außenminister, befürchtete, dass Indonesien einen »feindseligen und aggressiven Nachbarn« abgeben würde. Indonesien schien instabil, am Rande des ökonomischen Abgrunds. Der Kommunismus verbreitete sich in Südostasien wie ein Lauffeuer, und die PKI gewann an Einfluss. In den Kommunalwahlen von 1957 konnte sie siebenundzwanzig Prozent aller Stimmen für sich verbuchen. Der Westen ging davon aus, dass die PKI den ökonomischen Kollaps erhoffte, denn dann würde sich Indonesien den »fallenden Dominosteinen« anschließen: Vietnam, Kambodscha, Thailand – und Indonesien. Ein kommunistisches Indonesien wäre an sich schon schlimm genug gewesen, aber umso fürchterlicher wäre es, wenn der Kommunismus in Neuguinea Fuß fassen würde, mit nur der Arafurasee zwischen Neuguinea und Australien.

Nachdem Sukarno bei dem Ersuchen militärischer Unterstützung vom Westen mehrmals zurückgewiesen worden war, besuchte er 1956 sowohl Moskau als auch Beijing. Er kehrte mit einem Kredit in Höhe von einhundert Millionen Dollar von der Sowjetunion und einem kleineren Betrag aus China zurück. In der Zwischenzeit befürchteten die Briten, die noch immer Territorien auf der Insel Borneo besaßen, dass der Transfer West-Neuguineas an Sukarno als Präzedenzfall für ihre eigene Kolonie dienen könnte. Die offizielle Stellungnahme der Vereinigten Staaten zu diesem Punkt war neutral, ein Drahtseilakt, um auf keinen Fall die PKI zu unterstützen, gleichzeitig aber Australien und Großbritannien den Rücken zu stärken.

Die Niederlande wussten, dass sie nicht für immer an ihrer Kolonie festhalten konnten, hofften aber, dass es noch zehn Jahre in diesem Stil weitergehen könnte. »Neuguinea war das verlassene Kind der niederländischen Regierung«, befand Wim van de Waal, ein ehemaliger niederländischer Armeeoffizier, der 1961 in Asmat stationiert gewesen war und mittlerweile auf den kanarischen Inseln lebt. »Aber es war schließlich alles, was sie hatten, und auf Grund des zunehmenden internen politischen Drucks mussten sie irgendetwas mit Neuguinea anstellen. Die Niederländer wollten nicht darüber reden, aber die Regierung wusste, dass sie die Entwicklung vorantreiben musste. Sie musste beweisen, dass sie fähig war, die Papua in Richtung Unabhängigkeit zu führen.« Genau das war der Grund, warum die Missionen und Regierungssitze während der Fünfzigerjahre des vergangenen Jahrhunderts in dieser vergessenen Ecke des Königreichs wie Pilze aus dem Boden sprießten. Ungeachtet Jones' Worten an Sukarno wies die US-Außenpolitik von 1957 »jeglichen Versuch eines kommunistisch orientierten Indonesiens mit allen angemessenen Mitteln ab, West-Neuginea einzunehmen«.

Die Niederlande riefen auf der gesamten Insel gewählte Regionalräte ins Leben und hofften, eine Elite zu schaffen, die das Land von 1970 an regieren könnte – dem Zeitpunkt, zu dem es West-Neuguinea die Unabhängigkeit gewähren wollte. »Es ist unabdingbar, dass die Niederlande dafür sorgen, dass, sobald der Zeitpunkt für die Unabhängigkeit gekommen ist, eine ausreichende Anzahl qualifizierter, ortsansässiger Einwohner zur Verfügung steht, um den Großteil der Administration bewältigen zu können«, erklärte ein niederländisches Grundsatzpapier von 1960. Es war eine schwierige, ja geradezu befremdliche Aufgabe, wenn man in Betracht zog, dass sich sämtliche Einwohner außer einer Handvoll, nämlich der Elite, die fast ausschließlich in Hollandia und auf Biak wohnte, noch in der Steinzeit befanden. Wie sollten kopfjagende Kannibalen sich selbst regieren? Deswegen wurde Max Lapré für die Tötungen in Otsjanep auch nie zur

Rechenschaft gezogen, und es war der Grund, warum niederländische Beamte Besuchern immer wieder versicherten, dass die Kopfjagd der Vergangenheit angehörte, ganz gleich, ob es wahr war oder nicht. Und wenn man die dreihundertjährige Kolonialherrschaft der Niederlande über Indonesien und ihren Widerwillen, sie abzugeben, in Betracht zieht, ist es ein Leichtes, Laprés Bedürfnis nachzuvollziehen, den Ewta-Fluss Richtung Otsjanep hochzufahren, um den Eingeborenen eine gehörige Lektion zu erteilen.

Mit der Wahl John F. Kennedys zum Präsidenten sollte sich die US-Außenpolitik ändern. Es war, nachdem Sukarno immer wieder vom Westen abgewiesen wurde und Waffen im Wert von Hunderten von Millionen Dollar von der Sowjetunion bezogen hatte. Jetzt drohte er, West-Neuguinea an sich zu reißen. Zu dieser Zeit, es war das Jahr 1961, bereitete sich Michael Rockefeller auf seine Reise nach Neuguinea vor. Seine Berater vertraten die Meinung, dass man West-Neuguinea den Indonesiern geben sollte. Das würde sowohl die Kommunisten beschwichtigen als auch Sukarno daran hindern, sich zu sehr auf den Ostblock zu stützen – wenn dies auch im direkten Widerspruch zu den Standpunkten der niederländischen, britischen und australischen Regierungen stand.

Der niederländische Außenminister Joseph Luns entwarf einen Plan, der später als Luns-Plan in die Geschichte eingehen sollte. Die Niederländer sollten sich aus Neuguinea zurückziehen und die Hoheitsgewalt abgeben, dafür aber ein Mandat der Vereinten Nationen erhalten und eine Kommission von Mitgliedsstaaten ins Leben rufen, um die Administration zu beaufsichtigen und Wahlen zu organisieren. Diese sollten über den letztendlich Status entscheiden und ein unabhängiges Land formen, das dem Westen politisch freundlich gesinnt und niederländischen Geschäftsinteressen gefällig sein sollte. Walt Rostow, ein nationaler Sicherheitsberater Kennedys, lehnte den Plan ab. West-Neuguinea an Sukarno abzutreten, so schrieb er Kennedy, sei die einzige Möglichkeit, Indonesien nicht »in die Arme der Sowjetunion zu treiben«. Außerdem drängte er darauf, dass die Vereinigten Staaten reinen Tisch mit den Niederlanden machen und ihnen zu verstehen geben sollten, dass die Selbstbestimmung einer Handvoll »steinzeitlicher« Papua sinnlos sei.

In dieser schwierigen Zeit entschied sich Michael Rockefeller, nach West-Neuguinea zu reisen. Bei ihm handelte es sich aber nicht nur um irgendeinen Amerikaner, der gerade vom College kam und einen Rucksack auf dem Rücken trug; nein, er war der Sohn einer der reichsten, mächtigsten und einflussreichsten Männer der Vereinigten Staaten, eines Mannes, der wenige Monate zuvor Präsidentschaftskandidat war und dessen Familie einmal den Vereinten Nationen selbst Land gestiftet hatte. Der Luns-Plan sollte der Versammlung im September 1961 offiziell unterbreitet werden. Die Niederländer würden alles tun, um Michael – und somit auch seinen Vater – zufriedenzustellen; sie brauchten amerikanische Verbündete, wo und wie auch immer. Sie würden logistische Unterstützung gewähren und Michael bei seiner Ankunft in Asmat einen Anthropologen des niederländischen Büros für Einheimische Angelegenheiten zur Verfügung stellen. Aber gerade diese Hilfe sollte wesentliche Auswirkungen auf die Umstände haben, die zu Michaels Verschwinden führten.

TEIL II

11

· · · · · · · · · · · · · ·

März 1961

»DU WIRST ES kaum glauben können, aber ich bin endlich in Neuguinea«, schrieb Michael Rockefeller seinem besten Freund Sam Putnam am 29. März 1961. Er war von Boston über New York, wo sich der Abflug wegen eines Radarausfalls um eine Stunde verspätet hatte, nach Tokio geflogen. Die Verzögerung in New

MÄNNER, DIE SICH AN DIE MICHAEL-ROCKEFELLER- UND DIE HARVARD-PEABODY-EXPEDITION ERINNERN, BALIEM-TAL, 2012.

York hatte bei ihm beinahe »ein Herzversagen ausgelöst, weil ich dachte, dass ich den Anschlussflug verpassen würde.« Das Flugzeug nach Japan war fast leer, und er streckte sich über vier Sitze aus, um zu schlafen. Es gibt verschiedene Arten von Reisenden; Menschen fügen sich in andere Kulturen nicht immer gleich ein. Sobald ich in einer anderen Welt lande, gönne ich mir zuerst ein Festessen. Es ist zu einer Art Ritual für mich geworden, ich nehme den neuen Ort körperlich in mich auf, und Michael tat genau dasselbe, indem er die japanische Kultur in Form eines »wunderbaren« Tempura-Essens in sich aufsog.

Von Tokio ging es dann weiter nach Biak, einer Insel vor der Nordküste Neuguineas, auf der ein ehemaliger Flughafen des Air Corps der US-Armee lag. Die Niederländer benutzten ihn für ein kleines Geschwader Flugzeuge, mit dem sie die Kontrolle über ihre Kolonie bewahrten. Auf Biak traf Michael Karl Heider, einen Harvard-Absolventen der Anthropologie. Als Heider am vorherigen Tag angereist war, hatte er die niederländischen Behörden herb enttäuscht, die fest damit gerechnet hatten, den Sohn des Gouverneurs von New York begrüßen zu dürfen. Die beiden verbrachten die restlichen Stunden des Tages damit, in der Hitze und der hohen Luftfeuchtigkeit von Biak spazieren zu gehen, ehe sie mit einer DC-3 nach Hollandia aufbrachen. Michael hockte im Cockpit und bestaunte die braunen mäandernden Flüsse, die in das Meer vor Neuguineas Nordküste flossen. Plötzlich stupste der Pilot ihm in die Rippen und deutete aus dem Fenster – der rechte Motor war ausgefallen. Michael eilte zu seinem Sitz, und Heider schnappte sich seine wertvollsten Papiere und Habseligkeiten, ehe das Flugzeug sicher landete – allerdings wieder auf Biak. Michael und Heider mussten bis zum nächsten Tag warten, um endlich nach Hollandia zu kommen.

Michael war nicht auf dem Weg nach Asmat, sondern wollte zum großen Baliem-Tal in den Gebirgszügen der Insel. Er war hochgewachsen und schlank, sauber rasiert, besaß einen markanten Kiefer, den er von seinem Vater geerbt hatte, und trug eine dicke, schwarz umrandete Brille. Er war im Stadthaus der Familie mitten in Manhattan groß geworden und hatte die Wochenenden auf dem Rockefeller-Anwesen in Westchester County, New York, verbracht. Wie schon Abby es mit ihrem Sohn Nelson gehalten hatte, so hielt es auch Nelson mit seinem Sohn Michael und nahm ihn samstagnachmittags mit zu Kunsthändlern und -sammlern. Diese Nachmittage dienten nicht nur dem besseren Verständnis zwischen Vater und Sohn, sondern schulten gleichzeitig Michaels künstlerischen Geschmack. Michaels Zwillingsschwester Mary erinnerte sich noch, wie sie es als Kinder genossen hatten, wenn ihr Vater seine Kunststücke neu arrangierte und drapierte. Und als er elf war, fand Michaels Mutter endlich heraus, warum er stets zu spät von der Schule nach Hause kam: Durch ein Fenster im zweiten Stock der Old Masters Kunstgalerie an der Madison Avenue hat er ein Gemälde erspäht, das ihm gefallen hat, und sogleich dort geklingelt. Der Eigentümer, Harry Yotnakparian, ließ Michael herumstöbern, solange er niemandem im Weg war.

Als er die vier Jahre in Harvard beinahe hinter sich gebracht hatte, war Michael, mit den Worten von Sam Putnams Freundin, »ein ruhiger, künstlerischer Geist«. Aber er war auch hin- und hergerissen. Obwohl sein künstlerisches Verständnis von klein auf gefördert worden war, erwartete sein Vater von ihm, so zu werden wie er und Karriere in einem der vielen Geschäftszweige des Rockefeller-Imperiums wie im Bank- oder Finanzwesen zu machen. Der Kunst sollte er sich in seiner Freizeit widmen. Michael graduierte an der Harvard Universität mit einem cum-laude-Bachelor in Geschichte und Wirtschaftswesen, sehnte sich aber nach etwas anderem, einer anderen Art des Seins. Er war viel herumgekommen, hatte im Sommer auf der Ranch seines Vaters in Venezuela gearbeitet, war 1957 nach Japan gereist. Tagtäglich und rund um die Uhr war er von Kunst umgeben, und zwar von primitiver Kunst. Wer weiß, wie Wanderlust entsteht, ob sie angeboren ist oder durch Erfahrungen oder Bücher angeregt wird, aber Michael war ihr ein willkommenes Opfer.

Man möge sich nur vorstellen, wie es ist, wenn man von Objekten umgeben ist, die von weit entfernten Gegenden erzählen und vom eigenen Vater begehrt werden. Man möge sich nur vorstellen, nicht nur dieselben Gegenstände zu begehren, sondern an deren Quelle zu gelangen, sie zu finden und ebenfalls mit nach Hause zu bringen. Je näher Michaels und Putnams Graduation an der Universität rückte, desto mehr begannen sie zu planen. Bereits seit der Prep-School Phillips Exeter waren sie beste Freunde. Damals waren Michael künstlerischer Leiter und Putnam Herausgeber des Jahrbuchs gewesen. Jetzt wollten sie fort, wollten ein letztes großes Abenteuer erleben, ehe Putnam Medizin studieren und Michael den unausweichlichen Schritt ins Geschäftsleben tun musste – ein letzter Schwanengesang, wie Putnams ehemalige Freundin zu sagen pflegte. Putnam hatte sich mit dem Medium Film auseinandergesetzt und kannte Robert Gardner. Gardner war Leiter des Harvard Film Study Center und völlig begeistert von den Möglichkeiten, die Zelluloid als ethnografisches Aufzeichnungsmaterial bot; er wollte einen Film über bisher noch nicht mit der Zivilisation in Kontakt getretene, jungsteinzeitliche Gruppen drehen, »um die Kunstform Film zu einer humanen Betrachtung einer weltabgeschiedenen und scheinbar fremdartigen Völkergruppe zu benutzen«, einen Film, so sagte er, »über die Welt außerhalb meiner Selbst, der aber auch mich und meine innere Welt entblößt«.

1959 begann er nach einem entsprechenden Projekt zu suchen, als ein entfernter Cousin ihm etwas über einen obskuren Volksstamm in Neuguinea verriet, dessen gesamte Kultur auf rituellem Krieg beruhte. Gardner kontaktierte Victor de Bruyn, Leiter des Büros für Einheimische Angelegenheiten in Niederländisch-Neuguinea, der meinte, dass seine Regierung nicht nur Interesse an einem Film hätte, sondern vielleicht auch bei der Finanzierung helfen könnte. Daraufhin trat Gardner mit der Anthropologin Margaret Mead, dem Direktor des Nelson Rockefeller Museum for Primitive Art, Robert Goldwater, und Adrian Gerbrands, dem stellvertretenden Direktor des niederländischen ethnologischen Nationalmuseums, in Kontakt. Letzterer hatte erst kürzlich mit Feldforschung in Asmat begonnen. De Bruyn schlug einen Film über die im Baliem-Tal lebenden Dani vor, und die niederländische Regierung steuerte fünftausend Dollar zur Expedition bei.

In gewisser Weise waren die Dani noch länger isoliert vom Rest der Welt als die Asmat. Obwohl Kontakte mit dem Westen entlang der Südwestküste Neuguineas nicht gerade zahlreich gewesen waren, so wusste man zumindest, dass der Dschungel und die Sümpfe bewohnt waren. Aber jeder, der ins Innere von Neuguinea spähte, sah nur das eine: die hohen und zerklüfteten Gebirgszüge, die sich mitten durch die Insel zogen. Fuhr man von der Küste flussaufwärts, wurden sie zunehmend schmaler, bis sie an den steilen Hängen zu Wildwasser wurden. Da oben gab es nichts anderes als unbewohnte Wildnis. In den Dreißigerjahren des letzten Jahrhunderts begannen australische Entdecker und Goldsucher, das Hochland an der Australien zugewandten Seite der Insel zu erkunden. 1938 flog dann ein Amerikaner namens Richard Archbold während einer Expedition, die von dem American Museum of Natural History finanziert wurde, über das Baliem-Tal. Er war verblüfft. Statt zerklüfteter, unbewohnter Berge flog er über ein grünes Tal. Statt dünn bevölkerter und isolierter Siedlungen fand er eine belebte Zivilisation vor. Rauchschwaden stiegen aus Hütten mit Grasdächern empor und aufwendig gearbeitete, terrassenförmige Gärten mit Bewässerungskanälen, Mauern aus Stein und Hängebrücken aus Lianen stachen ihm ins Auge. Zudem fünfzigtausend Menschen, nackt bis auf Grasröcke und Penisfutterale, die glaubten, sie seien die einzigen Menschen auf der Welt. Das Volk der Dani im Baliem-Tal war die letzte große, unberührte Zivilisation.

1960 gab es im Baliem-Tal einige wenige protestantische Missionare, eine kleine Anzahl niederländischer Regierungsbeamter, eine Landebahn, aber nicht viel mehr. Die Vereinigten Staaten und die Sowjetunion schickten Raketen ins All, aber die Handvoll niederländischer Amtspersonen in der »Stadt« Wamena lebten ohne Strom und fließend Wasser. An den Nord- und Südspitzen des Tals gab es spärlichen Kontakt. Im Gegensatz zu den Asmat waren die Dani keine Kopfjäger oder Kannibalen, betrieben aber zyklische Rachekriege mit ihren nächsten Nachbarn – eine Tatsache, die Gardner faszinierte. Er war wie die meisten Beobachter, die von eingeborenen Stämmen in den Bann gezogen waren, und hoffte, dass sie einen Einblick in den nicht korrumpierten Zustand von Menschen bieten würden. Außerdem wollte er sie über Monate hinweg observieren und filmen, um eine Vorstellung von den menschlichen Neigungen zu Gewalt und Krieg zu gewinnen.

Gardner zog in Erwägung, Autoren und Fotografen für das Projekt zu gewinnen, damit sie es in einem anderen Licht darstellen könnten. Eines Tages auf Martha's Vineyard, einer Insel im US-Bundesstaat von Massachusetts, im Haus der Dramatikerin Lillian Hellman, traf er beim Mittagessen den Autor Peter Matthiessen und offenbarte ihm seinen Plan. »Er hat mir gesagt, dass ich bezahlt werden würde«, erklärte mir Matthiessen, »und dass es sehr wichtig für mich sei.« Gardner machte ab und zu auf den Stufen des Peabody Museums in Cambridge eine Zigarettenpause, wo er Karl Heider traf. Als sich Michael zu ihm

gesellte, erkannte Gardner eine weitere mögliche Finanzierungs-
quelle und bot ihm an, Toningenieur zu werden.

Es war das perfekte Abenteuer nach dem College, und
Michael lud Sam Putnam wenige Monate später nach seinem
ersten Jahr an der Harvard Medical School ein. Indessen stürzte
sich Michael auf seine neue Aufgabe, lernte alles über Ton-
technik, was es zu lernen gab, und fragte Gardner, ob er mit
dem speziell für die Expedition gekauften Nagra-Tonband bei
der Republican National Convention 1960 Probeaufnahmen
machen könne. Sein Vater erhoffte sich, bei der Convention als
Präsidentschaftskandidat nominiert zu werden. Ehe er jedoch
loslegen konnte, kam eine Einberufung für das Militär. Michael
musste sechs Monate lang zu den Reservisten und wurde zu
einer Einheit geschickt, die Fernschreiber reparierte. »Meine
erste Reaktion war schierer Horror«, schrieb er Gardner aus
dem Basistraining-Camp in Fort Dix, New Jersey. »… dabei
habe ich mir erhofft, nach Fort Leonard Wood, Oklahoma, oder
Fort Jackson, Kentucky, verfrachtet zu werden.« Also verfasste
er einen »leidenschaftlichen« Brief an seinen Captain, in dem er
seine »unbeschreibliche Inkompetenz in dem Bereich darlegte«.
Offenkundig half es, Sohn des Gouverneurs von New York zu
sein, denn schon bald wurde er abberufen und nach Fort De-
vens in der Nähe von Harvard stationiert, wo er als »Nachrich-
tenverkehr-Analyst« geschult werden sollte. »Zumindest werde
ich Tippen üben können [sic].« Aber er beteuerte, dass die Armee ihn »die Vorzüge eines wohlgeordneten täglichen Ablaufs«
gelehrt hätte. »Ich habe eine ganze Reihe nützlicher Dinge für
das Leben in Neuguinea gelernt, angefangen mit solchen Sachen
wie Biwaks bis hin zu Erste-Hilfe- und Orientierungskursen, etc.
Außerdem bin ich in feinster körperlicher Verfassung.«

Das war im November. Gardner wusste von Michaels Interesse an Kunst, und wenige Wochen später half er Michael erneut,

indem er ihn Adrian Gerbrands vorstellte, einem Ethnologen, der in Neuguinea lebte. Gardner sagte ihm, dass Michael von seiner Arbeit in Asmat begeistert sei, und dass er »immer mehr Gefallen an dem Gedanken fand, Sie in Asmat zu besuchen«. »Wäre das vielleicht während einer Pause der Filmarbeiten im Hochland möglich?«, wollte Gardner wissen. »Ich kann Ihnen versichern, dass er weiß, wie man auf sich aufpasst, und dass er Ihnen nicht im Geringsten zur Last fallen wird.«

Am 2. April traf Michael endlich in Wamena ein und war ganz aufgeregt. »Insbesondere der Flug war spektakulär«, schrieb er. Die Route erfolgte »über den Sentani-See, über Dschungel, Berge, den riesigen, undurchdringlichen Sumpf im Landesinneren und noch mehr Berge, und dann tat sich plötzlich das Baliem-Tal vor mir auf wie eine gigantische, fruchtbare Aushöhlung. Wie sehr wir doch von all den Bildern getäuscht wurden! Das Baliem-Tal ist ein Ding von unglaublicher Größe, geschmückt mit grünem Boden und den Blautönen der Berge ringsum. Die Farben verändern sich in dem wechselnden Licht ständig. Die Berge erheben sich ... über dreitausend Meter auf allen Seiten, und der Blick auf sie ist von den Wolken, die sie umgeben, ständig verwehrt und verändert. Der Boden des Tals ist durch den Baliem und seine Zuflüsse, Hügel und steinerne Anhöhen und die von Hand gemachten Barrieren der Ndani in kleine Bruchstücke aufgeteilt. Das Klima ist wie in Maine im Hochsommer. Nur die Sonne ist schöner.«

Wenige Tage später brachten sie zentnerschwere Ausrüstung per Boot und zu Fuß zum nördlichen Baliem-Tal, wo sie ein Camp bei einem kleinen Bach am Fuß einer Felswand zwischen vereinzelten Kiefern errichteten. Es war ein wunderschöner Fleck, etwas erhöht und geschützt, weit genug von den Dani entfernt, um dringend benötigte Privatsphäre zu gewähren, aber doch nah genug am Geschehen, um daran teilnehmen zu können. Matthiessen und Eliot Elisofon, Fotograf für das *Life*-Magazin, stießen schon bald zu ihnen, und Michael hinterließ einen dauerhaften Eindruck bei Matthiessen. »Er war sehr, sehr jung und ein wenig verhätschelt. Er hat oft seinen Vater zitiert.«

Es war eine magische Zeit. Das Baliem-Tal war tatsächlich so schön, wie Michael es beschrieben hatte, ein Ort mit Tausenden Grüntönen, die sich mit jeder vorbeiziehenden Wolke veränderten, und umringt von zerklüfteten Gipfeln. Bei einer Höhe von zweitausend Metern über dem Meeresspiegel waren die Temperaturen eher kühl, mit kalten Nächten, einer angenehmen Luftfeuchtigkeit und nur wenigen Mücken. Als Michael eintraf, war die Kultur der Dani noch unangetastet, die Männer nackt bis auf lange Penisfutterale in stilisierten Erektionen und mit Schweineschmalz eingeschmiert, die Frauen ebenfalls nackt bis auf ihre Grasröcke und über die Köpfe geworfenen Netze, in denen sie Kinder oder Ferkel auf dem Rücken trugen. In gewisser Weise hatten sie das Beste von zwei Welten. Einerseits Zugang zur Primitivität, während sie sich gleichzeitig mit ihren urbanen Kollegen zurückziehen konnten, um im Kochzelt gewohntes Essen zu sich zu nehmen – zum Frühstück gab es Omelettes, Orangensaft und Kaffee –, oder abends ein Bier zu trinken, während sich die Dani um sie scharten, um ihre Kleidung, die Spiegel und Kameras zu bewundern. Tagsüber verteilten sie sich in den Dörfern, um die Dani zu beobachten und zu filmen. Michael fand sie »emotional ausdrucksstark« und eine wahre Augenweide. »Polik der Krieger«, schrieb er, »stolziert mit einem beinahe fünf Meter langen Speer und einem unglaublichen Kopfschmuck herum. Sein Gesicht, oft hinter Haaren versteckt, die bis auf seine Schultern fallen, ist stets mit Holzkohle und Schweineschmalz geschwärzt. Er sieht geradezu aus wie die Verkörperung der jungsteinzeitlichen Wildnis.«

Wenn es hieß, dass eine Schlacht bevorstand, versammelten sie sich im Niemandsland – mit Gras bewachsene Plateaus. Feindliche Siedlungen standen sich gegenüber und beschimpften einander, rannten aufeinander zu, machten Drohgebärden, und ab und zu kam es auch zum Kampf. Die Tatsache, dass das Filmteam weiß war, verlieh ihm eine Art Immunität. Die Dani hatten sich an sie gewöhnt, erlaubten ihnen, mitten in der Schlacht zu filmen – als ob es einer Filmcrew erlaubt wäre, mitten in einer Schlacht im Zweiten Weltkrieg zu stehen und ihre Arbeit zu verrichten, ohne angegriffen zu werden. Sie waren so nah am Geschehen, dass Michael eines Tages ein Pfeil im Bein traf. Das Team tat alles, damit niemand davon erfuhr. Es war ein merkwürdiger Krieg, den man kaum mit dem zerstörerischen, brutalen Gemetzel der zivilisierten Welt vergleichen kann. »Sie zogen mit einem Regelwerk in den Krieg, viel zivilisierter als der unsere«, sagte Matthiessen. »Ein Tod durfte stattfinden.«

Michael arbeitete hart, nahm sämtliche Geräusche, Lieder, Musik und Kämpfe auf, während er zudem fotografierte, was er besonders liebte. Er »fotografierte wie wild«, schrieb er, an manchen Tagen verbrauchte er achtzehn Rollen Film. Manchmal war es zu viel, und eines Abends konnte sich das Team nicht mehr halten und kritisierte ihn hart, weil er wichtige Tonaufzeichnungen verpasst hatte. »Michael ist in Tränen ausgebrochen und verschwunden«, meinte Matthiessen. In jener Nacht wurde Michael laut Matthiessen erwachsen, arbeitete noch härter, aber er war »desorganisiert, unordentlich. Er hat Sachen vergessen«.

Michael teilte sich ein Zelt mit Heider, und die beiden lernten sich näher kennen. »Mike war sehr still, sehr bescheiden«, erinnerte sich Heider, »obwohl natürlich jeder wusste, wer er war, wer sein Vater war. Er hat nicht viel Platz eingenommen, und es war unkompliziert, ihn um sich zu haben. Außerdem besaß er Geduld.« Die Dani öffneten sich ihm. Während Elisofon, der

Profi, sie aufstellte und in Posen arrangierte, machte Michael Fotos von dem, was er sah. Abends war Heider überrascht, als er dem wohlhabendsten Mitglied der Expedition dabei zusah, wie er seine alten Armeesocken stopfte. Aber Michael hatte Ehrgeiz und machte sich ernsthafte Gedanken bezüglich seiner Bilder.

Ende April schrieb er seinem Freund Sam von einer Idee: Sie könnten ein Buch über die Dani veröffentlichen. »Es scheint mir, dass sich für dich und mich eine große Möglichkeit auftut, wenn man es irgendwie mit dem Medizinstudium hinbiegen kann. Die Fotos sollten gut genug sein, um eine Basis für ein fotografisches Essay in Buchform über die Dani zu bilden. Sicherlich ist es eine wilde, selbstgefällige Fantasie, die in die Tat umzusetzen und gut hinzukriegen sehr schwierig wäre. Lass mich wissen, was du davon hältst.« Im Nachsatz fügte er hinzu: »Bitte behandle dies vertraulich, denn ich habe noch niemandem außer dir davon erzählt, was ich auch nicht vorhabe, bis das Ganze konkretere Formen annimmt.«

Es gibt Menschen, die nicht so gern im Dreck mit Spinnen und nackten Menschen, die mit Schweineschmalz eingeschmiert sind, leben, aber Michael Rockefeller zählte nicht zu ihnen. Er genoss es, unter Leuten zu sein, die keine Ahnung hatten, was sein Name überhaupt bedeutete. Während die Wochen in Neuguinea vergingen, driftete die Heimat ins Abstrakte, ihr Einfluss wurde immer kleiner. Materielle Besitztümer waren nicht mehr so wichtig. Die völlige Fokussierung auf ein Projekt besaß etwas Befreiendes. Das Wichtige war hier vor Ort – eine Welt voller schwitzender, nackter Körper, voller Feste und rauchiger Hütten, voller Schweine und Schweineschmalz. Hier zumindest war Michael fern jeglicher sozialer Gepflogenheiten, Rockefeller hin oder her.

Ende April, Anfang Mai begann Michael, die Reise mit Putnam nach Asmat zu planen. Im Baliem-Tal war er das jüngste Mitglied der Gruppe, die von Gardner geleitet wurde; jetzt würde er das erste Mal seine eigene Agenda aufstellen können. »Michaels Vater hat ihn zum Vorstandsmitglied seines Museums ernannt«, sagte Heider, »und Michael meinte, dass er etwas tun wollte, das es in dieser Form bisher noch nicht gegeben hatte. Er wollte eine große Sammlung nach New York verschiffen. Asmat schien die einzige Wahl.« Er wollte lediglich zwei oder vier Wochen nach Asmat, nachdem sie die Filmarbeiten beendet hatten. Allerdings war Michael kaum ein Einzelreisender, der sich ohne alles in eine neue Welt begab, sondern Teil einer Harvard-Expedition, die von der niederländischen Regierung unterstützt wurde, und ein Rockefeller sowie – nicht zu vergessen – ein Vorstandsmitglied des Museum of Primitive Art. Sobald er sich außerhalb des Baliem-Tals bewegte, wurde er behandelt wie hohe Prominenz.

Michael schrieb an Robert Goldwater, berichtete von seiner bevorstehenden Reise und schlug vor, dass er auch am Sepik-Fluss im australischen Teil von Neuguinea Kunst sammeln könnte.

Goldwater antwortete: »Sammeln am Sepik... bedarf einiger Überlegung und Diskussion. Wie Sie wissen, hat es während der letzten Jahre diverse Expeditionen gegeben, und wenn man die zurückgebrachten Werke genau betrachtet, scheint es keine vielversprechende Gegend mehr zu sein.«

Goldwater schrieb jedoch auch einen Brief an die australischen Behörden und unterrichtete Michael, dass er sich freuen würde, wenn dieser »eine feine Serie von Objekten« mitbrächte. Zudem stellte das niederländische Büro für Einheimische Angelegenheiten Neuguineas Michael einen Anthropologen zur Verfügung, der ihm als Reiseführer und Begleiter dienen sollte. René Wassing war vierunddreißig, trug einen gepflegten Schnurrbart und besaß gut trainierte Waden. Er arbeitete auf der anderen Seite der Insel in Hollandia und war noch nie in Asmat gewesen. Die beiden trafen sich in der Hauptstadt und flogen am 20. Juni nach Merauke, wo sie bei F.R.J. Eibrink Jansen, dem höchsten Regierungsbeamten der Region, zusammen mit dem niederländischen Regionalleiter und dem Kopf des hiesigen Rats zu Mittag aßen. Nachmittags besorgten sie sich Proviant von dem chinesischen Laden vor Ort und verließen um fünf Uhr das Städtchen auf der *Tasman*, einer Barkasse, die der Regierung gehörte, um gen Norden die Küste entlangzufahren. Wassings Bericht vermerkte, dass sie einige aufgewühlte Gewässer passierten.

Am frühen Morgen des 22. Juni erreichten sie den Regierungsposten Pirimapun, wo sie ihre ersten Asmat-Kanus mit den aufwendig geschnitzten Bügen am Uferschlamm sahen. Die Siedlung war nicht groß – ein Kai und einige mit Stroh gedeckte Hütten, in denen zum einen Wim van de Waal lebte, ein dünner, blonder, einundzwanzigjähriger niederländischer Polizist, der den Bau der Landebahn beaufsichtigte. Zum anderen wohnten dort Ken Dresser, ein kanadischer Missionar und Arzt, und eine Handvoll papuanischer Polizisten.

Van de Waal war das genaue Gegenteil von Lapré. Er hatte erst spät, im Alter von zwanzig, die Schule absolviert, und ehe er studieren konnte, musste er zwei Jahre beim Militär dienen, was er aber für Zeitverschwendung hielt. Der Bruder seines besten Freunds war Polizist in Neuguinea gewesen, was ihm eine wesentlich aufregendere und exotischere Alternative zu sein schien.

Von dreihundert Bewerbern für einen Posten als Kolonialpolizist bekamen sechzehn eine Stelle, darunter auch van de Waal. Er reiste Ende 1959 von den Niederlanden nach Neuguinea, und nach einem neunmonatigen Aufenthalt in Hollandia, wo er Malaiisch lernte und in der Kunst der Kolonialverwaltung unterrichtet wurde, ging es im darauffolgenden Oktober weiter nach Pirimapun. »Es war ein ›Erkundungsgebiet‹, eine der wildesten Gegenden Neuguineas«, meinte er und besaß so gut wie keine Anweisungen. »›Schaffe Kontakt‹, wurde mir befohlen, ›sodass sie nach und nach Vertrauen zu der Regierung gewinnen.‹« Außerdem sollte er eine Landebahn bauen, denn Pirimapun war der einzige Ort mit genügend trockenem Boden. Er besaß keinerlei Werkzeuge, nicht einmal eine Schubkarre. Für einen Monat Arbeit bezahlte er seine Leute mit einer Axt, einem Messer und etwas Angelleine und Angelhaken. Einmal im Monat legte ein Schiff mit Vorräten an. Er besaß ein Funkgerät und einen Stromgenerator, den er täglich zweimal anwarf, um Bericht zu erstatten und Bescheid zu geben, dass er noch am Leben war.

Van de Waal genoss seine Aufgabe. Es gab nicht viel zu tun, »außer ein bisschen Sand herumzukarren«, um die Landebahn zu bauen, und kurze Trips per Kanu zu machen. Als Postmeister versandte er Briefe, die mit merkwürdigen Daten wie dem 35. September 1960 abgestempelt waren. Nach zwei Monaten vor Ort beauftragte er einen Schreiner in Merauke, einen Katamaran aus zwei Einbäumen zu bauen, die mit ein paar Planken verbunden waren und einen mit Schilf gedeckten Aufbau trugen. Mit einem Außenborder gewann van der Waal größere Bewegungsfreiheit; er konnte überall hinfahren und auf dem Boot schlafen. Er bereiste die Region, fuhr Flüsse auf und ab, knüpfte Kontakte. Die offizielle Stellungnahme lautete, dass es keine Kopfjagd mehr gab, was auch Michael unterbreitet wurde – wie seinem Vater und seiner Schwester, als sie im Jahr darauf nach Neuguinea fuhren. Dies sollte im Hinblick auf Papuas politische Lage und die Absichten der Niederlande, das Land zur Unabhängigkeit zu führen, allen Fremden weisgemacht werden. Schließlich musste der Eindruck vermittelt werden, dass das Land in der Lage war, in zehn Jahren ein produktives Mitglied der internationalen Staatengemeinschaft werden zu können. »Aber die Kopfjagd existierte noch«, verriet van de Waal. »Manchmal gab es auch Überfälle großen Ausmaßes.«

Das sollte sich in Zukunft auch nicht ändern: 1970 reiste der amerikanische Missionar Frank Trenkenschuh zu den Siedlungen von Sogopo und Ti. Am Tag zuvor hatten Krieger fünf Männer und Frauen umgebracht, und selbst in den Achtzigerjahren des vergangenen Jahrhunderts hat Schneebaum Geschichten von der Kopfjagd und tödlichen Überfällen in abgelegeneren Teilen Asmats gehört.

Und trotzdem reiste van de Waal ohne Verteidigungsmaßnahmen mit nur einem Koch und einem Handlanger. In Pirimapun standen eine Handvoll papuanischer Polizisten zur Verfügung, aber van de Waal ließ sie stets zurück. Er besaß einen Revolver, den er aber nie aus der Schachtel nahm. Wieso waren van de Waal, Gerbrands und Männer wie Zegwaard, van Kessel und von Peij imstande, durch Asmat zu reisen, ja sogar mit den Asmat zu leben, wenn sie so wild und kampfeslustig waren? Für die Asmat wurde jeder Kontakt mit Tabak, nach dem sie süchtig geworden waren, mit Stahläxten, Angelleinen und -haken versüßt. Ein Mann aus Koiari, der sich an die erste Begegnung mit australischen Entdeckern im Hochland Neuguineas in den Dreißigerjahren des letzten Jahrhunderts erinnern kann, berichtete:

Wir wussten nicht, woher diese Kreaturen stammten; wir fragten uns, ob sie aus dem Himmel, von unter der Erde oder aus dem Wasser kamen. Wir dachten, sie seinen *remo* [Geister], hatten aber nie zuvor *remo* gesehen... Wir hatten große Angst vor ihnen und nahmen an, dass sie irgendwann in großer Zahl zurückkommen würden, um uns den Garaus zu machen. Gleichzeitig aber mochten wir die guten Sachen, die sie mitbrachten, wie Zündhölzer und Messer.

Die Wertschätzung der Asmat gegenüber westlichen Produkten hielt sich die Waage mit ihrer Furcht vor Feuerwaffen. Ihre Macht hing wie ein Damoklesschwert über jeder Begegnung zwischen bewaffneten Weißen und den Ureinwohnern. Die Asmat waren auf dem Schlachtfeld tapfere und erbarmungslose Krieger, aber Bambuspfeile und hölzerne Speere waren gegenüber der Feuerkraft moderner Waffen nichts weiter als Spielzeuge. Konfrontationen zwischen bewaffneten Weißen und den Asmat in Neuguinea waren nicht viel anders als solche zwischen Konquistadoren und den Ureinwohnern in Südamerika. Jared Diamond berichtet in seinem Buch *Arm und Reich* von Francisco Pizarro, der dem Inka-Herrscher Atahualpa in der im Andenhochland gelegenen Stadt Cajamarca entgegengetreten ist. Am 16. November 1532 standen er und seine hundertachtundsechzig Mann mitten im Feindesgebiet und waren von achtzigtausend Inka-Kriegern umzingelt. Die Schlacht dauerte nicht lange: Innerhalb von Minuten war Atahualpa gefangen genommen und Tausende Ureinwohner tot. Die Spanier erlitten keinen einzigen Verlust.

Als der Engländer Charles Savage 1808 auf Fidschi landete, »paddelte er mit seinem Kanu flussaufwärts bis zu der Siedlung von Kasavu, ging keinen Pistolenschuss weit entfernt vom Dorfwall an Land und feuerte auf die hilflosen Einwohner. Seine Opfer waren so zahlreich, dass die Überlebenden die Toten aufhäuften, um sich hinter ihnen zu verschanzen ... Die Geschichte ist voller Beispiele von Feuerwaffen, die gegen machtlose Ureinwohner eingesetzt werden, die nichts Vergleichbares zur Gegenwehr haben«, schreibt Diamond.

Laut einer Untersuchung der Strickland-Purari-Unternehmung von 1935, einer von der Regierung finanzierten Expedition in die Hochebenen des australischen Territoriums Papua und Neuguinea, hat »die Expedition mindestens neun Mal Feuer auf die Ureinwohner eröffnet«. Vierundfünfzig Menschen wurden durch Kugeln getötet, »ohne dass ein Mitglied der Expedition in den Gefechten umkam oder schwere Verletzungen erlitt«. Ureinwohner lernten rasch, dass sie angesichts der Zerstörung von Feuerwaffen geradezu machtlos waren.

Die Asmat taten ihr Bestes, Weiße zufriedenzustellen und ihnen irgendwie aus dem Weg zu gehen. Der gesamte Kosmos der Asmat bestand aus wechselseitiger Gewalt, und zwar nicht nur zwischen Menschen oder Siedlungen, sondern zwischen Menschen und Geistern. Nicht nur Menschen waren rachsüchtig, sondern auch Geister. Wenn man sie nicht beschwichtigte, konnten sie eine Siedlung genauso angreifen wie andere Krieger, indem sie Männer, Frauen und Kinder krank machten. Am Anfang und während der ersten Jahre des Kontakts mit Europäern, und wahrscheinlich noch eine ganze Weile länger, waren sich die Asmat nie sicher, wer diese weißen Eindringlinge überhaupt waren. Geister oder Menschen? Sie anzugreifen war nicht nur mit einer physischen Vergeltungsaktion verbunden wie der von Max Lapré, sondern barg auch noch das Risiko, dass die Geister Rache nahmen.

Zegwaard war noch Mitte der Fünfzigerjahre des letzten Jahrhunderts als einziger Weißer auf den Flüssen in Siedlungen unmittelbar nach einem Überfall aufgetaucht. Aber die Asmat waren lernfähig und verheimlichten ihre Traditionen, die von den Priestern und Kolonialherren so missbilligt wurden. Wie Lapré in seinen Berichten schreibt, zogen sich die Asmat einfach tiefer in den Dschungel zurück, um ihre Zeremonien zu vollziehen, die so wichtig für ihr Dasein in dieser Welt waren. Es ist einfach, unsere gemeinsame Menschlichkeit zu feiern – schließlich sind wir alle Menschen, die lieben, hoffen, fürchten, fühlen, träumen und trauern – und dabei unsere Verschiedenheiten zu negieren. Wir vergessen, dass diese Unterschiede unsere Wahrnehmung von uns selbst, der Welt, in der wir leben, und unserem Platz darin fundamental beeinflussen. Wir schütteln beide die Hände, lächeln beide. Wir essen zusammen, lächeln, sehen den gleichen Fluss und die gleichen Palmen, und wir müssen beide hinter einem Baum verschwinden, um zu pinkeln. Aber was jeder wahrnimmt, was wir glauben, kann zutiefst verschiedener Natur sein. Das Leben der Asmat basierte auf Rache; Lapré mag auf niederländische Gesetze und der Macht der Regierung bestanden haben, aber nach dem blutigen Kampf am Ewta zwischen Otsjanep und Omadesep hatte Faniptas eines seiner Kinder Dombai als Friedensangebot gegeben. Es ist beinahe unmöglich, die Macht eines Asmat-bisj-Pfahls einzuschätzen, ebenso unmöglich, wie die Bedeutung eines Lieds oder die Heiligkeit eines Schädels für einen Asmat zu beurteilen. Oder zu wissen, welche Wertschätzung einem Geschenk in Form von Sago an ein jeu und seine Ältesten entgegengebracht wird. Und so konnten Menschen wie Wim van de Waal und Michael Rockefeller sammeln, fotografieren und in der Asmat-Kultur herumstochern, mit ihnen reisen und sich bei ihnen aufhalten, ohne ihre Welt und die unsichtbaren Dimensionen ihrer Realität wirklich zu begreifen.

Van de Waal führte Michael und Wassing gern durch sein kleines Reich in Pirimapun. Nach ein paar Stunden stellte er ihnen van Kessel vor, der sich gerade eine Hütte baute. Der Priester und Michael wechselten ein paar Worte, eine Unterhaltung, die Rockefeller begeisterte und den Rest seines kurzen Lebens bestimmen sollte. Wenige Tage später schrieb er an Goldwater, dass van Kessel der »erste Weiße« war, der das südliche Asmat und die Kasuarina-Küste erforschte. Er hatte unschätzbare Erfahrungen in Asmat gesammelt und Michael geraten, sich den Süden genauer anzuschauen. »Aus diversen Gründen glaube ich, dass er mein wertvollster Kontakt sein wird… und er scheint willens zu sein, mir beim Sammeln von Objekten für das Museum of Primitive Art zu helfen. Er kann indes besonders kostbar sein, weil er das Vertrauen der Einheimischen in der Gegend genießt und deshalb auch besseren Zugang zu guten Werken hat, als ich mir je erträumen könnte.« Michael bat Goldwater, van Kessel einen Brief zu schreiben, in dem er dessen Verbindung zu dem Museum bestätigte. Van Kessel war genau das, was Michael brauchte: Der Missionar wusste, wie man vorgehen musste, er sprach Asmat und kannte zu einem gewissen Grad die Macht der unsichtbaren Welt der Asmat. Wenn sie zusammen gereist wären, hätte Michaels Schicksal wohl anders ausgesehen. Stattdessen aber sollte Michael auf dem Weg zu van Kessel verschwinden.

Mittags waren Michael und Wassing bereits abgereist, um Agats am gleichen Abend zu erreichen. Michael verbrachte die Nacht in einem behaglichen Haus eines niederländischen Regierungsbeamten. Am nächsten Morgen folgten sie der gleichen Route, die ich fünfzig Jahre später nehmen würde. Sie passierten Warse und kamen spät am Abend in Atsj an, jetzt per Kanu mit Asmat-Paddlern. Der Priester von Peij war abwesend, und so schliefen sie im Postgebäude. Sie bezahlten die Asmat mit einem Häufchen Tabak und etwas Angelleine pro Tag.

Am darauffolgenden Morgen ging es weiter nach Amanamkai, wo Gerbrands und David Eyde, ein amerikanischer Anthropologe aus Yale, wohnten und wo sie in den Bann von Asmat gerieten. Gerbrands nahm sie mit in das *jeu* Aman, das gerade erst wieder aufgebaut war und sich aus diesem Grund mitten in Feierlichkeiten befand. »Meine Ankunft sowohl im Baliem-Tal als auch hier in Asmat hat etwas Mysteriöses an sich«, schrieb Michael in seinem Tagebuch. »Zur gleichen Zeit fanden jeweils wichtige Zeremonien statt.«

Das *jeu* war riesig, mehr als dreißig Meter lang, mit sechzehn

Feuerstellen an der hinteren Wand. Jede gehörte einer der vielen Familiengruppen und war mit einem geschnitzten Pfahl versehen. Der Boden war kühl, wenn man ihn berührte, und gab nach, denn er war mit der abgeschälten Rinde der Sagopalme bedeckt. Das Licht im *jeu* war märchenhaft – dunkle Sonnenstrahlen und dicker Rauch. Das *jeu* war voller schwitzender Männer, Trommler, die in einem Halbkreis um eine zentrale Feuerstelle saßen oder standen, die der ganzen Gruppe gehörte. Um sie herum tanzten Männer wie Kasuar-Vögel – auf den Fußballen hochspringend, die Knie hin- und herschwingend. Einer fing an zu singen, ein trauriges, melodisches Lied, und der Rest der Männer fiel mit ein. Es war hypnotisch, primitiv, bewegend, wie aus dem Jenseits, ein alternatives Universum, unberührt von Zeit oder Technologie, eine Welt, umschwärmt und verehrt, die in den sterilen Ausstellungen im Museum von Michaels Vater jedoch nur angedeutet wird. Jetzt war er mittendrin, konnte sie erforschen, entwirren, sammeln.

Das Tanzen und Trommeln dauerte Stunden, nein, den ganzen Tag lang und bis in den Abend hinein, als ein Kanu aus Omadesep anlegte. Laut Wassing überbrachten sie die Nachricht, dass Otsjanep »die Region unsicher mache und dass die Situation angespannt sei«. Dies war »bedauerlich«, da Michael und Wassing gehofft hatten, sowohl Otsjanep als auch Omadesep zu besuchen, und Ruderer brauchten, aber die Männer schienen unwillig, die Reise auf sich zu nehmen. Aber dank Gerbrands und Eydes Hilfe, dessen Yale-Dissertation die Kopfjagd und Kriegsführung untersuchte, konnte Michael sowohl die Kunst als auch die Zeremonie genießen. Er bemerkte sogar, dass die bisj-Pfähle »Symbole der Rache darstellen ... deren Aufstellung früher einmal eine Kopfjagd folgte. Die Schnitzereien repräsentieren jene Ahnen, die Opfer einer Kopfjagd wurden und deren Tod gerächt werden muss«. Es kam ihm nie in den Sinn, dass er die Lust auf

Rache eines Volkes stillen sollte, das er noch nicht einmal richtig kannte.

Sie verbrachten den nächsten Tag damit, auf das Ende des Regengusses zu warten, der den ganzen Nachmittag lang auf die Dächer prasselte. Michael stand auf der Veranda des Männerhauses und machte Fotos von den Wassermassen und den Männern, die in Kanus durch den Regen paddelten. Am darauffolgenden Tag bezahlte er die Krieger, einen Angriff nachzuahmen. Michael war außer sich vor Verzückung, als Hunderte Krieger, einige nackt, mit Ketten aus Hundezähnen um den Hals und weiß bemalten Gesichtern, »zu zehnt« in Kanus vom Kai auf den Awor-Fluss ablegten. Die Kanus teilten sich in zwei Gruppen auf und paddelten »wie besessen« aufeinander zu. Sie warfen Kalk in die Luft und umkreisten das Kanu, in dem sich Michael und Wassing befanden, »wie ein Wirbelwind. Dabei schrien und johlten sie und wurden von dem Blasen von Hörnern begleitet«. Michael machte Fotos und war überwältigt von »der Anmut der Paddelbewegungen, der puren Kraft und Geschwindigkeit, der Anzahl Männer und dem Rhythmus in jedem Kanu und der Pracht des Ereignisses für die Asmat«.

Zwei Tage später verließen sie die Siedlung um drei Uhr nachmittags. Sie reisten in drei Kanus. Wegen der angespannten Situation zwischen Otsjanep und Omadesep hatten sie gerade genug Männer zum Paddeln überreden können. Wassing, Gerbrands, Putnam und Michael saßen in der Mitte der nassen Einbäume, vor und hinter ihnen nackte Männer. »Zuerst kam die ruhige, gemächliche Abreise den Awor hinab«, schrieb Michael. »Die Paddler machten ruhige Schläge, ließen die Ebbe die Hauptarbeit verrichten und die Kanus den Awor hinuntertreiben. Oder vielleicht bildete ich es mir aufgrund der wundervollen Leichtigkeit, die man erlebt, wenn man einen bestimmten Moment im Leben scheinbar ein Leben lang gelebt hat, auch nur ein.« Michael wollte sparsam mit Film umgehen, konnte sich aber nicht zurückhalten, denn er war »von einem fabelhaften Anblick nach dem anderen in den Bann gezogen… Ich konnte die Paddler stundenlang beobachten, insbesondere die, die achtern in Renés Kanu standen. Die Formen verloren nie ihre Faszination; das Stechen und Ziehen mit der üppigen Vegetation und den Bäumen, die am Uferrand in den Himmel ragten, im Hintergrund, beleuchtet von Sonnenlicht, Regengüssen, brillantem Sonnenuntergang, einem vollen Mond und der blauschwarzen Nacht. Kann man sich da mit den Fotos zurückhalten, selbst auf die Gefahr hin, sich zu wiederholen?

Ich wünschte nur, ich hätte irgendwie die zwitschernden Scharen von Spatzen aufnehmen können, die auf den Bäumen entlang der Meeresküste hockten. Hunderte und Aberhunderte von ihnen flogen wie verrückt von einem Baum zum nächsten. Der Grund dafür wird mir immer ein Rätsel bleiben. Obskure Kreaturen huschten zwischen den Ästen hin und her, und zuerst würde ein Baum, dann der andere, sich von dem Gewicht einer Unzahl fliegender Geschöpfe krümmen, die für einen winzigen Augenblick auf seinen Ästen hockten. Das Surren der Flügelschläge und die Schreie Tausender Vögel, die alle gleichzeitig zwitscherten, lagen in der Luft.«

Die Sonne ging in einem schimmernden Bad aus Rot-Orange unter, ehe der Vollmond aufstieg, groß und leuchtend, und sie paddelten in völliger Stille weiter. Das einzige Geräusch, das an ihre Ohren drang, waren die Wellen, die gegen das Kanu schlugen, und ab und zu die Stimme vom Ausguck im Bug des Kanus.

Nach sieben Stunden erreichten sie ein Biwak, das dem glich, zu dem Amates mich an der Mündung des Faretsj-Flusses brachte. Scharen von Staren flogen um die Kanus und füllten die schattenreiche Nacht mit Zwitschern und dem Schlagen von Tausenden Flügeln. Sie schlangen eine kalte Mahlzeit aus

Tee, übrig gebliebenem Reis und Hering hinunter und verweilten bis zum nächsten Morgen. Die restliche Reise nach Omadesep führte sie den Faretsj flussaufwärts und dauerte drei Stunden. Zuerst war Michael enttäuscht – es gab eine Schule, und es fand gerade Unterricht statt! Und als er nach Schnitzereien fragte, verspürte er »beinahe Ekel« vor den Gegenständen, die »die Auswirkung übereilt ausgeführter Handwerkskunst aufzeigten, stimuliert von den Messern der Weißen und ihrem Interesse an Kuriositäten«. Michael begriff, dass diese Objekte »zum Verkauf angefertigt wurden und nicht, um sie zu benutzen«. Er begann, nach Schilden und Trommeln zu fragen, und »langsam und ohne viel Aufsehen erschienen interessante Objekte. Erst ein Schild, kaputt, aber alt und sehr ansehnlich. Dann eine Trommel nach der anderen … mit einer interessanten Vielfalt an geschnitzten Griffen. Damit verschwand meine Enttäuschung, und ich gab mich der aufgestauten Begeisterung hin, die nur durch die Erkenntnis, dass Unbesonnenheit ins Verderben führen würde, in Bann gehalten werden kann«. Er war natürlich zu jung, zu unerfahren und zu reich, um seine Begeisterung und Unvernunft zu kontrollieren, und er sollte tragischerweise seine eigenen Worte nicht beherzigen, insbesondere an jenem Morgen, an dem er die Mündung des Betsj-Flusses erreichte. Während er für seinen Schatz zahlte, »die Preise variierten je nach ihrer Unzulänglichkeit«, notierte Putnam die Namen der Künstler in einem Notizbuch.

Vor der Schule standen vier *bisj*-Pfähle, riesige, sechs Meter hohe Schnitzereien aus einem einzigen Stück Mangrove, aus denen an der obersten Spitze eine mehr als ein Meter lange Figur in Form eines Gitters oder Glieds hervorspross. Alle Asmat-Schnitzereien sind wunderschön und komplex – Trommeln, Schilde, Speere, Schalen, Paddel –, aber neben den *bisj*-Pfählen versinken sie in

Bedeutungslosigkeit. Die dreidimensionalen Details, ihre dynamischen Linien mit Extremitäten und Gesichtern inmitten von Gottesanbeterinnen, Nashornvögeln und Krokodilen (Fresser von Frucht und Fleisch, wie die Asmat selbst) – alle freihändig geschnitzt ohne auch nur eine gezeichnete Linie, und kein Pfahl wie der andere – sind Zeichen von Macht und besitzen eine zutiefst bewegende Schönheit. Wenn man sie aber aus ihrer Umgebung und Kultur herausreißt, wie Michael es vorhatte, verloren sie ihre Bedeutung, ihren tiefgehenden Stellenwert im Leben der Asmat und wurden zu kaum mehr als exotischen Objekten, die der kritische Gast des Museum of Primitive Art konsumieren sollte – ohne ihre Signifikanz auch nur annähernd zu verstehen.

Rockefeller und Gerbrands betrachteten die vier Pfähle und befanden sie für großartig. Ohne jegliche Ironie schrieb Michael: »Dies waren Objekte, die von der übergreifenden westlichen Kommerzialisierung der Kunst der Asmat unangetastet blieben. Ich entschied mich rasch, einen zu kaufen, den Faniptas geschnitzt hatte« – der gleiche Mann, der Pip und die Männer aus Otsjanep dazu überredet hatte, mit ihm nach Wagin zu reisen. Aber Gerbrands überredete Michael, alle zu erstehen; die Gelegenheit, alle vier als kompletten Zeremonien-Satz zu besitzen, konnte man sich nicht entgehen lassen. (Heute stehen die Ahnenpfähle im Metropolitan Museum of Art in New York.) Plötzlich hatte Michael eine Idee. »Ich überlegte, wie großartig es wäre, wenn diese vier Pfähle vor dem yeu [sic] ständen, für den sie geschaffen wurden.« Gerbrands nahm sich der Sache an, und kurz darauf war es ausgehandelt: Die bijs-Pfähle sollten vor dem jeu aufgestellt werde, und »die Zeremonie, die ein solches Geschehen begleitet, würde nachgestellt werden«.

Das zeremonielle Leben der Asmat ist zergliedert. Gewisse Lieder sind derart potent, dass sie vor den Frauen und Kindern der Siedlung geheim gehalten werden. Die Asmat geben manches preis, anderes wieder nicht. Wenn Fremde sie mit ihrer Neugier bedrängen, erfinden sie manchmal Geschichten, um sie zufriedenzustellen.

Es ist unmöglich zu wissen, welche Zeremonie die Einwohner von Omadesep nachgestellt haben. Auf Michaels Wunsch standen sie vor dem *jeu* und sangen, trommelten und tanzten um die Pfähle. Es war vielleicht nicht überraschend, dass er es »relativ enttäuschend« fand. Auch das Fotografieren fiel ihm schwer. »Da steckt keine Magie dahinter, den Pfählen werden keine Opfer oder religiöse Aufmerksamkeit dargebracht. Das erklärt vielleicht auch, wie einfach die Asmat zu überreden waren, diese Zeremonie nachzustellen. Wenn man nicht Gefahr läuft, einen Gott zu verärgern oder Magie falsch anzuwenden, dann muss so ein Geschehen von der Siedlung positiv bewertet werden.«

Er hatte recht – niemand weiß, was sie getan haben –, aber er gewährte so auch einen kleinen Einblick in seinen Charakter, eine Andeutung von Selbstüberschätzung. Er wurde stets als gütig, sanft, arbeitsam und nicht anmaßend beschrieben, aber er war erst dreiundzwanzig, jung und reich. Er war daran gewöhnt, genau das zu bekommen, was er wollte, und schien sich seiner Rolle in der Verzerrung der örtlichen Wirtschaft, der Bastardisierung einer Zeremonie oder der widersprüchlichen Natur des gesamten Vorhabens in keiner Weise bewusst zu sein. Hier stand der Erbe eines der größten Vermögen der Welt und erbeutete heilige Objekte für einen Pappenstiel – die privilegierteste Person der Erde versuchte sich in der Welt der am meisten marginalisierten. Obwohl ihn die Qualität der Objekte, die zum Verkauf hergestellt wurden, verzweifeln ließen, reiste er weiter umher, um Gegenstände zu sammeln. Und mit jedem Einkauf modifizierte er die Kultur und die Kunst der Asmat.

Während der folgenden vier Monate würde Michael ungeheure Summen ausgeben. Er hatte den Eindruck, dass dies eine gewisse Zurückhaltung, wenn nicht sogar Missgunst in Gerbrands auslöste. Er beschrieb ihn mit folgenden Worten: »Eine schwer definierbare Persönlichkeit, die sich der Welt gegenüber wie eine Muschel verschließt.« Es dauerte drei Jahre, ehe Michael Gerbrands so weit gebracht hatte, ihn »Mike« statt nur »Rockefeller« zu nennen, und Michaels nicht enden wollende Fragen gingen ihm derart auf die Nerven, dass er sie entweder nur schroff beantwortete oder aber behauptete, er habe keine Ahnung. Es bedurfte Sam, einem Bettelknaben im Vergleich zu Michael, um zu erklären, wie Gerbrands dem Dreiundzwanzigjährigen gegenüberstand.

Michael schrieb: »Gegen Ende unserer Reise machte ich mir Gedanken, dass (diese) geschlossene, entfernte Haltung bei Adri von einer Art Desillusionierung stammt, einer Frustration im Zuge seiner Ambitionen. Ich wusste, dass er während seines Aufenthalts in Neuguinea immer wieder der Verzweiflung nahe gewesen war auf Grund fehlerhafter Objektive, die er in Japan gekauft hatte, der mangelnden Anzahl an Filmrollen, des immer noch nicht gelieferten Tonbands und der immerwährenden Schwierigkeiten, genügend Ruderer für seine diversen Ausflüge zu finden … Ich glaube, dass Sam durchaus richtiglag, als er mich darauf hinwies, dass ein Mann wie Adri ein wenig verbittert reagieren könnte, wenn solch Emporkömmlinge wie wir mit der besten Kameraausrüstung, genügend Filmrollen und Geld daherkamen, um *bisj*-Pfähle und sonstige Objekte zu kaufen, geschweige denn für zwei *bisj*-Pfahl-Zeremonien zu zahlen … und dann noch von einem weiteren Trip zu sprechen, der mit einem Boot mit Außenborder stattfinden sollte, den er sich nie hätte leisten können.«

In seiner Beschreibung des Einkaufs, der ihm noch am gleichen Nachmittag gelang, erhält man vielleicht den ersten Einblick einer aufkommenden Besessenheit. Ein Mann namens

Givin brachte Michael einen Speer, den er auf der Stelle erstand. »Es war ein alter, wunderschöner Speer, ein Unikum, das in den Händen zu halten ich mir nie erhofft hätte. Irgendwie hat Bob mir zu verstehen gegeben, dass ich lediglich am Ende einer langen Reihe von Sammlern stünde, die Asmat bereits aufgekauft haben. Jetzt aber bezweifele ich diese Tatsache. Ich habe in meiner kurzen Zeit hier bereits zu viele wunderbare Objekte gesehen, um von der Vorstellung entmutigt zu werden, dass die große Kunst bereits fort ist. Jetzt… bin ich beinahe zuversichtlich, zumindest aufgeregt. Auf jeden Fall hat dieser eine Einkauf eine Kettenreaktion unter den Asmat ausgelöst. Ein Speer nach dem anderen kam wie aus dem Nichts aus dunklen Häuserecken. Ich habe vier wunderbare Exemplare erstanden.«

Bei jeder Schatzsuche erreicht man einen Punkt, an dem die Reise ein Erfolg ist, an dem Fantasie und Realität verschmelzen. Die eigentliche Reise entstammt der Fantasie, daraus, dass man sich einen fremden Ort vorstellt, eine Spur aufnimmt und sie verfolgt. Michael hatte vorgehabt, tief in eine primitive Kultur einzutauchen, sich darin einzuwickeln wie in einen dicken Mantel, und jetzt war er hier. Sein Traum war wahr geworden. Wenn man diesen Punkt erreicht, wenn man merkt, dass man es geschafft hat, ist die Berufung das Einzige, was noch zählt – und je tiefer ich in Asmat eintauchte und Michaels Tagebücher las, desto mehr verstand ich diese Tatsache, identifizierte mich mit ihr. Ob man nun einer Geschichte hinterherläuft oder der Kunst, es machte keinen Unterschied. Regen, Hitze, Kälte, Gefahr – draußen in der Wildnis wird alles zweitrangig, beugt sich der anstehenden Aufgabe, und je näher man dem Schatz kommt, desto mehr ist man bereit, alles zu tun, um ihn in die Hände zu kriegen. Es gibt nichts Berauschenderes: Man fühlt sich riesig, quasi unverwundbar.

Michael wollte Asmat-Kunst, aber nicht nur irgendetwas Geschnitztes. Er wollte authentische Gegenstände, Objekte, die eine Brücke zu einer Welt eröffneten, die es nicht mehr gab. Und je purer der Kunstgegenstand, je authentischer er war und je mehr Energie er besaß, desto näher trieb ihn der Handel mit ihnen an die Grenzen eines alternativen Universums. Er hatte keine Ahnung, dass er, indem er mit *bisj*-Pfählen handelte, gleichzeitig auch Seelen kaufte, die einen krank machen, einen töten konnten. Michael standen endlose Mittel zur Verfügung – dieser eine Aspekt, der die meisten Menschen in ihre Schranken weist, sie zurückhält, sie zwingt, Freundschaften aufzubauen und zu pflegen, sich auf ein wechselseitiges Geben und Nehmen einzustellen und Geduld zu haben. Und der Unterschied zwischen Freunden und Menschen, die dein Geld haben wollen, ist immens. Wäre Michael nicht so wohlhabend gewesen, hätte er langsamer vorgehen, mehr Zeit in den Siedlungen verbringen, verhandeln, Kontakte schließen und sich einen Namen machen müssen. Stattdessen blieb er ein oder zwei Tage an einem Ort, kam an, kaufte ein und fuhr weiter.

Omadesep und Otsjanep liegen an zwei parallel verlaufenden Flüssen, dem Faretsj und dem Ewta. Sie sind durch einen befahrbaren Sumpf miteinander verbunden, von oben betrachtet sieht der Wasserweg einem Hufeisen ähnlich. Die offizielle Haltung lautete, dass die Kopfjagd der Vergangenheit angehörte. Gerbrands, Wassing und Michael aber wussten, dass die Situation zwischen den beiden Dörfern angespannt war. In der undurchsichtigen Welt der Bündnisse unter den Asmat stießen sie auf einen Mann namens Tatsji, der »auf Grund der Tatsache, dass er Verwandte in Otsjanep besaß, unantastbar war« und ihnen somit als Begleiter dienen konnte, schrieb Wassing. Und plötzlich wollte eine ganze Schar mit ihnen kommen. Um elf Uhr am Morgen des 30. Juni stieß eine ganze Flotte von Kanus in See und schifften den Faretsj flussaufwärts Richtung Otsjanep. Faniptas war auch mit von der Partie, obwohl es unklar war, ob Michael oder Wassing wussten, wer er war. Sie kannten ihn als Schnitzer, hatten aber nicht unbedingt Kenntnis von den Geschehnissen nach dem desaströsen Trip nach Wagin und der darauffolgenden Gewalt drei Jahre zuvor und dass er als Friedensangebot eine seiner Töchter an Dombai in Otsjanep abgegeben hatte. »Es war eine wunderbare Flussfahrt«, hielt Michael in seinem Tagebuch fest. »Eine große Anzahl an Einbäumen aus Omadesep voller Krieger begleitete uns. Sie nahmen die Gelegenheit unserer Reise wahr und den Schutz, den ihnen diese verlieh, um mit Otsjanep, dem gefürchteten und mächtigen traditionellen Feind, einen Friedensvertrag auszuhandeln.«

Der Fluss mäanderte, wurde schmaler, und sie paddelten unter der sengenden Sonne vorbei an überhängenden oder umgefallenen Bäumen. Dort verlief der Fluss noch schmaler, wurde zu einem Bach, der durch Sumpf floss und an dessen Ufer robuste Pflanzen so groß wie Männer wuchsen. Als sie in den Ewta bogen und den Sumpf hinter sich ließen, passierten sie die Siedlung Warkai. Sie war verlassen. In Asmat diente dies als Hinweis, dass das Dorf angegriffen worden war oder selbst einen Angriff eingeleitet hatte. Die Einwohner versteckten sich oft tief im Dschungel, um ihre Opfer zu schlachten und dann zu essen.

Als sie in das von Otsjanep kontrollierte Gebiet paddelten, wurden die Paddler achtsam; »jeder Baum, jede Biegung des Flusses«, schrieb Wassing, »wurde genau beobachtet«. Sie stießen auf eine Ansammlung von Hütten, die erst kürzlich von Leuten aus Otsjanep errichtet worden war – erneut ein Anzeichen, dass Krieg und Kopfjagd im Gange waren. Tatsji stieß einen langen, melodischen Schrei aus. Er erklärte, wer sie waren, woher sie kamen und was sie vorhatten, dass keine Regierungsbeamten, keine Polizei oder Missionare dabei waren. Dann wieder Stille. Als Nächstes begannen die Paddler im Einklang den Ruf zu wiederholen, die gleiche Ankündigung ihrer Ankunft. Dann ertönte plötzlich von allen Seiten das Blasen von Hörnern aus dem Dschungel. Männer und Frauen strömten aus dem Dickicht und begannen zu singen. Als Männer in Kanus sprangen und ihnen entgegenpaddelten, löste sich die Anspannung in Luft auf. Sie umarmten sich, schüttelten Hände. Und dann fingen sie wie wild an zu handeln – Sago und Tarozwiebeln gegen Tabak und Obst.

So wild und unberührt die Dani im Baliem-Tal auch waren, so hatte dies dennoch eine ganz andere Qualität. Obwohl sich die Dani bekämpften, war ein Tod im Krieg eher eine Seltenheit. Die Dani waren Bauern, ihre Süßkartoffeln verliehen ihnen einen Sinn für Zeit, einen Sinn für Heimat – und am wichtigsten von allem, eine reichhaltige Nahrungsquelle, auf die Verlass war. Die Asmat zu Michaels Zeiten jedoch waren Jäger und Sammler, Kannibalen mit einer viel stärkeren Kultur als die der Dani, was sogar Michael spüren konnte. »Das Land hier ist wilder und weltabgeschiedener«, notierte er, »als alles andere, was mir je zu Augen gekommen ist.« Eine Gruppe Männer aus einer anderen Siedlung, die noch nie zuvor einen Weißen gesehen hatten, waren gerade in Otsjanep. Auch Angelhaken oder Angelleinen, die Gerbrands ihnen gab, waren ihnen neu. Und so sangen sie die ganze Nacht hindurch, um die Weißen zu feiern, wie Michael vermutete. Aber war es tatsächlich, um sie zu feiern? Oder lag etwas anderes dahinter, etwas Komplexeres, eine Vorgehensweise, um mit einer völlig verunsichernden Erfahrung fertigzuwerden, einem Treffen mit merkwürdigen, andersartigen Überwesen, Geistern, die vielleicht sogar ihre Ahnen in körperlicher Form darstellten?

Am nächsten Morgen verließ Michael das provisorische Lager und fuhr weiter nach Otsjanep. Die Ruderer befürchteten, dass ihre Frauen und Kinder, die sie im Lager zurückließen, von den

Kriegern Omadeseps angegriffen werden könnten. Endlich erreichten sie Otsjanep. Mit fünf riesigen Männerhäusern war es die größte Siedlung, die sie bisher gesehen hatten. Dutzende von Kanus und Hunderte von Männern und Jungen schwammen um sie herum, umzingelten sie, sodass sie weder vor noch zurück konnten. Michael schnappte sich seine Nikon-Kamera und fotografierte wie wild. In Otsjanep fanden sie siebzehn *bisj*-Pfähle mit Details, die sie noch nie zu Gesicht bekommen hatten – der Kopf von einem zeigte zwei Gottesanbeterinnen, die sich gegenüberstanden. Die Zeremonien, für die die Pfähle aus Omadesep geschnitzt wurden, waren vollendet: Die Seelen waren sicher nach Safan überführt worden, und statt zu den Sagopalmen zum Verrotten geworfen zu werden, hatte sich der Lehrer ihrer angenommen. Diese Pfähle in Otsjanep jedoch waren noch nicht entsorgt worden, lagen noch nicht im Dschungel, was darauf schließen ließ, dass sie noch immer Seelen der Ahnen beherbergten, deren Tode noch nicht gerächt oder vergolten waren. Sie stellten ein Versprechen dar, ein Gelöbnis, das Gleichgewicht wiederherzustellen, oder um es mit unseren groben Worten auszudrücken: Die Toten verlangten Rache. Michael und Wassing schienen auch keine Ahnung von Laprés gewaltsamem Überfall vor dreieinhalb Jahren gehabt zu haben, obwohl Michael schrieb, dass die Pfähle für ein Fest geschnitzt worden waren, das aller Wahrscheinlichkeit nach 1959 stattgefunden hatte – ein Jahr nach Laprés Überfall.

Auch wenn mehrere Jahre die beiden Vorfälle trennten, so hieß dies nicht, dass sie in keinerlei Verbindung zueinander standen. Die Asmat besaßen keine Uhren, vergaßen nichts. Otsjanep, wie Michael es kennenlernte, war einzigartig, verglichen mit anderen Siedlungen konnte man sogar von einer Stadt reden. Es besaß seine eigenen Traditionen und Schnitzereien, die nirgends sonst in Asmat anzutreffen waren.

Gegen Tabak wurde ein Gerüst aus Bambus vor einem der Männerhäuser errichtet, das auf den Fluss schaute. Jetzt konnten sie die Pfähle montieren – eine Tradition, die es nur in Otsjanep gab. Männer trommelten und sangen, und Michael bot ihnen an, sieben *bisj*-Pfähle für ein Stück Tabak und eine Axt pro Stück zu kaufen. Darüber hinaus sollte jeder Paddler etwas Angelleine und einen Angelhaken erhalten. Die Männer aus Otsjanep willigten ein. Michael leistete eine Anzahlung, und es wurde ihm versprochen, dass man sich in drei oder vier Tagen an einem bestimmten Ort am Ostufer des Betsj-Flusses treffen würde, um sie dann weiter nach Agats zu transportieren, wo Michael ihnen den restlichen Tabak, mehr Äxte und Messer geben würde. Außerdem kaufte er zwölf Schilde.

Mike, Wassing und Gerbrands verließen Otsjanep am 3. Juli, um ein paar weitere Siedlungen zu erkunden. Auf dem Weg mussten sie die Mündung des Betsj überqueren. Michaels Notizen in seinen Tagebüchern sind bemerkenswert, wenn man in Betracht zieht, was ihm vier Monate später widerfahren würde: »Um nach Biwar zu gelangen, mussten wir erst die Mündung des Betsj-Flusses überqueren, die eine Breite von mehreren Kilometern hat. Starke Monsun-Winde lassen die Wellen der offenen Arafurasee immer wieder in die Mündung rollen, sodass die Überquerung mit einem Asmat-Einbaum ein heikles Unterfangen werden kann ... Obwohl bei unserer Ankunft an der Mündung leichter Wellengang herrschte, entschieden unsere Asmat-Paddler, nachdem sie den Himmel und die Wellen mit ihren geübten Augen untersucht haben, dass wir die Mündung überqueren konnten.«

Drei Tage später erreichten sie den vereinbarten Ort. Sie schlugen ihr Lager auf und warteten zwei Tage. Die Männer von Otsjanep – und die *bisj*-Pfähle – kamen aber nicht. Die Paddler aus Amanamkai erzählten ihnen, dass die Männer aus Otsjanep wahrscheinlich Angst hatten, ihre Frauen und Kinder allein zurückzulassen. Das ist natürlich eine mögliche Erklärung. Aber genau das hatten sie schon getan, als sie ihr vorübergehendes Lager verließen, um Michael nach Otsjanep zu begleiten. Ein anderer Grund könnte lauten: Die Geister in den Ahnenpfählen waren noch nicht gerächt, die Pfähle waren noch immer aktiv, noch immer von Osom, Faratsjam, Akon, Samut und Ipi besessen, die Max Lapré getötet hatte. Und wenn diese Mutmaßung stimmen sollte, dann hätten die Männer von Otsjanep die Pfähle weder für Geld noch für den gesamten Tabak der Welt hergegeben.

12

· · · · · · · · · · · · ·

März 2012

FÜNFZIG JAHRE NACHDEM Michael Rockefeller Fotos von tanzenden Männern vor den *bisj*-Pfählen in Omadesep aufgenommen hatte, stand ich an genau demselben Ort. Einen Meter fünfzig unter mir schwappte der Faretsj-Fluss an das schlammige Ufer. Das Männerhaus lag längs neben dem Fluss und war gute drei-

MÄNNER IN DER SIEDLUNG OMADESEP. SIE FEIERN DIE FERTIGSTELLUNG DES NEUEN JEU ODER MÄNNERHAUSES.

ßig Meter lang, eine riesige Struktur aus Pfählen und *gabagaba* – den Stämmen der Sagopalme.

Die Veranda stand auf mit Kerben versehenen Stämmen. Das gegenüberliegende Ufer bestand aus einer Wand üppigen Dschungels – Nipa- und Kokosnusspalmen, umgarnt von grünen Lianen. Neben dem *jeu* stach ein Wirrwarr von Pfählen aus dem schlammigen Boden – das Fundament für ein neues Männerhaus. Ich hatte Glück. Wir kamen in Omadesep an, als die Männer mit den Vorbereitungen für das Richtfest begannen, und Amates meinte, dass die Feier schon bald beginnen sollte.

Mittlerweile war ich mit Amates und Wilem beinahe eine ganze Woche unterwegs. Wir fuhren von einer Siedlung zur nächsten, die Flüsse waren unsere Straßen. Es kam mir vor wie ein Traum. Die Gezeiten bestimmten unseren Fahrplan, und wir schipperten in der Dunkelheit, im Morgengrauen und am späten Nachmittag über das Wasser. Wir fuhren durch ungeheure Wolkenbrüche – der Regen kalt und frisch, die Tropfen groß und hart – und ließen uns die Sonne auf den Pelz scheinen. Seit meiner Ankunft in Agats vor über drei Wochen hatte meine Haut kein warmes Wasser berührt. Ich hatte keinen Stuhl und kein Kissen gesehen, mit Ausnahme des Sofas im Haus von Amates' Tante in Atsj. Wir aßen drei Mahlzeiten am Tag aus Reis und Ramen-Nudeln mit ein oder zwei Stücken Shrimp, Krabbe, Fisch und Sago. Es gab kein Öl, kein Fett, weder Alkohol noch Zucker – außer dem, den Filo in meinen löslichen Kaffee tat. Die Pfunde purzelten.

In Betjew schliefen wir auf dem Boden einer Schule mit einem Lehrer und achtzig Schülern, von denen höchstens die Hälfte am Tag zum Unterricht kamen. »Die gehen fischen oder in den Dschungel, um Sago zu holen«, erklärte der Lehrer. »Ich kann sie nicht davon abhalten.« Dann fuhren wir wieder nach Atsj, verbrachten eine Nacht dort. Die Männer versammelten sich auf der Veranda. Der Regen hämmerte auf das Dach, und sie trommelten und sangen die ganze Nacht hindurch. »Die haben über einen Mann und eine Frau gesungen«, sagte Amates mit der ihm üblichen frustrierenden Teilerklärung. »Der Mann wurde von Leuten aus Baiyun getötet. Es ist eine Liebesgeschichte.«

In Amates' Heimatsiedlung von Biwar Laut blieben wir einen Tag und eine Nacht. Vor Jahren hat es sich von Omadesep gelöst, meinte Amates, und erzählte mir die Geschichte. »Ein paar Frauen aus Omadesep waren fischen, als fünf Boote auf dem Faretsj kamen. Einige Männer schliefen mit den Frauen«, erklärte Amates, als wir den Arafura flussaufwärts nach Biwar Laut fuhren. »Die Männer der Frauen fanden es heraus, griffen Biwar an und töteten Biwiripitsj. Biwar griff Omadesep an und tötete Escame. Mein Großvater hat es mir erzählt.« Reiher flogen über unsere Köpfe. Einige Männer in einem Kanu riefen Amates bei seinem Spitznamen – »Ates!« –, als sie uns bemerkten. Am Kai versammelte sich eine Menschenmenge, und Amates' Schwester, eine hagere Frau in einem T-Shirt, war dabei. Als sie Amates sah, brach sie in Schreie und lautes Wehklagen aus. Vor einer alten hölzernen Hütte fanden wir seinen Vater. Ein kleiner Mann, dünn, aber noch immer mit Muskeln bepackt und kurz geschnittenen weißen Haaren. Auch er begann zu schluchzen und zu jammern und rieb sich an Amates.

Als wir es uns auf der Veranda von Amates' Schwester bequem machten, erschien Wilem. Er hatte in feuchte Palmwedel eingewickelte Krabben ergattert, so groß wie meine Hand. Er warf sie ins Feuer, als plötzlich eine Frau in einem dreckigen, zerschlissenen Strandkleid vorbeikam. Ihre Nasenflügel waren gepierct, und sie trug Schnüre in den Ohren. Auch sie brach in lautes Wehklagen und Schluchzen aus, hielt sich fest, ehe sie zu Boden fiel und den Kopf in den Händen hielt. Sie schaukelte hin und her und weinte. Dann erhob sie sich, taumelte, als ob sie betrunken wäre, davon, die Empfindungen so gewaltig, dass sie kaum gehen konnte. Fünfzehn Minuten lang wankte und schrie sie auf dem Gehweg vor dem Haus, ehe sie verschwand. »Die Tante meiner Mutter«, erklärte Amates.

Als wir Biwar verließen, mussten wir durch einen Einschnitt im Dschungel, kaum eineinhalb Meter breit und so flach, dass uns nichts anderes übrig blieb, als zu staken. Die Sonne war hinter dem dichten Grün über uns verschwunden. An den Schlammufern wimmelte es nur so von weißen Krabben mit orangen Beinen und Schlammspringern, primitive Kreaturen mit riesigen Köpfen, langen Schwänzen und zwei Vorderbeinen. Wir mussten uns unter den herabhängenden Bäumen und Lianen ducken, und die Wurzeln der Mangroven sahen aus wie Finger uralter Giganten. Schmetterlinge tanzten über unseren Köpfen in der Luft. Nach einer Stunden kamen wir zum Suretsj-Fluss, der beinahe zwei Kilometer breit war.

Wir verbrachten die Nacht in Owus, Wilems Heimatsiedlung am Bow-Fluss, wo er mir seine Frau und drei Kinder vorstellte, um dann rasch zu verschwinden. Es regnete den ganzen Nachmittag bis in den Abend hinein, und wir saßen bei Kerzenlicht in der Hütte und erschlugen Mücken. »Weißt du«, begann Amates, »Wilem hat zwei Familien und zwei Kinder hier.« So ist es schon immer in Asmat gewesen, auch wenn sie sich mittlerweile katholisch wähnten.

Nachdem wir Owus verlassen hatten, trafen wir auf ein zwanzig Meter langes Boot, das von einem Händler gesteuert wurde. Wir winkten ihm zu, dockten an und deckten uns mit Tabak und Nelkenzigaretten ein, ehe wir weiterfuhren. Auf einem anderen Fluss hielten wir bei Fischern an und kauften einen meterlangen Wels, den Filo später in Stücke schnitt und in Öl frittierte. Ich hatte seit langer Zeit nicht mehr so viel Protein zu mir genommen.

Aber je tiefer wir auch in die Welt der Asmat eintauchten, ständig gab es diese Wand, die zu überwinden ich nicht in der Lage schien. Es war ein beunruhigendes Gefühl, das sich einfach nicht verlieren wollte und das ich nirgendwo anders auf der Welt verspürt hatte. Langsam wurde mir klar, worum es sich handelte. Die Sache, die sich mir in den Weg stellte, die ich nicht in meinen Kopf kriegte, die sich meinem Verständnis entzog, war der Kannibalismus.

Kopfjagd und Kannibalismus und die dazugehörigen Rituale – die gesamte Kultur der Asmat, um es einfach auszudrücken – hatten vor erst einer Generation angefangen, sich langsam zu verändern. Amates' Vater und die Eltern jeder Person über vierzig hatte Menschenfleisch gegessen. Aber nicht so, wie wir heutzutage Steak essen – in Folie eingeschweißtes Fleisch, das wir in einem klimatisierten Supermarkt kaufen –, sondern mit echter Teilnahme, indem sie die Menschen schlachteten, die Schädel abtrennten, die Köpfe, Brüste und Gedärme von Männern, Frauen und Kindern ausnahmen. Man muss sich nur das Blut vorstellen, das Gewebe, die zergliederten Extremitäten und Hände. Vielleicht war es ja nur meine Fantasie, meine eigene amerikanische Zimperlichkeit, was den menschlichen Körper und Tod angeht, aber was für die Asmat nur wenige Jahre zuvor noch auf der Tagesordnung gestanden hatte, war für mich schier unvorstellbar. In Hütten leben, nach Essen jagen, sammeln gehen, an Geister und Magie glauben, Kriegsführung – das ist im Grunde alles das Gleiche, was wir heute auch noch tun. Wir waren einmal nackt, heute tragen wir Kleidung. Wir haben einst in Hütten gewohnt, heute wohnen wir in Häusern. Wir haben an exotische Magie und Geister geglaubt, heute glauben wir an Jesus und den heiligen Geist. Na und? Das sind alles Unterschiede entlang einer Skala der Entwicklung. Was die Asmat aber gemacht haben, war, regelmäßig eine Grenze zu überschreiten, die in den meisten Kulturen ein absolutes Tabu darstellt, selbst in Jäger-und-Sammler-Kulturen. Das Schlimmste, Fürchterlichste, das wir uns vorstellen können, stand im Mittelpunkt ihres Alltags. Und zumindest für mich hing diese Tatsache wie ein Damoklesschwert über jedem Moment in Asmat. Es war ein riesiges Thema, das ich aber nicht angehen konnte – selbst jetzt, vierzig Jahre nachdem diese Gepflogenheit von Missionaren und der Regierung unterbunden wurde.

Wenn ich mit den Menschen über Kannibalismus reden wollte, gaben sie ihn durchaus zu. *Klar, wir haben früher Menschen gegessen, aber jetzt nicht mehr.* Sie wollten aber nicht weiter darüber reden. Heutzutage waren sie Katholiken, obwohl viele der Männer noch immer mehr als eine Frau hatten und alle an eine aktive Welt der Geister und Zeremonien glaubten, mit der der katholische Gott nichts am Hut hatte. Unter dem Einfluss der Kirche wurde ihnen beigebracht, dass ihr früherer Lebenswandel falsch war und dass sie sich deswegen schämen sollten, zumindest, wenn sie mit Abendländern redeten. Wie sie im Geheimen oder untereinander dazu stehen, ist schwer zu sagen. Viele ihrer Lieder handeln davon, und sämtliche Zeremonien basieren darauf, man kann also davon ausgehen, dass es selbstverständlich noch Teil ihrer Kultur, ihres Bewusstseins ist.

Je länger ich mich in Asmat aufhielt, desto größer wurde diese Abkoppelung zwischen dem, was einmal war, und dem, was derzeit zu sein schien, zwischen dem, worüber öffentlich geredet wurde, und dem, was hinter vorgehaltener Hand passierte, zwischen der westlichen Faszination (unter anderem auch meiner) vom Kannibalismus und der Wirklichkeit. Als Michael Rockefeller durch Asmat gezogen war, waren die Kopfjagd und der Kannibalismus noch immer weit verbreitet. Sie waren die Wurzeln eines jeden Kunstgegenstands. Jeder der Asmat, den er in den weiter abgelegenen Siedlungen getroffen hatte, wusste, wie

Menschenfleisch schmeckt. Auch jedes Objekt, das er sammelte und das noch immer im Metropolitan Museum of Art in New York steht, beruft sich darauf – die Pfähle, die jetzt im Michael-C.-Rockefeller-Flügel des Metropolitan Museum of Art stehen, wurden geschaffen, um Tode zu rächen, und das Blut der Ermordeten wurde in das Holz gerieben. Aber er hat nie die Kopfjagd oder den Kannibalismus gesehen oder erlebt. Nur wenige Abendländer außer Zeegward haben es, und es ist fragwürdig, ob er tatsächlich dabei war, als Menschen geschlachtet oder gegessen wurden. Ich fragte mich: Was wäre geschehen, wenn sie es gesehen hätten? Wenn ich es gesehen hätte? Was, wenn es direkt vor ihren Augen passiert wäre? Hätten sie die »Kunst« dann aus einem anderen Blickwinkel betrachtet? Was würde ich tun, wie würde ich mich fühlen, wenn die Abschlachtungen und die damit einhergehenden Feste und Feiern um mich herum passieren würden?

In seinen Notizen, Tagebüchern und Briefen erwähnte Michael des Öfteren die Verbindung zwischen der Kopfjagd und der Kunst, die er sammelte. Aber trotzdem schien es ihn nicht zu kümmern, er hat sich nie weiter damit auseinandergesetzt; es blieb stets eine akademische, historische Assoziation. Und genau das war die Wand, gegen die ich jetzt prallte. Ich wollte wissen, wie es war, was sie fühlten und was sie davon hielten, irgendein Kind oder eine Frau mit den eigenen Händen und einfachen Werkzeugen abzuschlachten. Sie haben es getan, wussten alles darüber, was es zu wissen gab, jeder in Asmat hat es getan – das gesamte Museum in Agats handelte von nichts anderem –, aber niemand verlor ein Wort darüber. Tobias Schneebaum schwärmte von den Amazonasindianern, bei denen er lebte, bis sie eines Tages eine fremde Siedlung überfielen und ihre Opfer auf brutalste Weise mit Keulen umgebracht haben. Schneebaum war mit ihnen gegangen, sah sich alles an, rammte einen Speer in die Brust eines Mannes, der bereits tot war, und der Horror packte ihn. Dann nahm er am Fest teil, musste das Herz eines Opfers roh und blutig mitessen. Es nahm ihn so sehr mit, dass er kurz darauf floh. Ich nehme stark an, dass es Michael oder auch mir ebenso ergangen wäre. Irgendwo, irgendwie existierte ein tief liegender, fundamentaler kultureller Unterschied zwischen mir und den mich umgebenden Asmat, genau wie zwischen Michael und den Menschen, die er fotografierte, über die er schrieb und deren Schnitzereien er sammelte. Die Idee faszinierte uns, denn wir haben es nicht mitansehen müssen. Aber es war genau das, was mich innerlich von den Asmat trennte.

Als wir in Omadesep eintrafen, waren wir schon weit von Agats entfernt, und die Flüsse wurden schmaler. In Atsj, Ayam und Becew gab es jeweils Läden und angelegte Kais, Müll von westlichen Gebrauchsgütern lag überall herum, und ein Generator ratterte bis tief in die Nacht. Omadesep aber besaß nichts dergleichen, noch nicht einmal einen Laden, und was mir am meisten auffiel, war das Fehlen jeglichen Mülls. Es gab einfach keinen. Hier war ein Ort, in dem es nur wenige Industriegüter gab – Töpfe und Pfannen, ein paar Macheten und etwas Angelleine –, sonst aber nichts, was nicht seinen Ursprung im Dschungel oder dem Wasser hatte.

Unter einem flachen weißen Himmel und bei einer Luftfeuchtigkeit, die man schneiden konnte, hörte ich Schreie, wildes Jaulen und ein rhythmisches Schlagen. Amates packte mich und zerrte mich an einen klapprigen Kai, an dem es bereits von barfüßigen Kindern wimmelte. Einige waren nackt, andere in den omnipräsenten abgewetzten und dreckigen T-Shirts und Sporthosen. Zwölf Kanus kamen den Fluss herab. Sie wahrten nicht einmal einen halben Meter Abstand voneinander, und in jedem Kanu standen zwischen zehn und zwölf Männer. Obwohl sie alle Shorts trugen, waren sie für die Schlacht geschmückt, trugen Ketten von Hundezähnen um den Körper wie Patronengurte, hielten Speere in den Händen, die mit Kakadufedern verziert waren. Auf ihren Körpern hatten sie mit Kalk ein weißes X gemalt, und um ihre Beine und Arme waren Rattanbänder gebunden. Die Gesichter hatten sie sich mit schwarzem Fett eingeschmiert, die Augen mit einem roten Rand versehen – wie ein aufgebrachter Kakadu –, und sie trugen Stirnbänder aus Kuskuspelz, die mit weiteren Kakadufedern geschmückt waren. Sie waren auf dem Wasser geboren, geboren, um in den wackeligen Kanus zu stehen und ihre Paddel gegen die Seiten zu schlagen. »Huh, huh, huh, huh«, grunzten sie, ein kehliger Schrei, der von lautem, schrillem Heulen unterbrochen wurde. Dazwischen ertönte eine einzelne tiefe Stimme und sang ein paar Verse eines melodischen Klagelieds, ehe wieder das Grunzen und das Schlagen der Paddel gegen die Bootsrümpfe erklang. Sie hüpften auf und ab, Hörner wurden geblasen – sie klangen wie die Nebelhörner, die ich immer als Kind bei meinen Großeltern in Newport, Rhode Island, gehört habe. Wiederholt verschwanden sie hinter weißen Wolken – Kalk –, während sie an Land paddelten. Aus dem Gedränge erschienen schließlich zehn oder fünfzehn Mann, die einen zweieinhalb Meter langen Zylinder trugen, die Spitze der Sagopalme. Sie war kunstvoll in grünen Sagowedeln eingepackt, denn Sago stammt aus dem Inneren der Palme, genau wie ein Kind aus einer Frau kommt. Demnach muss sie einen Rock tragen. Dann hievten sie den bekleideten Sagostamm in das *jeu*.

Im *jeu* selbst war es dunkel, aber einzelne Sonnenstrahlen stachen durch die mit Palmwedeln gedeckten Wände und das Dach. Fünf Männer saßen mit dem Rücken der zentralen Feuerstelle in der Mitte des *jeu* zugekehrt im Schneidersitz auf dem schwingenden Boden. Jeder von ihnen hatte eine lange, schmale geschnitzte Trommel auf den Knien. Hier, mitten im *jeu,* war das Zentrum des Kosmos der Asmat. Dies war der Ort, an dem die Welt der Lebenden und die Welt der Toten aufeinandertrafen. Die Männer waren als Tiere verkleidet, die Früchte essen, als Kopfjäger. In den Armbändern aus Rattan steckten lange, scharfe Dolche aus dem Oberschenkelknochen eines Kasuar-Vogels – die gleichen Dolche, mit denen der Schädel des Opfers in der Entstehungsgeschichte von Biwiripitsj und Desoipitsj auf den Boden gezwängt wurde. Sie begannen gemeinsam zu trommeln, zu singen; einer der Männer stimmte ein Lied an, und die anderen fielen rasch ein. Der Gesang flutete aus dem *jeu*, ebbte ab, dazwischen Momente der Stille, die aber niemand zu bestimmen schien – jeder Mann schien zu wissen, was er zu tun hatte. »Ohhhhhhh«, sang eine Stimme in langen, tiefen Tönen. Dann wurde gesprochen, ehe eine ganze Reihe von »Ohhhhhhhhs« folgten. »Er singt den Namen eines Mannes von Omadesep, der vor langer Zeit in Biwar Laut umgebracht worden ist«, erklärte Amates. Tausende von Fliegen summten. Die Männer rauchten, sangen, trommelten, sangen. Es wollte einfach nicht aufhören, dauerte Stunden über Stunden. Manche gingen, andere stießen hinzu, bis um die fünfzig Männer um den Sagostamm hockten, der weiß glänzend in ihrer Mitte lag und vor lauter Fliegen kaum zu sehen war.

Auf ein Signal hin, das ich nie verstehen sollte, begann ein Mann mit einer Axt den Stamm der Länge nach aufzuhacken. Bei jedem Schlag drehte er den Kopf des Werkzeugs ein wenig, um so zentimeterdicke Sagostücke aus dem Herz der Palme zu lösen. Immer wieder schlug er auf den Stamm ein, bis er nur noch den Durchmesser einer Angelrute hatte. An einem Ende ließ er einen Wulst, dem er sich dann aber schließlich auch widmete. Die Männer nahmen ihre Trommeln und erhitzten die Felle, die aus Iguanahaut waren, um sie zu spannen. Sie rieben mit den Handflächen über die Haut und justierten die Kügelchen aus Bienenwachs, die wie Kaugummi an der Haut klebten, um die Instrumente zu stimmen. Ich verlor jedes Zeitgefühl, war umgeben von Rauch, Hitze, dem rhythmischen Trommeln und Gesang. Laut Amates erzählte jedes Lied eine Geschichte über den Tod und die Kopfjagd und von Schlachten, die vor Jahren, Jahrzehnten stattgefunden haben, rief die Ahnen und ihre Geister an.

Während einer Rauchpause fragte ich Amates, ob er etwas über den Trip nach Wagin von 1957 herausfinden konnte. Max Laprés Bericht nannte ihn als den Hauptgrund für sein Handeln, erwähnte ihn aber nur beiläufig. Amates übersetzte langatmig. Wir rauchten, die Männer nickten und starrten mich an. Sie erinnerten sich, als ob es gestern geschehen wäre, und ich hörte die Namen von Pip, Dombai, Su, Kokai, Wawar und Pakai. Und dann begann einer, Everisus Birojipts, zu erzählen. Er saß mit nacktem Oberkörper da, war ungeschmückt, und obwohl er eindeutig recht alt war, besaß er eine muskulöse breite Brust. Er hatte kurze Haare und einen ungepflegten Bart. Er war damals ein Kind gewesen und hatte seinen Vater auf der Reise begleitet. Während sich die Geschichte entwickelte, wurde er immer aufgeregter. Die Jagd nach Hundezähnen. Der Regen und die Kämpfe in Baiyun, Basim und Emene, seine Angst.

Während der letzten zwei Jahrzehnte hatte ich Hunderte von Erlebnissen aus der ganzen Welt erzählt und veröffentlicht, aber das hier war etwas komplett anderes. Michaels Verschwinden war so lange von einem Nebel der Unwissenheit umhüllt und fand in einem so entfernten Land statt, dass es schon beinahe wie ein unlösbares Geheimnis schien. Seine Familie hatte in der Öffentlichkeit immer wieder daran festgehalten, dass er ertrunken war; sie konnten das Geschehene nicht aufarbeiten, und es war einfacher, sich dem Rätsel hinzugeben und zu akzeptieren, dass er von dieser Fantasie aus unerreichbarem Grün und Wasser verschluckt worden war, als es zu entwirren. Hier, an diesem speziellen Punkt, waren die Rockefellers machtlos. Es war egal, wie viele Leute sie einstellten, wie viele Anwälte sie einschalteten, es machte nichts, was die Gerichte entschieden oder wie viele einflussreiche Menschen sie kannten – sämtliche Werkzeuge der Reichen, der Privilegierten waren hier machtlos. Die Asmat scherten sich herzlich wenig darum, waren immun dagegen.

Aber was auch immer Michael widerfahren war, es war real – und hier, so merkwürdig es auch scheinen mag, waren die Geister ebenfalls real. Ich begann zu glauben, dass er in dieser Welt der Geister verloren gegangen ist. Hier war etwas geschehen, dessen Wurzeln tief in der Welt der Kultur der Asmat liegen, und mit jedem Tag, den ich in Asmat verbrachte, nahm die Geschichte greifbarere Formen an. Je mehr ich über die Kultur der Asmat lernte, desto mehr sah ich das Rätsel um Michaels Verschwinden wie ein Asmat, als ob er einer der Geister wäre, der es nie nach Safan geschafft hat. Die Asmat hatten mit ihren Zeremonien – und durch die Gewalt – alle Schlupflöcher gestopft, aber Michael schwebte noch irgendwo dort draußen herum. Vielleicht sollte ja sowohl meine Reise in Asmat als auch mein Durchstöbern der vielen Archive und Quellen nicht nur das Rätsel lösen, sondern auch dafür sorgen, dass sein Geist ein für alle Mal Frieden fand.

In Birojipts' Geschichte griffen die sechs Krieger aus Otsjanep die Männer aus Omadesep zuerst an, was ich aber bezweifelte, denn sie waren ihren Gegnern dramatisch unterlegen. Aber was er über den Ewta erzählte, stimmte: »Viele Krieger aus Otsjanep warteten auf uns, und wir waren kaputt, müde und ruhten uns aus, als die Otsjanep-Leute kamen und uns mit Pfeilen töteten. Mein Vater, all die Männer hinter mir, waren tot«, erzählte er. »Nur wenige haben es zurück nach Omadesep geschafft. So viele sind gestorben.«

Am späten Nachmittag war das *jeu* mit hundert Mann gefüllt. Weitere kamen hinzu, trugen drei Meter lange Sagopalmenwedel, die sie frisch abgeschnitten hatten und wie Vorhänge um die Mitte des *jeu* hängten – ein Zeichen, dass die Geister anwesend waren, denn sie lebten in den Wedeln der Sagopalme. Als der Stamm zerteilt war, wurden die Brocken zerkleinert und verteilt. »Wir müssen gehen«, drängte Amates. »Wir können am Rand stehen.« Augenblicklich teilten sich die Männer in zwei Gruppen auf, die sich einander gegenüber aufstellten. Plötzlich begannen sie wild zu schreien und zu kreischen und bewarfen sich mit den Stücken Sago, so hart sie nur konnten, und die alten Männer mit ihren Trommeln um die Feuerstelle fielen wie Fliegen zu Boden. Die Werfenden heulten auf. Es klang wie bellende Hunde und kreischende Schweine, und die Stücke flogen noch immer durch die Luft. Es war wie eine Schneeballschlacht mit Sago. Als es endlich aufhörte, trommelten die Trommler, und die Sänger sangen, und der Rest der Männer tanzte wie besessen. Sie bewegten sich in der verrückten Art des Kasuar-Vogels: auf und nieder auf ihren Fußballen, während sie frenetisch die Knie nach vorne und hinten streckten. Das *jeu* wackelte, und der Boden schwang auf und ab. Vom Stampfen aufgewirbelte Staubwolken schwebten um uns herum wie Nebel, und ein Mann ließ vor Ekstase die Sporthose hinunter.

In der gleichen Nacht erschienen zwanzig Mann in dem Haus, in dem wir übernachteten. Es war noch immer heiß. Erdrückend. Da wir keinen Strom hatten, flackerten auf dem hölzernen Boden stehende Kerzen. Wir teilten unseren Tabak aus, und ich hörte zu und rauchte und nahm alles in mich auf. Rauchschwaden erfüllten die Luft. Blassweiße Eidechsen glitten die Wände entlang. Von draußen drang das Zirpen der Zikaden an unsere Ohren. Ein Mann begann zu erzählen, ein anderer übernahm, und so wurde mir die Geschichte in Brocken erzählt. Ich kannte ihre Namen nicht. Sie erinnerten sich an Lapré, der gekommen war, um sie nach dem Überfall festzunehmen. Und wie immer in diesen Siedlungen begann Zeit an Bedeutung zu verlieren, sodass die Generationen ineinanderzugreifen schienen – die Siedlung war eins, und was den Vätern widerfuhr, widerfuhr auch den Söhnen. »Wir hatten Angst«, sagten sie, und in diesen Momenten verspürte ich das Aufeinanderprallen der Kulturen, ihre Verwirrung darüber, was geschah und warum, wer Lapré gewesen war, die Waffen und der plötzliche Ausbruch von Gewalt, den er auslöste. Ich empfand ihre Furcht vor den Fremden, die Überwesen hätten sein können, vielleicht sogar ihre Ahnen mit Feuerwaffen und Booten.

Am nächsten Morgen verließen wir Omadesep, um nach Otsjanep zu fahren. Genau wie Michael Rockefeller zuvor, aber der Fluss führte nicht genug Wasser, sodass wir die Route über die Arafurasee nehmen mussten. Die Mündung des Ewta war so schmal, dass ich sie von der Küste aus übersehen hätte. Es war ein Tunnel durch dichte, monotone grüne Mangroven, die vom Ufer aus über dem Fluss hingen. Luftwurzeln und Lianen baumelten herab. Wir kamen nur langsam voran, und ich stellte mir Max Lapré vor, wie sein Herz in seiner Brust pochte, bis an die Zähne bewaffnet, auf Konfrontationskurs. Er suchte die Krieger, die sich vielleicht genau hinter diesen Bäumen versteckt hielten, und ich stellte mir vor, wie die Asmat ihn beobachteten, diese merkwürdigen Menschen mit Waffen in ihren großen, lauten Booten. Wir passierten ein Kanu nach dem anderen, die allesamt hinaus zur See fuhren. In einigen saßen Frauen und Kinder, die Männer standen aufrecht. Sie stachen die Paddel in das Wasser und zogen sie synchron durch. Ihre zerlumpten T-Shirts und Shorts ließen sie wie Obdachlose aussehen, und ich wünschte, dass sie nackt wären – obwohl ich mir bewusst war, dass dies wohl nur ein Auswuchs meiner Sehnsucht nach einer exotischen Erfahrung mit nackten Wilden war. Der Fluss mäanderte, und nach einer halben Stunde wurde es lichter, und reetgedeckte Hütten erschienen am linken Ufer. Dieser Ort schien wilder zu sein als alle anderen zuvor. Es gab keinen Kai, nur schlammige Uferbänke voller Kanus, über die wir steigen mussten, um uns den Weg über den Schlamm und die Pfähle zu bahnen. Menschen starrten, Amates und Wilem verhandelten, und wir wurden zu einem hölzernen Haus mit zwei Zimmern gebracht. Die Wände waren schwarz vom Ruß.

Wir befanden uns in Pirien, einer benachbarten Siedlung von Otsjanep, die auf Grund einer gewaltsamen Spaltung der fünf *jeus* kurz nach Michaels Verschwinden entstanden war. Kaum waren wir im Haus, schon kamen die Menschen auf uns zu. Erst einer, dann zwei, fünf, und schon bald hatten sich vierzig in den drückend heißen unmöblierten Raum gedrängt. Scharen von Kindern starrten durch die Fenster. Wir saßen auf dem Boden, eine See aus Gesichtern, schwitzenden Körpern und Fliegen. Alle starrten und warteten. Amates brachte den Tabak hervor, reichte ihn zusammen mit Zigarettenpapier den Stammesältesten, die ihn verteilten und durch das Zimmer gaben. Schon bald hingen Rauchschwaden in der Luft, und Amates fing an zu reden, und die Männer nickten. Einige stellten sich vor. Da war Ber, Sohn von Dombai, des ehemaligen Anführers des Pirien-jeu. Tapep war der Sohn von Pep, der das Oberhaupt in den Sechzigerjahren des letzten Jahrhunderts war und der Osoms Witwe geheiratet hatte – einer der Männer, der bei Laprés Angriff umgekommen war. Ich wusste nicht, was sie wollten, was sie dazu bewegt hatte, hierherzukommen. Sie stellten mir keine Fragen, schienen mich aber sehen zu wollen – und sie wollten den Tabak, den wir mitgebracht hatten. Ich war mir nie ganz sicher, was Amates den Leuten erzählte, ich konnte es ja nicht verstehen.

Ich wollte den Grund für die Spaltung wissen, woraufhin eine heftige Diskussion entbrannte, und Amates übersetzte: Dombai war Anführer des Pirien-jeu und besaß drei Frauen. Eines Morgens um fünf fragte der Anführer des Otsjanep-jeu Dombai, ob er nicht in den Dschungel gehen könne, um Sago zu sammeln, während Dombais drei Frauen mit einem Kanu zum Fischen fuhren. Dombai schöpfte Verdacht und beauftragte einen der Männer, seinen Frauen zu folgen. Dombais Spion tat, wie ihm geheißen, und sah die Frauen drei Männer vom Otsjanep-*jeu* ficken – um Amates' Worte zu benutzen –, darunter auch der Anführer des *jeu*.

Als die drei Frauen zurückkehrten, gab es Unannehmlichkeiten. Dombai stellte sie zur Rede. Die Frauen hoben ihre Röcke und sagten: Ja, wir haben sie gefickt, und viele andere Männer aus Otsjanep. Die Männer machten ein Feuer, verbrannten die Kleider der Frauen, und damit war die Sache erledigt.

Kein Problem, meinte Dombai. Kein Problem.

Dombai aber wollte es nicht aus dem Kopf. Ein Jahr später griffen die Männer aus dem Pirien-*jeu* Bifack, Por, Fin und Ajim an und töteten sie. Ein Racheakt. Zudem zogen sie mit ihren Frauen einen Kilometer flussabwärts an einen neuen Ort, und das Pirien-*jeu* wurde zu Pirien. Was einem Mann in einem *jeu* widerfuhr, ging alle etwas an. Sie teilten sein Schicksal. Es gab keine Trennung, keine Individualität, kein Ich. Die Kollektivschuld war tief verankert in dieser Kultur, in der Männer bestimmte andere Männer als Liebhaber oder Brüder nehmen und manchmal auch ihre Frauen teilen, wo jeder mit jedem verwandt war und die Schnitzereien auf den *bisj*-Pfählen ein Wirrwarr aus Menschen darstellten, die auf anderen standen und so mit ihnen verbunden waren.

Es wurde viel geweint. Die Kinder waren traurig. Die Männer aus Otsjanep wollten Frieden, und so schenkten sie Pirien eine Tochter. Die Männer der beiden *jeus* tranken ihres Feindes Urin – ein Akt der Unterwerfung und der Bindung.

Als ich mich nach Laprés Angriff erkundigte, kehrte Stille ein, und Amates schlug vor, dass wir Schluss machen und flussaufwärts nach Otsjanep fahren sollten. Der Fluss schlängelte sich durch den Dschungel, und nach einem knappen Kilometer kamen wir zu einer Lichtung – Otsjanep. Am linken Ufer waren keine Holzhäuser zu sehen, nur mit Palmwedeln gedeckte Hütten, Schlamm, Rauch und einige Bananen- und Kokosnusspalmen. Menschen saßen auf ihren Veranden und beobachteten uns. Einige der Frauen trugen keine T-Shirts, und ihre Brüste hingen flach und tief gegen ihre Bäuche. Wir zogen das Boot das Ufer hoch, kletterten über die anderen Kanus und herumliegenden Äste zu dem hölzernen Gehweg. Amates sprach mit den starrenden Menschen. Kinder umringten uns, waren neugierig. Die Lichtung streckte sich noch einige Hundert Meter bis hinter die Hütten, und hier in der Nähe, irgendwo, stand einmal die Siedlung, die Lapré angegriffen und die Michael besucht hatte.

Es herrschte eine merkwürdige Atmosphäre, dunkel, beklemmend, als ob etwas über der Siedlung hing. Und wieder diese Wand, obwohl man sie diesmal beinahe mit bloßem Auge sehen konnte. Niemand bewegte sich. Wenn ich eine Katze gewesen wäre, hätte sich mein Fell aufgestellt. Ich schaute mir die Menschen an, und sie schauten zurück, aber es gab keine Anerkennung, kein Willkommen, nichts, das sie mir hätte sympathisch werden lassen können. Niemand schüttelte mir die Hand. Niemand lud uns zu sich nach Hause ein. Mir war, als hätte ich hier keinen Boden mehr unter den Füßen. Ich fragte Amates, ob er sich nach Lapré und seinem Überfall erkundigen könnte, ob vielleicht ein Augenzeuge unter ihnen war. Amates erhob die Stimme, aber es war, als ob er in einer fremdem Sprache redete. Die Gesichter blieben ausdruckslos. Einige antworteten knapp.

»Sie können sich an nichts erinnern«, erklärte Amates. »Sie wissen nichts darüber.« Wie immer wusste ich nicht, ob Amates mir die Wahrheit sagte, mir alles mitteilte, was er wusste, oder ob er mir Informationen vorenthielt.

Ich bin mir nicht mehr sicher, was ich mir dabei gedacht habe, einfach in eine Siedlung zu platzen und zu erwarten, dass sich die Menschen mir gegenüber öffnen, einem völligen Fremden, und obendrauf noch einem Weißen. Hatte ich den gleichen Fehler wie Lapré und Michael zuvor begangen, indem ich mit den falschen Leuten aufgetaucht bin und das Falsche erwartet habe? Ich wollte etwas von ihnen, so viel war klar. Nicht nur das, was sie bereit waren, mir zu zeigen, sondern ich wollte ihre tiefsten Geheimnisse, ihre Geschichte über die Ereignisse, die vielleicht zu der Tötung und der Schlachtung eines meiner Stammesmitglieder, meines Landsmanns geführt haben. Ich hatte gedacht, dass sie mit mir darüber reden wollen, die Geschichte teilen, dass sie mich förmlich überrennen, mir seinen Schädel oder Oberschenkelknochen zeigen und ihre Brutalität zelebrieren würden. Ich hatte erwartet, dass sie stolz darauf sein würden. Schließlich war es integraler Teil ihrer Gesellschaft. Wieso war ich nur davon ausgegangen, dass sie so bereitwillig sein würden? In Amerika gewinnt meistens das Ego: Die Leute wollen mit ihren Machenschaften prahlen, sind journalistischer Schmeichelei gegenüber anfällig, wollen ihren Namen in einem Magazin veröffentlicht sehen, verstehen es als eine Art Bestätigung ihrer selbst. Und wir redeten hier über einen Vorfall, der vor fünfzig Jahren stattgefunden hatte, an dem ihre Väter und Großväter beteiligt gewesen waren, nicht sie selbst. Ich hatte mir gedacht, dass diese Tatsache mein Vorhaben einfacher machen würde, weniger gefährlich. Aber die Menschen aus Otsjanep waren so ausdruckslos und still wie Steine.

Ich kam nicht voran, fühlte mich nicht willkommen, und so kletterten wir wieder in unser Boot und kehrten zurück nach

Pirien. Es war später Nachmittag. Ein riesiges schwarzes Schwein wühlte im Schlamm unter dem Haus herum, das jetzt leer war. Hunde jaulten und kämpften miteinander. Kinder spielten auf den Gehwegen, aber ich konnte nirgends einen Erwachsenen sehen. Die Fliegen waren überall, im Gesicht, den Nasenlöchern, den Augen. Es begann, mir auf die Nerven zu gehen.

»Sie hatten Angst«, meldete sich Amates ganz nebenbei zu Wort.

»Angst?«, wiederholte ich. »Wovor?«

»Es gab einmal einen Touristen, der hier gestorben ist«, fuhr er fort. »Einen Amerikaner. Er hieß…« Aber der Name war so merkwürdig ausgesprochen, dass ich ihn nicht verstand. Davon hatte ich noch nicht gehört. Bei all meinen Recherchen war ich nie über einen amerikanischen Touristen gestolpert, der hier gestorben sein soll.

»Wann?«, hakte ich nach. »Wie hieß er noch mal?«

Amates' Englisch war langsam, und seine Worte schwer zu verstehen, ganz gleich, was er einem mitteilte. Er wiederholte den Namen immer und immer wieder, immer langsamer, und es war ein Name, der für einen Asmat sehr schwer auszusprechen war, aber jetzt war es unverkennbar: »Michael Rockefeller.«

Ich wollte meinen Ohren kaum trauen. Ich hatte Michaels Namen Amates gegenüber nie ausgesprochen, nicht ein einziges Mal. Ich hatte ihm nur erzählt, dass ich ein Journalist war, der über die Asmat schreiben wollte, und dass ich an ihrer Geschichte interessiert war, insbesondere an dem, was bei dem Trip nach Wagin passiert war und was Max Laprés Überfall anging.

»Michael Rockefeller«, wiederholte ich und tat so, als hätte ich den Namen noch nie gehört.

»Ja, Michael Rockefeller«, beteuerte Amates. »Er war Amerikaner. Er war hier in Otsjanep. Sie haben Angst, sehr viel Angst. Sie wollen nicht darüber reden.«

»Wann haben sie denn darüber gesprochen?«, wollte ich wissen.

»Sie haben es mir erzählt«, antwortete er. »Heute, als wir geredet haben. Sie haben Angst, dass Sie hier sind, um nach Michael Rockefeller zu fragen. Und sie haben Angst, sehr viel Angst.«

»Warum?«

»Otsjanep hat ihn getötet. Alle wissen es. Mein Großvater hat mir sogar die Geschichte erzählt, als ich noch klein war.«

13

· · · · · · · · · · · · · ·

September 1961

»Wie spät ist es, und wo bin ich? Es ist mitten in der Nacht, um mich herum machen die Zikaden einen Höllenlärm, und ich bin zurück in Hollandia«, schrieb Michael im September 1961. »Ich bin heute völlig erschöpft angekommen und habe gehört, dass René und ich morgen früh um zwanzig vor neun nach Merauke fliegen, um dort um sechs Uhr abends das Boot nach Asmat zu nehmen. Für die nächsten zehn Wochen bin ich jetzt von meiner kleinen Realität umgeben: ein Chaos, bestehend aus Kameras und Aufnahmegeräten, die alles in Unordnung bringen, meine Gedanken inklusive.«

Unmittelbar nachdem er von seiner ersten Reise nach

VON MICHAEL ROCKEFELLER GESAM-
MELTE BISJ-PFÄHLE AUS OMADESEP UND
OTSJANEP IM METROPOLITAN MUSEUM
OF ART.

Asmat im Juli wiedergekommen war, schrieb Michael Goldwater einen langen Brief. »Ich glaube, ich kann mit einiger Sicherheit behaupten, dass meine erste Tour nach Asmat ein Erfolg war.« Die Objekte, die er gesammelt hatte, erfreuten ihn über alle Maßen. Obwohl man ihn und Goldwater davon unterrichtet hatte, dass Asmat-Kunst »zum Großteil bereits akkulturiert« war, so galt dies nur für Agats und Umgebung und »für jeden, der einen sehr raschen und relativ kurzen Trip … per Motorboot nimmt«, schrieb er. »Es existieren jedoch noch zwei Regionen der Asmat, die bisher sehr wenig erforscht sind; der extreme Nordwesten und die gesamte Kasuar-Küste, die erst seit Kurzem von Patrouillen abgefahren wird und die allein der Missionar Priester van Kessel kennt.« Weiterhin notierte er, dass abendländische Ideen bemerkenswert wenig Effekt auf die Psyche des Asmat haben, obwohl es wahr sei, dass »die Kopfjagd der Vergangenheit angehört« – eine merkwürdige Aussage, wenn man die brodelnde Spannung zwischen Omadesep und Otsjanep in Betracht zieht und sich die Kunst ansieht, die er zu sammeln hoffte. Diese beruht schließlich einzig und allein auf der Kopfjagd. Die Kunst und die Zeremonien, die damit verbunden sind, stellte er weiterhin fest, sind in beinahe jeder Siedlung weiterhin sehr lebendig. Sein größter Coup, meinte er, sei der Kauf der *bisj*-Pfähle von Otsjanep gewesen, deren Preis zwar ausgehandelt war, die aber nie geliefert wurden. »Diese sind ein direktes Produkt der wohlbekannten *bise* [sic] Zeremonie… Die Pfähle aus Ochenenp [sic] weisen an den Armen und Beinen der Figuren geschnitzte Muster auf. Dieser Stil ist offenbar typisch für die Kasuar-Küste [sic]. Dr. Gerbrands hat mir versichert, dass es in ganz Europa keine solchen Exemplare gibt. Wieder waren wir in der Lage, die Einwohnern dazu zu bringen, Teil einer bise-Zeremonie für uns abzuhalten. Zwölf Pfähle waren involviert und wurden nicht aufgestellt, sondern gegen eine hölzerne Konstruktion über

dem Fluss gelehnt – vor alle drei Männerhäuser der Siedlung.«
Wieder diese merkwürdige Dissoziation, beinahe ein Leugnen.
Wenn die Kultur intakt war, wenn abendländische Ideen wenig
Wirkung auf die Psyche der Asmat gehabt haben, dann hieß dies
unausweichlich, dass die Kopfjagd – und das Essen menschlichen Fleisches, das dazugehörte – noch Bestand hatte. Und so
war es ja auch. Tatsächlich wurde in jenem Monat Sanpai, einer
der Krieger aus Atsj, der Lapré 1958 begleitet hatte, auf ein Fest
in Otsjanep eingeladen. Aber die Einwohner führten mal wieder
etwas im Schilde. »Er erreichte Otsjanep und wurde augenblicklich erdolcht und mit Pfeilen beschossen, ermordet und gegessen«, schrieb von Peij. Und das hieß, dass die unergründliche,
mächtige Welt der Geister auch am Leben war, und jedes Mal,
wenn man Michaels Briefe und Tagebücher las, war es, als würde
er das Thema ausblenden.

Stattdessen war er mit den Objekten beschäftigt, die er erstand, und damit, was er mit ihnen anfangen und wie er mehr
davon in die Hände kriegen könnte. Die Möglichkeit, die Pfähle
zu kaufen, nannte er »einmalig« für die Vereinigten Staaten, und
es war zweifelsohne ein guter Start. Er hatte sich auch dafür entschieden, das Territorium Papua und Neuguinea komplett auszulassen und sich ausschließlich auf Asmat zu konzentrieren.

Goldwater schrieb van Kessel, worum Michael ihn ja auch
gebeten hatte. »Mr Rockefeller ist, wie Sie ja schon wissen, der
Sohn des Gründers des Museum of Primitive Art und gleichzeitig ein wertvolles Mitglied des Vorstands. Sie werden seinen
Enthusiasmus, seine wissenschaftliche Ausbildung und sein
künstlerisches Verständnis bereits kennengelernt haben. Wir im
Museum freuen uns bereits ungeduldig auf die Sammlung, die
er zurückbringen wird, denn wir wissen, dass sie wohl auserwählt und gut dokumentiert sein wird. Aber Mr Rockefeller ist
jung und noch relativ neu in diesem Bereich. Jegliche Anwei-

sungen und Unterstützung, die Sie ihm leisten können, werden sehr geschätzt, sowohl von unserem Vorstand und Angestellten wie auch von der Öffentlichkeit, die die Objekte bewundern und dadurch Einblick und Verständnis gewinnen wird. Auch möchte ich mich aufrichtig bei Ihnen für Ihre freundliche Kooperation bedanken.«

Michael schrieb van Kessel, dass er ganz besonders an Otsjanep interessiert war, weil »es dort an Akkulturation fehlt, ungeachtet Mr Gaisseaus Besuchs, der eher wenig glücksverheißende Wirkungen nach sich zieht.«

Dieser Satz, der einzige dieser Art in all seinen Briefen und Tagebüchern, ist in seiner fürchterlichen Vorahnung bemerkenswert; es ist die einzige Passage, in der er sich, inwieweit auch immer, der Turbulenzen gewahr zu sein schien, denen schließlich auch er zum Opfer fallen sollte. Gaisseau war ein französischer Filmemacher, der 1959 eine Expedition nach Neuguinea geführt hatte. Sie begann in Otsjanep und führte zu dem Film *Nur Himmel und Dreck*. Als er die Siedlung erreichte, nur ein Jahr nach Laprés Überfall, fand das Team eine große Anzahl von *bisj*-Pfählen vor – wahrscheinlich dieselben Pfähle, die auch Michael sehen sollte und kaufen wollte. Obwohl Gaisseau die Männer dazu überreden konnte, vor laufenden Kameras aufzutreten – er filmte sie in wiederholten Aufnahmen beim Trommeln, Singen und Paddeln –, bemerkte seine niederländische Polizei-Eskorte die zunehmende Nervosität der Einheimischen und fürchtete um sein Leben. So sehr, dass sie nach wenigen Tagen des Filmens das Team dazu zwangen, Otsjanep zu verlassen. Michael fragte van Kessel auch, ob er irgendwelche anderen Siedlungen in der Gegend kannte »mit ähnlich talentierten Schnitzern, die nicht so von abendländischen Ideen beeinflusst« waren.

Van Kessel gab Michael zu verstehen, dass er ihm gern helfen wollte. Er riet ihm, zuerst in den Nordwesten Asmats zu reisen und sich dann Richtung Süden zu halten, um ihn in Basim zu treffen, von wo aus sie gemeinsam die Reise fortsetzen konnten. Er erwähnte drei Siedlungen, schrieb aber: »Ich werde Otsjanep nicht auslassen.«

Wenn Rockefellers anfängliches Interesse, an Gardners Film mitzuarbeiten, eher auf Spaß beruhte, quasi ein letztes Abenteuer, ehe er sich der Welt der Erwachsenen zuwenden musste, so hatte sich seine Einstellung zu diesem Zeitpunkt grundlegend geändert. Notizen und Briefe seiner ersten Tour verraten eine wachsende Ernsthaftigkeit, was das Sammeln von Kunst angeht. Seine Fotos weisen ein intuitives Verständnis von Licht, Schatten und Form auf. Seine Aufzeichnungen sind mit Hunderten von Skizzen illustriert, die Licht auf die stilistischen Details der Symbolik der Asmat werfen. Für seine zweite Expedition gab er »Ziele, Vorgehensweise der Untersuchungen, Kriterien für stilistische Variationen« vor. Er wollte »das Ausmaß an Kommunikation zwischen den Regionen und die Verbreitung verschiedener Objekte« erforschen. Er war ein Rockefeller, stammte aus einer Familie, die Erfolg und harte Arbeit ernst nahm; sie waren Philanthropen und Connoisseure, ehrgeizig genug, um sich drei Mal als Kandidaten zum Präsidenten der Vereinigten Staaten aufstellen zu lassen. Michael wollte Bücher veröffentlichen, die größte Ausstellung von Asmat-Kunst realisieren, die es je gegeben hatte, und seinen Vater mitsamt der Familie so sehr beeindrucken, dass er seine Rockefeller-Karriere nicht als irgendein Gehilfe in einem Ableger der Immobiliensparte seines Vaters beginnen musste.

Als das Team aus Harvard die Arbeit im August fertiggestellt hatte, wurde in Hollandia gefeiert. Michael aber erhielt eine beunruhigende Nachricht: Sein Vater ließ sich von seiner Mutter scheiden, um eine Gesellschaftslöwin und Wahlkampfhelferin aus Philadelphia namens Margareta »Happy« Murphy zu heiraten. Diese Nachricht durfte allerdings zwei Monate lang nicht an die Öffentlichkeit dringen. Michael flog auf der Stelle zurück nach New York. Er hatte die letzten fünf Monate in dürftigen Verhältnissen verbracht, hatte weder Familie noch Freunde zu Gesicht bekommen, kaum eine Mahlzeit zu sich genommen, die ihm nicht den Magen verstimmen könnte, und hatte kein Fernsehen gesehen. All das machte nichts. Wo andere sich zuerst die häuslichen Annehmlichkeiten zu Gemüte geführt oder dem heimische Familiendrama hingegeben hätten, hatte Michael etwas anderes vor. Er besuchte seine Familie und Sam Putnam kurz, traf sich mit Goldwater im Museum und flog dann schnurstracks zurück nach Neuguinea.

Nach einigen Tagen in Hollandia flogen Wassing und er nach Merauke, wo sie ein Boot nahmen, das sie noch am gleichen Tag nach Agats brachte. Es war ein gutes Gefühl, wieder zurück zu sein. Es ist ganz gleich, wo man sich in der Welt befindet: Sobald man einen Ort ein zweites Mal besucht, wirkt er anders. Man weiß, wo man was besorgen kann. Man weiß, wo man am besten ein Boot findet und wie teuer es sein darf. Man weiß, wo man etwas zu essen bekommt. Man ist zurückgekehrt, und die Menschen sehen einen mit anderen Augen.

Am Äquator geht die Sonne binnen Minuten unter, und als er glücklich auf dem Boden seines hölzernen Hauses ohne Möbel, Strom oder fließend Wasser saß, schaffte Michael es endlich, beim flackernden Licht seiner Paraffinlampe die Einträge seines Tagebuchs nachzuholen. »Der Schlüssel zu meiner Faszination von den Asmat sind die Holzschnitzereien. Die Skulpturen, die die Menschen hier schaffen, gehören zu den Außergewöhnlichsten in der primitiven Welt. Und genauso bemerkenswert wie die Kunst ist die Tatsache, dass die Kultur, aus der sie stammt, noch immer intakt ist; in einigen abgelegenen Gegenden gibt es die Kopfjagd noch, und vor nur fünf Jahren war sie in ganz Asmat verbreitet.«

Als Gegenteil zu seinem Brief an Goldwater ist dies eines der wenigen Male, dass Michael die Kopfjagd überhaupt einräumt. Er war bezaubert, aufgeregt, war vollkommen in seinem Element. Er spürte, dass er kurz davor war, seinen Finger auf etwas zu legen, den Schatz zu finden. Die Welt war reich und exotisch und voller Leben, und eine Menge Menschen hatten Angst davor. Er aber genoss es, er fühlte sich sogar wohl, wenn er die entlegensten Ecken besuchte, in die tiefsten Schluchten kletterte. »Nächte machen hier am meisten Spaß. Die Urklänge des Baliem-Tals; ein Rhythmus aus dem Trippeln von Mäusefüßchen an den Wänden und Dächern zusammen mit Zikaden und quakenden Fröschen im Kontrapunkt. Die Hähne hier leiden unter einer bemerkenswerten Neurose, sodass sie um Mitternacht zu krähen beginnen. Letzte Nacht hatten wir ein Erdbeben, das uns in den Schlaf gerüttelt hat.«

Michael wollte ein Boot mit Außenborder, um schneller voranzukommen, in weiter entfernten Siedlungen sammeln zu können, aber er fand nur Asmat-Kanus. Auf ihnen war nicht genug Platz für die ganze Tauschware, geschweige denn für die Objekte, gegen die er sie eintauschen wollte. Außerdem benötigten sie Ruderer, die mit Nahrungsmitteln versorgt und bezahlt werden mussten und nicht überallhin wollten. Vor Ort gab es eine einzige Regierungsbarkasse, aber dem Regierungsbeamten war nicht danach, zwei Monate lang Michael Rockefellers Chauffeur zu spielen. Das Problem in Asmat war der Transport: Man kann mitten in Agats stehen, aber die Flüsse und Siedlungen können dennoch schier unerreichbar sein. Ohne Boot ist man völlig hilflos.

Wie es der Zufall wollte, hatte den Regierungsbeamten Wim van de Waal achtzig Kilometer südlich in Pirimapun die Unruhe gepackt. Obwohl er sich noch nie zuvor so weit außerhalb seines Regierungsbezirks gewagt hatte, verlangte es ihn nach der Gesellschaft anderer Weißer, nach Unterhaltung, und so war er mit seinem Katamaran die ganze Küste entlang nach Agats gefahren. Im Jahr 1961 lebten dort immerhin an die fünfundzwanzig Beamte und Missionare. Der Katamaran eignete sich hervorragend für Flüsse, war aber nicht wirklich hochseetüchtig. Van de Waal war ein methodisch denkender Mann und sehr vorsichtig, sodass er durch viel Probieren einen Weg gefunden hatte, das Boot im rechten Winkel durch die Wellen der Arafurasee zu steuern, ohne zu kentern. »Die Bordwände waren lediglich zehn oder fünfzehn Zentimeter über dem Wasserspiegel, und ich experimentierte monatelang«, erklärte er. »Wenn starker Seegang war, konnte man nicht auf das Meer, besonders bei Ebbe.« Aber weil er noch nie größere Probleme gehabt hat, dachte er sich: *»Was zum Teufel, warum nicht den ganzen Weg nach Agats fahren?«*

Dort traf er auf Michael, und sie teilten sich ein warmes Bier, zwei junge Männer mitten in einem großen Abenteuer, die unterschiedlicher nicht hätten sein können. Van de Waal erinnerte sich: »Er war geradezu geschockt, entgeistert, dass er, Michael Rockefeller, nicht in der Lage war, ein Boot zu chartern.«

»Wie haben Sie es denn bis hierher geschafft, wenn Sie von Pirimapun kommen?«, wollte Michael wissen.

»Ich habe meinen eigenen Katamaran«, antwortete van der Waal.

Am nächsten Morgen zeigte van de Waal Michael das Boot. Kaum hatte Michael es erblickt, wollte er es haben. Es war das Boot seiner Träume. Es hätte Tom Sawyer gehören können – zwölf Meter lang, und auf den beiden Rümpfen stand eine kleine überdachte Kabine aus Holz. Es war groß und stabil genug, um eine ausreichende Menge Tauschwaren und einige Kunstgegenstände zu transportieren. Außerdem könnten Michael und Wassing in der Kabine statt in den rauchigen, lauten *jeus* schlafen.

»Wollen Sie ihn mir verkaufen?«, erkundigte sich Michael.

Van de Waal zögerte. Er hatte eigentlich nichts dagegen, aber er brauchte seinen Katamaran noch ein paar Tage. Außerdem müsste er irgendwie wieder zurück nach Pirimapun kommen. Einen Schreiner würde er auch mitnehmen müssen, um einen neuen zu bauen. »Er war sehr nett«, erinnerte sich van de Waal, »aber es war eindeutig, dass er es gewöhnt war, das zu kriegen, was er wollte, und er drängte sehr darauf.« Van de Waal redete mit dem Regierungsbeamten in Agats, der sofort einwilligte, ihn auf der *Tasman* zurückzubringen, sobald er so weit war. »Er hatte nichts dagegen, denn Michael ging ihm gehörig auf die Nerven. ›Gott sei Dank‹, meinte er. ›Das heißt zwei Fliegen mit einer Klappe schlagen.‹« Van de Waal willigte ein, und Michael kaufte den Katamaran für vierhundert niederländische Neuguinea-Gulden, etwa zweihundert Dollar.

»Michael wollte alles rasch hinter sich bringen und es zudem in großem Stil angehen«, fuhr van der Waal fort. Er hatte vor, einen Außenborder mit fünfundvierzig Pferdestärken aus Hollandia mit einem PBY Catalina-Flugzeug einfliegen zu lassen, aber van der Waal legte Einspruch ein. Er sei zu groß, zu schwer – van de Waal selbst hatte einen Außenborder mit zehn Pferdestärken. Michael fand sich schließlich mit einem Johnson-Motor mit fünfzehn Pferdestärken ab, den er für eintausend Dollar in Hollandia kaufte. Im chinesischen Gemischtwarenladen in Agats holte er sich vierzig Äxte, Tabak im Wert von dreihundert Dollar, Angelhaken und -leine und Stoff – eine Fülle an Tauschwaren. Bis zu dem Zeitpunkt, als er verschwand, hatte er siebentausend Dollar ausgegeben – heutzutage um die dreiundfünfzigtausend Dollar –, und das in einer der entlegensten Regionen der Welt. Was er sich aber nicht zulegte, war ein Funkgerät. »Das hätte er sich besorgen sollen«, befand van der Waal. »Ich kann das Gefühl nicht abschütteln, dass er die Risiken unterschätzte. Nicht die Angriffe der Asmat, sondern die der Natur. Die Flussmündungen, die gewaltigen Wassermengen, und Wassing war auch nur ein Bürokrat.«

Am 7. Oktober schrieb Michael an van Kessel. Er habe jetzt einen Katamaran, unterrichtete er ihn, und er und Wassing würden zusammen mit van Kessel die Kasuar-Küste für zwei Wochen erforschen, ehe sie sich für zwei oder drei Wochen in einer Siedlung niederließen, um die Schnitzer bei der Arbeit zu filmen. Er hoffte, dass van Kessel eine Siedlung vorschlagen und bei den Vorbereitungen helfen konnte. »René Wassing und ich freuen uns schon sehr auf [unser Treffen] im November«, beendete er den Brief. Das war das letzte Mal, dass van Kessel direkt von ihm hören sollte.

Am 10. Oktober brachen Michael und Wassing zusammen mit Simon und Leo, zwei Teenagern aus der benachbarten Siedlung Sjuru, mit dem Katamaran auf. Hier machte er seinen größten Fehler. Solange er mit Einheimischen unterwegs war – Männer, die Wetter und Wasser, Gezeiten und Strömungen, den Rhythmus der Siedlungen und ihre wechselnden Loyalitäten kannten –, war er sicher. Aber obwohl Simon und Leo beide aus Asmat stammten, waren sie nur Teenager in einer Kultur, die Erfolg in der Kopfjagd und Menschen fortgeschrittenen Alters hoch schätzte. Selbst wenn sie die Gewässer wie ihre Westentaschen gekannt hätten, wäre es ihnen schwergefallen, sich gegen Wassing oder Michael, den Älteren und Reicheren, zu behaupten. Und in den Siedlungen hatten sie überhaupt keinen Stand. In seinem eigenen Boot konnte Michael schalten und walten, wie er wollte, kommen und gehen, wie ihm gerade war, aber er würde stets ein Fremder bleiben, an nichts und niemanden gebunden. Einzig seine Tauschwaren würden ihn zu einer geduldeten Person machen. Somit war er in jeder Hinsicht verletzlich – gegenüber dem Wind, den Gezeiten, den Wellen und nicht zuletzt gegenüber den Asmat selbst.

Zuerst fuhren sie gen Süden nach Per. Es war eine kleine Siedlung, die Michael auf Grund ihres eigenen Stils in der Schnitzkunst interessierte, da sie auf den Werken eines einzigen Schnitzers beruhte. Er hieß Chinasapitch und hatte gerade einen wunderschönen Bug für ein Kanu fertiggestellt, den er aber nicht verkaufen wollte. Letztendlich willigte er ein, nicht nur einen verzierten Bug, sondern ein ganzes Kanu für Michael zu schnitzen. Es war ein Anfang, wie er ihn sich besser nicht erhoffen hätte können, und Michael war außer sich vor Begeisterung. Jetzt war er in seinem Element, er konnte etwas bewegen. An jenem Abend schwärmte er: »Die Abendluft war kristallklar, und die Sonne ging über der Mündung des Por-Flusses unter. Dann kam der Neumond über den Horizont, und die Umrisse der Familienhäuser und Anlegepfähle für Kanus hoben sich vom violett und rosafarbenen Himmel und der See ab.«

Sie besuchten Gerbrands und David Eyde in Amanamkai und wurden wie wiederkehrende Helden begrüßt. Der Anführer des *jeu* war vor Aufregung ganz außer sich, und die Bewohner schwärmten aus, um sie in Kanus willkommen zu heißen, hüpften auf den schlammigen Uferbänken auf und ab und zogen den Katamaran flussaufwärts zur Siedlung. »Der Asmat hat einen speziellen Ruf, den die Männer als Gruß alle auf einmal ausstoßen, und wir bekamen ihn immer und immer wieder zu hören, als wir langsam flussaufwärts fuhren.«

Während der nächsten drei Wochen besuchten Wassing und Michael dreizehn weiter nördlich gelegene Siedlungen. Michael erstand Objekte in jedem Dorf, und sein Katamaran war voller Trommeln, Sagoschalen, Bambushörner, Speere, Paddel und Schilde. Sogar ein geschmückter Schädel der Ahnen fand sich dort. Er fertigte detaillierte Zeichnungen der Designs und stilistischen Unterschiede zwischen einzelnen Künstlern und Siedlungen an und filmte und fotografierte die Schnitzer bei der Arbeit. Er war voller Energie, fühlte sich mehr und mehr zu Hause und gewann als Sammler, Erforscher und mittlerweile als einer der führenden Experten in der Kunst der Asmat in der Welt an Selbstbewusstsein. Während sein Vater, der ehrgeizige und berühmte Gouverneur, die primitiven Objekte seiner Begierde von Händlern erworben hatte, befand sich Michael direkt vor Ort, fuhr die Flüsse auf und ab und bewegte sich völlig frei unter Kopfjägern und Kannibalen.

»Der einzige Unterschied zwischen Mark Twains Protagonisten und uns ist, dass sie ständig Staken benutzten, während wir die meiste Zeit mit Außenborder fahren können und auf Staken nur ab und zu zurückgreifen müssen«, hieß es in seinem Tagebuch. »Es ist nicht so, als ob wir nicht auch gelegentlich aussteigen müssten, um den Katamaran bei Ebbe von einer Sandbank zu hieven, auf die wir dummerweise aufgefahren sind. Wir haben das Boot ›Chinasapitch‹ getauft, der Name des herausragendsten Künstlers, den wir bisher angetroffen haben. Manchmal nennen wir es auch ›Fofo‹, der Name unseres Nashornvogels, den wir uns in Amanamkai zugelegt haben.«

Gegen Ende der ersten Novemberwoche kehrten sie nach Agats zurück, und Michael war in Hochstimmung. Er hatte Hunderte von Objekten gesammelt. Während er katalogisierte, organisierte und den Rücktransport nach New York veranlasste, begann ihm Agats vertraut zu werden. Er kannte die Ecken und Nischen, den Rhythmus, wo man Tabak und Angelhaken oder ein warmes Bier am Abend kriegen konnte. Er genoss es, morgens unter seinem Moskitonetz zu liegen und, wie er es beschrieb, »vom größten Beitrag der Nonnen im modernen Agats Gebrauch zu machen: einem Bestellservice für das Mittagessen. Jeden Tag um eins erhält man einen Stapel von sieben Gefäßen, und jedes beinhaltet einen außergewöhnlichen Leckerbissen«.

Auch intellektuell schien er zu gedeihen und sich zu vergnügen. »Asmat gleicht einem gigantischen Puzzle, in dem die Unterschiede der Zeremonien und Kunststile dessen einzelne Teile bilden. Meine Touren helfen mir … den Geheimnissen dieses Puzzles auf den Grund zu gehen. Ich glaube mittlerweile, dass mein Trip, mit all der anthropologischen Arbeit, die hier geleistet wird, und nach einer sorgfältigen Studie aller Asmat-Objekte in drei niederländischen Museen, dazu dienen kann, eine gigantische Ausstellung zu organisieren, die der Kunst dieses Volkes gerecht wird. Sie könnte die Stellung des Künstlers in der Asmat-Gesellschaft aufzeigen, die Funktion der Kunst in der Kultur erklären und die Eigenarten der Stile in der gesamten Region durch sorgfältige Anordnung der Objekte aufzeigen. Eine solche Möglichkeit in einem derartigen Umfang ist einem primitiven Volk noch nie zuvor gewährt worden. Man kann sich vorstellen, wie viel Spaß es mir macht, diese wilden Träume zu träumen und weltbewegende Hypothesen über das Wesen der Asmat-Kunst aufzustellen.«

Und doch fehlt etwas in diesen Tagebüchern, in seinen Bemühungen, die Kunst der Asmat aufzuschlüsseln. Er wollte herausfinden, wie die Schnitzer arbeiten und was die Symbole bedeuten, wie sie sich von einer zur anderen Siedlung unterscheiden, wollte die Funktion der Kunst in der Kultur der Asmat erklären. Was aber ausbleibt, ist der emotionale Anspruch, die Asmat als Menschen kennenzulernen, Kontakt herzustellen, Fragen zu beantworten, warum er, Michael Rockefeller, so interessiert an ihrer Kunst war und was sie ihm bedeutete – alles Fragen außerhalb des akademischen Spektrums. Seine Notizen besitzen etwas Distanziertes. Man kann kein tiefes persönliches Verlangen, keinen brennenden Pathos ausfindig machen. Es ist klar, dass er die Wildnis genießt, aber gleichzeitig scheint er manche anderen Aspekte überhaupt nicht wahrzunehmen. So gibt es zum Beispiel keine einzige Beschreibung einer Freundschaft mit einem Asmat. Er will und braucht die Objekte, gute, wunderschöne, alte Asmat-Artefakte, aber das zählt nicht für die Menschen in Asmat selbst. Es ist, als ob er die Kunst als etwas Alleinstehendes betrachtet, nicht als ein Produkt, das aus etwas Größerem erwachsen ist. Zudem streitet er weiterhin ab, dass Kopfjagd und Kannibalismus noch immer existieren.

Vielleicht war er einfach zu jung, noch nicht reif genug, um zu verstehen, warum er dort war, unfähig, seine Erfahrungen zu personalisieren, statt sie nur zu intellektualisieren. Wenn er heute unter uns wäre, wenn er überlebt hätte, könnte er vielleicht artikulieren, was er gesucht, was ihn getrieben hat. Es hat einen Grund geben müssen: Anonymität suchen, der Sicherheit der Familie entfliehen, die Welt dazu zu bringen, eine Kultur zu verstehen, die so radikal anders war als die eigene – irgendeiner dieser Gründe wäre genauso großartig wie verständlich gewesen.

Es war eine richtungsweisende Zeit in der Geschichte der Asmat. Obwohl während der Fünfzigerjahre des letzten Jahrhunderts immer mehr Missionare und Regierungsbeamte eintrafen, blieb die Kultur der Asmat relativ unangetastet. Als Omadesep und Otsjanep Ende 1957 nach Wagin zogen, gab es nicht mehr als dreißig Weiße auf circa sechsundzwanzigtausend Quadratkilometern, bestehend aus Sumpf und Flüssen. Die meisten blieben in Agats. Dieses Gleichgewicht aber sollte sich nur dreieinhalb Jahre später verlagern. Polizeiaußenstellen schossen in Pirimapun, Agats wie auch in Ajam aus dem Boden; Missionare zogen nach Agats, Atsj, Basim und Pirimapun und papuanische Laienprediger in viele andere Siedlungen, ganz abgesehen von Adrian Gerbrands und David Eyde in Amanamkai. Weiße standen jetzt nicht mehr an den Rändern der Asmat, waren nicht mehr nur merkwürdige Geister, die ab und zu vorüberzogen, sondern waren zu einer massiven kulturellen Macht geworden, die eine Änderung erzwingen wollte. Die Gesellschaft und Kultur der Asmat gab es noch, war in vielen Belangen noch unverändert, befand sich aber bereits im Umbruch – wohin sich die Asmat auch drehten, überall warteten diese mächtigen Wesen, wollten ihre Trommeln, Schilde, Speere, Paddel, *bisj*-Pfähle, für die man sie mit Sachen bezahlte, die sie jetzt wollten, brauchten und die sie nirgendwo sonst bekommen konnten. Die Weißen waren von ihren Zeremonien fasziniert, störten sie aber gleichzeitig unentwegt. Zudem verliehen diese Wesen ihren Worten, das wussten die Asmat, mit brutalster Gewalt Rückhalt, benutzten Feuerwaffen, gegen die sie machtlos waren. Jedes Mal, wenn ein Konflikt zwischen Siedlungen den Siedepunkt erreichte, gab es einen Priester oder einen Beamten, der seine Nase hineinsteckte und genau das verhinderte, was sie als Männer ausmachte und definierte, was ihnen zu Anerkennung untereinander verhalf.

So hat Priester von Peij in Atsj Wind davon bekommen, dass zwei Jungs von Kriegern aus Amanamkai getötet und gegessen worden waren. Er rannte ins Freie und sah sechzig Kanus, die gerade nach Amanamkai paddeln wollten. Er sprang in sein Boot und begleitete sie, um sich zwischen den zwei gegnerischen Kriegern zu positionieren. Er hatte eine Heidenangst, fürchtete um sein Leben, versuchte aber immer wieder, sie voneinander abzuhalten. Die Krieger kreischten, schrien, schossen Pfeile und warfen Speere über sein Boot, aber nicht auf ihn – er war der weiße Herr, der Tuan, und sie kannten die Macht, die hinter ihm stand und die ihnen drohte, wenn sie ihn töteten. »Sie waren so wütend, und ich hatte solche Angst, aber ich musste es tun.« Diese Art der Einmischung geschah mittlerweile in ganz Zentral-Asmat, im Umkreis von Agats und auch immer mehr im Süden und Nordwesten.

Aber der Umbruch und die damit verbundenen Veränderungen gingen nicht homogen vonstatten. Einige Siedlungen und ihre Einwohner nahmen die wechselnden Umstände schneller an als andere. Je näher eine Siedlung an Agats war und je größer der Fluss, an dem sie lag, desto mehr Kontakt gab es mit Weißen und der Regierung.

Michael und Wassing reisten also durch eine Region im Umbruch, und Michael sollte in diesen Wandel hineingezogen werden. Sein Vater hatte ihm an jenem Tag im Jahr 1957 die Türen geöffnet, indem er das Museum for Primitive Art eröffnete. Die große Schlacht zwischen Otsjanep und Omadesep – nie wieder sollten so viele Männer auf einmal sterben – hatte Laprés Antwort nach sich gezogen, dessen Ermordung Osoms und seiner Sippe nie gerächt wurde. Und genau in jener Zeit, als Michael die Flüsse Asmats bereiste, allein und ohne Asmat-Eskorte, unterbreitete Joseph Luns der UN-Generalversammlung seinen Plan, dass Niederländisch-Neuguinea weiterhin unter niederländischer Herrschaft bleiben sollte, ein merkwürdiger, exotischer Fleck auf der Landkarte, von dem die meisten kaum wussten, dass es ihn gab.

Um fünf Uhr nachmittags am 15. November, einem Mittwoch, saßen Michael und eine Gruppe Missionare, darunter auch Zeegward und von Peij, im Pfarrhaus und tranken Tee. Draußen war es ruhig und friedlich. Agats stellte eine kleine Oase der Zivilisation am Rande einer wilden, aufgewühlten Welt dar. Sie nippten an ihrem Tee, saßen in ihren Stühlen im gemütlichen hölzernen Haus und besprachen die Reisepläne. Von Peij und Michael wollten am Freitag in den Süden aufbrechen. Es gab zwei Routen, um die Mündung des Betsj-Flusses zu überwinden – die kürzere über die Arafurasee und die längere, die über Flüsse und enge Einschnitte zum Ziel führte. »Ich fahre Freitagnachmittag um fünf nach Atsj«, teilte von Peij Michael mit.

»Über den Mbajir-Fluss zwischen dem Siretsj und dem Betsj, bei Flut. Um eins werde ich in Atsj ankommen. Ich rate von der Arafurasee ab; kommen Sie mit mir, über die Flüsse. Es ist November und der Seegang ungemütlich.«

»Das kann ich nicht«, erwiderte Michael. »Ich muss erst nach Per, aber ich werde Sie in Atsj und Amanamkai treffen.« Drei der sieben bisj-Pfähle aus Otsjanep, die er im Sommer gekauft hatte, waren mittlerweile nach Amanamkai geliefert.

Das war das erste Mal seit fünfzig Jahren, dass von Peij über Michael gesprochen hatte. Er wohnte in einem kleinen Zimmer in einer Wohnung für Pfarrer und Nonnen im Ruhestand in Tilburg in den Niederlanden. An den Wänden hingen einige Asmat-Schnitzereien. Er war ein aufgeräumter, gewissenhafter Mann und trug eine grüne Weste über dem weißen Hemd. »Das ist schon fünfzig Jahre her«, sagte er und war der Last überdrüssig, die er sein ganzes Leben mit sich herumgeschleppt hat. »Warum sollten wir jetzt nicht darüber reden?«

Michael verabschiedete sich von von Peij. In nur wenigen Tagen wollten sie sich in Atsj treffen. Von dort plante Michael weiter nach Basim zu fahren, um dann van Kessel mit an Bord zu nehmen, mit dem Ziel, das südliche Asmat entlang der Kasuar-Küste zu erforschen.

14

· · · · · · · · · · · · · · · ·

Februar 2012

Ich war mittlerweile neun Tage auf den Flüssen unterwegs. Meine
Beine waren voller roter Schwielen. Meine Fettreserven schwanden so schnell dahin, als würde ich irgendeine verrückte Blitzdiät machen, und Amates' Englisch trieb mich in den Wahnsinn.
Ich wollte tiefer in Asmat eintauchen, aber Wilem und Amates
stritten sich um Geld, und uns gingen sowohl Tabak als auch
Benzin aus, sodass wir, wie Michael zuvor, nach Agats zurückkehrten.

ASMAT IN EINEM EINBAUM ZU BEGINN DER 60ER JAHRE DES LETZTEN
JAHRHUNDERTS.

Am frühen Morgen trieben wir den Ewta mit der Flut fluss-aufwärts, und ich bekam bessere Laune. Das sprudelnde Wasser besaß die Farbe starken Tees, und der Wind verschonte uns von den Fliegen. Wir verließen nicht nur einen Ort, sondern einen Geisteszustand, eine Art Bewusstsein, in dem das »Ich« für einen Asmat und für mich zwei grundverschiedene Dinge bedeutete. Es war eine Gruppe, eine Familie, zusammengehalten in einer Art, die man nur schwerlich begreifen kann. Für mich als Amerikaner ist das »Ich« das Größte, das Wichtigste. Für uns ist die Freiheit unser Ein und Alles, das Recht, das zu tun, was wir wollen, ungehindert von Sippe, Stamm, Siedlung oder Eltern – dreitausend Kilometer aus Jux zurückzulegen, zu Hause anzurufen, eine E-Mail zu schicken oder sich per Skype kurz zu melden. Wir können uns neu erfinden, die Kirche wechseln, gar die Religion, uns scheiden lassen, noch mal heiraten, uns entscheiden, ob wir Weihnachten oder Kwanzaa oder beides feiern. Aber diese Menschen in Otsjanep sind aufeinander, auf ihre Siedlung, den sie umgebenden Dschungel, den Fluss und die See angewiesen. Die meisten werden nie etwas anderes zu Gesicht bekommen, nie etwas anderes kennenlernen. Und ich fragte mich immer wieder, ob ich mich nicht derselben westlichen Überheblichkeit schuldig machte wie Michael. Glaubte ich denn nicht, dass ich einfach irgendwo hineinplatzen und nicht nur alles verstehen, sondern auch noch dominieren könnte? Würde ich es schaffen, dass die Asmat ihre Geheimnisse preisgaben? Warum sollten sie es überhaupt tun?

Sie sind ebenso der Welt der Geister verpflichtet, einem Ort, an dem Mächte existierten, die ich nicht einmal wahrnehmen konnte. Diese Mächte und Geister sind für Wissenschaftler wie die Ränder eines schwarzen Lochs: Ein Phänomen, das sie nicht direkt beobachten, ihre Auswirkungen aber messen können. Es ist ein Ort der Fantasie. Man findet ihn auf keiner Karte; keine

Satelliten oder GPS-Daten können ihn lokalisieren. Es ist ein metaphysischer Ort, für jeden Asmat so real wie eine Anlegestelle, der Mond oder ein Fluss. Die Geister sind Teil von ihm, er ist ein Teil von ihnen, und sie üben so viel Macht aus wie jedes »echte« Ding – vielleicht sogar unendlich viel mehr, denn was kann schon mächtiger sein als die Fantasie? Der Katholizismus stellt eine Überlagerung dar, die Kopfjagd und Kannibalismus verhindert und den Akt, einen *bisj*-Pfahl zu schnitzen, auf Ahnenverehrung reduziert. Eine Ahnenverehrung, bei der die Geister nicht mehr gerächt werden müssen. Aber diese alte Geisterwelt ist noch in allen Aspekten von Asmat zu finden. Als das sprudelnde Wasser an uns vorbeifloss und Frauen in Kanus vorbeidrifteten, die ihre Netze in großen Haufen in der Mitte gestapelt hatten, fragte ich mich, wie ich wohl in diese Welt eintauchen könnte. Gab es vielleicht eine Tür?

Wenn Agats wie das Ende der Welt gewirkt hatte, als ich aus dem Flugzeug gestiegen war, so kam es mir jetzt wie die Innenstadt von Paris vor. Mein Handy hatte Empfang. Obwohl aus den Steckdosen im Hotel nur ab und zu etwas Strom kam und in einer Ecke lediglich ein Eimer mit kaltem Wasser zum Waschen stand, hatte ich zumindest einen Stuhl und ein Bett. Ein Freund in den Vereinigten Staaten tätigte einige Anrufe für mich und stöberte scheinbar aus dem Nichts Hennah Joku auf, eine ehemaligen Journalistin, deren Vater aus dem indonesischen Teil Papuas und deren Mutter aus Papua-Neuguinea stammt. Sie sprach perfektes Englisch und war, wie es der Zufall wollte, auf der nördlichen Seite der Insel in Jayapura. Sie wollte, so rasch es ging, in ein Flugzeug steigen und mir helfen – es konnte sich also nur noch um Tage handeln.

Van Kessel, von Peij und die anderen haben jahrzehntelang in Basim, Atsj und Amanamkai gewohnt, aber als ich an Land ging, kam ich mir wie der erste Weiße vor, der je die Siedlung betreten hat. Ich war der Einzige in ganz Agats, und die Leute starrten mich an, obwohl der katholische Bischof vor Ort, Alphonse Sowada, ein Amerikaner gewesen war.

Dann, an einem Abend, erspähte ich einen Geist mit Baseballkappe und langer Hose – Vince Cole. Pastor Cole war der letzte amerikanische Missionar in Asmat. Er hat siebenunddreißig Jahre in der Ortschaft Sawa-Erma gelebt und war jetzt wegen einiger Treffen für ein paar Tage nach Agats gekommen. Er lud mich zu einem kleinen Umtrunk ein. Das hörte sich angesichts der Tatsache, dass ich einen Monat lang keinen Alkohol mehr zu mir genommen hatte, absolut wunderbar an. »Wir trinken Messwein«, sagte er.

Um acht Uhr abends steuerte ich also vorsichtig im Dunkeln über die hölzernen Gehwege (bei denen des Öfteren ein Brett fehlte) Richtung Vinces Haus. Er hieß mich willkommen, barfuß, aber in Chinohose, in den Händen eine Flasche Wein. Er war siebenundsechzig, sah allerdings zehn Jahre jünger aus, hatte eine große, kräftige Statur, lange graue Augenbrauen und eine auffällige Zahnlücke zwischen den Schneidezähnen. Der Wein war warm und lieblich. Eine einzige Glühlampe ohne Schirm beleuchtete das spärlich möblierte Zimmer, in dem ein Sofa und ein paar Stühle standen.

Vince war ein Sturkopf im besten Sinne, und ich schloss ihn sofort ins Herz. Er war ein Arbeitersohn aus Detroit, studierte Islam und Urdu in Montreal und trat dann dem Maryknoll-Missionsorden bei. Eigentlich wollte er nach Pakistan, aber dazu sollte es nicht kommen, und als er 1967 nach Jakarta kam, traf er Zeegward und Sowada. Ihm gefiel deren Vorgehensweise. »Sie waren nicht missionarisch«, erzählte er, kippte das Glas hinunter, bis auch der letzte Tropfen in seinen Mund floss, und fuhr dann fort, »und wir teilten die Meinung, dass es unsere Aufgabe war, die Rechte der Menschen hier zu verteidigen. Und wenn man so gestrickt war, dann war man in Asmat richtig aufgehoben.«

In Vinces Augen war das größte Problem der Asmat die Tatsache, dass immer mehr Indonesier nach Papua und Asmat kamen. Sie kontrollierten alles und brachten nicht nur Konsumgüter mit sich, sondern auch Prostitution und HIV. Wenn eine Siedlung einen Laden besaß, war er in indonesischer Hand; indonesische Händler in Booten verkehrten selbst auf den abgelegensten Flüssen. Macheten und Angelhaken waren noch akzeptabel, aber Instantnudelsuppe gehörte zu einer anderen Liga. »Die Leute laden sie förmlich ein, Geschäfte aufzumachen, die Gegend abzuholzen«, erklärte er. »Sie sind noch nie weiter als ein oder zwei Siedlungen gezogen und wissen nicht, was um die nächste Ecke auf sie wartet. Sie fällen ihre eigenen Bäume, schneiden sich die eigenen Beine unter den Knien ab.«

Eigentlich war Asmat reich. Es gab Kohle, Öl und Gold. Es war immer wieder die gleiche Geschichte, die man schon von so vielen anderen Flecken wie zum Beispiel dem Amazonas kennt – Ureinwohner waren der Welt gegenüber arglos, hatten keine Mittel, sich gegen sie zu wehren.

»Man kann sie leicht manipulieren, viel zu leicht. Ich mag es zwar nicht besonders hier in Agats, aber die Leute aus den Dörfern reißen sich darum, hierherzukommen, die strahlenden Lichter und so.«

Indonesien schuf einen neuen *Kabupaten* – einen neuen Regierungsbezirk – zwischen Asmat und dem Hochland, am Fuß des großen Zentralgebirges Neuguineas. Es wird vermutet, dass er reich an Bodenschätzen wie Kohle und anderen Mineralien sein soll. Regierungsbeamte baten Vince erst kürzlich um Hilfe, mit den Stämmen zu reden, damit sie die Schürfrechte für ihr Land erwerben konnten. Klar, hatte er gemeint, aber nur, wenn ein langfristiger Plan für die Zahlungen ausgemacht werden könne, damit die Siedlungen auch etwas davon haben. »Aber die wollten es nur über die Bühne bringen. Also kamen sie eines Tages zur Siedlung und brachten zweihunderttausend Dollar mit. Die Menschen schwärmten flussabwärts und kauften Tabak und gebrauchte Außenborder für das Doppelte, was sie wert waren, und schon war das Geld futsch.«

Im Vorgebirge von Momogo wird bereits eine Straße Richtung Berge gebaut, die letztendlich bis Jayapura auf der anderen Seite der Insel verlaufen soll. Es gibt Karten mit geplanten Straßenprojekten, die sich über das gesamte westliche Papua spannen, selbst bis nach Agats. Zwar kann man sich das angesichts der meilenweiten Sümpfe, dem Schlamm und den Gezeiten nur schwerlich vorstellen, aber es wurden schon in ganz anderen Gebieten Straßen gebaut. Vince ist in manchen Siedlungen, die weit flussaufwärts liegen und bereits Kontakt mit den Straßenarbeitern hatten, auf Lepra gestoßen. Seine dringenden Aufrufe an das Gesundheitswesen in Agats wurden abgewiesen; sie hatten zu viel zu tun, und die Siedlungen waren zu entlegen. Alkohol war verboten in Asmat, aber wenn man nur suchte, konnte man ihn kaufen. Die Quelle soll Gerüchten zufolge beim indonesischen Militär liegen.

Trotz der vielen Jahre, die Pastor Vince in Asmat verbracht hatte, gab es immer noch so viel, was er nicht verstehen konnte. »Es gibt so viele Tabus.« Als er in Sawa ankam, hatte er eine Dissertation eines australischen Professors dabei, der etwas Zeit in der Siedlung verbracht hatte. »Ich habe seine Abhandlung über die Zeremonien gelesen, aber als ich endlich eine miterlebt habe, stellte ich den Einwohnern eine Frage nach der anderen, und die Antworten stimmten überhaupt nicht mit den Ausführungen des Professors überein. Endlich sagte ich: ›Dieser Professor aber behauptet etwas ganz anderes als das, was ihr mir erzählt.‹ Und sie antworteten: ›Nun, er ließ nicht locker, und wir wollten ihn nicht verärgern. Also erfanden wir einfach Sachen.‹ Deswegen haben wir jetzt eine Vereinbarung. Wenn es etwas gibt, das ich nicht wissen soll, sagen sie es einfach, anstatt mir etwas vorzumachen.

Alles ist geheim, hat irgendetwas mit der Welt der Geister zu tun und kann ihnen schaden. Es gibt gewisse Lieder und Geschichten, die nur sie kennen, und wenn man Außenseiter einweiht, laufen sie Gefahr, sich irgendwie zu verletzen oder gar zu sterben.«

Asmat-Zeremonien können Monate dauern und von einem Moment zum anderen beginnen. »Gerade erst verkündeten die Männer in Sawa-Erma, dass sie ein Fest feiern«, sagte Vince. »Ich fragte: ›Wieso? Und wieso jetzt?‹ Und sie meinten: ›Weil ein Mann im Dschungel war und Ahnen, Geister getroffen hat. Die haben ihm gesagt, dass es an der Zeit ist.‹ Sie warten auf eine Nachricht, einen Ahnen oder ein Tier, das ist schwer vorherzusagen.«

Er erzählte weiter, diesmal von einem *jipae*-Maskenfest. Das Anfertigen der Masken, die fein gearbeitet sind und den ganzen Körper bedecken, ist geheim. Weder Frauen noch Kinder dürfen dabei sein. Vince fragte die Männer, ob er Fotos im *jeu* machen könnte, während sie die Masken schnitzten. Zu seiner Überraschung stimmten sie zu. Er durfte die Fotos nur nicht den Frauen oder den Kindern zeigen. Er kam sich etwas komisch vor, lichtete aber eine ganze Rolle Film ab, die er Wochen später zum Entwickeln brachte. Die ganze Rolle war leer. Kein einziges Foto.

Er hielt inne.

Dann erinnerte er sich an eine andere Geschichte von einem Krokodil, das Amok lief und anfing, Menschen in der Nähe von Sawa-Erma zu fressen. »Die Leute dachten, dass das Krokodil von einem bösen Geist besessen war. Die Opfer stammten aus allen umliegenden Siedlungen, nur eine wurde verschont. Dort wohnte ein Mann, den sie für das Krokodil hielten. Nach einiger Zeit lief das Krokodil einem Krieger über den Weg. Er hatte Pfeil und Bogen dabei und schoss ihm mitten ins Auge, woraufhin das Krokodil ans Ufer kroch, wo die Leute es mit Äxten und Speeren töteten. Es besaß genug Fleisch, um sie drei Tage lang zu ernähren. Am selben Tag starb der Mann, der angeblich im Krokodil gesteckt haben soll.«

Keiner von uns sagte etwas. Stille, die nur von dem Zirpen der Zikaden und den Schreien der Eidechsen unterbrochen wurde. Und in der Stille war es schwierig, sich nicht zu wundern, nicht die Macht dieses Zufalls zu spüren... oder doch nicht? An einem Ort, an dem jeder glaubte, war es beinahe unmöglich, nicht selbst zu einem Gläubigen zu werden. Und genau so funktioniert unerschütterlicher Glaube: Wenn man weiß, dass etwas tabu ist, man es aber trotzdem tut und daraufhin krank wird, wer kann dann schon sagen, dass es nicht echt ist? Europa hat tausend Jahre gebraucht, um aus dem Mittelalter aufzutauchen, das Zeitalter der Aufklärung und der Vernunft einzuläuten, aber die Menschen sind noch immer abergläubisch. Asmat war im Gegensatz dazu bis vor fünfzig Jahren noch eine vorsteinzeitliche Gesellschaft.

»Als ich zuerst in Agats ankam, konnte man in zehn Minuten von einem Ende zum anderen laufen. Man kannte jeden, den man traf. Die Veränderung kommt mir so rasant vor; ich kann mir gar nicht erst vorstellen, wie die Asmat es sehen... Ich wünschte, ich könnte in ihre Köpfe schauen und fühlen, was sie fühlen. Und wie sie entscheiden, was weitererzählt werden darf und was nicht, wie peinlich es ihnen ist – all das ist unmöglich festzustellen. Es gibt ganze Gebiete, die man nicht anrühren darf, da wird man einfach nicht reingelassen, da muss man raten, und man hat keine Ahnung, ob das Bild, das dadurch entsteht, mehr durch die eigene Sozialisation geprägt wird als durch alles andere, oder nicht. Nach sechs Monaten hätte ich ein Buch schreiben können, aber mittlerweile wüsste ich gar nicht mehr, wo ich anfangen sollte.

Die Asmat halten das, was sie im Traum und in der Wirklichkeit sehen, nicht auseinander, trennen es nicht«, betonte Vince. »Ein Traum hat die gleiche Validität wie das, was sie mit eigenen Augen sehen.« Und trotzdem sind die Asmat ihren Geistern nicht völlig verbunden; sie adaptieren und interpretieren je nach Bedürfnis. »Flussaufwärts von Sawa-Erma gibt es dieses Stück Holz, das sie herumwirbeln, ein Schwirrholz, und das Geräusch, das es macht, ist die Stimme der Geister. Eines Tages war ich auf einem Fest, und sie wirbelten es herum, um zu sehen, ob alles im Reinen war und sie ein Wildschwein jagen konnten. Bei dem Geräusch zogen sie alle lange Gesichter. ›Was ist los?‹, wollte ich wissen. ›Sieht es nicht gut aus mit der Wildscheinjagd?‹ Tja, sie nahmen das Schwirrholz und schabten daran – veränderten seine Form und damit den Ton, den es machte –, um es so oft erneut auszuprobieren, bis sie alle zufrieden waren. Es war ein guter Tag für die Jagd.«

Ich habe viel über den Garten Eden und das Buch Genesis nachgedacht, denn Asmat hatte manchmal etwas Biblisches für mich, ein merkwürdiger Garten Eden, ehe die Weißen auftauchten, und ich fragte Vince danach. »Das ist ein Mythos«, antwortete er. »Es ist keine Tatsache, sondern etwas, nach dem man strebt. Nach Harmonie und Frieden, nach all dem, was in der Genesis ausgedrückt wird, ehe die Menschen diese Möglichkeit zerstörten. Die gesamte Bibel führt einen an die tiefere Bedeutung heran, was es heißt, ein Mensch zu sein, und Gott stellt das Unerkennbare dar. Es geht nicht um die Antworten, sondern um die Fragen.«

Wir stürzten die Flasche hinunter und hörten den Zikaden und einem Rudel bellender Hunde zu. Ich dachte nach. Vince war ein Priester, der in einer Reihe mit Zeegward, van Kessel und von Peij stand. Er hatte sie alle gekannt. Alles Männer, die mit die Ersten und somit die wichtigsten Kräfte des Wandels waren. Zeegward, meinte er, war ein harter Hund gewesen. Als Vince ihn in dessen Büro in Jakarta besuchte, war Zegwaard gerade dabei, einen Mann aus seinem Büro zu schmeißen: »Ich ging die Treppe hoch und hörte einen Aufruhr, als eine Tür aufflog. Er hatte diesen Typen am Kragen und am Gürtel gepackt und ihn dann hochkant rausgeschmissen.« Und Vince hatte auch Schneebaum gekannt, nannte ihn Toby. Zusammen hatten sie Gegenden besucht, in denen noch nie Weiße gewesen waren, erzählte er. »Er war offen, redete über alles. Er ging gut mit seiner Homosexualität um. Das war einfach er, und er hatte so viele Einsichten und zeichnete so gut, dass ich nicht selten staunen musste.« Und Vince überzeugte mich, dass es am allerwichtigsten war, dass die Asmat ihre eigene Kultur angesichts der immer schneller auf sie zurasenden Außenwelt zu schätzen lernten, zu ihr standen. »Ich finde, dass sie daran glauben müssen, dass das, was sie haben, wertvoll ist. Sie dürfen nicht davor zurückschrecken, es einzugestehen. Das Christentum kann viel kaputt machen, und Religion hat keinen Sinn, wenn sie das verlieren.«

Er wusste nichts über Michael Rockefellers Verschwinden, denn er war erst während der Siebzigerjahre des letzten Jahrhunderts nach Asmat gekommen, und Sawa-Erma war relativ weit von Otsjanep entfernt. »Aber Otsjanep war immer als knallhartes Pflaster verschrien«, sagte er. »Genauso wie Sawa-Erma, weswegen es mich auch dorthin gezogen hat. Alle haben gemeint, dass ich nichts ausrichten könnte. Sie waren leidenschaftliche Krieger. Warum? Was sie so einzigartig gemacht hat, warum sie sich weder Beamten noch Priestern unterwarfen? Darauf habe ich noch immer keine Antwort.«

15

November 1961

ES WAR FREITAG, der 17. November, und es wurde gerade hell, als Pfarrer von Peij Agats verließ. Michael Rockefeller und René Wassing folgten ihm kurz danach. Der Katamaran war vollgeladen: Benzin, Kisten mit Äxten, Angelhaken, Angelleine, Stoff, ganze Brocken Tabak, Reis, Schokoladenriegel, eine Sechzehn-Millimeter-Filmkamera, Michaels Nikon-Kameras, Notizbücher und Tagebücher samt einer kleinen tragbaren Schreibmaschine. Genug, um sie einen Monat lang über Wasser zu halten. Diesmal sollte es entlang der Kasuar-Küste im Süden Asmats gehen. Sie glitten durch die breiten silberblauen Wogen des

MICHAEL ROCKEFELLER MIT PADDEL IN EINEM ASMAT-KANU KURZ VOR SEINEM VERSCHWINDEN.

217

Asawets, vorbei an Kanus und den Hütten von Sjuru und in die sumpfige Unterwelt, in der die Geister lebten.

Es war immer ein gutes Gefühl, zurück nach Agats zu kommen, aber es war genauso gut, es wieder zu verlassen. Michael konnte es kaum erwarten, wieder nach Otsjanep zu fahren, das Asmat in sich aufzusaugen, das an der Küste lag und noch wenig Kontakt mit Fremden hatte. Er würde es mit van Kessel erforschen, jemand, der die Siedlungen und die Menschen gut zu kennen schien. Michael und Wassing wurden wieder von den beiden Teenagern aus Sjuru, Simon und Leo, begleitet, und es war ihre Aufgabe, sich um den Motor zu kümmern, während Michael die Seele baumeln ließ. Er fragte sich, ob die südlichen Asmat die Designs ihrer nördlichen Verwandten erkennen würden, überlegte, wie groß die Ausstellung wohl werden würde. Er liebte es, sich vorzustellen, wie er alles, was er hier sammelte, seinem Vater und Goldwater zeigen würde, malte sich ihr Erstaunen, ihre Neugier aus, wie sein Vater alles wissen wollte und seinen Wagemut bewunderte.

Von Peij erreichte Atsj Freitagmittag, und Michael und René kamen etwa zur selben Zeit in Per an, um nach Chinasapitchs Fortschritten beim Kanu zu sehen, das er für Michael schnitzte. Es war großartig – aus einem einzigen Baumstamm gefertigt, ausgehöhlt, sechzehn Meter lang und mit weißen und roten Streifen bemalt. An den Seiten hingen Quasten aus Sagopalmwedeln. Heute steht es im Metropolitan Museum of Art in New York.

Sie blieben über Nacht und verließen Per am nächsten Morgen, Samstag, den 18. November. Vor ihnen erstreckte sich die Mündung des Betsj-Flusses, von der Michael bereits wusste, dass er ein heimtückisches Gewässer war, insbesondere während der Monate November und Dezember, wenn starke Winde und Strömungen von Südwesten auf die Küste trafen. Zum einen prallten die Wassermassen der Arafurasee und des Betsj bei Ebbe aufeinander, zum anderen lagen vor der Mündung auch noch eine Reihe von Schlammbänken. Wenn das Meer ruhig war, eine seichte Brise wehte und Hoch- beziehungsweise Niedrigwasser herrschte, konnte die Arafurasee so ruhig daliegen wie ein Schwimmbecken, aber bei voller Brandung wurde sie zu einem ungemein bösartigen Gewässer mit rasch aufeinanderfolgenden, von allen Seiten kommenden Wellen und Strömungen. Michael hatte bereits am eigenen Leib erfahren, wie gefährlich es sein konnte und mit welcher Vorsicht die Asmat dieses Gewässer behandelten. Er hatte zu Ohren bekommen, dass von Peij Angst vor der Mündung hatte. Vielleicht deswegen beherzigte er dessen Warnung nicht, eine andere Route über die Flüsse im Inland zu nehmen, und weder Simon noch Leo rieten ihm von seinem Vorhaben ab.

Das Problem mit starkem Wellengang und Wind ist, dass die Situation eines geübten Auges bedarf, um sie zu lesen, um abschätzen zu können, was einen erwartet. Die Sonne schien, und vereinzelte große weiße Wolken hingen am Himmel; Michael und René sahen keine Sturmwolken, die sie beunruhigen könnten. Also gingen sie die Sache an. Wassing war am Ruder. Zuerst waren die Wellen klein, rollten quer heran; der Katamaran hob und senkte sich sanft. Als sie weiter in die Mündung fuhren, nahm der Wind zu. Die Brise fühlte sich gut an, kühl und erfrischend.

Die Situation in einem Boot kann sich schlagartig ändern. Wenn man erst mal in der Patsche sitzt, ist es schwierig, sich wieder zu fangen – es sei denn, man weiß, was man tut, und handelt entschlossen. Gerade noch war das Wasser ruhig und seicht, plötzlich aber begann das Boot wild zu schaukeln. Jedes Mal, wenn das Boot in ein Wellental krachte, die immer tiefer und unregelmäßiger wurden, flog Gischt über den Steuerbord-

Rumpf. Der Katamaran kippte gefährlich und wurde von den Wellen durchgerüttelt. Es wurde immer schwerer, ihn zu kontrollieren, und er verlor an Schwung, wenn der Propeller aus dem Wasser gerissen wurde und der Außenborder aufheulte, ehe das Boot wieder nach vorne schnellte, wenn das Heck nach unten fiel und der Propeller wieder ins Wasser tauchte. Der Katamaran machte merkwürdige Geräusche, knarzte und krachte. Holz rieb auf Holz, Nägel bewegten sich in ihren Löchern. Michael und René versuchten, das Boot gegen die Wellen zu steuern, aber das ließ es nur noch heftiger auf und nieder donnern, und es war nur eine Frage der Zeit, ehe es auseinanderbrechen würde. Wenn sie die Wellen aber seitlich angingen, würde das Boot früher oder später kentern. Aber sie machten sich noch immer keine größeren Sorgen. Schließlich waren die beiden Landzungen, die den Betsj einrahmten, recht nahe.

Doch die See wurde immer wilder, die Situation immer unkontrollierbarer. Der Katamaran erbebte, Wasser strömte in die Kanurümpfe, sodass er noch tiefer lag, noch träger wurde. Sie hatten nur noch eine Wahl, mussten mit den Wellen Richtung Mündung fahren, bis sie auf die Strömung des Betsj trafen. Wassing drehte das Boot, es wurde von einer Welle erfasst, und sie stampften bugwärts. Mit dem Heck hoch in der Luft, wie ein Surfbrett, das Fahrt aufnimmt, wurden sie von der Welle mitgerissen. Sie waren so schnell, dass Wassing den Außenborder drosselte. Nun aber überholte sie die Welle, und das Heck stampfte in das tiefe Wellental hinter ihnen, ehe die nächste Welle sie kurz darauf überrollte.

Stille. Der Motor war abgesoffen und nass. Wassing, Michael, Simon und Leo versuchten einer nach dem anderen, ihn wieder anzuwerfen, und rissen am Starterseil, aber er gab keinen Mucks mehr von sich. Sie befanden sich noch immer im Mündungsgebiet, das Ufer in knapp einem Kilometer Entfernung, aber der

Betsj trieb sie wieder auf die offene See. Die Jungen wollten von Bord und an Land schwimmen. *Kommt mit,* drängten sie die beiden Erwachsenen. *Wir müssen los. Wenn wir erst mal auf dem Meer sind, wird uns niemand mehr finden.*

Nein, entgegnete Michael, *wir können meine Kameras, meine Notizen und all die Tauschware nicht dem Meer überlassen.*

Und ich kann nicht gut schwimmen, fügte Wassing hinzu. Sie hatten keine Angst. Sie mussten sich nur des Problems annehmen, es lösen.

Die Jungen waren am Wasser geboren; die Asmat sind quasi amphibisch. Die Lösung war ganz einfach. Also sprangen Simon und Leo von Bord und begannen zu schwimmen. Wassing und Michael schauten zu, starrten ihnen hinterher. Ihr Schicksal lag in den Händen der beiden Jungen. Sie konzentrierten sich auf die Köpfe in den Wellen, solange sie konnten, hofften, aber sie konnten nicht verfolgen, ob die beiden das rettende Land erreichten oder nicht.

Der Katamaran füllte sich weiter mit Wasser. Michael und Wassing sammelten alles zusammen, was sie konnten, und legten es auf das Dach der kleinen Hütte, ehe sie selbst hinaufkletterten. Das Schlimmste, was einem bei rauer See passieren kann, ist ein Motorausfall. Das Boot wird zu einem Stück Treibgut, wird erbarmungslos von den Wogen und den Strömungen hin und her geworfen. Es dauerte nicht lange, ehe eine Welle den tief im Wasser liegenden Katamaran zum Kentern brachte. Sie bargen alles, was sie konnten, darunter etwas zu essen, ein wenig Wasser und Michaels Rucksack, und retteten sich auf einen Rumpf. Alles andere war verloren, und sie selbst waren pitschnass. Sie befanden sich unter blauem Himmel in strahlendem Sonnenschein und mit Land in Sicht in einem Albtraum – selbst als sich die Wogen glätteten und sie langsam von der unruhigen Mündung forttrieben. Jetzt konnten sie nur noch hoffen, dass die Jungen das Ufer erreicht hatten und Hilfe holen würden.

Und genau das taten sie. Simon und Leo krochen am Nachmittag an das Ufer, wateten durch den Schlamm, bis sie an Land waren. Sie machten sich gen Norden auf, ein langsamer, mühsamer Treck, hauptsächlich durch Schlamm, aber es war ein Schlamm, den sie kannten, und eine Landschaft, mit der sie vertraut waren. Sie erreichten Agats um halb elf in der Nacht. Um ein Uhr am frühen 19. November liefen die Radioröhren heiß. Innerhalb kürzester Zeit machten die niederländischen Behörden ihr Schiff, die *Eendracht*, startbereit, und es stach in See, um nach René und Michael zu suchen. Am Tag zuvor jedoch hatte es eine Inspektion des Boots gegeben, und das zusätzliche Fass mit Treibstoff stand am Kai. Bei der Eile, noch in der Dunkelheit loszufahren, hatte man es vergessen. Als die *Eendracht* ungefähr fünfzehn Kilometer von der letzten geschätzten Position des Katamarans war, ging ihr der Diesel aus. Zudem hatte es kein funktionierendes Funkgerät an Bord.

Michael und René verbrachten währenddessen eine lange, kalte Nacht auf dem gekenterten Boot. Der Sternenhimmel über ihnen war gigantisch, und am fernen Horizont konnte man Blitze aufflackern sehen. Abgesehen von den schwappenden Wellen war es ruhig. Sie rissen zwei Bretter aus dem Boden des Katamarans und probierten, damit zu paddeln, aber das half ihnen auch nicht weiter. Also erzählten sie sich Geschichten und versuchten zu schlafen – Michael hatte sich einen leeren Benzinkanister um die Hüfte gebunden. Sie unterhielten sich, redeten darüber, was sie nach der Rettung machen würden. Sie schauten dem Mond zu, wie er auf- und wieder unterging, bis der Schlaf sie schließlich doch übermannte. Sie hatten keine Ahnung, dass ein Rettungsschiff in fünfzehn Kilometern Entfernung ohne Treibstoff vor sich hin trieb. Um vier wurde es lichter, um fünf ging die Sonne auf. Sie wussten nicht, wo sie waren, aber die Gezeiten und Strömungen hatten sie gen Süden, aufs offene Meer und dann wieder zurück Richtung Küste getrieben. Sie konnten Land sehen, ein dünner Schatten tief im Nordosten. Wassing glaubte, dass sie sich nur fünf Kilometer vor der Küste befanden, aber das reichte aller Wahrscheinlichkeit nach nicht aus. Was war bloß mit den Jungen passiert? Hatten sie es an Land geschafft, um dann nach Sjuru zu gehen und sie ihrem Schicksal zu überlassen?

»Lass uns noch mal paddeln«, schlug Michael um halb sechs vor. Sie versuchten es, aber der gekenterte Katamaran war viel zu träge und schwer, als dass sie mit ihren zwei schmalen Brettern irgendetwas ausrichten konnten.

»Meiner Meinung nach sollten wir ans Ufer schwimmen«, meinte Michael.

»Niemals«, entgegnete Wassing. »Das traue ich mir nicht zu. Ich würde es nicht schaffen, ich bin so erschöpft. Außerdem sollte man nie das Boot verlassen. Das ist die seemännische Grundregel Nummer eins – solange es nicht untergegangen ist, muss man dort bleiben. Rettungskräfte können es leicht erkennen. Du darfst nicht gehen«, sagte er. »Die werden uns schon finden, dessen bin ich mir sicher.«

»Nein, ich schaffe das schon«, beteuerte Michael. »Das Wasser ist warm. Ich muss nichts weiter tun als schwimmen. Wir können den Rest unserer Tage hier draußen vor der Küste treiben. Außerdem hatte die Flut eingesetzt. Näher als wir jetzt schon sind, wird uns die Strömung nicht an Land bringen.«

Er hatte sich bereits entschieden. Vielleicht war es seine Jugend oder die Tatsache, dass er ein Rockefeller war und sich nicht vorstellen konnte, dass es gewisse Grenzen im Leben gab, die man nicht überschreiten konnte. Wassing konnte ihn nicht davon abhalten. »Wenn du glaubst, dass du es schaffen kannst, dann mach es. Ich bleibe aber hier«, sagte er. »Und ich übernehme keine Verantwortung für dich.«

Michael hatte bereits einen leeren Benzinkanister um die Hüfte; jetzt suchte er den zweiten, der noch voll war, leerte ihn und band ihn dann ebenfalls an seinen Gürtel. Er zog die Hose aus und sprang ins Wasser. Es war der 19. November um acht Uhr morgens. Anfangs schwamm er noch gegen die Ebbe an, aber gegen vier Uhr nachmittags, wenn er seinen Tiefpunkt erreichen würde, setzte die Flut ein und trieb ihn zur Küste. Das Wasser war warm, beinahe zu warm. Er hielt sich an einem Benzinkanister fest und sagte: »Ich schaffe das schon.« Wassing musste zuschauen, als sich Michael vom Boot entfernte, und beobachtete ihn, bis er nur noch ein Pünktchen im Meer war, ehe er gänzlich verschwand.

16

· · · · · · · · · · · · · ·

November 1961

AM SELBEN TAG, an dem Michael und Wassing Agats verließen, um nach Süden zu fahren, stachen auch die Krieger von Otsjanep in See. Langsam und widerwillig wurden sie in die moderne Welt gezogen. Die Landebahn des Regierungssitzes in Pirimapun war fertiggestellt, und das Städtchen begann zu wachsen. Van Kessel hatte sich dort ein Haus gebaut, obwohl er noch immer die meiste Zeit in Basim verbrachte. Ein kanadischer Missionar, Ken Dresser, der obendrein noch Pilot für eine Fluglinie und Arzt war, ließ sich dort ebenfalls mit seiner Frau und einem kleinen Kind nieder. Er besaß zwar kein Motorboot, dafür aber eine Cessna. Dazu kamen etwa ein Dutzend papuanischer Polizisten, sodass Pirimapun mittlerweile zu einer florierenden Stadt geworden war.

BER, SOHN VON DOMBAI UND ANFÜHRER VON PIRIEN.

Van de Waal hatte in den umliegenden

Siedlungen verlauten lassen, dass er gern Baumaterial – Rattan, Holz und gabagaba, Stämme der Sagopalmen, der als Hauptbaustoff diente – von denen kaufte, die es ihm nach Pirimapun brachten. Wenn er etwas Spezielles brauchte, ließ er es alle wissen, aber es erwies sich als schwierig, Materialien zu einem bestimmten Zeitpunkt liefern zu lassen, denn die Asmat hatten keinen Kalender und konnten nur bis fünf zählen – dann gingen ihnen die Finger an der Hand aus –, wonach sie »viel« oder »viele« benutzten. Ihre Zeit drehte sich einzig und allein um die Gezeiten und den nächsten Vollmond, was zur Folge hatte, dass Lieferungen völlig unerwartet und ungeplant erfolgten. Van de Waal stellte alles zur Seite, bis er es brauchte. Die Bezahlung erfolgte natürlich nicht mit Geld, sondern mit Tabak, Äxten und Angelzubehör. Manchmal, wenn er nichts brauchte, saßen die Männer tagelang in der Hoffnung vor seinem Haus, er würde es sich anders überlegen.

Also legten an jenem Abend des 18. November acht Kanus aus Otsjanep mit *gabagaba* ab und paddelten nach Pirimapun. Sie nahmen beinahe die gleiche Route wie vor vier Jahren, als sie nach Wagin und dem Digul reisten. Unter ihnen befanden sich die angesehensten Männer Otsjaneps. Da war Ajim, ein gedrungener, kräftiger Mann, dessen Jähzorn legendär war. Seine kurzen Locken waren gefettet; er hatte so viele Männer erlegt, so viele Schädel ergattert, dass er als mächtigster Mann Otsjaneps galt. Weiße betrachteten ihn als gefährlichen Unruhestifter. Er trug fünfzehn Zentimeter breite Rattanbänder um das linke Handgelenk und den Bizeps, ein Schutz gegen das Schnappen der Bogensehne. Zudem waren Fin und Pep, Dombai, Fom, Bese und Jane dabei. Die meisten von ihnen hatten mehr als eine Frau und konnten viele Schädel ihr Eigen nennen, und alle waren irgendwie mit den Männern verwandt, die von Lapré getötet worden waren. Bei Niedrigwasser, es war wohl gegen fünf Uhr nachmittags, paddelten sie den Ewta hinunter, um dann nach Süden in die Arafurasee abzubiegen. Sie hielten sicheren Abstand zur Küste. Die Nacht war eine gute Reisezeit, denn dann war das Meer ruhig. Sie erinnerten sich noch gut an die Geschehnisse von 1957, fürchteten sich noch vor den an der Küste gelegenen Siedlungen. Sie hatten wie immer ihre Speere und Bögen und Pfeile dabei, und einige Stück Kohle rauchten in jedem Kanu im Achterschiff auf einem Bett von Schlamm vor sich hin.

Es war eine ereignislose Reise. Am Morgen des 19. Novembers erreichten sie Pirimapun, und van der Waal kaufte ihr *gabagaba*. Sie verweilten noch etwas, schliefen und schauten sich um, ehe sie am gleichen Abend wieder abzogen, um nachts erneut entlang der Küste zur Mündung des Ewta zu paddeln. Bei Sonnenaufgang würden sie dort ankommen, gerade rechtzeitig zu Beginn der Flut.

17

· · · · · · · · · · · · · · · · · · · ·

November 1961

AM FOLGENDEN MORGEN, nachdem Simon und Leo in Agats angekommen waren, begannen niederländische Beamte mit einer
größer angelegten Rettungsaktion. Es war Sonntag, der 19. November, und der Niederländer F. R. J. Eibrink Jansen rief um
neun Uhr morgens von Merauke aus P. J. Plateel an, den Gouverneur von Niederländisch-Neuguinea. Er berichtete, was Leo und
Simon ihm gesagt hatten: René Wassing und Michael Rockefeller

DER NIEDERLÄNDISCHE OFFIZIER WIM VAN DE WAAL
ZEIGT NELSON ROCKEFELLER UND MARY, MICHAELS
ZWILLINGSSCHWESTER, PIRIMAPUN WENIGE TAGE
NACH MICHAELS VERSCHWINDEN.

waren in Seenot geraten. Hier handelte es sich nicht nur um zwei Touristen oder Missionare, sondern um Michael Rockefeller. Das allein war schon schlimm genug, aber am darauffolgenden Tag sollte Joseph Luns, der niederländische Außenminister, vor die UN-Generalversammlung in New York treten und ihr seinen Plan für die Zukunft der niederländischen Kolonie unterbreiten.

Die Fernschreiber glühten in den höchsten Regierungsbehörden des niederländischen Innenministers Theo Bot, den niederländischen Botschaftern in Australien und den Vereinigten Staaten. Das amerikanische Außenministerium unterrichtete Nelson Rockefeller, dass sein Sohn in Seenot geraten und als vermisst gemeldet war.

Fünfhundert Kilometer nördlich von Asmat liegt die Insel Biak, auf der die Königlich Niederländische Luftwaffe eine Schwadron von zwölf Lockheed P-2 Neptunes stationiert hatte. Die Maschinen waren die ersten ihrer Art, die speziell als Seefernaufklärungsflugzeuge konzipiert waren und effektiv im Krieg gegen U-Boote eingesetzt werden konnten. Die Aufgabe der Schwadron bestand darin, die Gewässer um Neuguinea für Anzeichen einer drohenden Invasion der niederländischen Kolonie vonseiten der Indonesier abzusuchen. Niederländische Kolonialbeamte im Busch, wie zum Beispiel Wim van de Waal, lebten vielleicht in Holzhütten, und ihr modernstes Gerät mochte ein Funkgerät sein, aber die militärische Bedrohung seitens Indonesien wurde nicht unterschätzt, und die Schwadron auf Biak war technisch gesehen auf dem neuesten Stand. Die Neptunes besaßen eine Reichweite von knapp sechseinhalbtausend Kilometer und ein solch empfindliches Radar, dass sie eine schwimmende Kokosnuss hätten aufspüren können.

Rudolf Idzerda war der Kommandant. Mit achtunddreißig Jahren hatte der ehemalige Kampfflieger bereits zwei Notausstiege mit einem Fallschirm überlebt – einmal, als seine Hawker

Sea Fury über Japan während des Zweiten Weltkriegs abgeschossen wurde, und ein anderes Mal, als sein Flugzeug während einer Trainingseinheit in den Vereinigten Staaten vor der Küste Floridas in einen Hurrikan geriet. Später sollte er zum Konteradmiral befördert werden. So wurde am späten Morgen des 19. November bei der Schwadron angerufen, und Idzerdas Neptune hob als erstes Flugzeug um halb zwei ab.

Von Peij wartete auf Michael in Atsj und Amanamkai, als er gegen vier Uhr nachmittags ein Flugzeug hörte und sah, wie es über dem Meer kreiste.

Etwas weiter die Küste entlang wartete van Kessel ebenfalls auf Michael. Auch er hörte und sah die Flugzeuge.

Nach drei Stunden wurde Idzerdas Navigator fündig, und kurz darauf, zehn Minuten nach vier, erspähte Idzerda den halb gesunkenen, gekenterten Katamaran. René Wassing sah das Flugzeug und konnte sein Glück kaum fassen; er glaubte, dass die Neptune ihn während einer Routineaufklärungsmission zufällig gefunden hat. Idzerda flog niedrig über Wassing hinweg, öffnete die Bombenluke, und ein Besatzungsmitglied warf eine Rettungsinsel aus der Lockheed P-2. Sie traf unweit von Wassing aufs Wasser und blies sich automatisch auf.

Kaum hatte Idzerda das Boot gesichtet, funkte er die Koordinaten zurück zur Basis, und als die Dunkelheit einbrach, erhellte er den Nachthimmel mit so viel Leuchtraketen, dass er so hell wie ein Fußballstadion war. Er glaubte, dass Michael noch beim Boot war. Woher hätte er auch wissen sollen, dass Michael versucht hatte, an Land zu schwimmen? Endlich erreichte die Nachricht van de Waal in Pirimapun, und er und Ken Dresser hüpften in Dressers kleines Ruderboot aus Aluminium und machten sich auf den Weg. Es war dunkel, das Meer ruhig, und Idzeda hoch oben über ihnen lotste sie in die richtige Richtung. Aber bald schon musste er zurück nach Biak, denn ihm ging der Treibstoff aus. Ohne Licht und ohne Idzerda konnten van de Waal und Dresser nichts sehen, sodass auch sie zum Umdrehen gezwungen waren.

In jener Nacht, wenige Paddelstunden nördlich von Pirimapun, besuchte ein niederländischer Missionar namens Ben van Oers eine Reihe von Siedlungen entlang der Küste. Er schlief in einem *jeu*, als er plötzlich von grässlichen Schreien aus dem Schlaf gerissen wurde. Er eilte aus dem *jeu*, um zwei Kanus voller Männer zu sehen, die das Ufer hinaufrannten. Sie waren hysterisch, bebten am ganzen Körper, als ob sie gerade noch dem Tod von der Schippe gesprungen waren. »Feuer fällt vom Himmel«, erzählten sie ihm. »Ganz viel Feuer in die See vor Pirimapun.«

Vielleicht sind die Indonesier doch einmarschiert, dachte van Oers. Er sprang in ein Kanu mit einer Handvoll Paddlern und machte sich nach Pirimapun auf. Bei Morgengrauen kamen sie an. Ken Dresser befüllte gerade seine kleine Cessna, und van Oers sah das Patrouillenboot *Tasman* auslaufen.

Wim van de Waal war auf der *Tasman*, und sieben Minuten nach neun erspähte er die Rettungsinsel. Sie trieb verkehrt herum im Meer, und Wassing lag auf dem Boden. Man konnte ihn kaum sehen, denn die Plastikplane sackte durch. Er war sonnenverbrannt und dehydriert, aber unverletzt. Van de Waal zerrte ihn an Bord. »Mike ist verschwunden«, sagte Wassing. »Er ist davongeschwommen. Ich habe versucht, ihn davon abzuhalten, aber vergebens.«

Es war Sonntagmorgen in New York, zehn Stunden später als in Neuguinea. Der Gouverneur hatte die Auflösung seiner Ehe und seine Affäre mit Happy Murphy nur wenige Tage zuvor verkündet, obwohl er und Mary mittlerweile schon seit zwei Monaten getrennt lebten. Und jetzt war er da, im Schoß der Familie in Pocantico Hills, New York, an einem Sonntag. Die Kinder,

Rodman, Ann, Steven und Mary, Michaels Zwillingsschwester, scharten sich um ihre Mutter, skeptisch und abwartend. *Warum ist er nur gekommen?*, fragte sich Mary. *Warum hat er uns angerufen und alle zusammengetrommelt?*

In den Händen hielt er ein gelbes Überseetelegramm. »Ich habe beunruhigende Nachrichten«, sagte er. Er hatte gerade mit dem Außenministerium gesprochen. »Die niederländische Regierung in Neuguinea hat sie davon unterrichtet, dass Michael verschwunden ist; weitere Einzelheiten gibt es noch nicht.«

Wenige Stunden später bestiegen Nelson, seine Tochter Mary, Eliot Elisofon (der *Life*-Fotograf, der zusammen mit Michael über die Harvard-Peabody-Expedition ins Baliem-Tal berichtet hatte), Robert Gardner, einige wenige Vertraute und eine Handvoll Reporter aus New York die Maschine nach San Francisco. Kurz davor erhielt Nelson in dem damaligen New York International Airport einen Anruf aus Hollandia. Die Verbindung war schlecht und von lautem Rauschen begleitet, sodass Nelson nur Teile verstehen konnte. Aber jetzt wusste er, dass Michaels Boot in Seenot geraten und dass er einfach drauflosgeschwommen war.

Bei jedem Schritt und Tritt wurden der Gouverneur und Mary von einer Horde Fotografen und Journalisten begleitet, eine Schar von Menschen umzingelte sie, drängten sich an sie, und bei jedem Stopp wurden es mehr.

»Ich fliege dorthin«, erklärte Nelson Reportern in New York. »Ich hoffe, dass sie ihn finden, ehe wir dort ankommen, aber zumindest werden wir da sein, wenn sie ihn finden. Wenn ich also irgendetwas tun kann, werde ich mein Bestes geben.«

In San Francisco erhielt er ein Telegramm von Präsident Kennedy. »Die Nachricht über Ihren Sohn betrübt mich sehr«, begann der Präsident. »Jeder in der Regierung ist außerordentlich bestrebt, Ihnen mit Rat und Tat zur Seite zu stehen. Ich hoffe,

Sie werden uns benachrichtigen, falls das Verteidigungsministerium oder einer andere Regierungsbehörde Ihnen behilflich sein kann.«

»Wenn der Junge in Schwierigkeiten steckt, sollte ich vor Ort sein«, verkündete Nelson vor Journalisten. »Wenn er sich aber bereits in Sicherheit befindet, wird es ein freudiges Wiedersehen.«

»Mr Rockefeller berichtete Reportern, dass er vollstes Vertrauen zu Michaels Einfallsreichtum und Durchhaltevermögen hat«, schrieb Homer Biggart in der *New York Times*, als die Nachricht am Montag, den 20. November, auf den Titelseiten der ganzen Welt stand. Er hat seinen Beratern immer wieder versichert, dass Michael ein hervorragender Langstreckenschwimmer war und jeglichen widrigen Umständen an Land gewachsen sei.

»›Drücken Sie die Daumen‹, sagte der Gouverneur immer und immer wieder, hielt die Hände in die Luft und lächelte schwach.«

Von all den Menschen, die sich um Rockefeller scharten, war nur Gardner schon in Asmat gewesen. »Er unterstrich«, hieß es in der *Times*, »dass, obwohl die Asmat sich bis vor zehn Jahren noch in der Kopfjagd und im Kannibalismus übten, die Gegend jetzt ›sicher‹ sei. Die Ureinwohner tragen mittlerweile Kleidung und streben den Handel mit Weißen an, berichtete er.«

Von San Francisco flogen sie weiter nach Honolulu, wo der Gouverneur eine Pan American Boeing 707 für achtunddreißigtausend Dollar charterte, um mit einem Zwischenstopp zum Auftanken in Wake nach Biak zu fliegen. Der Charterflug hob um halb zwei in der Nacht ab, was aber dem Ansturm von Reportern keinen Einhalt gebot; das Flugzeug war voller Journalisten. Obwohl sich Mary einigermaßen an die öffentliche Aufmerksamkeit für die Familie gewöhnt hatte, seit ihr Vater Gouverneur geworden war, fühlte sie sich jetzt überwältigt und war erzürnt. »Wir befanden uns inmitten einer Gruppe fremder, starrender Gesichter… und ihre Unterhaltungen, die wir beim Eintreten noch hörten, verstummten und machten einer erwartungsvollen Stille Platz, die sich die Gänge auf und ab verbreitete, als wir vor dem großen Abteil Platz nahmen.

Ich habe mich nicht getraut, Vater zu fragen, warum er eine so große Maschine chartern musste. Auch nicht, warum er sich genötigt fühlte, diese immer größer werdende Horde von Presseleuten mitzunehmen.

Ich glaube, dass ich meinen Zorn, den ich Vater gegenüber verspürt habe, verlagert und an der Presse ausgelassen haben muss. Mir war, als ob mir der Boden unter den Füßen schwand. Ich klammerte mich an Vaters Kraft und seine Fähigkeiten, das Schicksal unserer Familie zu lenken und einen Sieg aus den Klauen der Niederlage zu erringen. Als ich neben ihm saß, griff ich nach seiner Hand, denn ich konnte spüren, wie ich in meiner Wahrnehmung immer kleiner wurde und unsere märchenhafte Mission zu welken begann, drohte, auseinanderzubrechen. Welche Stelle nahm Michael in der Vision dieses Pressekorps ein? Es war zu gefährlich, nach einer Antwort zu suchen.«

18

· · · · · · · · · · · · · ·

November 1961

DER REST DER Welt hatte noch nie einen Fuß in das südwestliche Neuguinea gesetzt, jetzt aber brach sie mit einer Gewalt und Intensität über die Asmat herein, von der sie gar nicht wussten, dass sie existierte, und die sie sich nie hätten vorstellen können.

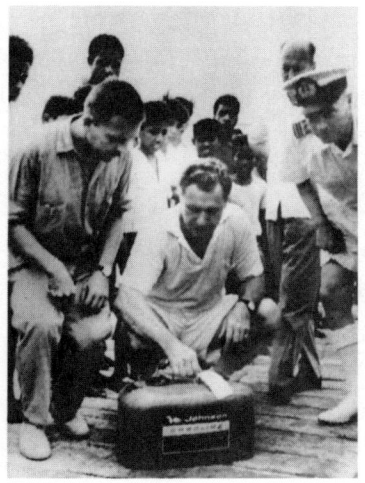

NELSON ROCKEFELLER UND RENÉ WASSING (RECHTS) UNTERSUCHEN DEN BENZINKANISTER, DEN DIE NIEDERLÄN-DISCHE MARINE IM MEER GEFUNDEN HAT UND DER VIELLEICHT MICHAEL GEHÖRTE.

Als Nelson Rockefeller und sein Pressekorps auf die Insel zurasten, wurde das Portal, das Michael an jenem kalten Tag im Jahr 1957 einen Spalt geöffnet hatte, weit aufgerissen. Reporter aus aller Welt flogen nach Neuguinea, um zu ihnen zu stoßen. Und all das, während der niederländische Außenminister Joseph Luns die UN-Generalversammlung in New York informierte. Jan Herman van Roijen, der niederländische Botschafter in den Vereinigten Staaten, schickte eine Reihe von Telegrammen an das Außenministerium, das sie an Gouverneur Plateel in Hollandia weiterleitete. »Im Zusammenhang mit der enormen öffentlichen Aufmerksamkeit, die zu erwarten ist, muss ich Sie darauf hinweisen – insbesondere, wenn man die noch immer ungünstige Position der Vereinten Nationen gegenüber den niederländischen Vorschlägen in Betracht zieht –, dass es von höchster Wichtigkeit ist, Rockefeller und den ihn begleitenden Reportern jegliche Hilfe in Bezug auf Unterkünfte und Einrichtungen der Königlichen Marine zukommen zu lassen.« Er drängte, dass das Militär und die Regierung nichts unversucht lassen müssten, sowohl auf See als auch an Land. »Es sollte vermieden werden, dass Nelson Rockefeller und sein Pressekorps den Eindruck gewinnen, dass nicht sämtliche Maßnahmen ergriffen werden, um die vermisste Person ausfindig zu machen.«

In einem zweiten, geradezu haarsträubenden Telegramm gleichen Datums schreibt der niederländische Innenminister Theo Bot an van Roijen, Luns und Plateel, dass Michaels Verschwinden ein Geschenk des Himmels und eine perfekte Gelegenheit sei, die man nicht ungenutzt lassen dürfe. »Die Konsequenz des tragischen Verschwindens von Rockefeller junior generiert bei der internationalen Presse mehr Interesse … für Niederländisch-Neuguinea, als man sich durch die Eröffnung des Neuguinea-Gremiums und die niederländischen Vorschläge gegenüber den Vereinten Nationen hätte erhoffen können«, hieß es. »Wir sollten dies mit Hinsicht auf den Erfolg der niederländischen Vorschläge bei der UN zu unserem Vorteil nutzen. Insbesondere denke ich dabei an – Erstens: Soweit wie möglich eine einheitliche Reaktion der Mitglieder des Neuguinea-Gremiums bezüglich der Zukunft Neuguineas. Zweitens: Selbstkontrolle und Pflichttreue (niederländischer) Beamter gegenüber ausländischen Gästen, sodass eine Wiederholung der Hastings-Erfahrung (Hastings war ein kritischer australischer Reporter) vermieden wird. Drittens: Hervorhebung der modernen Entwicklung Niederländisch-Neuguineas im Gegensatz zu der pittoresken Primitivität der Südküste und des Inlands. Viertens: Die Idee einer ›Nation im Entstehen‹ und die damit entstehenden Möglichkeiten hinsichtlich der Zukunft Niederländisch-Neuguineas unter der Auflage betonen, dass die UN die Möglichkeit einräumt, ein Komitee, etc. zu entsenden, wie bereits in den niederländischen Vorschlägen vorgesehen ist. Selbstverständlich vertraue ich Ihnen die oben genannten Punkte gern an.«

Es war ein spektakulärer Augenblick geopolitischen Handelns. Die Augen der Welt auf Neuguinea gerichtet, inklusive derer Nelson Rockefellers, war es jetzt an den Niederlanden, allen zu zeigen, dass ihre Kolonie nicht nur ein verschlafenes Nest voller Kopfjäger war, wie Präsident Kennedys Berater behaupteten, sondern über einen gut geölten Regierungsapparat verfügte, der rasch handeln konnte. Für niederländische Beamte wurde die Suche nach Michael Teil einer übergeordneten Strategie: Nichts unversucht und keinen Tropfen im Meer ununtersucht lassen und dafür sorgen, dass Nelson Rockefeller, wenn auch nicht gerade Lobeshymnen über den Luns-Plan singend, doch mit dem Eindruck nach Hause zurückkehrte, dass die Niederländer in Neuguinea gute Arbeit verrichteten. Dasselbe galt für die internationale Presse ... ob Michael nun tot oder lebendig gefunden wurde.

Als der Gouverneur und Mary über den Pazifik flogen, legten die Rettungsmaßnahmen einen Zahn zu. Am Montag, den 22. November, setzten eine niederländische DeHavilland Beaver und die Neptunes die Suche fort und durchkämmten die Küste und die Arafurasee. Ein PBY-Wasserflugzeug wurde aus Lae im damaligen Territorium Papua und Neuginea eingeflogen. Ken Dresser und Missionarspilotin Betty Greene suchten die Küste in ihren Cessnas ab. Die niederländischen Patrouillenboote *Tasman*, *Eendracht* und die *Snellius* waren pausenlos im Einsatz. Asmat-Kanus wurden angewiesen, die Flüsse abzufahren. In Biak band sich ein niederländischer Marinesoldat einen Benzinkanister um die Hüfte, sprang in einen Swimmingpool »und bekundete, dass die so schwimmende Person eine gute Geschwindigkeit erreichen konnte«, aber »wenn bewusstlos, der Kopf unter Wasser tauchte«.

Um die Radars zu testen, warf die Marine eine Reihe von Benzinkanister ins Meer, die auch gleich von den Neptunes erfasst wurden. Der niederländische Attaché für Neuguinea in der Botschaft in Canberra, Australien, gab telegrafisch durch, dass er von der Flut von Anfragen überwältigt war – Michaels Verschwinden ließ alle anderen Angelegenheiten zu einem abrupten Stopp kommen, Reporter belagerten sein Telefon, und er hatte alle Hände voll zu tun mit dem Erlass von Journalisten-Visa und Landeerlaubnissen für die Chartermaschinen, die sie einflogen.

Nelson und Mary legten einen kurzen Zwischenstopp in Biak ein, wo sie von dem Kommandeur der niederländischen Streitkräfte, L. E. H. Reeser, willkommen geheißen und auf den letzten Stand gebracht wurden, inklusive der Tests mit den Benzinkanistern. Nach einer halben Stunde bestiegen sie eine DC-3 Richtung Hollandia, genau wie Michael acht Monate zuvor, um dort erneut von Beamten begrüßt zu werden. »Meine Tochter Mary und ich sind überzeugt, dass die Regierung alles in ihrer Macht Stehende tut, um Michael ausfindig zu machen, und wir sind sehr dankbar«, verkündete Nelson Rockefeller, ehe er nach dem südwestlich von Asmat gelegenen Merauke flog.

Es ist eine Binsenweisheit, dass man einen Ort nicht wirklich versteht, ihn nicht greifen kann, bis man dort ankommt. Man kann ihn sich vorstellen, aber er bleibt eine Abstraktion. Was immer sie auch von Michaels Tätigkeiten hier und seinen Erfahrungen während der letzten Monate gedacht oder sich vorgestellt hatten, erst jetzt wurden ihnen die Augen geöffnet, als sie über Asmat schwebten und mit Ferngläsern auf die planen Sümpfe starrten, ehe sie in Merauke landeten. Die unermesslichen Weiten, die Hitze und hohe Luftfeuchtigkeit, die vollkommene Primitivität. Merauke war der administrative Hauptsitz für die Südwestküste der niederländischen Kolonie, aber laut Peter Hasting, einem australischen Journalisten, der seit Jahren über Indonesien und Neuguinea berichtete, war es »eine flache, hässliche Siedlung«. Er hatte Michael im Baliem-Tal kennengelernt, war sogar mit ihm in Hollandia ins Kino gegangen. Er beschrieb Merauke als »aus einigen Asphaltstraßen bestehend … einem Hotel, das seinen Namen kaum verdient … einem großen, düsteren Fluss und einer Schotterpiste, die in der Trockenperiode bis an die Grenze des Territoriums Papua-Neuguinea passierbar ist.«

Am Nachmittag des 23. November überfielen Nelson Rockefeller, seine Tochter Mary, sein Gefolge und über einhundert Journalisten das kleine Nest. Es war ein verrückter Aufruhr. Asmat, riesig und unzugänglich, lag knappe zweihundertfünfzig Kilometer nördlich, und die Niederländer wollten eigentlich gar nicht, dass sie bis dorthin kamen. Obwohl der Gouverneur und Mary fünfzehntausend Kilometer um die halbe Welt geflogen waren, befanden sie sich genauso weit weg vom Geschehen, als ob sie in New York geblieben wären.

Den Reportern ging es ähnlich. Sie waren in Neuguinea, aber es gab nichts zu sehen, nichts zu tun, nichts, über das sie schreiben könnten. Das Einzige, was sie vor Augen hatten, waren die Rockefellers, trauernd, erschöpft und überwältigt. Vater und Schwester am Rand eines der wildesten Sümpfe der Welt. »Die

Story, wegen der wir alle hierhergekommen sind, war angeblich die Suche nach Michael«, schrieb Hastings, »in Wahrheit aber sollte es ein Bericht, wenn auch noch so geschmacklos, erschütternd und aufdringlich, über die privaten und öffentlichen Qualen Gouverneur Rockefellers und seiner Tochter, Michaels Zwillingsschwester, Mrs Mary Strawbridge, werden.«

Jan Broekhuisje, ein Anthropologe beim niederländischen Büro für Einheimische Angelegenheiten, der damals Gardners Filmprojekt zugewiesen worden war, wurde nach Merauke geflogen und traf den Gouverneur. »Er war«, erinnert sich Broekhuisje, »ein gepeinigter, gebrochener Mann.«

Es glich einer öffentlichen Auspeitschung, einer Entblößung eines der einflussreichsten Männer der Welt, der angesichts der Landschaft und der Kultur hilflos war. »Es war das erste Mal in meinem Leben«, schrieb Mary, »dass ich Sorgenfalten auf der Stirn meines Vaters und ihn ab und zu ins Leere starren sah.«

Eliot Elisofon verbrachte einen Tag in einer Catalina und überflog die Gegend. Das Flugboot hatte Kerosin nach Pirimapun gebracht, das als Hauptstützpunkt der Rettungsmaßnahmen diente, und acht Stunden lang wechselte er sich mit einem Kollegen ab, jeweils eine halbe Stunde an den Fenstern zu stehen und die Augen nach allem offen zu halten, was nach Michael aussah. Ihm graute vor Asmat. »Die Küste hier ist trostlos. Dreckige Sümpfe scheinen mit dem Meer zu verschmelzen und ein Watt zu formen. Es ist tief genug, um gigantische Tropenbäume bis zur Hälfte einsinken zu lassen. Sie werden von den unzähligen Flüssen Richtung Meer gespült, die das Inland wie Adern eines Plastikmannes durchziehen. Wir haben riesige Rochen, Hammerkopfhaie, Schlangen, Tümmler und Tausende von Vögeln gesehen. Unsere Suche beschränkt sich nicht nur auf die Uferregionen, man kann es nicht Strand nennen, denn es gibt keinen, sondern auch auf die ersten Seemeilen. Selbst wenn er es bis an Land geschafft hätte, ist es fürchterlich anstrengend, durch den Schlamm zu waten. Auch seine exzellente körperliche Verfassung hätte ihm nicht viel dabei geholfen, das Watt zu überqueren. Mir wurde gesagt, dass, wenn ein Mann erst einmal umfiel, er nicht ohne Hilfe in der Lage sein würde, wieder aufzustehen. Und Michael hatte keine Hilfe.«

Die Suche ging weiter. Der Gouverneur hielt Pressekonferenzen ab und wohnte einem Gottesdienst bei. René Wassing wurde präsentiert, um die letzten Stunden mit Michael zu beschreiben, dessen »rastlose Natur es unmöglich machte, das tatenlose Herumtreiben im Meer zu erdulden«.

Wassings Nervosität, hielt Mary fest, »spiegelte meine eigene, tiefliegende Angst wider und stellte meine Hoffnung infrage. Ich kann mich an Renés Augen erinnern, wie sie von einem niederländischen Beamten zum nächsten flatterten, während er sprach. Ich spürte, dass er sich ihnen gegenüber verantwortlich fühlte und nicht in der Lage war, angesichts Vaters und meiner Sorge über Michaels Verschwinden bei der Sache zu bleiben.«

Am 23. November schickte der Kommandeur der US-Pazifikflotte ein Telegramm an den Admiral Niederländisch-Neuguineas: »Ich kann Aufklärungsflugzeuge, einen umgebauten Flugzeugträger mit Helikoptern und Überwassereinheiten zur Verfügung stellen. Letztere befinden sich einige Tage vom Einsatzgebiet entfernt. Die Aufklärungsflugzeuge könnten jedoch bereits innerhalb eines Tages einsatzbereit sein … Bitte lassen Sie es mich wissen, falls wir irgendwie assistieren können. Ich werde Ihnen unter Aufbietung aller Kräfte behilflich sein. Bitte unterrichten Sie Gouverneur Nelson Rockefeller davon.«

Der Admiral entgegnete: »Ich ziehe Ihr freundliches Angebot in Erwägung.«

Indonesien legte Einspruch ein – und spielte seinen Trumpf aus: »Der indonesische Außenminister hat am Freitag angedeutet, dass die Niederlande das Verschwinden Michael Rockefellers dazu benutzen könnten, ein Zerwürfnis zwischen Indonesien und den Vereinigten Staaten heraufzubeschwören«, gab Reuters bekannt. »Als ein Sprecher des indonesischen Außenministeriums um Stellungnahme bezüglich der Nachricht gebeten wurde, dass das niederländische Verteidigungsministerium das Hilfsangebot eines Flugzeugträgers der siebten amerikanischen Flotte erhalten hatte, lautete die Antwort, dass er nicht verstünde, warum ein Flugzeugträger nötig sei. ›Wir verstehen, was ein Vater bei dem Verlust eines Sohnes verspürt... aus menschlicher Sicht können wir nachvollziehen, dass jeder bei der Suche behilflich sein möchte. Wir verstehen aber nicht, was ein Flugzeugträger dazu beisteuern könnte.‹«

Der Sprecher führte weiter aus, dass, wenn die Vereinigten Staaten tatsächlich einen Flugzeugträger schicken würden, dies nur als Beweis dafür diente, dass die niederländischen Kolonialherren nicht fähig seien, ihrer Pflicht nachzukommen.

Die politische Lage war zu heikel. Am 24. November lehnten die Niederlande das Hilfsangebot ab. »Nach einer Unterredung mit Gouverneur Nelson Rockefeller sind wir zu dem Schluss gekommen, dass zu diesem Zeitpunkt genügend Mittel an australischen Flugzeugen und Helikoptern zur Verfügung stehen, um eine genaue Untersuchung des gesamten Gebiets zu gewährleisten; als Resultat sind keine weiteren Kräfte von Nöten. Ihre freundlichen Worte und das rasche Angebot der Hilfestellung waren bei dieser schweren und traurigen Aufgabe eine große Hilfe.«

Obwohl die Rockefellers weiterhin an der Hoffnung festhielten, waren niederländische Beamte mittlerweile der Meinung, dass Michael vor Erreichen des Ufers ertrunken sei – oder zumindest wollten sie dies glauben. Die Associated Press, die größte amerikanische Nachrichtenagentur, berichtete, dass Beamte in Hollandia »alle Hoffnung aufgegeben« hatten, und die *New York Times* zitierte Theo Bot, den niederländischen Innenminister: »Es besteht keine Hoffnung mehr, Michael Rockefeller lebend zu bergen. Unsere Leute vor Ort sehen die Lage als aussichtslos an.« Die Wahrscheinlichkeit, dass er bis zu diesem Zeitpunkt auf See überlebt haben könnte, war natürlich verschwindend gering, aber die Rockefellers klammerten sich an die Hoffnung, dass er es an Land geschafft hatte. »Ich bin Realist«, verkündete der Gouverneur. »Wenn Michael es bis an die Küste geschafft hat, dann könnte es lange dauern, ehe wir von ihm hören.«

Eibrink Jansen, der ständige Vertreter der Kolonialverwaltung in Merauke, teilte seine Meinung: »Wenn Michael bis an Land geschwommen ist, dann stehen die Chancen gut. Die Ureinwohner, wenn auch nicht zivilisiert, sind gutherzig und immer hilfsbereit. Es ist durchaus möglich, dass er in einer Hütte liegt.«

Der Gouverneur lehnte es ab, Merauke zu verlassen. Er wollte länger bleiben und die Suchaktion nicht abbrechen. Zudem lobte er seine Gastgeber, die »so viel Loyalität und Zuneigung in der papuanischen Bevölkerung erweckt haben«, hieß es in der *Times*, »dass die Einheimischen in die Suche miteingebunden wurden.« Und genau das war es, was die Niederlande hören wollten, und Plateel (der von Bot angewiesen wurde, Michals Verschwinden zum Vorteil der Niederlande zu nutzen), schickte Bot ein Telegramm nach Den Haag. »Rockefeller enthusiastisch über die Suchaktion und Hilfestellung der Regierung. Auf der Pressekonferenz hat er wiederholt seine tiefe Bewunderung und Dankbarkeit gegenüber der Regierung und ihren Beamten ausgesprochen. Man ist sehr beeindruckt von der entgegenkommenden Haltung der Bevölkerung, die der Aufforderung der Regierungsbeamten in Scharen gefolgt ist. Er sieht dies als Bestätigung, dass das Verhältnis zwischen den Papua und den niederländischen

Beamten sehr gut ist. Auslandskorrespondenten überschütteten mich mit öffentlichem Lob seitens Rockefeller über Neuguineas Regierung und kontaktierten den Gouverneur persönlich zwecks unbegrenzter und uneingeschränkter Hilfeleistung unsererseits.«

Nelson Rockefellers Gegenwart zahlte sich aus. Am 24. November wurden zwei *Bell* 47 G2-A-Helikopter der australischen Armee mit einer C-130A Hercules eingeflogen, um in Merauke mit Schwimmern ausgestattet zu werden. Mit Treibstoff, der in Merauke gelagert wurde, besuchten sie einzelne Siedlungen und Flüsse und deckten ein Gebiet von hundertfünfzig Kilometer entlang der Küste und zehn Kilometer Inland rasterförmig ab. Wie alle Fremden zuvor, die in Asmat landeten, bemerkte auch Captain Dick Knight, einer von zwei Piloten, dass er nichts sah außer »einer sengenden, feindlichen Wildnis... Es war eine unwirtliche Gegend, die es zu durchforsten galt, insbesondere wenn man so ›tief und langsam‹ fliegen muss, um überhaupt eine Suche stattfinden zu lassen und hinunter in den Wald blicken zu können. Die Helikopter waren mit... einem 7,62 Millimeter Selbstlader bestückt, und jeder Pilot besaß eine Neun-Millimeter-Pistole.«

Ein dritter Helikopter von einer niederländischen Fregatte stieß zu den australischen. Dann eine Nachricht: Am 24. November fand das Patrouillenboot *Snellius* an der südlichen Grenze des Suchgebiets einen roten Johnson-Benzinkanister für einen Außenbordmotor, und je eine Catalina und eine Neptune wurden angefordert. Der Tank wurde Wassing unter die Nase gehalten; das könnte einer von ihnen sein, meinte er, war sich aber nicht sicher.

Der Fund hauchte der Suche neues Leben ein. Mary und Nelson flogen mit Eibrink Jansen in einer Catalina für wenige Stunden nach Pirimapun, wo van de Waal sie in einer gestärkten weißen Uniform herumführte. Nelson sah aus, als wäre er im Country Club, trug ein weißes T-Shirt mit V-Ausschnitt, weiße Shorts, weiße Socken und weiße Schuhe. Van de Waal zeigte Nelson die *gabagaba*-Hütte, in der er wohnte. »*Das* gehört Ihnen?«, fragte Nelson van de Waal ungläubig. Sie standen am Kai und blickten über die Arafurasee. Was konnten sie sonst schon tun?

Sie landeten die Catalina kurz auf dem Fluss neben der Siedlung Amanamkai, schüttelten einige Hände und flogen dann nach Merauke weiter. Sie warteten, hielten Pressekonferenzen, hofften, aber Asmat gab nicht nach, zeigte sich undurchdringlich. Helikopter, Flugzeuge, Schiffe, Scharen niederländischer Beamter, Journalisten und letztendlich sogar der große Gouverneur mit dem markanten Kinn, der Mann, der primitive Kunst nach New York gebracht hatte, mussten klein beigeben.

Am Morgen des 28. November, neun Tage nachdem Michael den gekenterten Katamaran verlassen hatte, flog Nelson nach Hollandia, dann über Biak und Tokio zurück nach Hause.

19

. . . .

November 1961

WENN ES EINEN Moment gibt, der einen Einblick in die Suche nach Michael gewährt, dann ist es Elio Elifosons Beschreibung seiner Stunden in der Catalina. Er war überhaupt nicht *in* Asmat, sondern weit darüber, eingehüllt in einen Aluminiumschlauch, und starrte auf etwas, das ihm unwirtlich, ja tödlich erschien. Es war nicht schwer, seinen Brief zu lesen und sich zu fragen, wie überhaupt jemand in der Welt leben konnte, die er beschrieb. Sie schien nicht bewohnbar: das Meer voller Haie und das Ufer

AUSTRALISCHE ARMEEHELIKOPTER WERDEN VON EINER C-130 IN NEUGUINEA ENTLADEN, UM NACH MICHAEL ROCKEFELLER ZU SUCHEN.

249

bestehend aus so tiefem Schlamm, dass man nicht mehr aufstehen kann, wenn man erst einmal hingefallen ist. Aber kein einziger Reporter ist je nach Asmat gekommen, nicht einmal nach Agats. Nelson und Mary verbrachten keine einzige Nacht dort.

Für die niederländischen Beamten in Merauke, Hollandia und Amsterdam sowie die Rockefellers und die ganzen Journalisten, die über die Tragödie berichteten, war Michael in einem Morast versunken, einer so unwirtlichen und abgelegenen Welt, dass sie die Hände hoben und sich ergaben. Er war einfach verschwunden. Sie untersuchten den Schlamm, den Sumpf und den Dschungel und projizierten als Endprodukt ihre eigene Abkoppelung von dieser Welt: Niemand konnte darin überleben. Dass die Asmat dieses Kunststück seit Urgedenken vollbracht hatten, war völlig nebensächlich. Sie kämpften sich da durch, wälzten sich darin, bedeckten ihre Körper damit. Und all das Meer und die ganzen Haie. Wieder vergaß man, dass die Asmat seit Beginn der Zeit darin schwammen und mit ihren Booten darauf verkehrten. Michael muss von Haien gefressen oder übermüdet und ertrunken sein. So lautete schließlich auch die offizielle Todesursache: Michael Rockefeller ist entweder ertrunken oder von Haien gefressen worden. Eine feine, unkomplizierte Antwort. Sie passte genau in die Vorstellung der westlichen Welt. Die niederländische Regierung wehrte sich auch nicht dagegen, schließlich wollte sie, dass die Außenwelt von Neuguinea dachte, dass es voller neuer hilfsbereiter Weltbürger war, nicht voller steinzeitlicher Kopfjäger und Kannibalen.

Es gab jedoch massive Gründe, beide Möglichkeiten auszuschließen. Erstens greifen Haie Menschen nur in den seltensten Fällen an. Selbst wenn er Haien zum Opfer gefallen wäre, gab es keine Anekdoten von Hai-Angriffen in Asmat; auch dient das Tier nicht als Symbol in den Schnitzereien. Zudem hatte er zwei Benzinkanister mit einem Seil um die Hüfte gebunden, aber es wurde kein Fetzen Seil gefunden – nicht einmal ein Knoten oder ein Reststück um den Johnson-Kanister, den man zweihundertfünfzig Kilometer entfernt entdeckte. Die Neptunes begannen mit der Suche gleich am darauffolgenden Morgen, nachdem er das Boot verlassen hatte, und doch hatten sie nichts gefunden – weder ein Stück Menschenfleisch noch die Kanister.

Vielleicht war er einfach nur ermüdet und ist untergegangen, aber er hatte sich ja die Benzinkanister um die Hüfte gebunden, und die Tests hatten gezeigt, dass eine Neptune einen solchen Kanister mit Leichtigkeit aufzuspüren vermochte. Die Haie hätten vielleicht Teile des Aas gefressen, nicht aber den ganzen Körper verschlungen. Und wichtiger noch: Das alles wäre nicht von einer Minute auf die andere passiert, und das Radar einer Neptune hätte ihn, oder Teile von ihm, und die Kanister erfassen müssen.

Das Fazit kann nur lauten: Die Chance eines Haiangriffs, bei dem er völlig verspeist wurde und keinerlei Überreste zurückblieben, ist verschwindend gering.

Vor Ort sah alles anders aus. Am dem Tag von Michaels Verschwinden warteten sowohl van Kessel und von Peij auf ihn, von Peij in Atsj und van Kessel weiter südlich in Basim. Am 19. November hörten beide Motorengeräusche, eine Seltenheit in Asmat, und blickten gen Himmel, wo die suchenden Neptunes kreisten. Beide wurden per Funk am nächsten Morgen davon unterrichtet, dass Michael als vermisst galt. Van Kessel schickte unverzüglich seinen Assistenten Gabriel, einen getauften Asmat und schon seit Jahren sein Weggefährte, per Kanu nach Norden auf den Ewta nach Otsjanep – der nördlichste Ort seines Einzugsgebiets –, um die Einwohner zu bitten, die Augen offen zu halten. Gabriel sah nichts Außergewöhnliches, lediglich zwei junge Männer an der Ewta-Mündung.

Van Kessel folgte ihm, fuhr den Ewta gegen vier Uhr nachmittags des 20. Novembers flussaufwärts. Otsjanep lag fünf Kilometer von der Küste entfernt, und Einheimische befuhren den Fluss zu jeder Tages- und Nachtzeit, um an seiner Mündung zu fischen. Aber als sich an jenem Nachmittag die Sonne dem Horizont entgegenneigte und das Grün der prähistorisch anmutenden Nipapalmen, das Blau des Himmels und das silbrige Braun des Flusses satter wurden, begegnete van Kessel niemandem. Der normalerweise geschäftige Ewta war menschenleer. Er verbrachte die Nacht in einem Biwacksack an der Mündung des Faretsj.

In ganz Asmat trieben niederländische Beamte die Suche voran, und die Einheimischen schwärmten aus und durchkämmten Flüsse und Küstenregion. Van Kessel tat sich mit der *Tasman* zusammen, auf der der niederländische Polizeikommissar, den man schlichtweg als HBB kannte, die Küste auf und ab fuhr. In der Zwischenzeit verbrachte Gabriel den ganzen Tag auf dem Ewta, fuhr die Küste nach Süden zum Fajt-Fluss, an dem der OrtBasim lag. Obwohl viele Siedlungen auf der Suche waren, sah er niemanden aus Otsjanep.

Es ist schwer zu sagen, wie die Asmat diese Suche deuteten, aber ein solcher Aufwand war sicherlich etwas, das sie nie zuvor erlebt hatten. So viele Schiffe aus Stahl. So viele Flugzeuge. So viele Weiße. Dass der Vermisste ein Rockefeller war, der Sohn einer der reichsten und einflussreichsten Männer der Welt, sagte ihnen rein gar nichts. Sie wussten nur, dass es sich um einen Weißen handelte, einen Tuan, der verschwunden war.

Als die Tage vergingen und die Suche ihren Höhepunkt erreichte, wurden Helikopter eingeflogen. Kein Asmat hatte je zuvor eine solche Maschine gesichtet. Einige kannten Flugzeuge weit oben im Himmel; ein paar Asmat aus Pirimapun, Agats und Amanamkai hatten sogar Catalinas auf dem Wasser landen sehen, aber niemand hatte diese merkwürdigen Geister-Kanus je aus der Nähe erlebt. Mit Schwimmer ausgerüstet und von australischen Marinepiloten gesteuert, erschienen die Helikopter wie aus dem Nichts und landeten auf den Flüssen direkt bei den Siedlungen. Ihre Rotoren donnerten, und Winde mit hundertzwanzig Stundenkilometern begleiteten sie, die Wasser zu Wolken machten, Stöcke und Trümmer durch die Luft fliegen ließen. Die Bewohner flüchteten angsterfüllt und schreiend in den Dschungel. Wenn man die Zurückhaltung und Skepsis der Asmat gegenüber Fremden in Betracht zieht, ist es kaum verwunderlich, dass die Helikopterpiloten nichts fanden und nichts hörten. Am 27. November, Nelsons letztem Tag in Merauke, flog van Kessels Assistent Gabriel mit einem Helikopter nach Otsjanep. Wie immer war die Siedlung menschenleer, nachdem das Donnern der Maschine hörbar wurde. Gabriel verschwand im Unterholz hinter der Siedlung und fand Ajim und Fin. Sie sagten, dass sie nichts über Michael wussten, aber Gabriel war sich bewusst, dass niemand aus Otsjanep bei der Suche mithalf.

In Atsj beobachtete von Peij, wie ein Schiff nach dem anderen, ein Helikopter nach dem anderen vorbeikam.

Und dann kehrte wieder Ruhe in Asmat ein. Die Helikopter wurden abtransportiert, die Neptunes kreisten nicht mehr am Himmel, und die *Tasman* und die *Eendracht* nahmen wieder ihre normalen Patrouillen auf. Von Peij wartete eine Woche in Atsj. Erst als die Einwohner wieder in den Dschungel gingen, um Sago zu sammeln, nahm er seine Runden wieder auf. Sein erster Stopp lautete Jow, wo alles seinen normalen Lauf zu nehmen schien.

Am nächsten Tag fuhr er mit seinem Kanu durch die Einschnitte zwischen den Sümpfen auf den Flüssen weiter nach Otsjanep. Es war ein heißer Tag, aber er war froh, Atsj hinter sich gelassen und die Rockefeller-Suche heil überstanden zu haben.

Endlich konnte er sich wieder seiner Routine widmen. Gegen Mittag kam er in Otsjanep an.

»Da gibt es ein paar Männer, die Sie sprechen wollen«, begrüßte ihn sein Assistent. »Sie haben eine Nachricht.«

»Gut, ich warte«, antwortete van Kessel.

20

Dezember 1961

In Basim kamen van Kessel zuerst merkwürdige, sich widerspre-
chende Gerüchte zu Ohren. Irgendetwas Beunruhigendes war in
der Arafurasee gesehen worden. In der Siedlung Warkai, etwas
flussaufwärts von Otsjanep, hieß es, dass die Männer von Otsjanep einen Weißen getötet und gegessen hatten. Jeder schien etwas zu wissen. Am 3. Dezember schickte van Kessel Gabriel erneut nach Otsjanep. Dort saß er, rauchte, redete und hörte zu.
Es gab Gerüchte, erzählte er den Männern in jedem *jeu* Otsjaneps, dass ein Mann aus Otsjanep namens Bere jemandem aus

AJIM (NACKT) KURZ NACH MICHAELS VERSCHWINDEN. FOTOGRAFIERT VON VAN KESSEL.

Omadesep von einem Weißen berichtet hat, der getötet wurde. »Wir haben eine riesige Schlange im Meer gesehen!«, beteuerte Wotim, aber mehr sagte er nicht. Sie stritten alles andere ab, wussten von nichts. Bere aber lief Amok, rannte durch die Siedlung und brüllte und schrie, dass er niemandem etwas gesagt hätte, ehe er im Dschungel verschwand. Van Kessel schickte ein Kanu von Basim nach Otsjanep und holte Bere und drei weitere Männer zurück nach Basim, um sie zu befragen. Am 5. Dezember tat er es und befragte einen nach dem anderen in seinem Haus.

»Ich habe mir das alles nur ausgedacht«, beteuerte Bere.

»Ich habe keine Schlange gesehen«, meinte Wotim. »Nur ein Stück Holz.«

»Da war ein riesiges Krokodil im Wasser«, verkündete Aitur.

»Ich habe etwas mit einem Gesicht gesehen, aber es war nur ein Baumstamm«, schwor Ekob.

Van Kessel wollte wissen, warum Aitur das Krokodil nicht getötet hat. »Wir haben keine Waffen dabeigehabt«, entgegnete er.

Dann rief er Wotim wieder zu sich, aber der war im Dschungel verschwunden.

Am 8. Dezember schickte er Gabriel erneut nach Otsjanep, diesmal mit einer großen Ladung Tabak. Sie versammelten sich in einem der *jeus* und rauchten. »Männer aus Otsjanep«, begann Gabriel, »einige von euch sind bereits befragt worden. Ihr wisst, dass die Tuan einen Tuan aus Amerika suchen. Sie wissen, dass die Leiche an die Küste gespült wurde und dass ihr sie gefunden haben müsst, aber nicht wusstet, was ihr damit machen solltet, denn die Regierung könnte euch wegen fehlerhaften Verhaltens beschuldigen. Gebt mir seine Hose, damit ich sie den Tuans zeigen kann. Damit wird die Suche endlich ein Ende haben.«

Es war eine taktische Rede, damit sie zugaben, dass sie den Leichnam hatten, ohne dass je ein Mord angesprochen wurde.

Aber niemand wusste etwas. Pep besaß einen neuen Dolch aus menschlichem Knochen und wollte Gabriel seinen alten geben. Ajim war nicht dabei, und Gabriel spürte, dass sie sich merkwürdig verhielten. Er sah, »dass sie schauspielerten; sie übertrieben mit ihren Gesten, waren zu erstaunt und gaben nur kurze Antworten«, schrieb van Kessel in seinem Bericht. »Andauernd flüsterten sie hinter seinem Rücken und schienen sehr nervös zu sein.«

Van Kessel war sich nicht sicher, aber er begann zu glauben, dass Michael Rockefeller es bis zur Küste geschafft hatte, nur um von den Männern aus Otsjanep getötet zu werden.

Am 9. Dezember gelangte von Peij nach Omadesep, das an der südlichsten Ecke seiner Gemeinde lag. Die Sonne war bereits untergegangen, als er es sich in dem Haus seines Assistenten gemütlich machte – in einem gesonderten Raum, traditionell mit *gabagba*-Wänden und einem Palmenwedel-Dach, auf Stelzen stehend. Möbliert war er mit einem Tisch, einem Bett und einem Schrank. Er war beunruhigt; er wollte keine Nachrichten mehr hören. Eine Gaslampe flackerte vor sich hin, und an der Wand hatten sich blasse, großäugige Eidechsen mit kurzen Schwänzen und Saugfüßen auf die Lauer gelegt. Sie warteten auf die Insekten, die vom Licht angezogen werden würden. Obwohl sie keine zehn Zentimeter lang waren, konnten sie laute Geräusche hervorbringen, die sich wie Hundegebell anhörten. Draußen zirpten die Zikaden vor sich hin, und ein paar Hunde kämpften um ein paar Fischabfälle.

Von Peij wartete, als plötzlich vier Männer in den Raum traten. Bere und Bumes aus Otsjanep; Mbuji und Tatsji – einer der Männer, die Michael, Wassing und Gerbrands im Juni in einem Kanu von Omadesep nach Otsjanep begleitet hatten und der Verwandte in Otsjanep besaß – kamen aus Omadesep. Der

Anlass, einen Pfarrer zu besuchen, ließ sie Shorts tragen, aber ihre Nasenflügel wurden von einer traditionellen Muschel oder einem geschnitzten Schweineknochen geschmückt.

»Okay«, meinte von Peij. »Dann erzählt mal.«

Stück für Stück entfaltete sich die Geschichte. Am Freitag, den 17. Dezember, hörten die Männer aus Otsjanep, dass van de Waal Baustoffe für sein Haus in Pirimapun suchte, die sie ihm am Samstag brachten. Am späten Sonntagnachmittag brachen die fünfzig Männer wieder auf und hielten Montagmorgen an der Mündung des Ewta an. Sie waren wieder zu Hause, sicher in ihrem eigenen Territorium. Es war eine gute Zeit, um zu rauchen und einen Happen Sago zu essen. Im Wasser bewegte sich etwas. Sie sahen ein Krokodil, ein *ew*, wie es auf Asmat heißt. Nein. Das war kein Krokodil, sondern ein Tuan. Er schwamm auf dem Rücken, drehte sich zu ihnen und winkte. Einer von ihnen sagte: »Männer aus Otsjanep, ihr habt schon immer davon geredet, auf die Kopfjagd gegen einen Tuan zu gehen. Nun, hier ist eure Chance.« Daraufhin brach ein Streit aus. Dombai, der Anführer des Pirien *jeu*, hielt dagegen. Ajim und Fin aber waren anderer Meinung. Während sie Miachel ins Kanu zogen, stach Pep mit einem Speer zu. Die Wunde war nicht tödlich. Sie paddelten zur Küste, zum Jawor-Fluss, wo sie ihn töteten und ein Feuer machten.

»Trug er eine Brille?«, wollte von Peij wissen. »Was für Kleidung hatte er an?«

Ihre Antwort brannte sich in sein Bewusstsein, ein Detail, das er niemals vergessen sollte: Der Weiße trug Shorts, aber solche Shorts hatten sie noch nie gesehen, man konnte sie nicht in den Läden von Agats kaufen – Shorts, die knapp unter dem Beinansatz bereits wieder aufhörten und keine Taschen besaßen. Sie beschrieben eine Unterhose.

Von Peij hörte zu und nickte. »Und wo ist sein Kopf?«

»*Fin-tsjem aotepetsj ara*«, entgegneten sie. »Er hängt im Haus von Fin. Und er ist so klein wie der Schädel eines Kindes.«

»Und seine Oberschenkelknochen?«, fragte von Peij, der wusste, dass diese zu Dolchen verarbeitet wurden. »Und seine Schienbeine?« Diese wurden zu Speerspitzen zum Fischen geschnitzt.

Pep hatte einen Oberschenkelknochen, Ajim den anderen. Jane ein Schienbein, Wasan das andere. As besaß Michaels linken Oberarm, Kakar den rechten. Akaiagap den rechten Unterarm, Akaisimit den linken. Bese, Erem und Fom besaßen jeder eine Rippe. Ainapor hatte die Shorts, diese komischen Shorts ohne Beine und Taschen. Dombai oder Bese hatten die Brille an sich genommen.

»Warum haben sie ihn getötet?«, wollte von Peij wissen.

Wegen der Morde vor vier Jahren in Otsjanep, antworteten sie.

Von Peij war überwältigt. Die Details, insbesondere die Beschreibung von Michaels Unterwäsche, war zu genau, um nicht glaubhaft zu sein. Er hatte jetzt beinahe sechs Jahre in Asmat verbracht, sprach die Sprache fließend, kannte die Kultur genauso gut wie jede europäische. Jetzt aber trug er eine Last. Er tat so, als ob er es nicht glauben könnte, und sprach wenig.

Am nächsten Morgen kehrte er nach Jow zurück und schickte seinen Koch ins *jeu*. Weniger Stunden später kehrte er zurück. Die gleiche Geschichte machte jetzt in Jow die Runde; jeder kannte die Einzelheiten.

Von Peij fuhr nach Biwar Laut weiter, Amates' Siedlung. Eine ganze Gruppe Männer versammelten sich, waren aufgeregt. Sie wollten Tabak. »*Nda kapak to*«, sagten sie. »Wir müssen rauchen!«

»Wenn ihr rauchen wollt, müsst ihr mir einen Gefallen tun«, meinte von Peij. »Bringt einen Brief von mir nach Agats, und zwar sofort.«

»Zum HPB [dem Regierungsbeamten]?« Ihr Enthusiasmus ließ nach. Das wollten sie nicht tun. Nicht nach Agats. Und erst recht nicht zum Regierungsbeamten. Sie hatten Angst.

»Nun gut«, sagte von Peij, »dann kriegt ihr auch keinen Tabak. Und der Brief ist nicht für den Gouverneur, sondern für einen Pfarrer, der nur einen Tag dort verbringt. Deshalb müsst ihr auch jetzt los.« Es war gerade Ebbe, der Wasserstand sank rasch. Um nach Agats zu kommen, mussten sie sofort in See stechen.

Sie stimmten zu. Von Peij kritzelte hastig etwas auf einen Zettel: »Ohne es zu wollen, bin ich über Informationen gestolpert, und ich fühle mich verpflichtet, sie weiterzugeben. Michael Rockefeller wurde von Otsjanep aufgelesen und getötet. Die Siedlungen Jow, Biwar und Omadesep wissen davon.«

Er versiegelte den Zettel in einem Umschlag und adressierte ihn an Pfarrer de Brouwer, den leitenden Priester in Agats. Davor hatte er allerdings noch eine Nachricht an den Regierungsbeamten in Agats, Cor Nijoff, hineingetan.

Von Peij kehrte am nächsten Tag nach Atsj zurück.

Am 12. Dezember kam van Kessel in Agats an, um mit Nijoff zu sprechen, der ihm von Peijs »kleinen, aber unmissverständlichen Zettel« zeigte. Van Kessel machte sich sofort auf nach Atsj, um mit seinem Kollegen zu konferieren.

Am 15. Dezember schrieb van Kessel, wieder zurück in Basim, einen langen Bericht für Nijoff. »Nach meiner Unterredung mit Priester von Peij ist das eine Prozent Zweifel durch die sehr detaillierten Schilderungen, die sich mit meinen Beobachtungen decken, auf null geschrumpft.«

Und in Großbuchstaben: ES IST SICHER, DASS MICHAEL ROCKEFELLER VON OTSJANEP ERMORDET UND GEGESSEN WORDEN IST. Es war die Rache für die Schießerei vor vier Jahren… und in allen Siedlungen bis Sjeru [sic] wird nur von

dieser Heldentat von Otsjanep gesprochen. Alle wissen davon.«
Van Kessel hielt sich nicht zurück, gab alle Namen weiter und außerdem, wer welche Körperteile besaß. Auch, dass Tatsji, der sich frei zwischen Omadesep und Otsjanep bewegen konnte, dort angekommen war, als sie bisj-Lieder gesungen haben. Außerdem hatte er Peps neuen Oberschenkelknochen-Dolch gesehen. Zudem soll Otsjanep in bester Laune gewesen sein und zeigte sich bereit, jeden von der Regierung »willkommen zu heißen«, der Nachforschungen anstellen wolle. Bei hohem Seegang und starken Winden diente Gabriel als Dienstbote, um den Bericht Nijoff zu bringen, der jetzt in Pirimapun war. Gabriels Kanu kenterte drei Mal, und er kam krank und völlig erschöpft am Ziel an; auf Grund einer Lungenentzündung ist er nur knapp dem Tod entronnen.

Ajim, Fin und einige weitere Männer von Otsjanep kamen fünf Tage später, am 20. Dezember, in Basim an, wo ein Verwandter gestorben war. Sie vermieden van Kessel, aber er ließ ihnen eine Nachricht zukommen: Er würde drei Äxte aus Stahl für Michaels Kopf und zwei für seinen Oberschenkelknochen zahlen. Die Krieger aus Otsjanep nahmen das Angebot nicht an. »SIE HABEN DEN MORD NICHT GELEUGNET«, schrieb van Kessel, »obwohl sie auch noch sagten, dass ›Tatsji Unsinn von sich gibt‹.« Der Priester machte die zwei Männer aus und fotografierte sie, »sodass man die Hauptschuldigen später (falls notwendig) wiedererkennen könnte«.

Van Kessels Bericht traf ins Schwarze. Am 21. Dezember, also sechs Tage, nachdem er ihn an Nijoff geschickt hatte, schrieb P.J. Plateel, Gouverneur Niederländisch-Neuguineas, Theo Bot, dem niederländischen Innenminister. Das Telegramm ist mit den Worten »Geheim« und »Vernichten« versehen. Und es war auch teils vernichtet, nur die Überreste fand ich noch in den Archiven, aber dabei war noch eine handgeschriebene Notiz: »Überreste nicht weitergegeben.«

Der Vertreter der Kolonialverwaltung in Merauke [Eibrink Jansen] erhielt vom Regierungsbeamten Agats [Nijoff] einen Brief von Priester van Kessel, in dem Letzterer sich dafür verbürgt, dass Rockefeller von den Einwohnern der Ocanep (sic) Siedlung getötet und gegessen wurde. Seine Informationen sind von Kontaktpersonen in anderen Siedlungen eingeholt worden, stimmen mit ähnlichen, von Priester van Pey (sic) ergatterten Informationen angeblich überein. Laut diesen Informationen soll an jenem Morgen eine Anzahl von Kanus Rockefeller auf See gefunden und vermeintlich mit einem Speer beim Heraufziehen verletzt haben. Sobald am Ufer, soll er getötet und gegessen worden sein. Schädel, Knochen und Kleidung, so wird behauptet, blieben bei mit Namen bekannten Personen. Der Vertreter berichtet weiter, dass die Gerüchte bereits Merauke erreicht haben und dass es unwahrscheinlich ist, diese vor der Presse geheim zu halten. Meiner Meinung nach sind folgende Bedenken zu beachten: Bisher liegt noch kein Beweismaterial vor, deswegen kann keine Gewissheit herrschen. In dieser Hinsicht scheint es mir nicht passend, derzeit diese Informationen an Rockefeller senior weiterzuleiten. Wenn Fragen aufgeworfen würden, könnten wir erklären, dass uns Gerüchte zu Ohren gekommen sind und dass wir ermitteln. So gewinnen wir Zeit und die Chance, falls sich die Geschichte bewahrheiten sollte, einen günstigeren Zeitpunkt der Veröffentlichung auszusuchen. Der Vertreter Meraukes wägt noch ab, welches Handeln angemessen ist, um den Fall definitiv zu den Akten zu legen.

21

· · · · · · · · · · · · ·

März 2012

AMATES, WILEM, FILO, Manu und ich kletterten um sechs Uhr morgens in das Boot und fuhren nach Otsjanep. Obwohl ich vor meiner Ankunft in Asmat sämtliche Berichte van Kessels und von Peijs gelesen und mich lange mit Letzterem unterhalten hatte, wollte ich die Sache langsam angehen.

Endlich unterbreitete ich meine Absicht Amates und Wilem,

MÄNNER AUS OTSJANEP UND PIRIEN WÄHREND MEINES ERSTEN BESUCHS IN DER SIEDLUNG IN PIRIEN. DER MANN IN DER MITTE IST BER, SOHN VON DOMBAI. ZU SEINER RECHTEN SITZT TAPEP, SOHN VON PEP.

und keiner der beiden schien überrascht zu sein. »Otsjanep hat ihn getötet; jeder Asmat weiß das«, sagte Amates. »Wir werden alles herausfinden, machen Sie sich keine Sorgen, Mister Carl.«

Dieses Mal wollten wir nur Otsjanep besuchen und einige Tage bleiben, um die Leute direkt nach Michael Rockefeller zu fragen. Hennah Joku war mit von der Partie, eine kleine, stille Frau, die in Papua-Neuguinea und am Sentani-See außerhalb von Jayapura im indonesischen Papua aufgewachsen war. Ihr Vater war ein früher Anführer der Papua-Unabhängigkeitsbewegung gewesen. Ich hatte fünf Tage in Agats auf sie warten müssen, ehe sie endlich eintraf. Ihr Englisch und Indonesisch waren perfekt, und ich hoffte, dass sie die Lücken in Amates' Übersetzungen füllen könnte.

Kurz nach Mittag erreichten wir das Schlammufer vor Pirien. Es war schwül, die Siedlung ruhig. Hier gab es keinen Kai; wir stolperten über drei Kanus auf die sich durchbiegenden, faulenden Stämme, die einen wackeligen Pfad über den Schlamm bildeten. Aus dem Haus, in dem wir zuvor übernachtet hatten, drangen Schreie.

»Tsk, tsk, tsk«, meinte Wilem und schüttelte den Kopf.

Amates zog eine Grimasse. »Wir können hier nicht bleiben«, entschied er.

Obwohl das Haus leer stand, war es neben einer Familie, dessen Latrine wir benutzt hatten, wofür Amates ihnen auch Geld bezahlt hatte. Aber der Patriarch wollte nicht, dass wir blieben. »Die Leute sind böse auf ihn«, erklärte Amates. »Neidisch. Kommen Sie.«

Wir gingen Piriens Bohlenweg, quasi die Hauptstraße, entlang, der einen Meter fünfzig über dem Schlamm durch das Dorf führte. Wir stiegen einen Stamm mit Kerben hinab und legten sechs Meter auf einem Kantholz über dem schwarzen Schlamm zu einem Haus mit drei Zimmern und einer kleinen Veranda

zurück. Amates unterhielt sich kurz mit ihnen, und *saus!* hatte
die Familie ihre Siebensachen in Form von Schlafmatten aus
Nipapalmwedeln und Kleidungsstücken gepackt und war in
der Kochgegend verschwunden, die sechs mal sechs Meter groß
war und ein mit Reed bedecktes Dach und eine Feuerstelle aus
Schlamm aufwies. Der Boden bestand aus zwei Zentimeter dicken
Stöcken mit jeweils fünf Zentimetern Abstand. Geschwärzte Töpfe
hingen von der Decke, gesteckt voll mit gebleichten Taschen aus
Stoff und Palmennetzen, Pfeil und Bogen und Fischernetzen.

Die eigentlichen Zimmer standen leer, die Wände schwarz
vor Ruß und Dreck. Wir saßen auf dem Boden, und Filo kochte
uns mit seinem tragbaren Kocher auf einer Flamme ein Mittagessen – weißen Reis mit Instant-Ramen-Nudeln, gemischt mit
einigen Sardinen aus der Dose. Wir befanden uns in einem Haus,
das einem Sohn von Dombai gehörte. Er hatte vier Frauen und
vierzehn Kinder. Letztendlich war er durch ein wildes Schwein
umgekommen. Kokai, der Mann, den wir in Basim kennengelernt hatten, war irgendwie mit ihm verwandt. Pep, Fin und
Ajim waren alle tot, aber die Söhne von Pep und Ajim lebten und
waren sogar vor Ort.

»Kommen Sie, wir fahren nach Otsjanep«, sagte Amates,
nachdem wir gegessen hatten.

Wir schlichen erneut über die Bohlenwege – ich zumindest,
während Amates, Wilem und die Asmat mit Kindern auf dem
Rücken über die schmalsten Stämme und Kanthölzer sprangen, als ob es sich um einen gepflasterten Bürgersteig handelte.
Wir kletterten ins Boot und fuhren einen knappen Kilometer flussaufwärts. Der Dschungel wurde lichter, und Otsjanep
tat sich vor uns auf. Wir banden das Boot an einem niedrig liegenden Kai an und gingen ans rechte Ufer. Bohlenwege führten
über den Sumpf, und Häuser – aus Reed, Palmen und Holz mit
Wellblechdächern – standen auf einer breiten Lichtung verteilt.

Es herrschte Stille, roch nach Rauch und Feuchtigkeit. Überall waren Menschen, auf jeder Veranda und unter jeder Tür. Sie beobachteten uns. Eine Horde Männer und Jungen sammelte sich und folgte uns. Ein Kind sah mich und begann zu kreischen, fing wie wild an zu zittern, schien untröstlich und hüpfte dann in einen mit Wasser gefüllten Graben, um bloß rasch zu entkommen und sich zu verstecken.

Amates lachte. »Sie hat Angst vor Ihnen. Sie glaubt, Sie sind ein Geist.«

Der Bohlenweg hörte plötzlich auf, und wir kletterten über Stämme, um zu einem zerfallenen, verlassenen Haus zu kommen, das aber eine große, überdachte Veranda besaß. Wir setzten uns auf den Boden, die Rücken zum Eingang. Männer gesellten sich zu uns. Fünf. Zehn. Dreißig. Bald schon saßen fünfzig von ihnen um uns herum. Sie warteten. Ganz vorne saß Tapep, Sohn von Pep, der jetzige Anführer von Otsjanep.

Amates holte zwei Beutel Tabak hervor und schob sie in den Kreis. Wilem nahm einen weiteren und tat es ihm nach. Tapep und die älteren Männer schnappten sich den Tabak, teilten ihn und reichten ihn den anderen.

Plötzlich und ohne jegliche Vorwarnung, auf kein mir offensichtliches Signal hin, schrie ein Mann auf und begann in der für die Asmat typische Art zu singen – ein langes, trauriges Lied –, und die anderen stimmten mit ein. »Yeh! Yeh!«, riefen die vierzig Männer wie aus einem Mund in perfekter Harmonie. Es war beeindruckend. Eindringlich. Wunderschön.

Amates begann zu erzählen. Und zu erzählen. Mal auf Indonesisch, manchmal auf Asmat. Als er fertig war, herrschte eine Weile Stille, die von erneuten Schreien unterbrochen wurde. Hysterisches Wehklagen. Dann Trommeln im ganzen Dorf. Männer drehten die Köpfe, wechselten ein paar Worte, standen auf, verließen uns in Richtung der Schreie.

»Jemand ist gestorben«, erklärte Amates. »Eine Frau. Wir müssen gehen. Kommen heute Nachmittag zurück.«

Und das taten wir. Die gleichen Männer versammelten sich um uns. Wir teilten erneut Tabak aus, und Amates hielt wieder seine Rede. Mit Hennahs Hilfe konnte ich zumindest den Sinn festhalten.

»Wir sind alle gleich, Amerikaner und Asmat. Unsere Kultur erfüllt mich mit Stolz. Es gibt nichts, dessen wir uns schämen müssten. Heutzutage gehen wir die Sachen etwas anders an, seitdem die Bibel kam. Aber unsere Vergangenheit bestimmt, wer wir sind, und wir sollten darüber reden. Die Menschen in Amerika sind an uns Asmat interessiert. Sie wollen mehr über uns erfahren. Jeder in Amerika weiß, was mit Michael Rockefeller passiert ist, da brauchen wir keine Angst mehr zu haben. Das ist lange her. Mister Carl hat einen weiten Weg auf sich genommen, um sich die alten Geschichten anzuhören.« Und dann meinte er: »Und wir wissen, dass Pep Michael Rockefeller getötet hat.«

Unruhe breitete sich aus. Sie rutschten herum. Peps Sohn, Tapep, ergriff das Wort. »Was hier damals passiert ist, ist schon sehr lange her. Es liegt in der Vergangenheit. Keiner hier kann sich daran erinnern.«

Ein alter Mann mit einem T-Shirt mit der Aufschrift SNIPER! fügte hinzu: »Alle in Otsjanep sind jung, und die Geschichte überrascht sie. Ich habe sie gehört, aber ich war damals nur ein kleiner Junge, und ich habe Angst.«

Ich beobachtete Tapep. Er schluckte, blickte mir in die Augen, dann in die von Amates. Er und die anderen begannen miteinander in Asmat zu reden, ein unterdrückter, leiser Streit. »Sie machen sich Sorgen«, erklärte Amates. »Sie haben Angst.«

»Ich habe diese Geschichte von meinem Vater gehört«, sagte ein Mann in einem grünbraunen Camouflage T-Shirt. Als Nächs-

tes fing er plötzlich von dem »weißen Mann, Pastor Zeegward«
an, der die Bibel nach Asmat gebracht hatte. »Und mehr weiß ich
auch nicht mehr«, schloss er.

Stille. Niemand gab auch nur ein Wort von sich. Wir saßen
da und starrten einander an, und ich hatte nicht die leiseste
Ahnung, ob sie nun die Wahrheit sagten oder nicht. Bildete ich
es mir nur ein, oder taten sie alles, um den Fragen zu entgehen?
Warum erwähnten sie Zeegwart auf einmal? Wollten sie mich
von Rockefeller ablenken?

»Lassen Sie uns gehen«, sagte Amates. »Das reicht für heute.«

In jener Nacht saßen wir in unserem Haus in Pirien im Kreis
auf dem Boden, vor uns flackerten zwei Paraffinlampen. Eine
Säule schwarzen Rauchs stieg in die Dunkelheit auf, und Schatten tanzten auf den schmutzigen Wänden. Der Regen fiel vom
Himmel, wie er nur in Asmat fallen konnte, ein unerbittlicher,
niederschmetternder Ansturm. Ein paar Männer aus Pirien hatten uns Gesellschaft geleistet, während sich die Frauen und Kinder, mindestens ein Dutzend, im Kochbereich aufhielten. Wir
rauchten, musterten einander, aber das ganze Geschehen kam
mir irgendwie gehemmt vor.

»Glauben Sie, dass sie heute die Wahrheit gesagt haben?«,
fragte ich Amates.

»Zwei Männer sagten: ›Wir kennen die Geschichte, haben
aber Angst und wollen nicht reden‹«, warf Hennah ein.

»Was?« Ich war überrascht. »Wann haben sie das gesagt?
Warum haben Sie es nicht übersetzt?«

Sie zuckte mit den Schultern.

»Ja«, beteuerte Amates. »Sie wissen es, haben aber Angst.«

»Sie haben Angst vor Amerika«, erklärte Wilem. »Vor der
amerikanischen Armee. Morgen gehen ein paar Männer nach
Basim, um Tabak und Zucker zu kaufen. Amates und ich soll-

ten mit ihnen gehen, versuchen, allein mit ihnen zu sprechen.«

In der Dunkelheit und dem flackernden Licht lehnten sich Amates und Wilem zu mir und flüsterten: »Manu hat sich umgehört. Die Menschen fürchten sich davor, gesehen zu werden. Morgen Nacht schauen wir uns um und reden mit ihnen.«

Dann fügte Amates hinzu: »Die Brille ist hier. Dombais Sohn hat sie. Sie gehört seiner Familie. Sein Vater wurde getötet, als er noch klein war, von dem Biss eines Schweins.« Er hielt inne. »Wenn ich diesen Leuten etwas beibringen müsste, würde ich verrückt werden! Die beantworten eine Frage mit einer Gegenfrage. Sie sagen nichts!«

Ich weiß nicht, wie spät es war, als ich in einer Ecke auf dem Boden schließlich einschlief, aber plötzlich wurde ich von Gesang und Trommeln geweckt. Es war ganz nah. Ich stand auf, schlich durch eine Gruppe von zehn Menschen auf dem Boden – Dombais Sohn und seine Familie, allesamt auf Palmenmatten liegend, die Kinder und Babys auf einem Haufen gestapelt – und ging nach draußen. Der Regen hatte vor langer Zeit aufgehört, und es war Neumond und stockfinster. Warm. Still. Der Gesang und die Trommeln waren sehr nah, direkt vor dem Haus auf dem Bohlenweg, aber ich konnte nichts sehen. Als ein Wetterleuchten am Horizont aufblitzte, konnte ich eine Gruppe von einem Dutzend Männern ausmachen, die im Kreis keine zehn Meter entfernt vor mir standen. Über dem tiefen Trommeln im Staccato begann sich eine Stimme zu erheben. Andere stimmten mit ein, und die Geräusche, die sie machten, schienen direkt aus dem Mittelpunkt der Erde zu kommen. Ich setzte mich hin, vollkommen in ihren Bann gezogen. Warum geschah das direkt vor meinem Haus? Ich wollte zu ihnen hin, war mir aber nicht sicher, ob das eine gute Idee war. Als die Musik von mir Besitz ergriff, blickte ich gen Himmel. Über mir war die Milchstraße mit ihren Billionen von Sternen. Ich weiß nicht, wie lange ich da saß und zuhörte. Eine Stunde. Zwei. Es wollte nicht aufhören, unterbrochen nur von der einen oder anderen Pause. Plötzlich wurde ein Gesicht von dem Anzünden eines Streichholzes erhellt, ein rotes Glühen. Hier ein Lachen, da eine leise Stimme, und schon begannen die Trommeln wieder, und als ich mich wieder schlafen legte, schallte der Gesang noch immer durch das Dorf.

Amates und Wilem verschwanden um vier Uhr in der Nacht, und ich verbrachte den Tag damit, auf der Veranda zu sitzen und mir Otsjanep anzusehen. Kinder rannten durch die Gegend, spielten wild und schienen überall gleichzeitig zu sein. Sie kletterten auf Palmen, schwammen im Fluss und rollten sich im Schlamm. Einige Hühner und riesige schwarze Schweine fraßen sich durch den Sumpf. Die Fliegen waren unerbittlich, schwärmten um meine Hände, Beine, Füße, Augen und um den Mund. Nachmittags gingen alle schlafen, die ganze Siedlung im Einklang.

Als Amates spät am nächsten Morgen wieder in Pirien auftauchte, war er verärgert und frustriert. »Sie sagen kein Wort«, schimpfte er. »Sie sagen, sie wissen alles, fürchten sich aber zu sehr, um es zu erzählen. Sie meinen: ›Vielleicht morgen.‹ Aber wir werden wieder nach Otsjanep zurückkehren. Der Mann, mit dem wir nach Basim gegangen sind, hat Angst, dass die Stammesältesten wütend werden. Es ist ein Problem mit unserer Geschichte. Wir haben kein Problem, darüber zu reden, sagte er, aber die Stammesältesten, die wollen das nicht.«

Gegen Mittag kam ein alter Mann ins Haus. Er flüsterte Amates etwas zu, der ihn daraufhin in ein anderes Zimmer geleitete. Sie saßen auf dem Boden, rauchten und flüsterten. Es war ein so großes, riesiges Geheimnis, diese Sache, die vor so langer Zeit geschehen war, dass jeder davon wusste, aber niemand darüber sprechen wollte. Und die Gründe waren sehr komplex. Die Jungen fühlten sich mit einer Vergangenheit verbunden, die tiefste Scham mit sich bringt. Sie fürchteten sich vor der Rache der indonesischen und der amerikanischen Regierung, wahrscheinlich sogar vor der katholischen Kirche und vor Gott selbst. Wenn sie Michael getötet haben, dann war es ein Zeichen höchsten Trotzes, etwas, das sie nie zuvor getan hatten und von dem sie wussten, dass die weißen Überwesen es nicht mochten. Aber ich nahm an, dass noch mehr dahintersteckte als nur das, mehr als nur gerichtliche Konsequenzen oder christlicher Zorn. Wenn Michael von Otsjanep getötet worden war, dann war das nicht nur eine einfache Rache im westlichen Sinn. Es war spirituell, heilig, ein Wiederherstellen des Gleichgewichts, und es gab wohl Elemente darin, die so tief gingen, dass sie nicht mitgeteilt werden durften, ohne die Rache der Geister selber heraufzubeschwören. Das Gleichgewicht in Asmat war eine heikle Sache, denn es beruhte auf Gegenseitigkeiten: Wenn sie Michael getötet hatten, dann würden sie auf eine Antwort warten, sowohl im wörtlichen als auch im metaphysischen Sinn.

Als Amates und der Mann wieder auftauchten, unterrichtete Amates mich, dass wir später nach Otsjanep zum Haus des Mannes zurückkehren sollten. Er wollte uns erzählen, an was er sich erinnerte.

Das Haus war zeitlos. Es bestand aus Stöcken und Reed und offenen Feuerstellen, von denen Rauchschwaden emporstiegen. Der Boden war aus Borke und mit süß duftenden Palmenwedeln bedeckt. Wir konnten keinen Schritt tun, ohne dass man uns bemerkt hätte. Als wir vom Bootssteg zum Haus gingen, folgten uns Menschen. Es wurden immer mehr – als ich mich auf den Palmenwedeln niederließ, stand eine Gruppe von ungefähr zwanzig Leuten um uns herum. Und es wurden ständig mehr. Der Mann machte einen nervösen Eindruck. Er war groß, dünn, mit einem Loch in einem Ohr und im Nasenflügel und dichten grauen Locken. »Er sagt okay, er wird die Geschichte erzählen, aber wir müssen weg von hier. Es sind zu viele Leute«, klärte Amates mich auf.

Also gingen wir zur Veranda des verlassenen Hauses, aber die Menschenmenge wollte nicht weniger werden. Wir reichten Tabak herum. Jeder rollte Zigaretten, und wir warteten. Peps Sohn Tapep erschien. Der Mann, der uns die Geschichte erzählen wollte, stand auf und ging mit ein paar anderen ins Haus. Ich hörte leise Stimmen. Dann kam er wieder heraus und lief einfach davon.

Tapep meldete sich zu Wort. »Wir kennen die Geschichte von Michael Rockefeller«, verkündete er. »Er war in einem Boot und wollte Otsjanep besuchen. Aber sein Boot kenterte, und er verschwand. Mehr wissen wir nicht, und wenn wir mehr wissen würden, hätten wir Angst, es zu sagen.«

»Warum haben Sie Angst?«, hakte ich nach.

»Wir haben keine Angst«, lautete die Antwort. »Wir kennen die Geschichte nicht.«

So kamen wir nicht voran. Oder vielleicht doch, denn er hatte mehr gesagt als gestern.

»Wir müssen los«, drängte Amates, ein Refrain, an den ich mich langsam gewöhnt hatte.

Wir standen auf, um zu gehen, als ein älterer Mann auf mich zukam. Er streckte die Hand aus. Ich nahm sie, schüttelte sie, sagte »Danke« auf Asmat. Er blickte mir in die Augen und ließ meine Hand nicht mehr los, hielt sie immer noch fest. Bildete ich es mir nur ein, oder wollte er mir etwas mitteilen?

In jener Nacht saßen wir um Kerzen auf dem Boden, als Manu verkündete: »Ich habe mit einem Mann gesprochen. Er sagt, dass sie den Speer, mit dem sie Michael Rockefeller töteten, in einen tiefen Tümpel geworfen haben.«

Amates und Wilem redeten miteinander. Schließlich sagte Amates: »Wir werden gehen und schauen, ob wir Leute finden, mit denen wir reden können. Im Dunkeln. Ohne Sie.«

Eine Stunde später kehrte Amates zurück, Wilem war noch immer irgendwo unterwegs. »Fin und Pep haben den Schädel genommen und ihn versteckt. Sie sind ein kleines Nebenflüsschen des Ewtas hinaufgepaddelt und haben ihn in einen Baum getan. Ein Mann namens Saket hat mir das gesagt. Sie haben Angst, darüber zu sprechen. Jemand in der Siedlung könnte es merken und zum Gegenschlag ausholen.«

Vier Tage lang versuchten wir es, kamen aber nicht vom Fleck. Obwohl wir mit vielen Informationen gefüttert wurden, war es unmöglich zu sagen, was davon einzig und allein dazu bestimmt war, meine Leere zu füllen, meinen unersättlichen Hunger zu stillen. Die Frage war: Was hatte sich tatsächlich zugetragen? Auch was der Mann namens Saket gesagt hatte, war interessant, denn es stimmte mit von Peijs Bericht überein, in dem es hieß, der Schädel wurde von Fins Haus zu einem Baum flussaufwärts tief im Dschungel transportiert. »Der Schädel stammte nicht von einem Asmat«, sagte Amates. »Aber es war zu viel. Die Leute fürchteten sich zu sehr.«

Ich war mir nicht sicher, was ich als Nächstes tun sollte. Es schien keinen Grund zu geben, länger zu bleiben. Am nächsten Morgen kam niemand zu unserem Haus; wir wurden in Ruhe gelassen, und es schien zwecklos, weitere Versammlungen einzuberufen. Amates behauptete mehrmals, dass Dombais Familie die Brille besaß. Ich sagte ihm, dass ich hundert Dollar dafür zahlen würde, was ein Haufen Geld zu sein schien, aber selbst das half nichts. Es blieb uns nichts anderes übrig, als nach Agats zurückzukehren. Als wir ablegten, standen sechs Männer am Ufer und beobachteten uns. Sie sagten kein Wort und winkten auch nicht.

In meinem Hotel in Agats unterhielt ich mich mit Amates, der darauf bestand, dass er Michaels Brille auftreiben könne. Knochen gab es wie Sand am Meer in Asmat; jeder konnte mit einem Schädel oder einem Oberschenkelknochen prahlen, aber ich bräuchte die DNS der Rockefellers höchstpersönlich, um einen Abgleich machen zu können. Die Brille würde einen eindeutigen Beweis darstellen, dass Michael es bis ans Ufer geschafft hat, ehe man ihn tötete. Amates wollte zurück nach Pirien, um mit Dombais Söhnen zu reden. Vielleicht würden sie ja mehr preisgeben. Ich sollte eine Belohnung von eintausend Dollar bereitstellen, sagte er. Es schien mir sehr viel Geld zu sein, und ich fühlte mich nicht ganz wohl dabei. Aber ich war erschöpft, hatte fünf Kilo abgenommen, wollte eine Dusche und eine Auszeit. Wenn die Brille wirklich echt war, schien es eine einmalige Gelegenheit zu sein – aber eben nur dann. Ich gab Amates dreihundert Dollar als Reisegeld und machte mich auf ins Baliem-Tal, um Michaels altes Revier für ein paar Tage zu erkunden. Danach erlaubte ich mir einen kleinen Urlaub auf Bali.

Zwei Tage nach meiner Ankunft erhielt ich eine Nachricht von Amates. Kokai, der ältere Mann aus Pirien, den wir in Basim getroffen und der Laprés Überfall miterlebt hatte und irgendwie mit Dombai verwandt war, besaß die Brille. Wenn ich ihm weitere zweihundert Dollar zukommen lassen könnte, würde er zurück nach Pirien fahren, Kokai und die Brille holen und sie für mich am Freitag nach Agats bringen. Es schien zu gut, um wahr zu sein. Ich musste es versuchen und verbrachte den gesamten Tag damit, wie verrückt durch Denpasar, Bali, zu rennen, schickte Amates die angeforderten zweihundert Dollar mit der indonesischen Post (die einzige Möglichkeit, Geld nach Agats zu schicken) und informierte Ainam, meinen alten Taxifahrer in Timika, mir für Donnerstag ein Ticket nach Agats zu besorgen. Um ein Uhr nachts stieg ich in das Flugzeug nach Timika. Ainam wartete auf mich, in der Hand ein Ticket mit einem fremden Namen, und drei Stunden später befand ich mich wieder auf dem Weg nach Agats.

Den ganzen Donnerstag war ich schon unruhig gewesen, und am Freitag wurde es nicht besser. Endlich, es war Freitagmorgen, klingelte mein Telefon. Es war Amates; er hatte gerade Empfang. »Ich bin auf dem Boot, nicht weit von Agats. Kokai ist dabei. Wir haben die Brille und erzählen Ihnen die ganze Geschichte!«

Eine halbe Stunde später kam Amates ins Hotel. Allein. »Wo ist Kokai?«, wollte ich wissen.

»Zu Hause. Er ist müde. Ich werde ihn um halb sieben mitbringen.«

»Die Brille?«

»Die habe ich.«

Ich hatte ihm extra keine Fotos von Michael mit Brille gezeigt. So gut wie niemand in Asmat trug eine Brille, und Michaels war sehr typisch für die Sechzigerjahre mit der dicken schwarzen Fassung und den schweren Gläsern. Ich wollte nicht, dass Amates etwas Ähnliches auftrieb.

»Wie sieht sie aus?«, fragte ich.

»Sie ist groß!«, entgegnete er. »Dick.«

Mein Herz pochte heftig. Ich konnte es kaum glauben. Ein Beweis. Der erste hieb- und stichfeste Beweis hinsichtlich Michaels Schicksal. Und er implizierte Otsjaneps Beteiligung daran.

Am gleichen Abend kam Amates wieder, diesmal mit Kokai, einem älteren Mann namens Beatus Usain und einem von Amates Brüdern. Kokai hatte bereits in Basim recht wild ausgesehen, aber hier in Agats stach er heraus wie eine unbezähmbare Fledermaus. Seine Kleidung war völlig verdreckt, und er roch nach Schweiß, Rauch und Feuchtigkeit. Ein Beutel mit Kakadu-Federn baumelte um seine Brust.

Ich holte eine Packung Lampion, den Tabak, den wir als Schmiermittel benutzten, hervor und teilte ihn aus. Wir rollten Zigaretten, rauchten und starrten einander an. »Also«, sagte ich, »dann bin ich ganz Ohr. Wie wurde Michael Rockefeller getötet?«

Kokai starrte mich mit eiserner Miene an, ehe er anfing, mit rauer Stimme zu sprechen. »Der amerikanische Tourist kam nach Otsjanep. Er verbrachte drei Tage dort. Er hat versprochen, einen großen Pfahl zu bauen, und wollte nach Agats, um dann wiederzukommen. Auf der Rückreise ist sein Boot gekentert, und man hat ihn nie wieder gesehen. Zeegward kam mit der Bibel, und jetzt sind wir Katholiken. Ich habe ihn getroffen; er klopfte mir auf den Kopf und sagte, ich solle zur Schule gehen.«

Es war die gleiche alte Geschichte, die man mir schon die ganze Zeit hatte auftischen wollen. Nichts Neues, gefolgt von einer raschen Überleitung zur Bibel.

Amates explodierte. »Die haben mir gesagt, dass er die Geschichte erzählen würde«, beteuerte er mir. Dann wandte er sich an Kokai: »Also erzähl sie, nicht das hier!« Die Vergangenheit sei die Vergangenheit, nichts würde passieren, die Asmat und Amerikaner seien jetzt Freunde und so weiter, aber Kokai saß einfach nur da, starrte mich an, schwitzte, schluckte und gab keinen Ton von sich.

Endlich fragte ich ihn wegen der Brille. Kokai griff in eine Tasche und brachte ein in Stoff eingewickeltes Bündel hervor. Ich öffnete es.

Eine Sonnenbrille aus Plastik.

»Nein!«, sagte ich. »Das ist nicht die Brille. Die hier ist modern. Das ist nicht seine Brille.«

Die Spannung in dem kleinen Zimmer war so hoch, dass

es förmlich knisterte. Jeder sog lange an seiner Zigarette. Der Regen trommelte auf das Blechdach. Es war extrem stickig, und der Schweiß tropfte uns von der Stirn.

Der alte Mann neben Kokai, Beatus Usain, erhob das Wort: »Ich bin Lehrer. Kokai ist der Kirchenassistent in Pirien. Wir sind jetzt Katholiken.« Er machte eine Pause, wollte sichergehen, dass ich verstand. Er hatte kurzes Haar, ein gespaltenes Kinn und sehr hohe, ausgeprägte Wangenknochen – als ob sie mit Münzrollen gestopft wären. Er war kühn und gut aussehend. »Pep und Fin waren an der Mündung des Ewta-Flusses. ›Schau‹, sagte Pep. ›Ein Krokodil.‹« Er hielt erneut inne, damit Amates übersetzen konnte. Das erste Mal, dass so etwas passierte. »Aber es war kein Krokodil. Es war ein Mann. Er schwamm auf dem Rücken. Er sah sie, stand auf und rief: ›Helft mir, Tuan! Helft mir, Tuan!‹. Pep rammte ihm seinen Speer in die Seite, und sie nahmen ihn mit nach Kali Jawor.«

»Wer hat diese Geschichte erzählt?«, wollte ich wissen.

»Pep war mein Onkel«, antwortete er. »Wir sehen uns sehr ähnlich.«

Ich fragte, wer noch dabei gewesen war, wollte über Ajim und den Schädel in Erfahrung bringen, aber mehr verriet er nicht. Kokai rührte sich nicht vom Fleck, sagte keinen Ton, saß da wie eine Statur, rauchend. Sie wollten gehen.

Ich bedankte mich und meinte, dass man sich vielleicht morgen wieder treffen könnte, und schon waren sie verschwunden.

Ich wusste nicht, was ich von alldem halten sollte. Die Brille war ein eindeutiger Versuch, mir das Geld aus der Tasche zu ziehen. Vielleicht stammte die Brille sogar von Amates und nicht von Kokai, aber das hielt ich für unwahrscheinlich, denn Amates hatte genauso überrascht und verärgert gewirkt wie ich. Kokai hatte nichts, keiner der Asmat hatte irgendetwas; sie waren so arm wie Kirchenmäuse. Ich hatte einen Haufen Geld geboten. Entweder Kokai besaß die Brille nicht oder sie war so heilig – oder er fürchtete sich dermaßen –, dass alles Geld der Welt nicht reichen würde. Was die Geschichte angeht, so war es nicht viel, aber zumindest deckten sich die wichtigsten Fakten mit den Berichten von van Kessel und von Peij.

Ich grübelte noch immer darüber nach, als Amates am nächsten Morgen zum Hotel kam. Er hatte eine ganze Reihe weiterer Details: Sie haben Michael am Kali Jawor getötet und gegessen und einige Knochen unter einem Bambusstrauch vergraben. Den Schädel versteckten sie in einem hohlen Baum weiter den Ewta hinauf. Wir sollten Kokai eine Kette mit Hundezähnen und eine Steinaxt geben, das würde ihn vielleicht dazu bewegen, uns mehr zu erzählen.

»Will er kein Geld?«, fragte ich.

»Nein«, meinte Amates. »Wir können nach Kali Javor fahren und nachschauen. Ich war da, als ich Kokai gesucht habe, und da steht ein Bambusstrauch am Ende des Flusses.«

Es kam mir vor, als ob ich drauf und dran war, auf die Schlachtbank geführt zu werden. Benzin für das Boot kostete zehn Dollar die Gallone. Dazu noch das Boot samt Wilem und Amates und Essen und Tabak für uns drei. Der Trip nach Kali Jawor würde mich Hunderte von Dollar kosten.

Dazu kam die Tatsache, dass seitdem fünfzig Jahren vergangen sind. Es war absolut unmöglich, die Knochen nach fünfzig Jahren unter einem Bambushain mit den ewigen Gezeiten und dem Platzregen auszugraben. Eine Kette mit Hundezähnen kostete Hunderte von Dollar, und eine Steinaxt ebenfalls – es konnte eine ganze Ewigkeit so weitergehen. Außerdem wusste ich nicht, welche Informationen echt und welche erfunden waren, um das profitable Geschäft mit Michael Rockefellers Geschichte aufrechtzuerhalten. Mein Visum lief bald ab, und ich hatte kein Geld mehr. Ich kam mir vor, als ob der Dschungel mich verschlingen würde – ein Dschungel aus Informationen, Mythen und Geschichten.

Es war an der Zeit, nach Hause zu fahren.

22

· · · · · · · · · · · · · ·

Januar, Februar und März 1962

DIE BEAMTEN GABEN sich Mühe, die Akte Michael Rockefeller in den Augen der Öffentlichkeit schnell zu schließen. Am 20. Dezember 1961, einen Monat nachdem Michael verschwunden war, verkündete der Gerichtshof Niederländisch-Neuguineas, dass er Michaels Tod im Register eintragen wolle. Am Tag darauf schickte Plateel Bot ein geheimes Telegramm, in dem er den Innenminister

MÄNNER AUS OTSJANEP UND PIRIEN WÄHREND MEINES ERSTEN TRIPS NACH OTSJANEP. IN DER MITTE SITZT BER, SOHN VON DOMBAI, ZU SEINER RECHTEN SITZT TAPEP, SOHN VON PEP.

von van Kessels und von Peijs Berichten in Kenntnis setzte, in denen stand, dass Michael umgebracht worden war.

Und trotzdem beendete Plateel an genau demselben Tag die Suche und schickte Nelson Rockefeller ein Telegramm: »Die gesamte Gegend ist von diversen Einheiten in enger Zusammenarbeit mit den Ureinwohnern flächendeckend abgesucht worden, selbst den kleinsten Gerüchten wurde auf den Grund gegangen... Nachdem ich alle Berichte gelesen habe, muss ich Sie mit Bedauern von meiner Entscheidung in Kenntnis setzen, die Suche erfolglos einzustellen, da ich glaube, dass wir bereits alles Menschenmögliche getan haben.«

Nelson Rockefeller gab auf der Stelle eine Pressekonferenz, auf der er Plateels Entscheidung und gleichzeitig seine eigene Reaktion darauf bekannt gab: »Wir alle, jedes Familienmitglied, werden Ihnen für immer dankbar sein... für die uneingeschränkten und bedingungslosen Rettungsmaßnahmen, die Ihre Regierung in die Wege geleitet hat. Sie sind Ihrer Pflicht mehr als genug nachgekommen, und es wird uns immer trösten, dass alles getan wurde, was getan werden konnte.«

Hinter den Kulissen jedoch wurde bereits eine neue Suche nach Michael angekurbelt, wenn auch nur zögernd. Van Kessels Berichte an die Regierung drangen bis zu Herman Tillemans vor, dem apostolischen Pfarrer der Kirche (zu der Zeit der höchste katholische Geistliche in Niederländisch-Neuguinea). Sie wurden aber weder gern gesehen noch beachtet. Van Kessel und von Peij nannten fünfzehn Männer mit Namen, denen nun Teile Michaels gehörten, und weitere ungefähr fünfunddreißig Personen, die dabei gewesen sein sollten – zusammen formten sie die politische Struktur der Siedlung, waren ihre wichtigsten Männer. Wenn sie tatsächlich Michael Rockefeller getötet haben sollten, und die Rockefellers wüssten davon – nun, irgendetwas würde unternommen werden müssen. Aber was?

Zur Blütezeit des Kolonialismus in Gegenden wie dem Belgisch-Kongo oder sogar Niederländisch-Neuguinea wäre die Antwort auf die Tötung eines Weißen eine leichte Sache gewesen – ein bewaffneter Überfall, Männer, die fortgeschleppt werden würden, um ein grausames, außergerichtliches Schicksal zu erleiden. Eine rasche, gnadenlose und brutale Vergeltungsmaßnahme wäre genau das Richtige gewesen. Ihnen würde eine Lehre erteilt werden, wie Max Lapré es genannt hatte.

Aber die Zeiten seit Max Laprés Überfall von 1958, also vor vier Jahren, hatten sich geändert. Die Niederlande versuchten noch immer, die Vereinigten Staaten und die UN-Generalversammlung davon zu überzeugen, dass in Niederländisch-Neuguinea alles unter Kontrolle war, dass die Kolonie von einer funktionierenden Regierung geführt wurde und die Niederlande aufgeklärte und tolerante Kolonialherren waren. Zudem war Michael Rockefeller kein normaler Weißer. Wenn er getötet worden war – und gegessen, wie von van Kessel und von Peij beschrieben –, handelte es sich hier nicht um einen eindeutigen moralischen Affront mit einem identifizierbaren Täter, den man festnehmen konnte, sondern um eine gesamte Siedlung, die das getan hatte, was sie für richtig hielt, was ihre Kultur ihr bestimmt hatte. Eine Kultur, die unter großem Druck der Außenwelt stand, sich zu ändern, gleichzeitig aber von Menschen wie Nelson Rockefeller und seinem neuen Museum zelebriert wurde.

Könnte man die fünfzehn namentlich genannten Männer festnehmen? Oder vielleicht alle, die dabei gewesen waren, also fünfzig? Was, wenn sie sich wehren würden, wovon man ausgehen konnte? Was sollte man tun, wenn die gesamte Siedlung sie verteidigen würde? Wie viele Polizisten und Soldaten wären wohl nötig? Wie viele Menschen würden sterben, niedergemäht von modernen Waffen? Und falls die Regierung doch jemanden festnehmen würde? Was dann? Sollte man des Lesens unkundige, nackte Steinzeitkrieger einem moralischen und administrativen Prozess aussetzen, den sie nie verstehen würden? Und all das, während die Niederländer darauf bestanden, dass die Kopfjagd und der Kannibalismus längst der Vergangenheit angehörten. Und überhaupt, wie sollten sie mit dem Motiv für die Tat umgehen? Wie konnte man eingestehen, dass alles nur deswegen passiert war, weil ein niederländischer Offizier fünf Menschen einfach hatte abknallen lassen?

Es herrschte heillose Verwirrung. Die Festnahme der Täter barg die Risiken eines fürchterlichen Blutvergießens und der Entfremdung einer ganzen Siedlung (wenn nicht gar ganz Asmat) von der Regierung und der Kirche, während die Niederlande noch immer um die Gunst der Vereinten Nationen buhlte. Schließlich stand der Luns-Plan auf dem Spiel. Außerdem könnte man die Vereinigten Staaten vergraulen, deren Unterstützung die Niederlande brauchten, um die Hoffnung zu nähren, die Kontrolle über die Kolonie zu behalten.

Van Kessel hatte schon lange auf eine Reise nach Hause in die Niederlande gedrängt, und die Kirche wollte ihn so rasch wie möglich aus Niederländisch-Neuguinea abschieben. Obwohl er schon seit Jahren unter den Asmat gelebt hatte und ihre Sprache sprach, wurde er als unberechenbar eingestuft, ein Mann, der seinen Vorgesetzten noch nie gehorcht hatte. Die Kirche hatte bereits einen Nachfolger für ihn, nämlich Anton van de Wouw. Tillemans, sein Vorgesetzter, schrieb van Kessel: »Ich habe die Genehmigung beim Vertreter der Kolonialverwaltung eingeholt, mir Ihre Berichte über Rockefeller durchzulesen. Selbst Sie müssen zugeben, dass es ein wenig außergewöhnlich ist, dass Sie diese nicht an mich weitergereicht haben. Ich hoffe auch, dass Sie mit großer Vorsicht vorgehen, dass weder Sie noch Priester van de Wouw negative Konsequenzen tragen müssen, die das Ansehen der Mission bei den Ureinwohnern schmälern könnte.«

Ende 1962 interviewte Tillemans van Kessel genauer bezüglich des Inhalts seines Berichts und schickte dann eine Reihe von Briefen an van Kessel und von Peij. Als ich von Peij 2012 in Tilburg besuchte, behauptete er, er hätte wegen seiner Loyalität gegenüber seinen Vorgesetzten nichts weiter unternommen. »Ich schrieb meinem Bischof, und er verbot mir, die Geschichte zu erzählen. Die Regierung war beschämt, und der Bischof [Tillemans] sah die Situation ähnlich. Die Regierung schwieg sowieso, und ich mir wurde ebenfalls der sprichwörtliche Knebel verpasst. Aber ich zweifle noch immer nicht daran. Ich war sechs Jahre lang in Asmat und dann bis 1991 in Merauke, und ich bin mir sicher.«

Die Originalbriefe mit einem apostolischen Bischofskopf bestätigen seine Worte. »Ich rate Ihnen dringendst, die Sache Rockefeller mit extremer Vorsicht zu behandeln«, schrieb Tillemans van Kessel und von Peij. »Die Notizen, die ich von van Kessel erhalten habe, beweisen, dass dies ein öffentliches Geheimnis ist. In den Zeitungen steht immer noch nichts darüber. Ich würde es sehr bedauern, wenn die ersten Informationen über diesen Vorfall von Seiten der Mission stammen. Also bitte ich Sie beide, Ihr Wissen und Ihre Überzeugung dessen, was wirklich passiert ist, nicht an die Öffentlichkeit zu tragen. Überlassen Sie diesen Exklusivbericht jemand anderem. Mit der Zeit wird die Wahrheit schon ans Tageslicht kommen.«

Im Auftrag des Vertreters der Kolonialverwaltung Niederländisch-Neuguineas, Eibrink Jansen, forderte Tillemans einen Bericht von Alphonse Sowada, einem Priester vom Orden des Heiligen Kreuzes, der 1969 zum Bischof der neuen katholischen Diözese Agats ernannt wurde. »Was ich am wenigsten verstehe«, schrieb Sowada, »ist der Glaube, dass die Asmat Michael Rockefeller töten und essen sollten. Soweit ich weiß, haben die Asmat in der Vergangenheit noch nie einen Weißen getötet und noch viel weniger gegessen. Warum also sollten sie zu diesem späten Zeitpunkt damit anfangen, wenn sie doch vorher bereits genügend Möglichkeiten dazu hatten? Bis heute, selbst mit dem intensiven Kontakt zu Weißen, der mittlerweile in einigen Asmat-Siedlungen herrscht, ist der vorherrschende Glaube, dass der Weiße ein uralter Ahne ist, der erst jetzt zum großen Vorteil für die Asmat eingetroffen ist. Mehr als nur einmal wurde ich Mbji genannt, ein Wesen aus der Welt der Geister. Meiner Meinung nach ist es recht unwahrscheinlich, dass die Asmat in diesem frühen Entwicklungsstadium, in dem sie sich befinden, einen Weißen töten, geschweige denn den Mut dazu haben.«

Sowada war jedoch erst vor Kurzem in Asmat eingetroffen; hatte erst sechs Monate hinter sich. Zudem war er nie im südlichen Asmat gewesen, weder in Omadesep noch in Otsjanep, während von Peij und van Kessel der Sprache mächtig waren und zudem über Jahre hinweg die Siedlungen immer wieder besucht hatten. Beide Priester waren davon überzeugt, dass Michael von den Männern aus Otsjanep getötet – und gegessen – worden war.

Von Peij, konservativer als van Kessel, fürchtete um die eigene Sicherheit; er erwartete eine Stellungnahme der Regierung und schrieb Tillemans am 3. Februar: »Ich habe Ihren Brief diesbezüglich erhalten und werde Ihrem Rat [nichts zu sagen] folgen. Ich kann verstehen, dass man nicht möchte, dass diese Tatsache ans Licht kommt. Niemand jedoch kann mich davon überzeugen, dass es nicht so geschehen ist.« Falls die Regierung so tut, »als ob es nie passiert sei, begeht sie ein Verbrechen. Das ist meine ehrliche Meinung. In Ndanim, einer guten Siedlung, die recht zufrieden ist mit ihrem dummen Kirchenassistenten … schoss der Laienprediger einen Hund, der gerade sein Huhn zu Tode gebissen hatte. Und die Einwohner warnten ihn: ›Mann, sieh dich vor, dieser Tuan aus Amerika wurde von Otsjanep getötet, und niemand hat etwas deswegen getan... Also, ohne Bezug auf die Außenwelt, muss etwas in Asmat geschehen. Ich bin beunruhigt, dass das, was Rockefeller widerfuhr, auch mir oder einem Assistenten widerfahren könnte, wenn diese Tötung unbeantwortet bleibt«.

Zegwaard war auf von Peijs Seite. »Alle behaupten, dass die Männer aus Otsjanep Rockefeller junior getötet haben«, schrieb er Eibrink Jansen am 14. Februar. »Die Tatsache, dass es keinerlei Konsequenzen nach sich zog, vermittelt ihnen das Gefühl, in allen Lebenslagen mit Willkür handeln zu können, ohne dafür bestraft zu werden.«

Van Kessel wollte Michaels Familie kontaktieren und sogar selbst nach Amerika reisen, um ihnen persönlich zu berichten, was mit Michael geschehen war. Zweihundertfünfzig Kilometer entfernt in Merauke aber blieb Tillemans eisern. »Ich will, dass Sie van Kessel unmissverständlich klarmachen«, hieß es in einem Brief vom 28. Februar 1962, »dass in dem Fall Rockefeller absolute Diskretion zu herrschen hat. Diese sadistisch angehauchten Geschichten in die Welt zu setzen hilft niemandem. Er kann nichts beweisen... Überlassen Sie es lieber dem Gouverneur (Plateel), der über alle Geschehnisse bestens informiert ist und mehr weiß, als van Kessel sich je erhoffen könnte. Oder zumindest mehr, als er glaubt, dass ich weitergebe.

Ich lehne seinen Plan ab, nach Amerika zu fahren, und erteile ihm keine Genehmigung. Ebenso ist jeder Kontakt zu den Rockefellers verboten, egal, wie verlockend der Gedanke sein mag. Dieser Fall ist viel zu heikel, als dass er sich einmischen muss.

Der Gouverneur und der Vertreter der Kolonialverwaltung in Merauke sind wegen des verantwortungslosen Verhaltens von Priester van Kessel besorgt. Ich hoffe, er zügelt sich, um der Mission keine Schwierigkeiten einzuhandeln. Er bittet um Gnade für die Siedlung, die den Mord begangen haben soll. Priester Van Pex (sic) aber fordert eine sofortige Antwort, et cetera, et cetera. Er soll den Menschen vertrauen, die die Verantwortung dafür tragen. Es ist nicht Priester van Kessels Sache, sich einzumischen.«

Drei Tage später schickte Tillemans einen weiteren Brief an van Kessels Vorgesetzten. »Ich verlasse mich auf Sie, van Kessel die Abreise nach Amerika zu verbieten, ganz gleich, unter welchen Umständen. Auch darf er auf keinen Fall Kontakt mit der Familie Rockefeller aufnehmen.«

Tillemans Briefe lasen sich wie eine Verteidigung der Pädophilie in der Kirche oder der Pennsylvania State Universitys Stellungnahme bezüglich der Pädophilie-Beschuldigungen ihres American-Football Coaches Jerry Sandusky. *Wie kann so etwas nur passieren? Es gibt keine Beweise. Die Gerüchte könnten unserem Ruf schaden. Besser den Mund halten.* Sich selbst zu schützen war natürlich schon beinahe die Standardvorgehensweise der Kirche, wie auch ein Report der niederländischen Bischofskonferenz und Ordensgemeinschaften von Dezember 2011 zeigt, in dem der Missbrauch von mehr als zwanzigtausend Kindern durch niederländische Pfarrer und Assistenten zwischen 1945 und 2010 im Detail beschrieben wird. Die Kirche allerdings untersuchte diese Vorwürfe nur in den seltensten Fällen, und wenn man etwas fand, dann bestand die übliche Strafe aus einer Vertuschung mit einer Versetzung hinter vorgehaltener Hand. Ende Januar wurde van Kessel von Neuguinea zurück in die Niederlande geschickt und durch van de Wouw ersetzt.

Trotz der ganzen Dementierungen nahm die niederländische Regierung die Berichte von van Kessel und von Peij ernst. Obwohl sie die Rockefellers unterrichtet hatten, dass alle Hebel in Bewegung gesetzt wurden und die Akten jetzt endgültig geschlossen waren, wollte Eibrink Jansen den niederländischen

Offizier Wim van de Waal zusammen mit neun bewaffneten Polizisten nach Otsjanep schicken, um dort Untersuchungen anzustellen. Am 4. März entsandte der Priester van de Wouw Gabriel (van Kessels ehemaligen Assistenten, der jetzt für ihn arbeitete) unter dem Vorwand nach Otsjanep, ein Haus für ihn zu bauen. Seine wahre Aufgabe aber bestand darin, mehr über den Mord in Erfahrung zu bringen und die Siedlung auf van de Waals Ankunft vorzubereiten.

Am 23. März schrieb Priester van de Wouw Tillemans, dass »Gabriel in Ocenep (sic) nichts herausgefunden hat, was auf den Mord M.R.s hinweist, aber auch nichts, was ihn widerlegen könnte«, und dass van de Waal und die Polizei in der kommenden Woche eintreffen würden.

Tillemans antwortete mit einer Ermahnung: »Wenn Sie neue Informationen bezüglich des Rockefeller-Falls in Erfahrung bringen, so handeln Sie mit Vorsicht, denn die Sache gleicht einem Glashaus. Solange es keine Beweise gibt, kann man selbstverständlich behaupten, dass man von nichts wüsste – und das ist auch richtig so. Sollten Sie aber Beweismaterial sicherstellen, dann erzählen Sie niemandem davon! Bitte, alles nur über mich. Also keine Briefe an andere Priester oder van Kessel in den Niederlanden. Auch in Agats darf es niemand erfahren. Ich muss Sie wirklich bitten, diesen Fall streng geheim zu behandeln und darüber nur in separaten Briefen zu berichten. Diese Briefe müssen in einen eigenen mit ›geheim‹ markierten Umschlag gesteckt werden, der unauffällig im Anschreiben mitgeschickt wird.«

Aber die Katze sollte schon bald aus dem Sack kommen. Am 13. Januar 1962 schrieb der niederländische Priester W. Hekman, der ebenfalls in Asmat stationiert war, seinen Eltern in Arnhem einen ausführlichen Bericht. Michael Rockefeller wurde von den Kriegern von Otsjanep mit einem Speer getötet und daraufhin gegessen, ein Racheakt für die Männer, die wenige Jahre zuvor von der Polizei erschossen worden seien. Die Namen der Männer, die seine Knochen besitzen, seien bekannt. Auch eine amerikanische Frau sei gegessen worden (was aber nicht stimmte). Und niemand dürfe nach Otsjanep, oder man würde auch sie töten und essen. Die Eltern unterrichteten die Presse, und der Inhalt ließ die Drähte der Associated Press Agentur in Amerika während der dritten Märzwoche glühen. Am 27. März schickte Jan Herman van Roijen, niederländischer Botschafter in den Vereinigten Staaten, ein Telegramm an sein Außenministerium. »Presseberichte aus den Niederlanden erwähnen einen Brief, den angeblich ein niederländischer Missionar seiner Familie geschickt hat ... dass Michael Rockefeller die Küste tatsächlich erreicht hat, dort aber von Ureinwohnern gegessen wurde, und dass seine Gebeine aufbewahrt wurden. Um dem Büro des Gouverneurs Nelson Rockefeller Auskunft geben zu können, das sich bereits diesbezüglich mit der Botschaft in Verbindung gesetzt hat, wäre es willkommen, die Quelle und den Wert dieser Berichte in Erfahrung zu bringen.«

Joseph Luns, der Außenminister, antwortete am folgenden Tag. »Ähnliche Gerüchte halten sich auch in kleinem Kreis in Niederländisch-Neuguinea. Diese Gerüchte wurden allerdings von dem Bischof von Merauke [Tillemans] ... als vollkommen gegenstandslos befunden. Jegliche einschlägigen Gerüchte wurden vom Vertreter der Kolonialverwaltung in Neuguinea, F.R.J. Eibrink Jansen, genauestens untersucht und als völlig inkorrekt bewertet.«

Es war ein klassisches Dementi einer Regierung. In Wahrheit hatte der Bischof, Tillemans, keinerlei Interesse gezeigt, den Fall zu untersuchen, sondern sich auf die Meinung von Menschen berufen, die weit ab vom Geschehen saßen, und zudem alles getan, um das Schweigen von von Peij und van Kessel zu bewirken, den Einzigen, die länger vor Ort und in Asmat waren als alle anderen Weißen. Was die genaue Untersuchung der Regierung angeht, so befand Eibrink Jansen die Berichte für wichtig genug, um van de Waal und eine Truppe Polizisten nach Otsjanep zu schicken, und zwar in der gleichen Woche, in der die Nachricht veröffentlicht wurde. Die Untersuchung hatte also noch nicht einmal begonnen.

Nichtsdestotrotz erfüllte das Dementi seinen Zweck; am nächsten Tag hieß es in den Zeitungen, dass die Gerüchte gegenstandslos seien.

Währenddessen errichtete van de Waal eine Polizeistation in Otsjanep und ließ sich dort nieder. Langsam wurde er in das Dorfleben integriert. Er schenkte den Kindern Seife, den Männern Tabak und half beim Bau von Bohlenwegen über Sumpf und Schlamm. »Es muss schon merkwürdig für sie gewesen sein«, erzählte er mir, als wir an seinem Esstisch auf der spanischen Insel Teneriffa saßen, wo er seit 1968 wohnt.

Mit dreiundsiebzig macht van de Waal mit seinem grau melierten Ziegenbart und stechenden blauen Augen noch immer einen fitten und kräftigen Eindruck. Er war ein Mann, der sich in seiner Haut wohlfühlte, sich im Ausland wie zu Hause bewegte – er war schon seit Jahrzehnten mit einer Spanierin verheiratet –, und er besaß ein unaufdringliches Selbstbewusstsein und eine Trittsicherheit, die ihm in Asmat sicherlich von Nutzen gewesen war. In der gesamten Zeit, also seit fünfzig Jahren, hat er kein Wort über den Fall verloren, aber er ließ ihn auch nicht los, genauso wie seine Zeit in Asmat – das exotische Abenteuer eines jungen Mannes. Er zeigte mir sorgfältig geordnete Akten voller Originaldokumente, inklusive des Kaufvertrags des Katamarans, den er von René Wassing erhalten hatte, sowie Fotos von ihm, den Asmat und Nelson und Mary in Pirimapun. »Die Asmat in Otsjanep verstanden nicht, warum ich da war«, erklärte er. »Das war ein kompliziertes Dorf, und sie glauben, dass ihnen ein Unglück droht, wenn sie über den Vorfall sprechen. Ich musste also behutsam vorgehen, mit ihnen rauchen, ihnen Geschenke geben, bis sie endlich von alten Morden und der Kopfjagd sprachen und wer alles getötet worden war. Als ich ihnen die Geschichte erzählte, sagten sie: ›Ja, das ist wahr.‹«

Er konzentrierte seine Bemühungen auf das jeu in Pirien, weil es seiner Meinung nach das moderateste war, und sagte ihnen, sie könnten frei erzählen. Es würde keinerlei Konsequenzen haben, wenn sie es täten. Letztendlich fragte er, wer Michael Rockefeller getötet hatte. »Die Antwort«, schrieb van de Wouw Tillemans Anfang Mai 1962, »fiel ihnen förmlich aus den Mündern.

Bisher stimmen die Informationen nicht genau mit denen im Bericht von Priester van Kessel überein, denn Ajim soll M.R. am Ufer zu Tode gestochen haben (Bericht K.V.K.: Pep ermordete ihn vom Kanu aus mit einem Speer). Ebenso unterscheiden sich die Namen derjenigen, die noch Gebeine besitzen sollen. Die Hose wurde laut Berichten im Schlamm bei *kali* Jawor begraben, woraufhin M.R. gegessen worden sein soll, und Ajim hat angeblich das Gehirn ausgesaugt.

Bei der Ankunft von A.A. (van de Waal) und der H.P.B. in Otanep (sic) ... soll Ajim sämtliche Corpora delicti zusammengesammelt, sie zerstückelt und in den Schlamm hinter seinem Haus geworfen haben.

Angeblich wurden diese Informationen bereits via H.P.B. in Agats an den Vertreter der Kolonialverwaltung geschickt. Ich möchte jedoch erneut darauf hinweisen, dass die Untersuchungen noch nicht beendet sind.

Aber A.A. ist der Meinung, dass der Vertreter nicht handeln wird, solange keine echten Beweisstücke vorliegen (darunter unter anderem: Unterhose, Schädel oder Zähne). Dieser Fall wird zweifelsohne ernste Konsequenzen für Lapré nach sich ziehen, denn die Antwort auf die Frage, warum die Männer aus Otanep (sic) es getan haben, wird unweigerlich lauten, dass es geschah, um die Morde Laprés zu rächen.

Zu guter Letzt möchte ich noch hinzufügen, dass ich großen Respekt für die friedliche Handelsweise unseres jungen A. A. habe. Ich bin mir sicher, dass man ihm diesen Fall anvertrauen kann.

Priester van Kessel war wirklich davon überzeugt, dass Ajim der Urheber dieses und vieler vorangegangener Morde war und dass die Einwohner Otaneps (sic) die Festnahme dieses unappetitlichen Menschen (auch in seiner Erscheinung, wenn man ihn mit Pep und einigen anderen Anführern vergleicht) nicht dulden würden. Auch dies wurde während A. A.s Untersuchungen klar.«

Van de Wouw erklärte weiterhin, dass Otsjanep offen die Tradition der Kopfjagd aufrechterhielt, und dass Anfang Mai eine Frau und ein junges Mädchen aus Warkei, einer kleinen Siedlung zwischen Otsjanep und Omadesep, von Kriegern aus Otsjanep getötet worden waren. Bei dem Vorfall wurden zwei weitere Menschen verletzt.

Nach drei Monaten in Otsjanep bat van de Waal die Männer, Michaels Überreste auszuhändigen. »Ich brauchte Beweise, nicht nur Namen.«

Sie nahmen ihn mit in den Dschungel und zeigten ihm Schädel und Knochen, aber der Unterkiefer fehlte. Zudem besaß er ein Loch an der rechten Schläfe, ein eindeutiges Anzeichen, dass es sich um das Opfer einer Kopfjagd gehandelt hat und man ihm das Gehirn ausgesaugt hatte. »Es gibt so viele Knochen in Asmat, und so wollte ich nach der Brille fragen«, erklärte er mir. »Aber das war zu gefährlich.« Van de Waal funkte Eibrink Jansen in Merauke an. »Ich hatte ein neues Funkgerät, und es war chiffriert, sodass niemand mithören konnte. Ich sagte ihm, was ich gefunden hatte, und er antwortete, dass er jemanden schicken würde, um die Sachen abzuholen.«

Kurz darauf traf der neue niederländische Offizier in Agats, Rudy de Iongh, ein. Van de Waal reichte ihm die Gebeine in einem Leinensack. »Er hatte große Angst, kam mit einem Patrouillenboot und einer Meute von Polizisten, bewaffnet mit Maschinengewehren.

Das war das Ende der Geschichte. Ich verbrachte noch zwei Wochen dort, ehe Eibrink Jansen mir sagte, ich könne zurück nach Pirimapun, was ich dann auch tat.«

Seitdem hat er nie wieder etwas von den Knochen noch sonst etwas gehört, das mit Michael Rockefeller zu tun hat, außer einmal von einem niederländischen Eisenholz-Händler, der mit de Iongh gekommen war, um die Gebeine abzuholen. Der Händler hatte ihm erzählt, dass die Knochen Eibrink Jansen übergeben wurden, der sie einem Zahnarzt in Merauke überließ, ehe er sie nach Utrecht in den Niederlanden schickte. Das war im Juni 1962.

»Die politische Situation war recht heikel«, erinnerte sich van de Waal. Indonesische Fallschirmjäger landeten in Merauke am Monatsende, um die UN unter Druck zu setzen, dass die Niederländer endlich abzögen, und sämtliche Frauen und Kinder wurden zurück in die Niederlande geschickt.

Der Kampf um die Kontrolle des westlichen Papuas neigte sich dem Ende zu. Die Niederlande kapitulierten, und bald darauf wurde van de Waal nach Merauke berufen. »Ich wurde nie nach einem Bericht meiner Zeit in Otsjanep gefragt«, erklärte van de Waal, und in Gesprächen mit Eibrink Jansen »sind wir nie dazu gekommen, uns über meine Untersuchungen auszutauschen«.

Heute gibt es in den Archiven der niederländischen Regierung keine Verweise auf van de Waals Zeit und Aufgaben in Otsjanep. Auch findet man nichts über die Knochen, die er übergeben hat – der einzige schriftliche Hinweis ist anscheinend van de Wouws Brief in einer reichlich ausgeschmückten und beschönigten Beschreibung niederländischer Kolonialgeschichte von de Iongh, die in den Neunzigerjahren des letzten Jahrhunderts veröffentlicht wurde.

»Und warum gibt es keine offiziellen Unterlagen?«, fragte van de Waal. »Wenn es keine Beweise gegeben hätte, hätte die Regierung es einfach sagen können, ohne ihr Gesicht zu verlieren – dass wir drei Monate in Otsjanep verbracht und es versucht haben. Aber sie taten nichts, denn (die Wahrheit) wäre den Bestrebungen der Regierung nicht zuträglich gewesen, und deshalb sollte es ein Geheimnis bleiben.«

Im September 1962 ratifizierte die UN ein Abkommen, das New-York-Agreement, das Niederländisch-Neuguinea an eine vorübergehende Exekutive der Vereinten Nationen transferiert (und acht Monate später an Indonesien). Die Niederländer hatten ihre Kolonie verloren, und van de Waal machte sich auf den Heimweg. »Ich habe nie öffentlich darüber gesprochen«, sagte er in Teneriffa, zuckte mit den Schultern und hielt einen Dolch aus Kasuarknochen in der Hand. »Aber ich glaube, dass es heutzutage niemandem mehr wehtun kann.«

TEIL III

23

· · · · · · · · · · · · · · · · · · ·

November 2012

DIE MENSCHENMENGE SCHWOLL an. Erhitzte Körper drängten sich unter der strahlenden Sonne gegen die Reling, als sich die *Tatamailau* langsam den Asawets flussaufwärts den Weg zum Kai in Agats bahnte. Es war fünf Uhr nachmittags, und der Fluss, der Himmel, der Dschungel und sogar die auf Stelzen stehenden Holzhütten in Agats leuchteten sanft im Licht der untergehenden Sonne. Boote mit Außenbordern, Kanus und Schnellboote kamen der *Tatamailau* entgegen, denn das Schiff, das zwei

EINWOHNER PIRIENS/JISARS VOLLENDEN DAS DACH DES NEUEN MÄNNERHAUSES JEU JISAR.

Mal im Monat auf seinem Trip entlang der indonesischen Küste Papuas in Agats vorbeikam, stellte für die meisten Menschen die einzige Verbindung mit der Außenwelt dar. Die Leute schrien, tobten, deuteten mit den Fingern auf das Schiff und winkten. Ich war bereits eine Woche unterwegs; es war mir nicht möglich gewesen, ein Ticket für den Tregana-Flug von Timika zu kriegen, und so musste ich um drei Uhr am Morgen auf die hundertdreißig Meter lange *Tatamailau* ausweichen, um die vierzehnstündige Reise nach Asmat anzutreten.

Ich habe mehrmals versucht, Amates oder Wilem von den Vereinigten Staaten aus anzurufen, bin aber nie durchgekommen, bis Wilem endlich eine meiner SMS erhielt, die ich bereits aus Timika geschickt hatte. Ich teilte ihm mit, dass ich wiederkommen würde – sieben Monate, nachdem ich Asmat verlassen hatte. Er schrieb zurück und wollte mich vom Boot abholen.

Wir waren noch zweihundert Meter vom Kai entfernt und begannen gerade zu drehen, als ich eine Hand auf meiner Schulter spürte. Wilem, barfüßig und mit strahlendem Gesicht, war auf das Schiff gesprungen, um mich zu finden. »Mister Karo!«, sagte er und umarmte mich. »Sie sind zurück und sprechen Bahasa-Indonesia!«

In den sieben Monaten, die seit meiner Abreise vergangenen waren, hatten mich immer wieder Zweifel geplagt.

Die einzelnen Puzzleteile, die ich zusammengetragen hatte, passten einwandfrei ineinander. Michael Rockefeller war am Morgen des 19. November 1961 mit zwei Schwimmkörpern vom Katamaran weggeschwommen; René Wassing hatte es mit eigenen Augen gesehen. Laut Wassing waren sie nah genug an der Küste gewesen, um sie zu sehen, wenn sie auch nur ein undeutlicher Streifen am Horizont war, und es war ein Leichtes, die Entfernung in einer Standard-Entfernungstabelle nachzuschauen: Wenn die Bäume an der ebenen Küste fünfzehn Meter hoch waren, konnten er und Michael nicht weiter als vierzehn Kilometer vor der Küste sein – weit weg, aber nicht unmöglich zu schaffen, wenn man ein fitter, entschlossener dreiundzwanzigjähriger Mann ist. Dazu nehme man das warme, ruhige Wasser und die beiden behelfsmäßigen Schwimmhilfen. Zudem ist es durchaus möglich, dass sie sich sogar noch näher an der Küste befanden.

Otsjanep rühmte sich einer langen Tradition der Gewalt und zeigte sich widerwillig, seine Lebensweise aufzugeben. Am Nachmittag des 19. November befand sich eine große Gruppe von Kriegern auf der Rückkehr von Pirimapun; Wim van de Waal hatte sie dort gesehen und war dabei, als sie das Städtchen verließen. Wenn man es hochrechnet, müssen sie am frühen Morgen des 20. an der Mündung des Ewta angekommen sein. Ich konnte den Standort, an dem Michael und Wassing am 18. die Kontrolle über ihr Boot verloren haben, bis auf ein paar Kilometer bestimmen. Außerdem hatte ich die Koordinaten von zwei Punkten: Erstens, wo Wassing das erste Mal am Nachmittag des 19. gesichtet, und zweitens, wo er am Morgen des 20. aufgelesen wurde. Das half mir, um den ungefähren Standort des Katamarans einzuschätzen, als Michael ihn verließ. Wenn er achthundert Meter pro Stunde geschwommen wäre, hätte er die Mündung des Ewta am frühen Morgen des 20. erreicht. Ich besaß die relevanten Gezeitentafeln für die Arafurasee für jenen Morgen, und die Flut am Ewta erreichte gegen acht Uhr morgens ihren Höhepunkt. Das hieß, dass sie Michael ans Ufer getrieben hatte, und zwar zu dem Zeitpunkt, an dem er erschöpft war und Unterstützung benötigte.

Die Männer aus Otsjanep, die zur gleichen Zeit dort ankamen, waren mit den Opfern des Lapré-Überfalls von 1958 verwandt – wenn ich auch nicht genau weiß, wie. Das war drei Jahre zuvor, und die Tode waren noch nicht gerächt. Siebzehn Männer, Frauen und Kinder waren im letzten Jahrzehnt ums Leben gekommen, acht durch Krokodile jagende Chinesen (welche die Asmat ebenfalls als Weiße bezeichnen) und fünf durch Lapré. Michael hatte siebzehn *bisj*-Pfähle in den *jeus* gefunden. Die Asmat waren bekannt dafür, opportunistisch vorzugehen, zogen es vor, ihre Opfer allein und ungeschützt zu erhaschen, und Michael war erschöpft und wehrlos. So hatten sie einen Weißen noch nie gesehen. Außerdem kannten sie ihn, er hatte bereits Otsjanep besucht, und sie wussten vielleicht sogar seinen Namen – alles wichtige Faktoren für das Aussuchen eines Opfers für die Kopfjagd.

Was die beiden Priester angeht, die sich sicher waren, dass Michael ermordet wurde, so sprachen sowohl Kees van Kessel als auch Pfarrer von Peij Asmat, pflegten engen Kontakt zu den einzelnen Siedlungen und besaßen einen tiefen Einblick in ihre Kultur, Lebensweise und ihren Alltag – mehr als jeder andere. Alles, was von Peij mir gesagt hatte – dass er und van Kessel Berichte an die Regierung und ihre Vorgesetzten in der Kirche geschickt hatten, dass ihnen verboten wurde, in der Öffentlichkeit darüber zu sprechen, dass sie Namenslisten aus Otsjanep besaßen, dass Max Laprés Antwort auf die Unruhen zwischen Omadesep und Otsjanep ein brutaler Überfall war –, habe ich anhand offizieller Dokumente und Briefe in den Archiven der niederländischen Regierung und dem Orden des Heiligsten Herz Jesu (dem van Kessel und von Peij angehörten) sowie von den jeweiligen Einwohnern der Siedlungen selbst bestätigen können. Ich hatte keinerlei Abweichungen festgestellt, nichts, was nicht durch die Logik der Asmat erklärt werden konnte, und auch keine Unrichtigkeiten oder Übertreibungen von noch lebenden Augenzeugen.

Und trotzdem ... Obwohl sich sowohl van Kessel als auch von Peij absolut sicher waren, stammen ihre Geschichten aus zweiter Hand; nicht einer der Beschuldigten hat die Tat einem der

Pfarrer gegenüber eingestanden, und es gab auch keine handfesten Beweise. Der Haupteinwand Bischof Sowadas – dass kein Asmat je einen Weißen getötet hat – konnte nicht einfach verworfen werden, und er wurmte mich. Wie hatte es nur passieren können? Van de Waal besaß Fotos von dem Schädel, den man ihm gegeben hatte, als er sie aber einem forensischen Pathologen zeigte, hieß es, dass er »mit größter Wahrscheinlichkeit nicht europäischen Ursprungs« sei. Und je besser ich Asmat kennenlernte, desto sicherer wurde ich mir, dass die Krieger aus Otsjanep Michael getötet hatten. Schädel und Gebeine jedoch waren heilige Objekte und würden niemals einem Weißen ausgehändigt werden. Schließlich hat mein Tausend-Dollar-Angebot – in Asmat ein Vermögen – für die Brille auch nur die falsche hervorgebracht. Ich war mir sicher, dass Michaels Knochen nicht in irgendeiner Schublade in einem niederländischen Museum lagen.

Dann gab es noch die Frage der Verlässlichkeit. Die Asmat waren Experten im Lügen. Sie waren auf Täuschung und Betrug angewiesen, um einen Vorteil im Kampf gegen ihre Feinde zu erreichen, sich den Geistern zu entziehen oder sie zufriedenzustellen; Geschichten davon, dass sie einem Weißen nach dem Mund reden, gibt es wie Sand am Meer. Kannibalismus stellt den Gipfel des Andersseins dar, die größte Sünde, etwas, das den Menschen weniger menschlich werden lässt, und vielleicht wollten die Missionare gar glauben, dass die Asmat Michael getötet und gegessen hatten. Schließlich würde es den Grund für ihr Dasein, für die Bekehrung der Asmat liefern.

Und vielleicht wollte ich es ja auch glauben. Vielleicht war es dieser Glaube, den wir alle wollten. Er bekräftigte unsere Vorstellung der Asmat als sowohl grauenvoll als auch exotisch, sodass auch wir kühner und mutiger erschienen – wir tollten mit Kannibalen durch die Gegend! Der Anthropologe Gananath Obeyesekere nannte dies »cannibal talk« – unser Bedürfnis, an

Menschenfresser zu glauben und daran, dass sie mitten unter uns sind –, zumal Michael so reich und seine Familie so einflussreich war. Auf eine perverse Art schien es alles auszugleichen, dieser Spross amerikanischer Macht konnte nicht nur getötet, sondern auch gegessen, gekocht, verdaut und wieder ausgeschieden werden. Und das auch noch von seinem genauen Gegenteil: wilden Männern, die nichts hatten – keine Macht, kein Geld, keinen Einfluss. Vielleicht entsprangen all die Sachen, die van Kessel und von Peij Verdacht schöpfen ließen, ihren eigenen Gedanken, Projektionen ihrer Vorurteile und Bedürfnisse. Vielleicht hatten ja Asmat aus anderen Siedlungen diese Geschichte ins Leben gerufen.

Von Peijs erster Report stammte aus Omadesep, Otsjaneps altbewährtem Feind; vielleicht hatten sie das Gerücht in die Welt gesetzt, um Otsjanep in Schwierigkeiten zu bringen. Und das Schwimmen durch die Arafurasee, wenn auch durchaus im Bereich des Möglichen, war extrem schwierig. Um das Ufer zu erreichen, hätte Michael zwischen zehn und vierzehn Kilometer in vierundzwanzig Stunden zurücklegen müssen, teilweise gegen starke Strömungen, alles auf hoher See voller Haie. Es ist zwar vorstellbar, aber es stellte noch immer eine große Leistung dar, die einen starken Willen und viel Kraft erforderte – und viel Glück.

Letztendlich gab es ja auch noch die konstanten Dementi, die mir persönlich von Menschen aus Otsjanep und Pirien vorgetragen worden waren. Sie haben nie behauptet, dass die Siedlung es nicht getan hätte, haben es nie verleumdet, wiederholten aber immer wieder, dass sie nichts darüber wüssten... außer mitten in der Nacht Amates und uns gegenüber. Würden sie wirklich noch immer deswegen lügen, jetzt noch, nach fünfzig Jahren, nachdem alle direkt beteiligten Individuen längst gestorben waren? Warum gaben Kokai und Tapep, ihre Söhne, es nicht einfach zu?

Diese Fragen beschäftigten mich genauso wie die gesamte kulturelle Logik des Kannibalismus. Ich wandte mich an Peggy Reeves Sanday, eine Anthropologin und emeritierte Professorin an der University of Pennsylvania und Autorin von *Divine Hunger*, einem bedeutsamen Buch über Kannibalismus, das ich gelesen hatte. Es stellte sich heraus, dass sie nur eine Stunde von mir entfernt wohnte, und fortan verbrachten wir ganze Tage miteinander, gingen sämtliche Berichte und Beweismaterialien, meine Notizen und jedwede ethnografische und anthropologische Literatur über die Asmat durch. Auch Sanday störte Sowadas Bedenken, dass ein Asmat noch nie zuvor einen Weißen getötet hatte. Eine Sache jedoch war für uns klar und unwiderlegbar: Alle Asmat kannten die Geschichte, dass Otsjanep Michael Rockefeller ermordet hatte, sie »wussten« es. Auch die Männer aus Otsjanep und Pirien haben es immer wieder beteuert, obwohl sie auch ständig Ausflüchte machten und gegenüber den Missionaren (und auch mir) einfach leugneten, dass sie ihn getötet hätten oder an jenem Morgen eine riesige Schlange oder ein Krokodil im Meer gesehen haben.

Wenn Michael ertrunken oder von Haien gefressen worden wäre und es nie an Land geschafft hätte, wäre es höchst unwahrscheinlich, dass sie sich eine solch spezifische und über die Zeit hinweg gleichbleibende Geschichte ausgedacht hätten. Wenn die Krieger aus Otsjanep ihn am Morgen des 20. November nicht gesehen hätten, wäre jede Unterhaltung mit van Kessel oder von Peij, jede Geschichte und jedes Detail eine Lüge vollkommen frei erfunden. Und obwohl sich die Details manchmal unterschieden, hatte sich das Wesentliche über fünfzig Jahre hinweg nicht geändert: Fin, Pep und Ajim, die Hauptprotagonisten. Die Verletzung mit dem Speer. Das Ermorden am Jawor-Fluss, einem ruhigen Plätzchen, der heute noch heilig ist. Die Beschreibung der Unterhose – das war ein besonderes Detail. Die Tatsache, dass Fin den Schädel besaß. Spätere Berichte von van Kessel und von Peij vermuten den Kopf im Dschungel, und dann die geflüsterten Vermutungen Amates' mir gegenüber, fünfzig Jahre später, dass der Kopf in einem Baum im Dschungel steckte.

Das alles zu erfinden und die Lüge über ein halbes Jahrhundert hinweg aufrechtzuerhalten erschien ebenso unmöglich wie unlogisch. Die Alternative war ein einfacher Ablauf von Geschehnissen: Michael war ans Ufer geschwommen und dort auf die Männer aus Otsjanep gestoßen, und sie haben ihn getötet, um das Gleichgewicht nach Max Laprés Überfall wiederherzustellen. Der konstante Faden der Täuschung, der sich durch den Alltag der Asmat zog, warf eine andere Frage auf: Wenn die Männer aus Otsjanep Michael getötet hätten, stellte es einen gewaltigen Übergriff dar, etwas, das in ganz Asmat noch nie passiert war, etwas Unglaubliches, Unvorstellbares. Laut van de Waal würde niemand, weder die Einwohner Otsjaneps noch die anderen Asmat, die Geschichte glauben, wenn sie nicht eindeutige Beweise wie zum Beispiel die Knochen, Körperteile oder den Schädel gesehen hätten.

Sanday fand die Tatsache, dass die Männer auf van Kessels Befragung alle behaupteten, sie hätten etwas Großes und Ungewöhnliches im Meer gesehen, bemerkenswert, und sie deutete eine weitere Möglichkeit an. Es war wichtig, glaubte sie, dass sich die Geschichte über eine solch lange Zeit in Asmat behauptet hatte – insbesondere unter den Asmat selbst.

»Die Asmat«, erklärte sie, »versuchen, uns etwas mitzuteilen.« Es war ihr nicht wichtig, ob Michael Rockefeller tatsächlich ermordet und gegessen wurde, sondern dass ein anderer »Stamm« es andeutete. Selbst wenn sie Michael Rockefeller nicht getötet und gegessen hätten, hätten sie es tun können, vielleicht wünschten sie sogar, es getan zu haben. Schließlich hatten sie seit Max Laprés Überfall davon geträumt, einen Weißen zu töten. Der

Tatsache, dass die Asmat ihre Aussagen gegenüber van Kessel verwässerten, dass sie nur eine riesige mythische Schlange oder ein Krokodil gesehen hätten, gab sie einen hohen Stellenwert. Warum gerade diese Tiere? Bei jeder Geschichte wurde Michael anfangs mit einem Krokodil verwechselt, einem Tier von großer symbolischer Wichtigkeit in Asmat. Das Krokodil, das einen Fresser von Menschen repräsentiert, ist in den Fuß eines beinahe jeden *bisj*-Pfahl geschnitzt.

Sanday glaubte auch, dass hier zu viel zusammengereimt wurde, dass dies nie geschehen wäre, wenn sie ihn überhaupt nicht angetroffen hätten. Aber sie gab zu bedenken, dass sie vielleicht auch hätten beobachten können, wie ihn ein Hai oder ein Krokodil aufgefressen hat. Oder dass er bereits auf See gestorben war und sie seinen Leichnam haben im Wasser treiben sehen – dass also Tatsache und Fiktion, dass das Körperliche und das Spirituelle zusammenwuchsen, wie es in Asmat gang und gäbe war. Dieses letzte Szenario, so Sanday, beantwortete die unbeantwortete Frage, was sie dazu brachte, einen Weißen zu töten. Zudem passte es in die nativistischen Szenarien, in denen Stammesvölker ihre ehemalige Macht, Einfluss und Status wiedererlangen wollten. In einer Welt, in der der Weiße ihre Kultur beeinflusste, konnten ehemalig große Männer wie Ajin und Fin ihre eigene Macht unter den ihren propagieren, indem sie nicht nur den Körper fanden, sondern auch noch behaupteten, dass sie ihn getötet und gegessen, eine erfolgreiche Kopfjagd hinter sich hätten.

Während der letzten fünfzig Jahre haben Missionare von diversen Cargo-Kult-Ausbrüchen in verschiedenen Asmat-Siedlungen berichtet – Menschen, die übernatürliche Kräfte zu besitzen glauben, die es ihnen ermöglichen, Tabak oder andere Gebrauchsgüter hervorzuzaubern –, ein Resultat der Verzerrung der Traditionen durch den Kontakt mit der modernen Welt. In dem vielleicht bemerkenswertesten Fall brach 1966 ein siebenundzwanzigjähriger Mann aus der Ewer-Siedlung in das Lager des Pfarrers ein, um Tabak, Kleidung und Geld zu stehlen. Als er die Waren dann an andere in Ewer verteilte, erzählte er ihnen, dass er sie von Tuan Tanah hätte, dem »Herrn der Erde«, der ihm einen geheimen Schlüssel gegeben hätte, mit dem er ein Loch im Boden aufzuschließen imstande gewesen war. Jeder, der an Tuan Tanah glaubte, würde weiß und reich werden. Als der Pfarrer den Mann endlich schnappte, waren er und sein Gefolge bereits zu den einflussreichsten Menschen in der Siedlung geworden. War die »Tötung« Michaels vielleicht eine nativistische Geschichte, die von einigen wenigen ins Leben gerufen wurde, um ihren Status und ihre Macht in einer sich rapide verändernden Welt zu zementieren?

Ich machte mir auch Gedanken über Michaels Familie und darüber, welche Schritte sie eingeleitet hatte, um die Sache abzuschließen – insbesondere, seit sich Gerüchte verbreitet hatten, nach denen Michael nicht ertrunken war. Nach nur wenigen Monaten seines Verschwindens haben sie das Notwendige eingeleitet, damit er für tot erklärt werden konnte. Das Museum of Primitive Art verlor keine Zeit, um sämtliche Kunstgegenstände, die er in Asmat gesammelt hatte, nach New York zu verschiffen: Insgesamt etwa fünfhundert Objekte, die laut Versicherungsagenten im August 1962 einen Wert von zweihundertfünfundachtzigtausend Dollar hatten. Es war eine gigantische Summe, mehr als eine Viertelmillion Dollar, wenn man in Betracht zieht, dass sie durch einige Angelhaken und -leinen, Äxte und Tabak von mittellosen Analphabeten generiert wurde. Diese Objekte bilden heute die Hauptausstellungsstücke des Michael-C.-Rockefeller-Flügels im Metropolitan Museum of Art, und ihr Wert sowohl als Touristenmagnet als auch als Einnahmequelle ist unschätzbar, ganz abgesehen von dem unvergleichlichen Einfluss (und den nicht unerheblichen Steuererleichterungen), die die Schenkung Nelson Rockefeller und seiner Familie eingebracht haben muss. 2012 hatte das Metropolitan Museum of Art sechs Millionen Besucher, die ermutigt werden, freiwillig den Beitrag von fünfundzwanzig Dollar zu zahlen. Wenn der normale Besucher nun fünfzehn Dollar zahlt, verdient das Metropolitan Museum of Art neunzig Millionen Dollar allein an Eintritten, während der Enkel von Chinasapitch, dem Mann, den Michael als einen der größten Künstler in ganze Asmat pries und dessen wunderschönes Kanu heute noch im Metropolitan Museum of Art steht, barfüßig den Boden des Asmat-Museums in Agats fegt. Er hatte keine Ahnung, was mit dem Kanu passiert war, bis ich es ihm erzählte. Wenn man wertvolles Land oder Bodenschätze im Wert von Milliarden Dollar von einem vorsteinzeitlichen Volk für eine Handvoll Tabak oder Angelhaken gekauft hätte, würden Schreie der Empörung aus der ganzen Welt folgen, zusammen mit der Aufforderung, dass die derart betrogenen Menschen entsprechend entschädigt werden.

Im September 1962, noch nicht einmal ein Jahr nachdem Michael den Katamaran verlassen hatte, eröffnete das Museum of Primitive Art eine spektakuläre Ausstellung in einem speziell konstruierten Pavillon auf der anderen Straßenseite des Museums, die laut Presseartikel, »zumindest teilweise die Kultur der Asmat zum Leben erweckt«.

Unter den Ausstellungsstücken befanden sich auch die *bisj*-Pfähle, die Michael erstanden hatte. »Wenn ein Asmat-Krieger von einem Gegner einer feindlichen Siedlung getötet wird, findet eine *bisj*-Zeremonie zu Ehren des Gefallenen statt. Teil ihrer Funktion ist auch die Heraufbeschwörung von Rachegefühlen.« Welche Form diese Rachegefühle annehmen sollen, wird nicht weiter im Programm erläutert. »Nach tagelangen Feiern wird ein *bisj*-Pfahl, über sechs Meter hoch, mit komplexem Design und voller menschlicher Figuren, geschnitzt... Zu den Schlägen von Kriegstrommeln, dem Gesang von Liedern und einer Scheinschlacht wird er vor dem Zeremonie-Haus aufgestellt. Nach wenigen Tagen wird der *bisj*-Pfahl in den Sagowäldern rund um die Siedlung zur Ruhe gelegt. Das weiche Holz verfault schon bald, der Geist des so geehrten Opfers geht in die Sagopalmen über und von dort zurück in die Menschen, die das Sago essen.« Die offizielle Version ist von jeglicher Rache, Vergeltungsmaßnahmen, Tötung oder Kannibalismus bereinigt.

Die Ausstellung war ein durchschlagender Erfolg. Das Museumskomitee für Mitgliedschaft, Öffentlichkeitsarbeit und Publikationen gab bekannt, dass bis Februar 1963 in mehr als sechshundert Zeitungen und Magazinen über die Ausstellung berichtet wurde, »mit einer Gesamtzirkulation von dreißig Millionen Lesern. Eine solch nationale und lokale Berichterstattung über Kunst hat es bisher noch nicht gegeben.«

Um einige Objekte vor der Ausstellung zu identifizieren, schrieb das Museum im Mai 1962 sogar van Kessel in Pirimapun an, als van de Waals Untersuchung noch in vollem Gang war. Da van Kessel aber bereits wieder in den Niederlanden war, wurde das Schreiben Pfarrer van de Wouw zugestellt, der im Juni antwortete. Die Kommunikation hat etwas Unheimliches an sich. Offizier van de Waal lebte in Otsjanep und führte mit van de Wouws Hilfe eine offizielle Untersuchung durch, aber van de Wouw erwähnte es nie. Genauso unheimlich ist ein Brief, den van Kessel 1974 an das Museum schickte, in dem er um eine Kopie von *The Asmat: The Journals of Michael C. Rockefeller* bat, das das Museum 1967 veröffentlichte. Er bedauerte Michaels Dahinscheiden und erwähnte »schwermütige Erinnerungen«, nicht aber, dass er sich der Tötung und des Akts des Kannibalismus gegenüber Michael Rockefeller sicher war. Zumindest hielten die

Priester ihr Versprechen und erwähnten die Tötung mit keinem Wort.

Wie viel die Rockefellers aber in privatem Rahmen wussten, blieb ein Geheimnis. In den Archiven der niederländischen Regierung liegen Telegramme und Briefe von Nelson Rockefeller an diverse Beamte, in denen er sich für ihre Mühen bedankte. Weiterhin gibt es ein Telegramm des niederländischen Botschafters in den Vereinigten Staaten, der sich bei seinen Vorgesetzten über die Gerüchte erkundigte, dass Michael getötet worden sein sollte, und Außenminister Joseph Luns' Antwort, dass diese Gerüchte gründlich untersucht worden waren und sich als falsch erwiesen hatten. Es gibt Briefe zwischen Rockefellers Anwälten und den Niederlanden, in denen um eine Zusammenfassung der Rettungsaktion gebeten wurde, sodass die U.S.-Legislative Michaels Tod durch Ertrinken endlich ratifizieren konnte, was am 1. Februar 1964 auch geschah. Michaels Nachlass wurde auf sechshundertsechzigtausend Dollar geschätzt. Aber auch diese Briefe erscheinen surreal, denn sie wurden während der Monate geschrieben, in denen heftige Kommunikation zwischen der niederländischen Regierung, van Kessel, von Peij und der Kirche stattfand. Gleichzeitig lief van de Waals Untersuchung in Otsjanep auf Hochtouren. In einem Brief zwischen der Kanzlei Milbank, Tweed, Hope and Hadley und dem niederländischen Generalkonsul in New York schreibt Rockefellers Anwalt William Jackson: »Es wäre eine große Hilfe, wenn wir mit ordnungsgemäß beglaubigten Kopien jeglicher Berichte ausgestattet werden können, die bei den niederländischen Behörden eingereicht wurden oder von ihnen selbst stammen und die Aufschluss über die Besonderheiten, das Ausmaß und die Resultate der verschiedenen Suchaktionen nach Michael Rockefeller in Neuguinea geben.« Es gibt aber keinerlei Hinweise darauf, dass die Niederländer, die Rockefellers oder ihre Anwälte die Tötung oder die zu der Zeit stattfindende Untersuchung in Otsjanep erwähnen. Selbst als sie mit Michaels Familie kommunizierten, hat die niederländische Regierung wie auch die Kirche die Reihen wohl geschlossen gehalten, sowohl gegenüber der Öffentlichkeit als auch auf privater Ebene. Zumindest während der Sechzigerjahre des letzten Jahrhunderts gab es keinen triftigen Grund, warum Nelson hätte bezweifeln sollen, dass Michael ertrunken war.

1974 veröffentlichte Milt Machlin, ein Redakteur eines Magazins in New York, *The Search for Michael Rockefeller*. Das Buch handelt hauptsächlich von der Geschichte eines fruchtlosen Unterfangens: In den späten sechziger Jahren stand auf einmal ein mysteriöser Australier in Machlins Büro. Er behauptete, er sei ein Schmuggler, der auf den abgelegenen Inseln Ozeaniens arbeitete. Er habe Michael lebend gesehen. Er werde von einem Stamm auf den Trobriand-Inseln als Geisel festgehalten – eineinhalbtausend Kilometer von Asmat entfernt. Der Hauptteil des Buchs befasst sich mit Machlins erfolgloser Suche, die er 1969 begann. Am Schluss seines Unterfangens jedoch stößt er auf die ursprünglichen Gerüchte, die 1962 der Presse gegenüber geäußert worden waren, und stöbert van Kessel in den Niederlanden auf. Dieser erzählt ihm seine Geschichte, woraufhin er einen unbenannten Assistenten nach Asmat schickt, um Interviews zu führen. Es ist nicht klar, ob es noch zu früh oder einfach nicht hartnäckig genug war, aber Machlin stieß nicht auf die relevanten Dokumente der niederländischen Regierung oder der katholischen Kirche; er hat nie Laprés Berichte zu Gesicht bekommen. Er hat auch weder von Peij noch van de Waal ausfindig gemacht, und es hat den Anschein, dass er van Kessels ursprüngliche Notizen nie gesehen hat. Die Theorie, dass Michael es bis an die Küste geschafft hatte und ermordet wurde, wird als wilde Spekulation eines einzelgängerischen Priesters hingestellt, und Machlins Buch enthält so wenig Details und Dokumentation, dass es unglaubwürdig erscheint. Nichtsdestotrotz bildete es einen Anfang, und er erklärte die Ergebnisse seiner Recherchen in einem Brief an die Rockefellers, deren Anwalt ihm einen Standard-Dankesbrief schickte. Damit war die Sache beendet.

Kurz nachdem Nelson Rockefeller Vizepräsident wurde, bedankte er sich während eines Meetings mit dem australischen Premierminister Gough Whitlam öffentlich für die australische Hilfe bei der Suchaktion nach Michael. »Als Mr Whitlam bemerkte, dass das Rätsel nie gelöst wurde«, so die *New York Times*, »antwortete der Vizepräsident: ›Ich glaube, es kann keine Zweifel geben – man kann nicht zwanzig Kilometer gegen die Strömung schwimmen.‹«

Dann gibt es noch die Geschichte von dem australischen Privatdetektiv Frank Monte. In seinen Memoiren *The Spying Game* behauptet er, dass er kurz vor Nelsons Tod 1979 von Michaels Mutter, Mary Todhunter Clark Rockefeller, kontaktiert worden war, um Gerüchten nachzugehen, dass ihr Sohn getötet worden sein soll. Ihr ehemaliger Mann hatte sie bisher davon abgehalten, diesen nachzugehen. Der ruhmsüchtige Detektiv lässt keine Gelegenheit aus, Eindruck mit den Namen berühmter Personen schinden zu wollen, und erscheint nicht gerade als die Person, die von einem Rockefeller engagiert würde. Sein Bericht liest sich, vorsichtig ausgedrückt, wie eine Mischung aus Wahrheit und Fiktion. Dass er sich mit dem Fall beschäftigt hat, mag durchaus wahr sein – er schildert Wassings Rettung in genügend Details, um einige Dokumente oder Zeitungen benötigt zu haben. Aber wenn es um die wichtigsten Akten geht, schreibt er: »Mir ist etwas Merkwürdiges untergekommen. Die Dokumente sind wie vom Erdboden verschluckt. Durch seinen gewaltigen, ja unermesslichen Einfluss ... hat Rockefeller alles, was über seinen verschwundenen Sohn geschrieben oder veröffentlicht wurde, zerstören lassen. Er hat Angestellte gehabt, die sämtliche Akten durchgingen und alles herausnahmen, was mit dem Verschwinden zu tun hat.«

Das ist natürlich nicht wahr. Im Gegenteil, ich war in der Lage, Hunderte von Telegrammen und Notizen ausfindig zu machen.

Monte erzählt daraufhin von einer wilden Tour zusammen mit blutrünstigen indonesischen Armeeeinheiten zu einem Dorf, das Michael umgebracht haben soll. Es handelte sich um eine wochenlange Reise landeinwärts mit einem Ratgeber aus Otsjanep, die ähnlich der von Joseph Conrads Kurtz extrem blutig verläuft. Nichts davon ergibt irgendeinen Sinn. Er bringt Namen von Flüssen und sonstigen geografischen Besonderheiten durcheinander, beschreibt Einwohner, die Penisfutterale tragen (was die Asmat nicht tun), berichtet davon, wie sie ihre Gummiboote tagelang über den Sumpf ziehen mussten – alles Hinweise darauf, dass er, wenn überhaupt, nicht bei den Asmat, sondern bei den Korowai war, die wenig Kunst hervorbrachten, weit flussaufwärts lebten und nie von Michael besucht worden waren. Monte kam zu dem Schluss, dass Michael getötet worden war, nachdem man ihn in flagranti beim Stehlen eines heiligen »Totempfahls« erwischt hatte, der mit Schädeln dekoriert war (was *bisj*-Pfähle nicht sind). Es war mitten in der Nacht, und der Sohn des Anführers, mit dem er eine homosexuelle Beziehung gehabt haben soll, half ihm. Die Geschichte mit Wassing und dem gekenterten Katamaran diente nur zur Vertuschung der wahren Fakten. Es war absurd. Wie auch seine Behauptung, er hätte Mary drei Schädel gebracht, hunderttausend Dollar abkassiert und sei später von einem mysteriösen Dritten informiert worden, dass einer der Schädel eindeutig Michaels gewesen sein soll.

Nach meiner ersten Reise nach Asmat versuchte ich, Mary Rockefeller Morgan (geb. Mary Rockefeller Strawbridge), Michaels Zwillingsschwester, zu kontaktieren. Durch einen Bekannten begann ich einer Frau zu schreiben, die weit oben im Clan verheiratet war. Ich hoffte, dass sie mich Mary vorstellen könnte. Sie stimmte einem Treffen zum Mittagessen in New York zu, aber obwohl sie anfangs von der Idee angetan zu sein schien, hatte sie sich zum Zeitpunkt des Essens mit ihrem Mann beraten. Sie teilte mir mit, dass sie mir nicht helfen könne; es sei etwas, worüber in der Familie nicht gesprochen wurde, zumindest nicht in der Öffentlichkeit. Im Mai 2012 brachte Mary ihre selbst veröffentlichten Memoiren *Beginning at the End: A Memoir of Twin Loss and Healing* heraus, ein trauriger, aber würdevoll verfasster Bericht über ihre lang andauernden Bemühungen, sich von dem Tod ihres Zwillingsbruders zu erholen. Wie der Titel schon suggeriert, beginnt die Geschichte mit Michaels Verschwinden in Asmat. Sie schreibt:

Gerüchte und Geschichten über Michaels erfolgreiche Rückkehr an Land – dass er von menschenjagenden Asmat gefunden, gefangen genommen und getötet wurde – halten sich seit über vierzig Jahren. Selbst heute fachen diese Gerüchte die Fantasie von Geschichtenerzählern, Stückeschreibern, Filmemachern und der Abenteuer-Tourismus-Industrie an, um auch in die eigene Tasche zu wirtschaften. Diese Mutmaßung ist nie durch konkrete Beweise belegt worden. Die niederländische Regierung hat seit 1954 Stammeskriege zusammen mit der damit verbundenen Kopfjagd untersagt, die den Tod einer wichtigen Stammesperson rächen soll. 1961 wurden wir davon unterrichtet, dass Stammeskriege und die Kopfjagd noch nicht vollständig unter Kontrolle gebracht worden, aber sehr selten waren. Das Beweismaterial, das auf den starken ablandigen Strömungen, den hohen Gezeiten und der turbulenten, auslaufenden See basiert sowie die Berechnung, dass sich Michael circa sechzehn Kilometer vor der Küste befand, ehe er fortschwamm, unterstützt die vorherrschende Theorie, dass er ertrunken ist, ehe er das Ufer erreichte.

Mein Brief an Mary, in dem ich anbot, ihr sämtliche Recherchen zur Verfügung zu stellen, blieb unbeantwortet. Der Schriftsteller Peter Matthiessen, der ein guter Bekannter von ihr ist und den Klappentext für ihr Buch geschrieben hat, erzählte mir, dass »die Familie sich weigert, eine andere Version als die des Ertrinkens in Erwägung zu ziehen«.

Die Dokumente, die ich zu Rate gezogen hatte, waren öffentlich zugänglich; wenn ich sie ausfindig machen konnte, so erst recht die Rockefellers oder jemand, der für sie arbeitete. So weit, so gut – aber ich wusste auch, dass sie niemals mit von Peij oder van de Waal gesprochen hatten. Es war mir ein Leichtes gewesen, sie aufzuspüren, aber die Rockefellers hatten es nie probiert.

Entweder wussten Mary und ihre Familie etwas und machten es der Öffentlichkeit nicht zugänglich, oder sie und ihr Vater verließen Merauke, ohne je zurückzublicken, und hielten somit an einer Version fest, die vielleicht sauber und einfach war, aber auch recht unwahrscheinlich. Wie auch immer, ich wusste, dass sie nie diese eine Sache in Angriff genommen haben, die ich als Erstes in Erwägung gezogen hätte, wenn mein Kind oder ein Geschwisterteil von mir verschwunden wäre, noch dazu unter Mordgerüchten – die eine Sache, die zu einem besseren Verständnis der Geschehnisse führen könnte: die Sprache lernen, an den Ort des Geschehens reisen und persönlich am Tatort ermitteln. Es liegt eine gewisse Ironie darin, dass eine Familie von solch enormem Reichtum und Mitteln sämtliche Versuche, das Rätsel um Michaels Tod aufzulösen, abtut und jeden, der sich der Aufgabe annimmt, der Profitgier und Ausbeutung ihres Namens bezichtigt. Dabei war es doch das Verschulden der Familie, dass sie den Gerüchten und Berichten nicht nachgegangen war und es somit anderen überlassen hat. Je mehr ich über Asmat lernte, desto weniger konnte ich das Bild von Michael in diesem Kosmos aus meinem Kopf verbannen – dass er jemand war, für dessen Geist nicht genug getan wurde, um ihn nach Safan zu befördern, dem Land hinter dem Meer. Das Rätselraten wollte kein Ende nehmen, weil seine Familie es vermieden hatte, den Fall richtig aufzurollen, und niemand sonst hat es geschafft, relevante Fakten auszugraben. Es übersteigt mein Vorstellungsvermögen, dass kein einziger Rockefeller, außer für wenige Stunden als Teil einer offiziellen niederländischen Delegation und umzingelt von Beamten in der PBY Catalina, je einen Fuß nach Asmat gesetzt hat.

Mit so vielen unbeantworteten Fragen in meinem Kopf blieb mir nichts anderes übrig als zurückzukehren. Meine erste Tour nach Asmat hatte zwei Monate gedauert, aber die meiste Zeit war mit Reisen, dem Warten in Agats, um das Nötige auf die Beine zu stellen, und dem Auf- und Abfahren der Flüsse verstrichen, damit ich das Land sehen, verstehen, als Ganzes in mich aufsaugen konnte. Ich war zwei Mal in Otsjanep und Pirien gewesen, aber das erste Mal für nur vierundzwanzig Stunden und das zweite Mal für vier Tage. Amates hat daraufhin Kokai nach Agats gebracht, aber die Unterhaltung mit ihm war verkrampft und gezwungen gewesen. Beatus Usain, der Mann, mit dem zusammen Kokai mir endlich die Geschichte von Peps Ermordung von Michael erzählt hatte, war Peps Neffe. Sein Vater, Peps jüngerer Bruder, hatte eine jüngere Frau aus Biwar Laut geheiratet, wo Usain aufgewachsen ist. Er konnte die Geschichte erzählen, denn er stammte nicht aus Otsjanep – das hieß aber auch, dass ich noch immer keine Bestätigung aus der Siedlung selbst hatte.

Und während der ganzen Zeit war ich ständig von meinem Gefolge umgeben, war von ihm abhängig – Amates oder Hennah für die Übersetzung und Wilem oder seine Assistenten für Essen, die Logistik und die Übernachtungsmöglichkeiten. Sie alle hatten wie eine Art Filter gewirkt, und ich hatte nie wirklich gewusst, was gesagt wurde, was ich nicht verstand, was mir nicht anvertraut werden sollte oder ob meine Fragen auch so übersetzt wurden, wie ich sie gestellt hatte. Ich hatte mich dessen schuldig gemacht, was ich Michael und den Rockefellers selbst vorgeworfen hatte: viel zu schnell durch Asmat zu reisen, davon auszugehen, dass ich derart wichtig war, dass ich sie nur mit Fragen überschütten musste, damit sie mir endlich ihre tiefsten Geheimnisse verraten könnten, dass ich nicht nachhakte, sobald sich neue Fragen aufstellten. Schließlich war die Geschichte Michael Rockefellers keine gewöhnliche. Es war die Geschichte eines Mords, eines schrecklichen, blutigen Verbrechens, das nicht nur mit dem Tod endete, sondern mit dem ungeheuerlichsten aller Tabus – dem Kannibalismus. Die Asmat wussten, dass diese Tradition in unseren Augen unfassbar falsch war. Sie hatte mehr Schiffe, Flugzeuge, Helikopter und Polizisten in ihre Welt gebracht, als sie je zuvor zu Gesicht bekommen hatten. Es war ein Brauch, von dem sie fünfzig Jahre später unter dem Einfluss katholischer Priester und mittlerweile ihrer katholischen Kirche wussten, dass er als schändlich galt. Wenn sie es getan hatten, musste es ein Geheimnis bleiben, ein Geheimnis, das zu verraten an den Grundfesten ihres Daseins rüttelte. Die Söhne der Beschuldigten hatten Angst, Angst vor den Geistern, Angst vor Gott, Angst vor dem indonesischen Militär und der Polizei, Angst vor Amerika und Angst vor der Familie Rockefeller, die in ihrem Wertesystem der Rache verpflichtet war.

Wenn ich also das Rätsel um Michael Rockefeller lösen wollte, musste ich sie kennenlernen. Ohne Filter, Übersetzer, Reiseführer oder Köche. Ich musste ihre Sprache sprechen, musste einen viel tieferen Einblick in das Leben in Asmat gewinnen, als ich es je innerhalb von ein paar Wochen auf den Flüssen, ein paar Tagen in einer Siedlung oder allen Büchern und Dissertationen über die Asmat erlangen könnte.

Mein Plan lautete also, nach Otsjanep oder Pirien zu fahren und eine Familie zu suchen, bei der ich einen Monat bleiben könnte – am besten eine, in der der Mann einer der Söhne der von van Kessel erwähnten Männer war. Jemand, der alt und einflussreich war. Vielleicht Tapep, Sohn von Pep in Otsjanep, obwohl er sich besonders unwillig zeigte, mit mir zu sprechen, und die anderen ihm stets gehorcht und den Schwanz eingezogen hatten, sobald er aufgetaucht war. Oder vielleicht Kokai, der noch ein Kind gewesen war, als Michael verschwand. Er war Augenzeuge von Laprés Überfall gewesen und hatte sich bereit erklärt, darüber zu reden. Amates hatte über ihn gesagt, dass er einst ein Anführer gewesen und mit Dombai verwandt war. Der Mann, von dem van Kessel glaubte, er besäße die Brille. In meinen kühnsten Träumen hoffte ich, dass sie mir innerhalb dieser wenigen Wochen alles beichten, mich mit in den Dschungel nehmen und mir den Schädel zeigen würden – dass sich alles aufklären würde. Und wenn nicht das, dann wollte ich wenigstes eine bessere Einsicht vom Leben in der Siedlung und ihrer Struktur gewinnen: Wer war wer, und wie waren sie verwandt? Wen hatte Lapé umgebracht, und welche Verbindung besaßen sie zu den mit Namen genannten Männern in van Kessels und von Peijs Berichten? Ich wollte ihre Geschichten und Lieder hören, die Bedeutung der Schlangen, Krokodile und Haie in ihrem Kosmos besser verstehen. Und aus den Archiven des Metropolitan Museum of Art in New York besaß ich jetzt Fotos, die Michael während seines ersten Aufenthalts in Otsjanep gemacht hatte. Es handelte sich um wunderschöne Schwarz-Weiß-Aufnahmen, Porträts nackter Männer geschmückt mit Hunde- und Schweinezähnen, die neben Schnitzereien und den beeindruckenden bisj-Pfählen, die Michael erstanden hatte, in Pose gingen, in großen Gruppen paddelten oder in ihrem jeu trommelten. Hatte Michael den Mann gekannt, der ihn töten sollte? Ich wollte den

Männern in Otsjanep diese Fotos zeigen, sodass sie die Männer in van Kessels Bericht identifizieren und mir vielleicht sogar sagen könnten, für wen die Pfähle geschnitzt worden waren.

Ich musste wissen, ob die Geschichte an Substanz gewinnen oder in sich zusammenbrechen würde.

Und jetzt war ich wieder da. Als das Schiff gegen die Kaimauer stieß, schnappte sich Wilem meine Taschen und zog mich mit sich durch die Menschenmenge, den Landesteg hinunter und hin zu seinem Boot. Schon jetzt wusste ich, dass sich so manches geändert hatte. Wilem sprach ungefähr zehn Wörter Englisch, so wie mein Vokabular bei meiner letzten Tour an Bahasa-Indonesia, der Sprache, die Asmat rasch verdrängte. Trotz der ganzen Zeit, die wir miteinander verbracht hatten, konnten Wilem und ich uns nur anhand dieser wenigen Wörter und mit Händen und Füßen verständigen. In Washington, D. C., jedoch hatte ich einen Indonesischlehrer gefunden, mit dem ich mich drei Mal die Woche traf. Ich habe noch nie so hart gearbeitet, um eine Sprache zu erlernen – und was Sprachen betrifft, ist Indonesisch relativ leicht. Als ich nach Asmat aufbrach, sprach ich zwar längst noch nicht flüssig, war aber von meinem Wortschatz selbst überrascht. Wilem und ich hatten uns die letzten drei Tage gesimst, und als er den Motor anwarf und wir den Fluss entlang zur Stadt schossen, schnatterten wir wie alte Freunde – ohne Übersetzer. Es war, als hätte sich ein schwerer Schleier gehoben.

Wilem und ich gingen über die wackeligen Bohlenwege Agats' zu meinem Hotel. Alles war gleich und doch so anders. Die Leute erkannten mich wieder, winkten und sagten: »Hi, du bist zurückgekommen!«, und ich antwortete, aber in ihrer Sprache. Es war zwar schon sieben Monate her, trotzdem erinnerte sich der Rezeptionist im Hotel an mich. Wilem und ich saßen in meinem Zimmer, und ich erzählte ihm von meinem Plan.

»Kokai ist hier in Agats!«, sagte er. »Morgen werde ich ihn aufsuchen und hierher bringen.«

Wir schüttelten uns die Hände, und als die Nacht einbrach, öffneten sich die Himmelsschleusen, und der Regen trommelte auf das Dach nieder. Ich schlief mit dem Regen ein, Mücken summten um meine Ohren.

Ich wachte früh auf, draußen war noch Morgenrot, und machte mich auf. Die milde Luft in meinen Lungen fühlte sich gut an. Die Bohlenwege waren voller Pfützen und dampften in der aufgehenden Sonne. Am Kai ging ich an einem Mann vorbei und musste zwei Mal hinschauen. Das war doch Kokai! Er erkannte mich ebenfalls wieder, und seine Augen weiteten sich vor Überraschung. Ich hatte ganz vergessen, welch einen wilden Eindruck er machte. Agats war voller Indonesier aus allen Ecken des Archipels wie auch den viel ärmeren Asmat; aber selbst die armseligsten von ihnen waren irgendwie urbanisiert, machten den Eindruck, als ob sie hierher gehörten, und trugen Flipflops. Kokai aber stank nach Schweiß und Rauch, ein Geruch, den ich völlig vergessen hatte. Zudem war er barfüßig, und seine Haare stachen in wilden Locken von seinem Kopf in die Luft. Das Loch in seinem Nasenflügel war beinahe zwei Zentimeter groß. Ein gewebter Beutel voller Kakadu- und Kasuarfedern hing über seiner Brust. Und seine Augen … dunkel und tief, hin und her huschend, alles in sich aufnehmend und nichts verratend.

Wenige Weiße kamen nach Asmat, und wenn sie schon einmal da waren, kehrten noch viel weniger von ihnen zurück. Normalerweise erscheinen sie, machen einige Fotos und sind schon wieder fort. Aber ich war wieder hier. Ich konnte die Bedeutsamkeit dieser Tatsache förmlich spüren – ich hatte Kokai noch nie lächeln sehen, jetzt aber tat er es –, und ich konnte mit ihm reden. Also fragte ich, was er da tat und wann er nach Pirien zurückkehren wollte.

»Ich bin gekommen, um meinen Sohn zu treffen«, antwortete er. »Aber ich weiß nicht, wann ich zurückfahre. Ich brauch ein Boot, habe aber kein Geld.«

Es war zu gut, um wahr zu sein, und ich konnte mich nicht halten, es platzte einfach so aus mir heraus: Ich wollte für einen Monat nach Pirien, in seinem Haus mit ihm wohnen. Wäre das möglich? Wir könnten zusammen fahren, Wilem würde das schon machen.

»Mein Haus? Für einen Monat?« Und danach verstand ich nichts weiter. Er sprach zu schnell und nuschelte obendrein auch noch mit seiner tiefen Stimme.

»Wilem wird dich suchen«, nahm ich den Faden wieder auf, »und zu meinem Hotel bringen. Dort können wir reden.«

Er drehte sich um und ging davon.

Einige Stunden später tauchten Wilem und er in meinem Hotel auf. Während ich Wilem sehr wohl verstand, war Kokai eine ganz andere Nuss, die ich zu knacken hatte. Er sprach fließend Indonesisch, konnte lesen und schreiben, aber es war nicht seine Muttersprache; er besaß einen merkwürdigen Akzent und schien nicht zu begreifen, dass er sehr langsam mit mir reden musste, damit ich ihn verstehen konnte. Ich wiederholte mein Anliegen – könnte ich mit ihm zusammen für einen Monat in Pirien wohnen? Kein Problem, lautete seine Antwort. Ich könne bei ihm zu Hause wohnen.

»Aber was wird er essen?«, fragte er und schaute Wilem an.

»Was immer du isst«, erwiderte ich.

»Sago?«, wollte er wissen.

»Ja, Sago. Und was du sonst noch hast.«

»Ich gehe zum Laden«, sagte Wilem, »und hole Reis, Super-Mieb [die Instant-Ramen-Nudeln, die die Asmat so gern essen], Kaffee, Zucker und Tabak.«

Es war abgemacht. Kokai hat mich nie gefragt, warum ich bei ihm bleiben wollte, aber ich erzählte ihm, dass ich die Kultur der Asmat näher kennenlernen wolle, die Sprache, die Schnitzereien, alles. Obwohl ich mich beim letzten Mal über nichts anderes als Michael erkundigt habe, erwähnte ihn jetzt keiner von uns beiden. Ich reichte Wilem eine Handvoll Bargeld für das Boot und das Essen. Ich hatte ein Satellitentelefon und sagte ihm, dass ich ihn anrufen würde, sobald er mich wieder abholen sollte. Falls er innerhalb von dreieinhalb Wochen nicht wieder von mir gehört hatte, sollte er trotzdem kommen. Am nächsten Morgen machten wir uns um sechs Uhr auf den Weg.

24
· · · · · · · · · · · · · · · · ·
November 2012

OB ABENDS ODER morgens, die Dämmerung lässt alles noch viel schöner erscheinen, und das ist nirgends mehr der Fall als in den Tropen. Dort ist die Sonne so heiß und grell und blendend, dass man den Großteil des Tages vor ihr fliehen möchte. Morgen- und Abenddämmerung aber sind Zeiten der Milde, wenn die sonst ausgebleichte Welt mit Farbe erfüllt wird. Als wir in Wilems Boot stiegen, lag ein feiner Nebel über dem Asawets, und er schien im Morgenlicht himmelblau. Zur Morgendämmerung herrscht meist auch noch Windstille in Asmat, und der Fluss, hier einen knappen Kilometer breit, lag friedlich vor uns. Kokai war wie immer

SAUER, ANFÜHRER DES JEU JISAR, GESCHMÜCKT MIT HUNDEZÄHNEN UND DEN HAUERN EINES WILDSCHWEINS.

unergründlich, ruhig und gleichzeitig wild dreinblickend. Wilem saß im Bug, und sein Kumpane saß achtern am Außenborder. Mittschiffs lagen ein Karton Ramen-Nudeln, ein Fünfzehn-Kilo-Sack Reis, zwei Kisten Lampion (der Tabak, den die Asmat so gern rauchen), fünf Pfund Zucker und eine Schlafmatte aus Plastik mit grellen Micky-Maus-Aufdrucken, die Wilem für mich gekauft hatte.

Wir jagten den Fluss hinab direkt auf die Arafurasee zu – der Tag war so ruhig, dass wir den direkten Weg über das Meer nahmen, genau wie Michael und Wassing es vor beinahe einundfünfzig Jahren getan hatten. Es war ein gutes Gefühl, wieder auf dem Wasser zu sein, der riesige Himmel über uns dehnte sich von Horizont zu Horizont, die Arafurasee lag so still wie ein Schwimmbecken vor uns, und ich dachte an Michael, an seinen letzten Tag – hier, an genau diesem Ort, und wie gut er sich auf seinem Weg gen Süden, um van Kessel in Basim zu treffen, gefühlt haben muss. Er war noch so jung, und obwohl er Fehler machte und nur das Geld seiner Familie es ihm ermöglicht hatte, hierherzukommen, konnte ich nicht anders, als ihn zu bewundern. Es gab eine Million Orte, die für einen privilegierten, steinreichen Spross angenehmer waren als Asmat, insbesondere 1961. Er hatte eine Vision, folgte seiner Leidenschaft, trachtete nach etwas Echtem, etwas Tiefgründigem, wollte sich einen Platz im Stammbaum seiner Familie erkämpfen, aber einen eigenen, seinen eigenen. Wenn eine Welle anders verlaufen, wenn der Wind nicht so heftig gewesen wäre, wenn er die andere Route über die Flüsse genommen hätte – wer weiß, wie lange er noch in Asmat geblieben, wie oft er zurückgekommen wäre, wie viel er von Asmat verstanden und vielleicht sogar dem Land und seinem Volk zurückgegeben hätte?

Aber die Welt befindet sich in stetigem Wandel, und wir sind nur kleine Bausteine. Kontrolle ist nichts weiter als Illusion. Wir machen unser eigenes Glück, schaffen unser eigenes Schicksal, aber nur bis zu einem gewissen Punkt, denn man weiß nie, was als Nächstes passiert – aber das ist das mittlere Alter, das aus mir spricht. Ich verfolgte diese Gedanken, während wir in Richtung Otsjanep jagten. Ich versuchte, meine Nerven zu beruhigen.

Asmat war so ganz anders als alle anderen Orte, an denen ich mich je befunden, die ich je besucht hatte. Die Leute hier konnten so freundlich und doch so verschlossen sein. Ich sehnte mich nach diesem Rohzustand, nach diesem Ding, das ich selbst »primitiv« nannte und demgegenüber ich schon seit Langem solche romantische Gefühle hegte, diesem Zustand, den ich bereits für kurze Perioden erlebt habe, aber nie für einen ganzen Monat. Doch ich wusste noch immer nicht genau, was es überhaupt hieß – primitiv sein –, obwohl ich mich langsam an die Unzulänglichkeiten des Begriffs herantastete. Ich hoffte, dass dieser Monat mit den Menschen aus Pirien, die vor nur einer Generation noch Kopfjäger und Kannibalen gewesen waren und die größtenteils noch weitab von der »zivilisierten« Welt lebten, mir helfen würde, sie besser zu verstehen. Außerdem wollte ich einen möglichen Mord untersuchen, sie nach ihren Geheimnissen fragen … Ob sie sich wohl an mich erinnerten, an das, was ich von ihnen wissen wollte? Würden sie mich deswegen meiden? Würde ich überhaupt mit ihnen kommunizieren können? Wie würden sie auf meine Fragen reagieren? Otsjanep und Pirien hatten mir während meiner letzten, wenn auch kurzen Besuche geradezu die Haare zu Berge stehen lassen.

Und obwohl ich unsicher war, vielleicht sogar ein wenig Angst hatte, in ein so abgelegenes Dorf mit einer solch furchterregenden Reputation zu fahren, in eine Welt aus Hitze und Schlamm, musste ich mich entsinnen, dass bereits Weiße vor mir hier gewesen waren: 1955 van Kessel, van de Wouw zwischen 1962 und 1968, van de Waal 1962 und Tobias Schneebaum in den Siebzigern und Achtzigern des letzten Jahrhunderts. Otsjanep und Pirien lagen weitab. Sie besaßen keinerlei Infrastruktur, keinen Strom, keine Wasserversorgung, keine Geschäfte. Aber es lebten Menschen dort, echte Menschen, und ich war mir sicher, dass der wahre Grund meiner Unsicherheit meine eigene Angst war. Wenn ich diesen Monat mit Demut und Anstand anging und Kokai für mich gewinnen könnte, würde alles gut werden. Die Antworten lagen für mich bereit, ich musste sie nur finden.

Michael hatte Asmat ins Herz geschlossen, und ich konnte es kaum fassen, dass sich niemand aus seiner Familie die Mühe gemacht hatte, es zu besuchen und sich ein eigenes Bild zu machen.

Ein riesiger Adler mit großen Flügeln und scharfen Klauen flog an uns vorbei und schnappte sich elegant einen Fisch aus dem Wasser, was mich aus meinen Tagträumen riss. Wir schnellten an der Mündung des Betsj vorbei. Hier war Michael gekentert, aber jetzt war weit und breit keine Welle zu sehen. Ich schrieb indonesische Wörter in mein Notizbuch, und Wilem übersetzte sie daneben in Asmat. Um halb elf bogen wir Richtung Küste zur Mündung des Ewta ab. Hier, noch immer einen knappen Kilometer vor dem Ufer, glich die Arafurasee einem Feld aus Zahnstochern: Dünne Pfähle mit Netzen stachen aus dem Wasser, und Frauen standen bis zum Nacken im Meer. In Paaren gingen sie auf dem Grund entlang und leerten die ovalen Hummerkörbe.

Bald würden die Gezeiten umschwingen. Bei Hochwasser flutete das Meer die gesamte Küste, und die Mündung des Ewta glich eher eine verschwommenen Öffnung. Jetzt aber, bei Ebbe, ragten funkelnde Schlammbänke zig Meter vor der Küste aus dem Wasser, und der Fluss war ein schmaler Einschnitt inmitten des schwarzen Modders dreißig Meter vor dem Ufer. Reiher patrouillierten das Watt, und über unseren Köpfen schwebten Meerschwalben, ehe der Dschungel uns verschluckte.

Wir fuhren an einer Hütte vorbei. Ein Mann lag auf der Veranda. Wilem bellte ein kurzes Lied, und der Mann sang zurück. Dann passierte alles sehr schnell. Der schmale Fluss, umrahmt von Wänden grünen Dschungels und herabhängenden Lianen, wand sich fünf Kilometer durch das dichte Grün, ehe wir auf eine Lichtung stießen, auf der mit Palmwedeln gedeckte Hütten auf Stelzen standen. Die Schreie von Kindern, die in das braune Wasser sprangen, drangen an unsere Ohren, Rauch stieg in unsere Nasen, und vor einer kleinen Holzhütte mit einem Wellblechdach fuhren wir an das schlammige Ufer. Erwachsene und Kinder drängten sich zu uns. Alles wurde genommen, weggetragen, und Kokai bellte Anweisungen in die Menschenmenge.

Das Haus bestand aus drei unmöblierten Räumen. Die nackten Wände waren ganz grau vor jahrealtem Schmutz und Ruß. Traditionelle, handgeknüpfte Palmwedel bedeckten den Boden. In der Vorderstube standen drei einen Meter achtzig hohe Schilde, ein gleichgroßer Bogen und ein Köcher voll Pfeile, eine Handvoll Speere und zwei dreieinhalb Meter lange Paddel. Eine Hintertür führte zu einer offenen, mit Palmwedeln bedeckten Küche. Hier waren die Bodenplanken fünf Zentimeter versetzt, ein Feuer schwelte auf einem Bett aus verkrustetem Flussschlamm vor sich hin, und in einer Ecke hing ein schwarzer Topf. Frauen so dünn wie Bohnenstangen räumten Schlafmatten aus der Vorderstube und fegten den Boden mit zusammengebunden Ästchen.

»Du kannst mein Zimmer haben«, sagte Kokai.

»Komm«, sagte Wilem und gab mir eine Kiste Lampion-Tabak. »Wir müssen nach Otsjanep.«

Kokai, Wilem und ich gingen zurück zum Boot, kletterten hinein und fuhren fünf Minuten lang flussaufwärts, vorbei an einem schmalen Streifen Niemandsland, nach Otsjanep. Noch heute, fünfzig Jahre später, musste der Nachbar beschwichtigt werden, um etwaigen Antipathien vorzubeugen. Wir wurden von Menschen umzingelt, als wir auf ein mit Palmwedeln gedecktes Haus zugingen, eine Leiter aus eingekerbten Stämmen erklommen und hineintraten.

»Mister Karo wird einen Monat in Pirien bleiben«, verkündete Wilem. »Er isst alles – Fisch und Sago –, und er ist daran interessiert, Asmat zu sehen.«

Die dicke Schar aus Menschen nickte, schaute mich an. Ich erkannte viele von ihnen wieder, hatte sie beim letzten Mal gesehen, als Amates und ich sie über Michael ausgefragt hatten. »Vielen Dank für die zahlreiche Begrüßung«, sagte ich und gab ihnen die Kiste voll mit Tabak.

Kurz darauf verließen wir Otsjanep. Wilem setzte Kokai und mich in Pirien ab und verschwand flussabwärts. Ich war allein, wusste nicht, was ich als Nächstes tun sollte. Die Menschen scharten sich langsam im Haus. Alte Männer wie Kokai, mager, aber muskulös, mit Löchern in den Nasenflügeln, Beuteln um den Hals und Stirnbändern aus Kuskus-Pelz mit den allgegenwärtigen Kakadufedern. Es war schwierig, das Alter eines Asmat einzuschätzen – die Leute sahen älter aus, als sie wirklich waren –, aber sie mussten alle über fünfzig sein, manche sogar zehn oder zwanzig Jahre älter. Jeder von ihnen war schon auf der Welt gewesen, als Lapré den Fluss hinaufkam und als drei Jahre später Michael vorbeischaute, um wenige Monate später für immer zu verschwinden. Aller Wahrscheinlichkeit nach haben die Ältesten von ihnen Menschenfleisch gekostet. Ich konnte es kaum erwarten zu wissen, was in ihren Köpfen vorging, zu erfahren, was sie wussten. Nicht nur über Michael, sondern über alles – wie sie die Welt jetzt sahen und wie viel von der traditionellen Geisterwelt übrig geblieben war. Sie schüttelten alle meine Hand und klopften mir auf die Schulter. Kokai holte den Tabak heraus – den Tabak, den ich ihm gegeben hatte –, und die Männer teilten ihn weiter auf, jeder nahm sich eine Handvoll. Sie redeten und rauchten, streiften die Zigarettenasche auf dem Boden ab oder aschten in die Ritzen, ließen sie auf den getrockneten Schlamm und Staub fallen, der überall zu sein schien. Sie redeten und redeten und redeten, und ich hörte zu, versuchte zu verstehen, bekam aber nur das eine oder andere Wort mit. Obwohl sie hauptsächlich Indonesisch sprachen, war es viel zu schnell, viel zu umgangssprachlich für mich, um dem Sinn folgen zu können.

Diesmal hatte ich mir fest vorgenommen, sie nicht zu drängen, keine Fragen zu stellen, Michael oder Lapré oder die Umstände, unter denen Michael verschwunden war, für mindestens eine Woche, wenn nicht länger, nicht zu erwähnen. Ich wollte einfach nur hier sein, und es war ein völlig anderes Gefühl als die ersten beiden Male. Jetzt wurde mir wieder bewusst, welchen Fehler ich zuvor begangen hatte – wie auch Michael –, indem ich einfach für einen kurzen Besuch vorbeischaute. Jetzt aber gehörte ich zu Kokai, zu der Siedlung. Ich stand unter ihrem Schutz, unterlag ihrer Verantwortung.

Als die Männer endlich einer nach dem anderen verschwanden, stellte Kokais Frau zwei Plastikschalen mit Reis und Ramen-Nudeln vor uns, ehe sie wieder in der Küche verschwand. Kein Salz, keine Gewürze. Kokai aß mit den Fingern. Das Tageslicht wurde immer schwächer, die Sonne ging unter. Fliegen schwirrten um uns herum, landeten auf meinen Händen, Armen, dem Essen. Wir waren allein.

Er nannte mich *Adik*. Junger Bruder. »Du bist mein junger Bruder.« Dann rauchten wir auf der Veranda.

Außer einem Boot, das vielleicht einmal am Tag an Pirien vorbeirauschte, hörte man keine Motoren, nur das konstante Kreischen von spielenden Kindern – und beinahe jeder Tag verlief wie der andere. Das Gleiche galt für die Nächte. Ein paar Männer kamen vorbei, setzten sich und rauchten. Hunde liefen auf den Bohlenwegen und dem sumpfigen Grund unter dem Haus hin und her, griffen sich ab und zu gegenseitig mit viel Gebell, Geheul und Kläffen an. Der Gestank menschlicher Fäkalien lag schwer in der Luft – das modrige, stets feuchte Loch in der Küche, unser Plumpsklo, führte direkt auf den Grund unter der Küche mit ihren versetzten Dielen. Hinter und neben Kokais Haus herum standen weitere Hütten, davor floss ein kleiner Bach, dahinter weitere Häuser. Sie waren überall, und in jedem gab es ein Loch, durch das die Leute direkt auf den Boden schissen. Der schwere, beißende Gestank erfüllte die gesamte Siedlung, und ich konnte mich nie wirklich daran gewöhnen.

Als es dunkel wurde, krochen kleine Fledermäuse so groß wie Nagetiere aus den Dächern, und laut trampelnde Eidechsen zischten über die Wände, wobei sie viel größer klangen, als sie wirklich waren. Bei Neumond legte sich eine kohlrabenschwarze Dunkelheit über die Siedlung; ich konnte nichts außer dem Glühen Kokais Zigarette und dem aufblitzenden Wetterleuchten erkennen, das wie Artilleriefeuer aus dem Ersten Weltkrieg den Horizont erhellte. Alles war mir so fremd. Wenn die Mücken überhandnahmen, zogen wir uns ins Haus zurück, wo eine Paraffinlampe brannte. Wir saßen mit einer Handvoll Menschen zusammen, Männer, Frauen und nackte Kinder mit aufgeblähten Bäuchen, aus deren Nasen grüner, dickflüssiger Schleim rann.

Es herrschte ein stetes Kommen und Gehen, die Zeit kroch voran, jede Minute schien stundenlang zu dauern. Ich befand mich an einem Ort ohne alles. Keine Stühle, Tische, Bücher, keine Decken oder Laken, keine Bilder an den Wänden, geschweige denn Fernseher, Computer, Radios oder Telefone. Kokai war ein angesehener Ältester, aber er und seine Frau besaßen nichts außer einem Rucksack, einem ramponierten Koffer voller Plastikschalen und -becher, einer Schlafmatte und einem dreckigen Kopfkissen. Niemand hatte ein Bett. Einer nach dem anderen ließ sich langsam nieder, sackte dann irgendwann zu Boden und schlief ein. Ich schlüpfte in mein Zimmer, hing mein Moskitonetz an einen Nagel und legte mich ebenfalls schlafen.

Kurz vor fünf begann es hell zu werden. Zeitgleich fingen die Kinder an zu schreien – wie fast jeden Morgen. Sie stampften mit den Füßen auf den Boden, trommelten mit den Fäusten gegen die Wände, kreischten und schrien und brüllten, als ob ihnen jedes Glied einzeln ausgerissen würde. Das taten sie eine geschlagene Stunde lang. Kokai zischte, ihre Mütter und Tanten zischten, aber wie ich bald schon lernte, machte es wenig aus, ob sie gestillt, geschlagen, umarmt oder gewiegt wurden – sie kreischten hemmungslos, und es gab nichts, das sie hätte stoppen können. Es war plausibel, denn ich verstand immer mehr das Wesen dieser »Verkehrt-herum-Menschen«, wie ich sie gern nannte, und es veranschaulichte, was die Asmat wirklich darstellten: ein Überbleibsel des Bewusstseins, das dem Kannibalismus zugrunde liegt, den sie über Hunderte, vielleicht sogar Tausende von Jahren praktizierten – das Bewusstsein emotionaler Extreme, eine bipolare Dualität. Die Asmat besitzen kein offensichtliches Gleichgewicht in ihren Leben, keine Synthese. Kinder und Eltern teilen eine intensive Nähe. Eltern – Männer und Frauen – halten und umarmen ihre Kinder andauernd, tragen sie in den Armen, auf dem Rücken, legen sich mit ihnen hin, schlafen mit ihnen, lachen, wenn sie von den Kindern angepinkelt werden, und Frauen stillen die Kinder, bis sie drei oder vier Jahre alt sind. Sie singen ihnen laut vor, aber sie schlagen sie auch auf Brust und Rücken wie Preisboxer, sodass man es kaum fassen kann, dass die Knochen heil bleiben. Erwachsene und Kinder johlen vor Freude und schreien vor Verzweiflung. Sie kämpfen miteinander und können stundenlang mit den Füßen auf den Boden stampfen.

Ich habe Jungen sich streiten sehen, wie sie ihre Fäuste in den Gesichtern ihrer Widersacher vergraben, oder wie sie Hand in Hand durch die Gegend hüpfen und einander umarmen. Ich habe eine Frau gesehen, die ihren Mann mit einem Kantholz verdroschen hat. Ein anderes Mal stand ein Mann vor einem Haus und schrie zwei Stunden ohne Unterbrechung, bis Kokai endlich aufstand, hinausging und zurückschrie. Diese Konfrontationen schienen stets haarscharf daran vorbeizuschrammen, tödlich zu sein. Wenn sie Tabak hatten, rauchten sie, bis keiner mehr da war, um dann vor Verzweiflung und Entzugserscheinungen auf und ab zu gehen. Wenn Zucker da war, wurde er in solchen Mengen in Tee oder Kaffee geschüttet, dass er am Ende des Tages alle war. Sie trommelten und sangen den ganzen Tag und die Nacht hindurch, um den folgenden Tag zu schlafen oder erschöpft zum nächsten Sonnenuntergang zu Boden zu fallen. Um irgendeine Art des Gleichgewichts herzustellen, benötigte man immer das Gegenteil. Um einen Tod zu rächen, bedurfte es eines weiteren. Sie schienen keinerlei Grenzen zu kennen, oder sie waren so löchrig, dass sie glatt durchfielen, zu sich selbst fanden, indem sie jemand anders wurden. Es war alles Teil des großen Ganzen.

Gegen sechs Uhr gab ich es auf, weiterzuschlafen, und kam aus meinem Zimmer, um zu sehen, wie Kokai meterlange Quasten aus zusammengebundenen Kakadufedern an seinen selbst geschnitzten Paddeln anbrachte. Seine Frau reichte uns Kaffee, und er stellte sie mir vor – Maria, seine dritte Frau; die ersten beiden waren gestorben. Sie war vielleicht fünfundzwanzig, hätte auch etwas jünger sein können und besaß ein hübsches, rundes Gesicht. Sie hatten zwei kleine Jungs. Seine älteste Tochter stammte von seiner ersten Frau; sein ältester Sohn lebte in Agats. Dann kam Frau Nummer zwei, und drei weitere Kinder wurden geboren, von denen eins starb. Es blieben eine Tochter, die mit ihren drei Kindern bei uns wohnte, und ein etwas geistig zurückgebliebener Sohn, der normal aussah und in Otsjanep lebte. Warum, wusste allerdings niemand. Kokai wollte die Paddel, die Schilde und die Speere in Agats verkaufen. Es war die einzige Art, wie er an Geld kam.

Obwohl wir Stunden über Stunden miteinander verbracht hatten, sprachen wir am meisten am Morgen, wenn er sich normalerweise mehr öffnete und neben sich auf den Boden klopfte, um mir zu bedeuten, ich sollte mich neben ihn setzen. Wir kauten auf dem trockenen, geschmacksneutralen Sago und den kleinen Fischen herum, rauchten unsere ersten Zigaretten und tranken unseren Kaffee – ein Luxus für ihn, denn ich hatte ihn aus Agats mitgebracht. Er deutete auf die Waffen und sagte ihre Asmat-Namen. *Amun*, Bogen. *Jamasj*, Schild. *Po*, Paddel. Dann meinte er: »Schau!« und zeigte mir eine zwei Zentimeter lange Narbe auf seinem Unterarm. »Von einem Pfeil!« Er schlug sich darauf, dann auf den Schenkel und die Lende – vier Wunden, eine davon von einem Pfeil, der durch seine Lende schoss und hinten wieder austrat. »Otsjanep!«, sagte er. Dann hüpfte er auf, schnappte sich einen Schild, versteckte sich dahinter, avancierte, duckte sich, avancierte, schrie auf und tat dann so, als ob er einen Pfeil abschießen würde.

In einer Welt ohne Fotos oder Fernsehen oder sonstigem massenmedialen Material sind die Asmat fantastische Geschichtenerzähler, expressiv und dramatisch mit Stimme und Körper. Die Geschichten sind voll vom Abhacken von Köpfen, Schießen mit Pfeil und Bogen und Erstechen mit Speeren. Wenn Kokai über Kanus oder das Paddeln erzählte, beugte er sich nach vorn und breitete die Arme aus, wurde zu einem Kanu, das über die Wasseroberfläche glitt, einem Kanu, das ich sehen konnte. Einmal hat er einen Flughund nachgemacht: Er kauerte sich zusammen, schnitt eine Grimasse, entblößte die Zähne, kreischte und hielt die Hände so, als ob er an etwas hängen würde. Plötzlich *wurde* er ein Flughund – ich konnte ihn sehen, wie er kopfüber in einem Baum hing.

Die Geschichte über die Spaltung zwischen Otsjanep und Pirien kannte ich zwar bereits, aber ich fragte ihn trotzdem: »Warum? Was ist passiert?«

Er tat so, als schnappe er sich jemanden, kämpfte mit ihm, ein Gezerre und Geschiebe. Dann formte er einen Kreis mit den Fingern der einen Hand und stieß mit dem Zeigefinger der anderen ständig rein und raus – ein Kampf um Frauen, um Sex. Mittlerweile wusste ich, wer wer war, und die Details der Geschichte gewannen an Leben. Es war Dombai gewesen, Vater von Ber, dessen Haus vor Kokais stand, dem Hörner aufgesetzt wurden – und er war Anführer eines *jeu*, der wichtigste Mann eines Clans. Und der Mann, der mit dessen Frau geschlafen hat, war Fin, das Oberhaupt von Otsjanep. Es stellte einen unverfrorenen Verrat, eine direkte Herausforderung und gravierende Beleidigung für jedes Mitglied von Dombais *jeu* dar und würde einen Akt der Gewalt nach sich ziehen.

Pirien und Otsjanep waren zwei sehr komplexe Siedlungen. Zehn Menschen schliefen in Kokais Haus – er und seine Frau samt ihren zwei Kindern, seine Tochter und Schwiegersohn und deren drei Kinder und ich. Es waren nur so wenige, weil ich da war. Aber je mehr Zeit verging, desto mehr Leute störten sich nicht mehr an mir; nach ein paar Wochen war die Anzahl auf zwanzig gestiegen. Pirien selbst war in fünf Untersiedlungen aufgeteilt. Jede besaß einen Namen und bestand aus fünf Hauptfamilien, die wiederum den größeren Clan bildeten und alle zum gleichen jeu gehörten. Fünf Häuser, also mindestens fünfzig Menschen lebten in Ufin, die alle direkte Verwandte Kokais waren. Und er, der Patriarch, hatte tatsächlich fünf Jahre lang als *kepala desa* (Oberhaupt) Piriens fungiert. Im Grunde war es ein gewählter Posten – er war wie ein Bürgermeister und erhielt ein wenig Taschengeld (weswegen er auch in Besitz eines Hauses mit Brettern war). Aber es gab noch einen anderen Anführer, der entweder *kepala perang* oder *kepala adat* genannt wurde – der Kriegsherr oder Zeremonienmeister. Dies war das wichtigste aller Ämter, und die meisten hielten es ihr Leben lang. Sie waren auch Anführer ihres *jeu*, von denen es fünf in den beiden Siedlungen gab: Otsjanep, Kajerpis und Bakyer in Otsjanep und Pirien und Jisar in Pirien.

Komischerweise hatte jede Siedlung, die ich besucht hatte, ein *jeu* – die riesigen, dreißig Meter langen Gebäude, die als Zentren für Zeremonien und das generelle Dorfleben dienten –, nur Otsjanep und Pirien nicht. Das war ein Rätsel, auf das ich nie eine richtige Antwort erhielt. Ich nahm an, dass das Fehlen der *jeus* etwas mit der Gewalt zu tun hatte, die schon immer zwischen den beiden Siedlungen herrschte, vielleicht sogar mit Michael Rockefellers Tod. Trotz all der Einmischung der niederländischen Kolonialherren waren sie ein Zuckerschlecken im Vergleich zur indonesischen Regierung und ihren Beamten. Während die Niederländer die Kopfjagd und den Kannibalismus untersagten und das Christentum mit sich gebracht hatten, ließen indonesische Regierungsbehörden sämtliche *jeus* abbrennen und alle Schnitzereien und Feste verbieten. Die wenigen niederländischen Missionare, die noch geblieben waren, wurden mit einer Welle von Priestern vom Orden des Heiligen Kreuzes aus den Vereinigten Staaten ersetzt. Spannungen zwischen den Missionaren und den Indonesiern erreichten ihren Höhepunkt mit der Erschießung des Priesters Jan Smit durch indonesische Beamte 1965 in Agats. Erst in den frühen Siebzigerjahren des letzten Jahrhunderts führte Indonesien eine weichere Gangart ein und erlaubte, mit Druck seitens der amerikanischen Missionare, dass traditionelle Asmat-Bräuche allmählich wieder auflebend durften. Aber selbst heute noch benötigte eine Siedlung eine Baugenehmigung von der Regierung, um ein neues *jeu* zu errichten. Ich ging davon aus, dass Beamte weiterhin besorgt waren, dass diese offensichtlichste Manifestation des traditionellen spirituellen Lebens – fünf große *jeus* in einer Siedlung, die über Jahrzehnte unter Machtkämpfen und Gewaltausbrüchen litt – den alten Stolz wiederaufleben lassen könnte, dass das Kriegsbeil wieder ausgegraben und die Gewalt von Neuem über die Siedlung hereinbrechen würde.

Natürlich konnte man Traditionen nicht einfach so abstellen, das hatten die ersten niederländischen Versuche, die Kopfjagd zu verbieten, bereits gezeigt. Meine Erkundigungen, warum es keine *jeus* in Otsjanep und Pirien gab, wurden durch die Tatsache erschwert, dass niemand meine Fragen verstand. Die Antwort lautete stets, dass es fünf *jeus* in Otsjanep gegeben hat, und jeder wusste, wer zu welchem *jeu* gehörte, selbst wenn es kein *jeu* als solches gab. Natürlich! Es hatte nichts mit den Gebäuden an sich zu tun – Kirchen im übertragenen Sinne –, sie zählten gar nicht.

Irgendwann deutete Kokai auf ein gegenüberliegendes Haus und sagte: »Das ist das *jeu*.«

»Oh«, entgegnete ich. »Darf ich es mir einmal anschauen?« Wir gingen hin, traten ein, und es stellte sich heraus, dass es das Haus von Ber war, Piriens derzeitigem kepala desa. Otsjanep und Pirien besaßen keine konventionellen, traditionell gebauten jeus, was aber so gut wie nichts ausmachte.

Wie ich schon bald erfahren sollte, hatten die Männer aus Jisar die Behörden davon überzeugt, dass ein traditionelles jeu den Tourismus fördern könnte, und sie erhielten die Erlaubnis, mit dem Bau zu beginnen. Wenige Tage nach meiner Ankunft führte mich Bouvier, Kokais Schwiegersohn, zur Baustelle.

Pirien bestand aus etwa dreißig Häusern am Ufer des Ewta, neun davon mit Holzdielen erbaut. Obwohl ich keinerlei Demarkation oder Grenze erkennen konnte, gehörten weitere zwanzig flussabwärts eigentlich zu Jisar, und wir mussten etwa vierhundert Meter auf einem einen Meter breiten, holprigen Bohlenweg zurücklegen, um zu ihnen zu gelangen.

An einer Lichtung am Ufer erhob sich eine Steinzeitfantasie. Auf einem Fundament aus dreiunddreißig Pfählen mit je einem Meter Abstand stand das Fachwerk des neuen *jeu*. Von jedem Pfahl in der ersten Reihe, die hinaus auf den Fluss blickte, gaffte ein geschnitztes Gesicht. Der Boden war bereits fertiggestellt, eine federnde Schicht aus schmalen, vielleicht zweieinhalb Zentimeter dicken Ästen. Darauf ruhte das Fachwerk, ein unfertiger, rechteckiger Aufbau, ohne Wände und Dach. Jedes *jeu* besaß ein hohes, flaches Dach, in dessen Mitte sich große Stämme über die gesamte Länge erstreckten, die auf einer Reihe eingekerbter Stützpfähle ruhten, und als wir uns der Baustelle näherten, waren dreißig Männer dabei, diese Stützpfähle mit den Füßen tief in den Schlamm zu rammen. Sie arbeiteten schnell, sangen, riefen im Sprechchor, ergriffen die Pfähle mit den Armen, um sie mit den Füßen immer weiter in den Schlamm zu treiben. Bei dem Anblick musste ich an einen Bienenstaat oder eine Ameisenkolonie denken, denn es gab keinen zentralen »Architekten«, keinen Plan, keinerlei Maschinen. Stattdessen arbeitete eine Mannschaft in mysteriöser Harmonie, stampfte Pfähle, hob die Mittelbalken, setzte sie auf die Stützpfähle und band alles mit Rattan zusammen.

»Mehr! Ein bisschen mehr!«, riefen sie, und Männer hievten und sangen, bis alles perfekt zusammenpasste. Keine Nägel, kein Draht, sie arbeiteten mit nichts weiter als einer Handvoll Äxte und Macheten, und obwohl kein einziger Pfahl wie der nächste war – sie unterschieden sich in Länge und Breite, manche waren nicht einmal gerade –, sah das *jeu* so gerade und rechtwinklig aus, als ob sie alles mit Wasserwaage, Laser und Elektrowerkzeugen gemessen und bearbeitet hätten.

In der Hitze des Tages bewegte sich so gut wie niemand außer den Kindern, aber am späten Nachmittag kam wieder Leben in die Siedlung, und am darauffolgenden Abend bot sich mir eine ganz andere Szene. Das *jeu* hatte keine Wände, kein Dach, aber die Asmat konnten nicht anders. Es war der erste Bau seit Jahren, und das Feiern und Zelebrieren hatte begonnen und würde nicht eher enden, als bis das *jeu* fertiggestellt war.

Ich ging allein hin, hatte ungefähr dreißig Kinder im Schlepptau, die mir auf Schritt und Tritt folgten und unentwegt lachten. Männer saßen und lagen auf dem Boden der unfertigen Baustelle verstreut, in der Mitte ein Kreis Trommler. Sie riefen mich zu ihnen, winkten mich heran, und ein alter Mann am Kopf des Kreises machte für mich Platz, klopfte auf den Boden, wollte, dass ich mich neben ihn setzte. »In zwei Wochen werden wir fertig sein«, sagte er, »wenn der Bupati (Bezirksleiter) von Agats kommt. An dem Tag müssen wir die Wände mit *gabagaba* und das Dach mit *atap* (Palmwedeln) abdecken.«

Dann, bis die Sonne unterging und viele Nachmittage danach, verlor ich mich in den Stammesfestivitäten. Auf einem Bett aus Schlamm brannte ein Feuer. Das schimmernde Licht, der Dschungel in ein weiches Grün getaucht, die Luft heiß und feucht und ruhig, der Fluss, der so stetig vor sich hin floss wie eine Eieruhr, durch die Sandkörner rieseln, die Sonne, ein greller gelber Kreis im Westen. Die Männer waren bis zum Anschlag geschmückt, eroberten ihre Geschichte zurück. Hundezähne und Hauer von Wildschweinen um die Arme, Kakadufedern ragten aus ihren Haaren und Stirnbändern aus Pelz, die Gesichter angemalt – einige ocker, andere schwarz –, Kasuar-Dolche hingen in ihren Rattanscheiden, die um ihre Bizepse gebunden waren. Die Ältesten trugen Schweineknochen oder Muscheln in den Nasen. Sauer, der alte Mann, neben dem ich saß, war der *kepala perang* von Jisar und besaß die für die Asmat klassischen hohen Wangenknochen und bestand aus nichts weiter als Muskeln, Knochen und schwarzer Haut. Auch er war mit Farbe bemalt.

Im Schöpfungsmythos der Asmat trommelte Fumeripitsj die Asmat aus seinen Schnitzereien zum Leben, und so trommelten sich auch Sauer und sein *jeu*-Gefolge ins Dasein, stellten sich wieder her als das, was sie waren, wie sie sich sahen. Monate zuvor hatte ich eine Amerikanerin kontaktiert, die sich sehr gut mit der Kunst der Asmat auskannte und Verbindungen zur Order des Heiligen Kreuzes besaß. Ich erzählte ihr von meinem Projekt, aber ihre Antwort war recht unterkühlt ausgefallen. Nicht schon wieder etwas über primitive Kopfjäger und Kannibalen, hatte sie gesagt.»Das ist schon aufgearbeitet worden. Es liegt in der Vergangenheit. Es gibt dort so viele Probleme, echte Probleme, und die Asmat müssen mit heutigen Maßstäben gemessen werden. Sie leiden unter AIDS, Armut und haben keinen Zugang zu Bildung, kein Gesundheitswesen.«

Ich verstand, was sie damit sagen wollte, aber ihr Standpunkt war genauso verklärt wie der meine. Wenn ich die Asmat mit ihren Augen sah, würde ich von Armut geplagte Opfer in Lumpen sehen, die unter Tinea leiden und von Indonesien ausgebeutet werden. Und es stimmt. Die Asmat leben in Stroh- oder Palmenhütten im tiefsten Hinterland am Rand der Gesellschaft, ohne fließend Wasser und Strom. Sie tragen unsere weggeworfenen, löchrigen T-Shirts und abgewetzte Shorts, sind im Wesentlichen Analphabeten und haben so gut wie keine Zukunft in einer dynamischen und technologischen globalen Weltwirtschaft.

Aber so sah ich sie nicht, und wie ich sie so beobachtete, wie sie auflebten, konnte ich mich des Gefühls nicht erwehren, dass sie diese Meinung auch nicht teilen würden. Meine Amerikanerin wollte sie als Opfer darstellen, die unserer Hilfe bedürfen, unser Mitleid verdienen, aber ihre Würde, ihr Stolz und ihr Selbstwertgefühl lagen in dem, was sie einmal gewesen waren und in ihren Köpfen noch immer sind: Krieger. Ehemalige Kopfjäger, die tief in einer reichen Geisterwelt lebten. Wenn man ihnen dies wegnahm, blieben in der Tat nur Opfer übrig, die in einem Getto-Sumpf lebten. Obwohl sie jetzt katholisch waren, sich des Öfteren vor dem Essen bekreuzigten und sich scheuten, Fragen über rituelle Tötungen und Kannibalismus direkt zu beantworten, war das, was sich jetzt vor mir entfaltete – und in all den Geschichten und Liedern, die ich über die kommenden Wochen hören sollte – eine Offenbarung. Die Asmat zeigten sich, wie sie sich selbst sahen und verstanden.

Sie trommelten sitzend, trommelten stehend, zweihundert Schläge die Minute, sangen, Männer tanzten, Kinder tanzten, Schweiß lief ihnen den Körper hinab. Andere Männer bliesen unheimlich und schmerzvoll klingende Hörner, und der Boden des *jeu* schwang mit, pulsierte. Sie gingen ans Ufer, und noch mehr Männer erschienen, auch Frauen, einige oben ohne mit Grasröcken. Sie hüpften und schüttelten sich, Knie schlugen nach innen und nach außen, und sie tanzten mit ihren Waffen, mit Pfeil und Bogen und Speeren, während die Sonne immer tiefer sank. Dampf stieg von ihren erhitzten Körpern auf, und in ihrer Gleichheit trug jeder doch etwas Besonderes. Sie heulten, krakelten, johlten, eine wilde, allen zugängliche, ungetrübte Wonne und Hingabe in ihrer reinsten Form. Hier war eine Kultur, die weiter zurückging, als das Erinnerungsvermögen es sich vorzustellen vermag.

Mir kamen die Tränen. Es war so ergreifend, wunderschön und ungefiltert; es war pur, tief und kam von Mutter Erde, aus dem Fluss und dem Schlamm. Riesige Wolken hingen im Himmel, und ein junger Mann mit ockerfarbenen Längsstreifen im Gesicht, grellorangen Shorts und einem Speer in der Hand tanzte auf einmal wilder als alle anderen, warf die Beine hoch, ließ die Hände flattern und brüllte:»Wha! Wha! Woooweee!« Die Menschenmenge folgte den Trommlern in Reihen, die zwischen *jeu* und Ufer auf und ab gingen, und kurz bevor die Sonne hinter dem Wust von grünem Horizont unterging, erschienen riesige Vögel. Aber es waren keine Vögel, sondern Flughunde. Gigantische Flughunde, so groß wie Adler, Hunderte, nein, Tausende, die sich aus ihren Nestern in Küstennähe erhoben und hundert Meter über uns hinwegflogen – alle in eine Richtung, weg von der Sonne gen Osten. Ihr Flugbild aber war nicht fledermausartig, sondern wie das eines Vogels. Jeder Flughund schien allein zu fliegen, zwei Flügelschläge pro Sekunde, langsam, behutsam, und ich musste an Hitchcock oder die fliegenden Affen aus *Der Zauberer von Oz* denken. Sie hatten etwas Zielstrebiges an sich; sie glitten nicht dahin, stiegen nicht in die Höhe, sondern schienen einfach nur aus riesigen Flügeln und bauchigen Fledermauskörpern zu bestehen, an denen zwei winzige Füßchen hingen.

Das Trommeln, der Gesang und das Tanzen hielt für zwei Wochen an, bis zu dem großen Tag, an dem die Regierungsbeamten erscheinen sollten und die Männer das *jeu* vollendeten, indem sie das Dach und die Wände bauten und die einzelnen Familienfeuerstellen entfachten, die vor der hinteren Wand aufgereiht waren. Mein Indonesisch wurde immer besser, und ich verstand mehr und mehr. Es half natürlich, dass Kokai begriffen hatte, dass er langsamer mit mir reden musste, einfachere Begriffe benutzte. Die Struktur der Tage legte sich mir offen. Das Haus und die Siedlung erwachten bei Sonnenaufgang. Obwohl es eine Grundschule gab, hatte sie seit zwei Monaten keinen Lehrer mehr gesehen. Die Kinder spielten den ganzen Tag lang, spielten

Fangen, kämpften und hievten Bäume über den Fluss, um hineinzuspringen. Die Jungs bauten kleine Bögen und Pfeile, erjagten Schlangen und Mäuse; Jungs und Mädchen zusammen errichteten kleine Festungen aus Unterholz. Die Mädchen wurden in den Wald geschickt, um Feuerholz zu sammeln, das sie dann gemeinsam anzündeten. Die Teenager jagten einander, schwammen, flochten sich Zöpfe, spielten wild Fußball auf dem »Feld« vor der Schule, das aus dreißig Zentimeter tiefem Schlamm bestand. Kurz nach Sonnenaufgang paddelten Frauen in ihren Kanus zur See, wo sie den ganzen Tag lang fischten, Garnelen aufsammelten oder Holz für die Feuerstellen zu Hause zusammenklaubten und klein machten.

Frauen taten alles. Sie wuschen die zerfledderte Kleidung an den schlammigen Ufern, bereiteten alles Essen vor, eine nie enden wollende Ernährung aus Sago-Bällen, Reis und Ramen-Nudeln, Fisch und winzigen, krillähnlichen Garnelen, die sie in Palmwedel einwickelten und auf dem Feuer garten. Das Essen in Kokais Haus stammte hauptsächlich von anderen Familienmitgliedern aus anderen Häusern. Während meiner Zeit dort sah ich nie Gemüse oder Obst – abgesehen von Kokosnüssen. Wenn die Männer nicht trommelten, sangen oder schnitzten, taten sie nichts. Ab und zu halfen sie ihren Frauen, Sago aus dem Dschungel zu schlagen. Sie waren Krieger, die in keine Schlacht ziehen durften. In alten Tagen hatten sie entweder gekämpft, gejagt oder ihre Frauen beschützt, aber das war nicht mehr notwendig, und während meiner gesamten Zeit dort habe ich niemanden jagen gesehen – obwohl sie es irgendwann getan haben müssen, denn der Vorrat an Kasuarknochen und -federn, Kuskus-Pelzen und Kakadufedern schien schier unerschöpflich zu sein. Zum Baden sprangen sie in den Fluss, mit T-Shirt und Shorts, niemand benutzte Seife. Der Fluss widerte mich an. Er war braun und schlammig, und bei Hochwasser überflutete er die Siedlungen und ihre Plumpsklos – und Otsjanep lag nur wenige Meilen flussaufwärts. Aber entweder ganz oder gar nicht. Einmal, als ich gerade hineinspringen wollte, schwamm mir eine große Wurst direkt vor der Nase vorbei.

Oft begleitete mich Kokais Schwiegersohn, ganz gleich, wohin ich ging. Ich war mir nie sicher, weswegen. Wollte er nur mit mir herumhängen, oder hatte man ihn darum gebeten? Er war jung, gut aussehend und wahrscheinlich Mitte zwanzig. Er konnte lesen und schreiben, hatte die Grundschule besucht. Einmal habe ich ihn gefragt, wie alt er war. Er dachte eine ganze Weile nach und antwortete dann: »Fünfzehn.«

Zu jeder Tages- oder Nachtzeit schrie immer irgendwo ein Kind, und ein Lied schwebte über den Schlamm auf der Brise daher, vermischte sich mit dem allgegenwärtigen Rauch und Gestank von Fäkalien. Kokais Tochter und Nichten und weiter entfernte Familie gingen ständig ein und aus, tingelten von einem Haus zum nächsten, sangen wunderschön und süß – selbst Kokais Schwester, die nebenan wohnte, mochte dünn wie eine Bohnenstange, beinahe zahnlos und in sehr gehobenem Alter sein, konnte aber mit ihrer rauen, tiefen Stimme sehr gut singen. Während ich diesen menschlichen Geräuschen lauschte, fiel mir auf, dass in den Vereinigten Staaten jede Erfahrung oder Unterhaltung über ein Headset oder Telefon stattfindet, über Computermonitore oder Fernseher, per E-Mail oder SMS. Die meisten unserer Erfahrungen sind schon vorher aufgenommen, stark überarbeitet, oft weit entfernt, abgetrennt von ihrer ursprünglichen Quelle. Der Westen ist ein Ort, in dem diese überschneidenden Wirklichkeiten miteinander im Wettbewerb stehen. In Asmat aber ist alles unmittelbar präsent, zum Anfassen und live. Wenn man Musik hören möchte, muss man sie selbst machen. Wenn man mit jemandem reden will, muss man die Person finden. Wenn man eine Geschichte hören möchte, muss sie von jemandem erzählt werden, und man selbst muss neben der Person sitzen, die sie gerade fantasievoll ausschmückt.

Alles in Asmat ist roh, die konstante emotionale Intensität bestehend aus Freude oder Traurigkeit, aus Kampf oder Umarmung, und alle sind so sehr miteinander verbunden, wissen, wo sie hingehören, kennen ihren Platz in ihrer Familie, Nachbarschaft, Siedlung, ihrem *jeu*. Ich habe viel über mein Faible für das »Primitive«, wie ich es genannt habe, nachgedacht. Schließlich war es diese Faszination gewesen, die mich nach Asmat gebracht hatte und wegen der ich auf Michaels Geschichte gestoßen bin. Teils war es eine ganz einfache romantische Neigung – die Romantik des Dschungels, der offenen Feuer, der Trommeln, der Speere und Pfeilen und Bögen und Ketten aus Hundezähnen. Aber es beruhte ebenso auf der Hoffnung, etwas über mich selbst zu erfahren, mich zu verstehen. Ich wollte herausfinden, was in meinem Leben fehlte, eine gewisse Sehnsucht nach etwas. Die Familie meines Vaters war jüdisch orthodox, ein Volk, das sich stets außerhalb der breiten Masse Amerikas sieht. Aber welche tiefere Verbindung auch meine Großeltern, Tanten und Onkel dieser Gemeinde gegenüber empfanden, mein Vater rebellierte, hat alles abgelehnt, sich selbst meiner Großmutter gegenüber im Alter von siebzehn Jahren zum Atheisten ernannt. Dann heiratet er meine Mutter, eine WASP – weiße, angelsächsische Protestantin –, eine ruhige Frau, eine Liebhaberin von Büchern. Sie war kein Gesellschaftsmensch. Weder mein Vater noch meine Mutter waren Sportfans, aktiv oder passiv. Wir gingen nicht in die Kirche, lebten in einer größtenteils katholischen Gegend mit riesigen Familien – die Murrays nebenan hatten elf Kinder, die Hagues um die Ecke zwölf, die Hannapels auf der anderen Straßenseite sechs, die Vieths, ein paar Häuserblöcke entfernt, sechzehn. Wir hatten nichts mit ihnen gemeinsam. Meine Eltern hatten sogar meiner Schwester und mir von Anfang an erklärt, dass es solche Sachen wie den Nikolaus, Weihnachtsmann oder Osterhasen nicht gab. Ich war mit keinem Stamm, keinem Glauben, keinen Ritualen aufgewachsen, hatte nirgendwo hingehört, mich nie einer größeren Gruppe unterworfen.

In der Verhaltensweise der Asmat erkannte ich eine Wahrheit. Ich hatte mich immer nach mehr Verbindung gesehnt, auch wenn ich stets davor geflohen war, und in Pirien, trotz dieser Fremde, war ich nie allein. In der Liebe gab es bei mir kein Gleichgewicht. Entweder wies ich jegliche Intimität von mir, stieß Frauen ab, oder aber ich verfiel ihnen, wollte alles von ihnen, die ganze Zeit, wollte sie in mich einsaugen, sie aufessen. In gewisser Weise verstand ich den Dualismus der Asmat, das Fehlen von Gleichgewicht, erkannte, dass ich manchmal gewissermaßen nur einen Sprung davon entfernt war, zumindest metaphorisch gesehen. Was ich Primitivität nannte, hatte nichts mit dem Leben in einem Haus oder einer Hütte zu tun oder ob man wild in einem Nachtclub tanzte oder unter dem Mond in einem Sumpf um ein offenes Feuer, sondern vielmehr mit dem eigenen Bewusstsein, dem Selbstgefühl. Kokai und seine Familie, alle Asmat in Pirien waren miteinander und mit ihrer Siedlung in einer Weise verbunden, die ich zu ergründen nicht wirklich imstande war, aber ein großer Teil von mir wollte so sein wie sie. Ihre ungefilterte, unmittelbare Art, das Leben zu erfahren, appellierte an meine eigene Primitivität, auch wenn ich nicht fähig war, sämtliche Hemmungen abzustreifen und mich dem völlig hinzugeben.

Tobias Schneebaum hatte das gleiche Gefühl der Zugehörigkeit verspürt. Ihn hat es aus den gleichen Gründen nach Asmat gezogen. »Mein ganzes Leben lang«, schrieb er, »habe ich nach Wegen gesucht, wie ich mit anderen Menschen in Kontakt treten kann. Plötzlich finde ich mich in einem Wald inmitten der Asmat wieder, lebe in ihrer Welt, in der ich sämtliche Unsicherheiten abstreifen kann. Hier bin ich zufrieden.«

25

Dezember 2012

ALS DIE ZWEITE Woche in die dritte überging, wurde es langsam Zeit, mit meinen Untersuchungen zu beginnen. Ich fühlte mich wohl in Pirien, und Pirien schien sich mit mir wohl zu fühlen. Zu den Trommelsessions, die zum Bau des *jeu* gehörten, war ich

AUTOR MIT KOKAI (ZU MEINER RECHTEN, MIT BASEBALLKAPPE) UND KOKAIS FAMILIE IN PIRIEN. DER MANN IN DER MITTE IST BER, SOHN DOMBAIS. ZU SEINER RECHTEN STEHT TAPEP, SOHN PEPS.

nicht nur willkommen, sondern wurde sogar erwartet. Männer und Frauen grüßten mich bei meinen täglichen Wanderungen auf den Bohlenwegen, und ich zog kein Publikum mehr an, wenn ich täglich im Fluss badete. Ich war drei Mal mit einem Kanu, das einem Neffen Kokais gehörte, nach Basim gefahren. Der Trip dauerte eine Stunde. Basim besaß einige Geschäfte, wo ich immer wieder Reis und Ramen-Nudeln, Tabak, Zucker und sogar Lollis und einen Fußball für die Kinder kaufte, um den Haushalt gut in Futter zu halten. Ich ernährte eine fünfzigköpfige Familie – wir hatten uns durch einen Zentner Reis gegessen –, und je mehr ich kaufte, desto schneller verschwand es in Kokais kleinem Reich von Ufin. In einer Familie gab es keinen Privatbesitz; alles gehörte jedem, und alles wurde geteilt. Je wichtiger man war, desto mehr wurde von einem erwartet zu geben.

Ich entwarf einige Szenarien, was Michael widerfahren sein könnte, das Wieso, Weshalb und Warum.

Kokai und ich hielten morgens zu unserem Kaffee und den Zigaretten immer ausgedehntere Gespräche. Um uns herum Rauch, trampelnde Kinderfüße, Geschrei und Gekreische. Er redete oft in der dritten Person über sich. »Mein Großvater und mein Vater erzählten mir viel über die Geschichte von Asmat, die Geschichte der Siedlung. Lieder, so viele Lieder. Lieder über das *jeu*, Lieder über Sago, Lieder über das Paddeln, Lieder über die Vögel und Fische und über *bisj*. Kokai hörte zu. Kokai hatte immer Ohren und Augen weit offen.«

Es stellte sich heraus, dass Kokais Vater Fom war, einer der Männer auf van Kessels Liste. Er besaß angeblich eine Rippe von Michael Rockefeller. Wenn Fom bei der Tötung Michaels dabei gewesen war, dann wusste Kokai davon, daran hatte ich keine Zweifel.

Kokai erzählte mir, wie schwer es gewesen war, eine neue Frau zu finden. In Pirien hatte er kein Glück gehabt. Hier hatten die Frauen Angst vor ihm, sagte er, vielleicht weil er so alt war. Er hatte Maria in Basim gefunden, aber es hatte sehr viel Sago, Zucker und Hundezähne gekostet, um die Männer im *jeu* gnädig zu stimmen. »Sie haben Kokai warten und warten und warten lassen«, erinnerte er sich.

Er erklärte mir, wie die Nasenflügel der Jungs mit einem scharfen Stück Bambus aufgeschlitzt wurden, während sie auf dem Boden lagen, und wie das Loch mit der Zeit geweitet wurde. Der Wandel der Zeit spielte bei jeder Geschichte eine Rolle. Heutzutage piercte niemand mehr seine Nasenflügel, und Kokai weigerte sich, beim Trommeln und Gesang mitzumachen. Stattdessen steckte er sich Federn in die Haare, setzte sein Stirnband aus Kuskus-Pelz auf und sang allein vor sich hin. Stundenlang, immer hin und her schaukelnd.

Kami ist meine Liebe
Du bist meine Angebetete
Nach deinem Tod gibst du mir nur noch Erinnerungen
Für meinen Stolz.
Kami ist meine Liebe
Und ich sehne mich nach dir
Nach allem.
Und Kami, meine Frau
Du bist meine erste Frau
Warum bist du jetzt gestorben?
Ich brauche dich.
Aber du lebst nicht mehr mit mir.
Ich bin schon so lange allein
Ohne dich in meinem Leben.
Ich liebe dich für immer.
Aber mein Leben ist ewig, denn
Ich bin dein Geliebter.
Ewig in meinem Leben.

»Ich bin traurig«, erklärte er. »Damals hatten wir Feste, die Wochen über Wochen andauerten. Wir sammelten Sago und Fisch, und ich gab und gab und gab: Tabak, Zucker, Sago und Fisch. Wir trommelten und sangen wochenlang, monatelang. Jetzt aber sitze ich hier und weine. Ich bin traurig, und Tränen fließen meine Wangen hinab. Ich streiche Schlamm auf meine Stirn und meinen Haaransatz, und ich weine und erinnere mich. Heute singe ich für meine erste Frau. Sie ist tot, liegt dort begraben«, sagte er und deutete auf ein Grab hinter dem Haus.

Bis ist meine Frau
Du bist eine wunderschöne Frau
Und wo bist du jetzt?
Holst du vielleicht Sago?
Oder fischst du nach Fischen?
Warum bist du nicht nach Hause gekommen?
Hier bin ich und warte auf dich.
Weine um dich.
Denn du bist meine Frau, meine wunderschöne Frau.
Ich bin dein Mann und weine um dich
Für immer.
Und ich werde weinen, bis ich sterbe.
Denn du hast das Leben so schwierig gemacht
Und ich weine, weine immerfort
Und ich sterbe für dich.

Ich erzählte Kokai, dass ich einige alte Fotos hatte, und fragte ihn, ob er sie sich vielleicht anschauen wollte.

»Ja!«, rief er emphatisch.

Also kramte ich sie hervor, einen Stapel mit an die fünfzig Schwarz-Weiß-Fotos, die Michael Rockefeller während seines Aufenthalts in Otsjanep gemacht hatte, im Sommer 1961.

Wir saßen auf dem mit Asche bedeckten Boden neben der Tür zur Küche. Ich reichte sie ihm, und schon hatte sich eine Menschenschar um uns gebildet, Frauen und Kinder drängten heran, und plötzlich strömten Männer aus der ganzen Siedlung in das Haus, darunter auch Kokais Bruder. Auf der Rückseite jedes Fotos standen ein paar erklärende Worte – der Ort, manchmal sogar das *jeu*, aber die Männer blieben fast ausnahmslos unbenannt. Sie waren nackt, stolz, lächelten, die Haare in langen Locken, und einige hatten die Muscheln von Tritonschnecken über den Rücken hängen – ein Zeichen eines großen Kopfjägers. Andere Fotos zeigten nackte Trommler in *jeus* oder aufwendig geschnitzte *bisj*-Pfähle, sowohl auf dem Boden des *jeu* als auch an dem Gerüst davor montiert.

Frauen und Mädchen kicherten und schnatterten beim Anblick der nackten Männer, Kokai aber wurde ganz still und ehrfürchtig. Er starrte und starrte, hielt die Fotos ans Licht, als ob er durch ein Portal in eine längst vergangene Vergangenheit blicken könnte, an die er sich vielleicht noch erinnern konnte, die er aber schon seit über einem halben Jahrhundert nicht mehr gesehen hatte.

»Hmmm«, murmelte er und fuhr mit seinem langen Fingernagel die Reihe von Männern auf dem Foto ab. Dann begann er, ihnen Namen zu geben. Dombai mit den dicken Augenbrauen, einem breiten Lächeln und einem Schweineknochen in der Nase, auch in van Kessels Bericht namentlich genannt, der ehemalige *kepala perang* von Pirien, der Mann, dem die Hörner aufgesetzt wurden, Vater von Ber, der keine zwanzig Meter von uns entfernt wohnte. (Kokai nannte Ber »mein Bruder«, obwohl ich nie genau herausfinden konnte, wie sie nun genau verwandt waren. Außerdem gehörten sie zu verschiedenen Clans in der Siedlung.) Tatsji, einer derjenigen, die sich sowohl in Omadesep als auch in Otsjanep unbehelligt aufhalten durften. Er war dabei, als sie von Peij davon unterrichteten, dass Michael getötet wurde. Der Anführer Omadeseps, Faniptas, der alles angefangen hatte, indem er die Krieger Otsjaneps 1957 überzeugte, mit ihm nach Wagin zu gehen. Er machte einen imposanten Eindruck: In seinen späten Vierzigern oder Anfang fünfzig, nackt, groß und mit Muskeln bepackt, die Haare mit Sago-Fasern bis auf die Schultern verlängert, überall Hundezähne, Wildschweinhauer, herabhängende Muscheln und sonstiger Schmuck. An seinem linken Handgelenk trug er ein dickes Band aus Rattan, um sie vor der Bogensehne zu schützen. Kokai zeigte auf Jane und Bese, die ebenfalls in van Kessels Bericht namentlich erwähnt wurden. Kokai wusste, welches *jeu* welches war und wer zu welchem *jeu* gehörte.

Ich fragte ihn nach Faniptas. »Nach dem Trip nach Wagin«, begann er, »gab er Dombai einer seiner Töchter, als Friedensangebot.«

Faniptas und seine Männer hatten sechs Krieger aus Otsjanep getötet, die wiederum Dutzende aus Omadesep getötet hatten, um das Gleichgewicht wiederherzustellen. Die Asmat brauchten Max Lapré oder seine Regierung nicht. Sie hatten die Sache selbst in die Hand genommen, und ich erinnerte mich an die Worte von Priester Vince Cole: Trotz (oder vielleicht auf Grund) ihrer ständigen Kriege und Streitigkeiten hatten die Asmat stets eine Verbindung geschaffen, eine Strategie, die weitere Kommunikation ermöglichte und Beziehungen zementierte, und vermieden es so, sich gegenseitig bis auf den letzten Mann zu massakrieren.

»Und was ist mit den *bisj*-Pfählen?«, wollte ich wissen. »Warum liegen die im *jeu*?«

»Das *bisj*-Fest war noch im Gange.«

»Für wen waren die Pfähle?«

»Das weiß ich nicht«, antwortete er.

Es sprach sich rasch herum, war bald in ganz Pirien und Jisar verbreitet. Während der nächsten Tage strömten Männer in Kokais Haus, um sich die Fotos anzuschauen, inmitten all des Trommelns und Gesangs im *jeu* und in Bers Haus in Pirien, denn auch sie hatten mit Trommeln und Gesang begonnen, um Jisar und eine neue Idee zu feiern – dass auch sie ein neues *jeu* bauen würden.

Sie identifizierten sechs der fünfzehn Männer, die van Kessel und von Peij in ihrem Bericht genannt hatten und die Gebeine von Michael haben sollten. Das bewies, dass die Männer Michael tatsächlich getroffen hatten. Wenn Michael es also bis ans Ufer geschafft hatte, dann war er auf Männer getroffen, die ihn kannten und wussten, wie er hieß. Ich erkundigte mich immer wieder nach den *bisj*-Pfählen, aber die Antwort war stets dieselbe: Das *bisj*-Fest war noch nicht vorüber, aber sie hatten keine Ahnung, für wen die Pfähle bestimmt waren. Obwohl es möglich war, dass sie die Wahrheit sagten – schließlich waren seitdem mehr als fünfzig Jahre vergangen –, schien es mir doch sehr unwahrscheinlich. Sie erinnerten sich an alles, kannten Hunderte Lieder aus dem Stegreif, waren sich ihrer Familienstammbäume über Generationen hinweg bewusst, konnten Trommeln oder Speere schnitzen und waren Experten, wenn es darum ging, ein dreißig Meter langes und neun Meter hohes Langhaus ohne einen Nagel oder eine Zeichnung zu bauen.

Eines Nachmittags entschied ich mich, nach Otsjanep zu gehen. Pirien lag auf nur einer Uferseite, war nur wenige Häuser tief. Otsjanep hingegen war viel großräumiger angelegt und lag an beiden Ufern des Ewta. Ich hatte mich an Pirien gewöhnt. Bei jedem Haus, an dem ich vorbeischlenderte, saßen Männer, Frauen und Kinder auf der Veranda, jeder winkte mir zu, wünschte mir »Guten Tag« oder »Guten Abend«. Otsjanep aber war still. Die Leute starrten. In der Nähe des Flusses fiel mir ein alter Mann auf, er hatte nur noch ein Auge und saß auf dem Bohlenweg. Ich setzte mich neben ihn und holte ein wenig Tabak aus der Tasche. Er hieß Petrus. Ein paar andere Männer gesellten sich zu uns. Ich erzählte ihnen, dass ich bei Kokai in Pirien wohnte. Sie nickten, sagten sonst nicht viel. Wenige Minuten später stand ich auf und ging.

Am nächsten Tag kam ich wieder, diesmal ausgerüstet mit meinen Fotos. Die Bohlenwege waren wie leer gefegt. In der Nachmittagshitze war es so still, dass es nicht stiller hätte sein können. Die einzigen Anzeichen von Bewegung kamen von einigen Kindern, die mir folgten. Ich drehte mich um und ging wieder. Ich war schon fast am Rand der Siedlung, als die Jungs mich einholten. Sie packten mich und deuteten auf einen Mann in weiter Entfernung. »Er will mit dir reden.«

Ich drehte mich um, ging zurück und sah, dass Petrus auf mich zukam.

»Magst du Sago?«, erkundigte er sich.

»Ja.«

»Komm mit zu mir.«

Ich folgte ihm zu einer traditionellen Hütte mit Palmwedeln auf dem Dach und *gabagaba*-Wänden. Wir kletterten einen eingekerbten Stamm hoch. Es gab zwei Feuerstellen, von denen Rauch aufstieg. Es war dunkel, voller herumliegender Menschen und ihrem beißenden, süßlichen Geruch. Babys hingen an schlaffen Brüsten. Wir saßen im Schneidersitz, ich holte wieder meinen Tabak hervor, und wir rauchten. Der Schweiß tropfte mir von der Stirn. Eine Frau brachte uns Rollen aus Sago. Sie waren warm, klebrig und trocken, ein wenig nussig, und es fiel mir schwer, sie herunterzuschlucken. Ich holte die Fotos aus meinem Rucksack, was irgendwie wie ein Lauffeuer durch die Siedlung ging. Männer, Frauen und Kinder strömten aus allen Himmelsrichtungen ins Haus. Es waren so viele, dass der Boden nachgab und ich zehn Zentimeter absackte. »Es tut mir leid! Es tut mir ja so leid!«, entschuldigte ich mich.

»*Tidak apa apa*!«, sagte Petrus, lachte und zog mich fort. »Ist halb so wild!«

Wir gingen raus, und hundert Menschen scharten sich um uns. Die Fotos machten die Runde, flogen von einer Hand zur anderen, gingen im Meer der gegeneinandergepressten Körper unter. Ein alter Mann drängte sich zu uns, seine Augen auf ein bestimmtes Foto eines *bisj*-Pfahls fixiert. Er fuhr mit der Hand darüber. »Er hat ihn geschnitzt«, sagte jemand.

»Du hast den geschnitzt?«, wiederholte ich.

Er starrte mich an. Das war unglaublich. Es herrschte so viel Gedränge, es waren so viele Menschen, dass ich Mühe hatte, gegen sie anzukämpfen. Ich wollte neben ihm bleiben und versuchte gleichzeitig, die vielen Fotos nicht außer Acht zu lassen, damit ich sie nicht verlor. Jetzt war zwar nicht der beste Zeitpunkt, aber ich musste ihn fragen.

»Welchen Pfahl hast du geschnitzt? Für wen war er?«, wollte ich wissen.

Er schaute mich erneut an, unsere Blicke trafen sich für eine Millisekunde, ehe er sich umdrehte und davonging. Ich konnte ihm nicht folgen – die Fotos waren in aller Hände, und ich war von Menschen umzingelt.

Da war sie wieder, die Wand, die Tür, die sich einfach nicht öffnen wollte, durch die ich nicht gehen konnte. Ich konnte es einfach nicht fassen, dass die Männer, insbesondere die älteren, so viel wussten, mit Leichtigkeit Menschen und *jeus* auf fünfzig Jahre alten Fotos wiedererkannten – selbst Krieger aus Omadesep, einer anderen Siedlung. Sogar die *bisj*-Pfähle waren ihnen genau in Erinnerung geblieben. Aber was auch immer sie wussten, sie wollten es nicht mit mir teilen. Keiner von ihnen.

Dafür fügte sich in anderer Hinsicht eins zum anderen. Während wir dasaßen und rauchten – meine Lunge fühlte sich inzwischen an, als hätte ich bald eine Transplantation nötig –, fragte ich Kokai und Ber über die Männer aus, die Lapré getötet hatte. Ich wollte wissen, wer genau sie waren, welche Position sie in der Siedlung innehatten und wie sie mit den Leuten verwandt waren, die laut van Kessel und von Peij in Besitz von Michaels Gebeinen waren. Die Antworten waren faszinierend. Foretsjbai war *kepala perang* von Kajerpis gewesen. Osom war kepala perang von Otsjanep, Akon der *kepala perang* von Bakyer und Samut der *kepala perang* von Jisar. Von fünf Leuten, die Max Lapré umgebracht hatte, waren vier die wichtigsten Männer in der Siedlung. Vier von fünf Anführern der *jeus*. Entweder hatte er es auf sie abgesehen oder sie hatten ganz vorn gestanden, waren die bedrohlichsten von allen gewesen – zumindest für ihn. Auf Amerika gemünzt hatte er den Präsidenten, den Vizepräsidenten, den Sprecher des Repräsentantenhauses und den Senatsvorsitzenden erschossen. Ich konnte mir kaum vorstellen, welche Auswirkung es auf Otsjanep gehabt haben muss. Achtzig Prozent der fähigsten Krieger einer der stärksten und traditionsreichsten Siedlungen in ganz Asmat wurden innerhalb von Sekunden umgebracht – und dann auch noch von einem Weißen.

Und die Männer, die ihre Plätze eingenommen haben? Fin war Nachfolger von Osom als Anführer des Otsjanep-jeu. Ajim und Pep traten in Akons Fußstapfen; Kokai meinte (und Amates stimmte dem später zu), dass es nicht außergewöhnlich für zwei Männer war, sich den Posten zu teilen, wenn sie denn beide angesehen waren. Und nicht nur das – Pep hatte auch noch Osoms Witwe geheiratet. Sauer, der kepala perang von Jisar, neben dem ich beinahe täglich saß, wurde Nachfolger von Samut. Und Jane, von dem van Kessel berichtete, er habe Michaels Schienbein? Er war mit Samuts Schwester verheiratet, während Samut Janes

Schwester zur Frau hatte. Dombai war bereits *kepala perag* von Pirien, das einzige *jeu*, das unter Max Lapré keinen Schaden erlitten hatte – und das war auch das *jeu*, das laut van Kessel und von Peij gegen die Tötung Michaels gewesen war.

Nicht jeder Tod konnte mit einer vollständigen *bisj*-Zeremonie geehrt werden, denn sie verlangte monatelange Festivitäten und Schnitzereien, während der der Schnitzer nicht auf Jagd gehen konnte oder Sago aus dem Dschungel holen durfte. Um ein *bisj*-Fest auf die Beine zu stellen, bedurfte es Macht, Einfluss und die Fähigkeit, Menschen zu organisieren, sie zu inspirieren. Führungsqualitäten mussten an den Tag gelegt werden, um letztendlich einen Angriff zu planen und auszuführen. Die *kepala perangs* waren die einflussreichsten Männer in der Siedlung, und die Männer, die in ihre Fußstapfen traten, waren mit ihnen verwandt und genossen ihrerseits genügend Ansehen und Respekt und hatten sowohl die Macht und die Ausstrahlung (*tes*), um das Richtige zu tun. Nicht nur das, es war ja auch ihre Pflicht, es wurde von ihnen erwartet; ihr Ansehen und Status als von Frauen begehrte Männer und Anführer, die den Respekt der anderen verdienen, beruhten darauf.

Und trotzdem standen sie nun plötzlich machtlos da, konnten angesichts der Situation nichts unternehmen. Schlimmer noch: In den sechs Jahren, ehe Michael in Otsjanep auftauchte, waren siebzehn Menschen ermordet worden. Acht von den Krokodiljägern, vier von Omadesep und fünf von Lapré. Michael hatte von siebzehn *bisj*-Pfählen in den *jeus* berichtet, von denen er sieben »gekauft« und drei tatsächlich erhalten hatte. Vielleicht war einer der drei durch die Tötung von Sanpai im September 1961 ausgelöst worden, möglicherweise eine Revanche gegen Lapré, denn schließlich stammte er aus Atsj, aus der Siedlung, die mit ihm gefahren war. In Zusammenhang mit den politischen und heiligen Positionen der von Lapré getöteten Männer und ihren

Beziehungen zu denen, die sich an jenem Morgen an der Mündung des Ewta ausruhten, als Michael ans Ufer schwamm, wird das Motiv für Michaels Tötung immer konkreter.

Früh am nächsten Morgen kam ein Mann namens John auf einen Besuch vorbei. Ich hatte ihn bereits in der zweiten Nacht meines Aufenthalts in Pirien getroffen, und er wirkte anders als der Rest der Menschen hier. Die Asmat stellten mir keinerlei Fragen über mich oder wie Amerika denn wohl sei. Sie waren lediglich daran interessiert, wie lange ich bleiben und ob ich zurückkommen würde. Aber in der Dunkelheit auf Kokais Veranda durchlöcherte mich John beinahe mit Fragen: Aus welcher Stadt ich käme, ob gerade Nacht in Amerika herrsche, wie das Wetter sei, wovon ich lebe. Alles ganz normal, solche Informationen werden überall in der Welt eingeholt. Dann aber fragte er mich die komischste Sache überhaupt für einen Asmat: ob ich am nächsten Abend nicht zu ihm nach Hause zum Essen kommen wolle.

Das tat ich natürlich, und was mich erwartete, unterschied sich grundlegend von allem, was ich bisher in Pirien erlebt habe. Er wohnte in einem baufälligen Fachwerkhaus, das ganz allein im Niemandsland zwischen Otsjanep und Pirien stand. Es war richtig sauber, das Plumpsklo ebenso. An den Wänden hingen einige Fotos; ein Boot mit einem Außenborder war am Bach vor dem Haus angebunden. Seine Frau begrüßte mich herzlich, schenkte mir ein breites Lächeln, und er stellte seine drei Kinder vor mir auf, die mir in die Augen blickten und mir die Hand schüttelten. Sie schmusten mit den Welpen, die das Haus bevölkerten, statt sie zu treten. Zum Abendessen servierte Johns Frau Eier und grünes Gemüse, das sie im Garten hinter dem Haus angebaut hatte. In einem eingezäunten Areal an einer Seite wühlte ein Schwein im Boden. Ich hatte überhaupt keine Probleme, Johns Indonesisch zu verstehen. Und das Verrückteste von allem war, dass John einen Generator der Größe eines Automotors besaß, der nicht nur die eine oder andere Glühlampe mit Strom versorgte, sondern auch einen Fernseher, der an einer Satellitenschüssel hing.

Der Grund für all das war simpel: John und seine Frau waren keine Asmat, sondern stammten aus Boven-Digoel. Johns Vater war Anfang der Siebzigerjahre als Laienprediger nach Pirien gekommen, und John war in Pirien geboren und aufgewachsen, aber der Kontrast zwischen ihm und den anderen Einwohnern war beinahe erschreckend. Alle paar Wochen arbeitete er für ein Holzfällerunternehmen, was ihm verblüffenden Reichtum einbrachte (verglichen mit der restlichen Bevölkerung), und da er keine fünfzig Familienmitglieder besaß, blieb sein Verdienst auch in seiner Tasche. Er schaute sich BBC und CNN an, aß Gemüse, war neugierig. Ich besuchte ihn des Öfteren, um mit ihm zu plaudern.

An jenem Morgen saßen wir drei zusammen auf Kokais Veranda und unterhielten uns. Irgendwie kam ich dazu, Kokai zu fragen, wann er denn das erste Mal Weiße gesehen hatte. Seine Antwort war merkwürdig, er stammelte irgendetwas über »Touristen«.

»Nein«, entgegnete ich, »lange vor Touristen – vielleicht der erste Pfarrer oder Polizist, der schon vor langer Zeit hierhergekommen ist, als du noch ein Junge warst.«

Er und John wechselten hastig einige Worte, und ich konnte nichts mehr verstehen. Ich hörte »Tourist« und »Pep« und »Dombai«, dann »*mati*« – tot – gefolgt von »Rockefeller«. Mir lief es eiskalt den Rücken hinunter. Ich war mir sicher, dass Kokai die Geschichte von Michael Rockefeller erzählte. Endlich! Ich wollte nichts einwerfen, ihm nicht sagen, dass er nicht so schnell reden sollte, denn ich hatte Angst, dass er dann gar nichts mehr sagen würde. Außerdem redete er mehr mit John als mit mir, und ich wollte, dass die Dinge einfach ihren Lauf nahmen. Kokai tat so, als ob er einen Pfeil abschießen würde. Dann hörte ich »*polisi*«, und er sprach von Helikoptern und Menschen, die sich im Dschungel versteckten – in seiner ungemein dynamischen Erzählweise war er zu einem Jungen geworden, der sich hinter einem Baum mitten im Dschungel versteckte und voller Entsetzen gen Himmel blickte. Es war nicht das erste Mal, dass ich mir vorstellte, wie beängstigend diese lauten, mächtigen Maschinen im Himmel wohl gewesen sein mussten. Ohne weiter zu zögern, kam er zum nächsten Teil der Geschichte, einem Vorfall, von dem ich zwar wusste, den ich aber nie mit Michael in Verbindung gebracht hatte. Kokai versteckte sich noch immer hinter einem Baum, erzählte jetzt aber von der Cholera-Epidemie, die in ganz Asmat wütete, Otsjanep aber am schlimmsten heimsuchte. »Tot, tot«, sagte Kokai immer wieder und legte eine Hand auf die andere, um so zu zeigen, dass die Toten aufeinandergelegt wurden. »So viele Tote. *Bensin*«, – indonesisch für Benzin.

Es stimmte. Als die Cholera im Oktober und November 1962 in Asmat grassiert hatte – ein Jahr nach Michaels Verschwinden –, waren die Toten noch mitten in der Siedlung auf Stelzenbauten gelegt worden, um dort langsam zu verwesen. Erst wenn das ganze Fleisch verfault war, konnte man den Schädel nehmen, ihn säubern, schmücken und zu einem Objekt der Verehrung machen. Man kann sich den Geruch, die Fliegen und die generelle Grausigkeit eines einzigen verwesenden Leichnams in der Hitze der tropischen Sonne kaum vorstellen, und die Cholera raffte Dutzende Leute hinweg. Wenn es nicht schlimm genug war, dass so viele Tote in der Siedlung selbst verfaulten, so stellte es beinahe den sicheren Tod dar, sich neben Dutzenden verwesenden Cholera-Opfern aufzuhalten. Cholera hat heftigen, nicht enden wollenden Durchfall zur Folge, sodass ihre Opfer im Grunde verhungern. Van de Wouws Fotos sind erbarmungswürdig – Männer, Frauen und Kinder, allesamt nur noch Haut und Knochen, nackt und fahl. Sie hängen an notdürftigen zusammengebastelten Infusionsgeräten. Anfang November 1962 verwesten über siebzig Männer, Frauen und Kinder mitten im Dorf auf den extra dafür errichteten Pfahltürmen – allesamt aus Otsjanep. »Ab und zu sah man Hunde, die einen Teil einer Hand oder eines Beins im Maul hatten, die – im fortgeschrittenen Stadium der Verwesung – einfach zu Boden fielen«, schrieb van de Wouw. »Einige der Leichname wurden mehr oder weniger komplett von Hunden gefressen, die über Stümpfe und Gestrüpp auf die Plattformen klettern konnten. Und weil mehr und mehr Menschen gestorben waren, wurden die Pfahlplattformen dementsprechend schlampig hergestellt.« Van de Wouws Beschreibung des nächsten Geschehnisses möchte ich ungekürzt wiedergeben.

»Am zehnten November lieferte Gabriel sämtlichen *kepala kampongs* eine wunderbare Erläuterung. Er ist ein wahrhaft begabter Redner und trug ihnen eine halbe Stunde vor. Er erklärte den Menschen, dass die Leichen die Quelle neuer Infektionen und das Begraben mit dem Hochwasser hier keine Option seien. Was also tun? Er überließ es den kapalas, eine Lösung vorzuschlagen. Als sie keinen Ausweg aus der Misere fanden, empfahl er eine Vorgehensweise vom ›mächtigen Arzt, der im Meer wohnt‹.

Nachdem die *kepalas* ihre Zustimmung gegeben hatten, wurden sämtliche Familienmitglieder zusammengerufen. Dem Anschein nach gab es zwei Familien, in denen der Mann, die Frau und sämtliche Kinder gestorben waren. Zudem gab es einen Mann, der Frau und Kinder verloren hatte. Es war äußerst traurig zu sehen, wie niedergeschlagen der Mann war.

In der Zwischenzeit wurden Kanister mit Benzin aus Basiem (sic) geliefert. Es wurde entschieden, dass die Familienmitglieder genügend Holz für das Feuer morgen sammelten, das unter jeder Plattform angezündet werden sollte.

Am Sonntag, dem 10. November, musste ich die außergewöhnlichste Messe halten, die ich je gegeben hatte und je geben werde. Während ich die heilige Zeremonie durchführte, sammelten die Einwohner Holz, das anschließend unter die Pfahlbauten für die Toten gelegt wurde. Ich fing an einem Ende der Siedlung an und kämpfte mich durch den Schlamm. Aber es stellte sich heraus, dass die Menschen aufs Äußerste verängstigt waren. Wenn man ihre Verehrung der Toten in Betracht zieht, stellte diese Behandlung einen echten Frevel dar. Es wurde aber hinlänglich erklärt, dass dies nur in dieser außergewöhnlichen Situation getan werden konnte und nie wieder passieren würde.

Die männlichen Familienmitglieder versammelten sich in der Nähe der Plattformen, ehe Benzin über die Leichen geschüttet wurde. Sie wurden erneut gefragt, ob sie zustimmten. Jedes Mal war ich derjenige, der das Feuer anzündete. Bei jeder neuen Plattform wurde Erlaubnis von der Familie eingeholt.

Sobald das Holz die Glut gut angenommen hatte, wurden die Rattanbänder durchgeschnitten, sodass die Plattform samt Leichnam in das Feuer fiel.

Es dauerte den ganzen Tag – aufgrund des Schlamms hinter den Häusern –, alle Pfahlbauten zu finden und zu verbrennen. Als die Zeremonie zu Ende war, versuchten sich die Laienprediger den Feuern mit Taschentuch über Mund und Nase zu nähern, aber sobald sie ein paar Schritte getan hatten, drehten sie sich unverzüglich um und kamen zurück. Die Einwohner selbst bemerkten immer wieder, was für einen starken Magen ich doch haben musste. Ich wollte ihnen nicht widersprechen, auch wenn es nicht der Tatsache entsprach, aber es gab kein Entrinnen. Ich musste es tun. Als alle Plattformen brannten und ein widerlicher, ekliger Rauch und Gestank in der Luft über der ganzen Siedlung lag, sprang ich, so schnell ich konnte, mit einem Urschrei in den Fluss.

Der Laienprediger erzählte mir jenen Tag wiederholt, dass die Einheimischen mich umbringen wollten. Aber kurz nachdem ich alles hinter mich gebracht hatte, stellte sich heraus, dass es nicht wahr war. Vielmehr kamen sie zu mir, gaben mir Bögen und Pfeile, Steine, Äxte et cetera, weil sie davon überzeugt waren, dass Otanep (*sic*) für immer von der Plage befreit worden war.«

Dieses Geschehnis stellte einen wahrhaft bedeutenden Moment in der Geschichte Otsjaneps dar. Es war ein trauriger, tragischer Doppelschlag, erstens der Tod von so vielen Männern, Frauen und Kindern, und zweitens das Verbrennen ihrer Ahnen. Kokai war von einer Geschichte in die nächste übergegangen, als ob sie Teil eines einzigen Vorfalls gewesen wären. Und dann fiel bei mir der Groschen: Was wäre, wenn die Cholera als Strafe der Geister für die Tötung Michael Rockefellers interpretiert wurde? Wichtiger noch, australische Armee-Helikopter wurden nach Asmat entsandt, um gegen die Cholera anzukämpfen. Die einzigen beiden Male, dass die Asmat jemals Helikopter zu Gesicht bekommen hatten, waren Tage nach Michaels Tod und dann, als der Tod sie selbst heimsuchte, schneller und tödlicher als je zuvor, und ihre Siedlungen zerstörte.

An jenem Abend besuchte ich John. Ich fragte ihn, ob er mir von Kokais Geschichte erzählen könnte. Er schien nervös zu sein und sagte schließlich, dass Kokai lediglich die altbekannten Fakten heruntergeleiert habe: dass Michael zur Siedlung gekommen sei, sie wieder verlassen hatte, dass sein Boot gekentert und er fortgeschwommen und seitdem nie wieder gesehen worden war. Und dann kam die Cholera. Die Namen Pep und Dombai, das Schießen mit Pfeil und Bogen wollte er nicht erwähnen. »Sie haben Angst«, sagte er.

Langsam, aber sicher war ich von meiner These überzeugt, insbesondere angesichts der Tatsache, dass die Männer, die Lapré umgebracht hatte, mit denen verwandt waren, die laut van Kessel und von Peij Michael getötet hatten. Ich war die Küste auf und ab gefahren, habe dabei aber nie ein Krokodil oder einen Hai gesehen; die Krokodile hielten sich weiter flussaufwärts auf, nicht entlang der Küste, geschweige denn auf offener See. Haie bevorzugten tiefere Gewässer; ich hatte keine einzige Geschichte gehört, dass ein Mensch in Asmat von einem Hai angegriffen worden war, und es gab so wenige von ihnen, dass sie nicht einmal als Motiv für die Schnitzereien herhielten. Sandays Idee, dass Michael es vielleicht bis kurz vor die Küste geschafft hatte, nur um von einem Krokodil oder einem Hai angegriffen und gefressen zu werden, war also mehr als unwahrscheinlich. Und wenn er auf hoher See einem Hai zum Opfer gefallen wäre, wäre sein Leichnam weiter nach Süden getrieben und nicht direkt an die Küste gespült worden.

Wenn er es bis zur Küste geschafft hätte, wäre er auf die Männer von Otsjanep gestoßen – sie waren unzweifelhaft vor Ort. Bei Max Laprés Überfall wurden die wichtigsten Männer der Siedlung getötet, vier der fünf *jeus* waren betroffen – es gab also kaum jemanden, der nicht einen Verwandten verloren hatte, insbesondere aber Pep, Fin und Ajim, die in die Fußstapfen der Ermordeten traten. *Bisj*-Pfähle wurden geschnitzt, eine große Anzahl, und sie saßen noch immer in den *jeus*, als Michael eintraf. Die Zeremonien waren also noch nicht abgeschlossen. Und obwohl er einige davon gekauft und sogar erhalten hatte, tauchten andere gar nicht erst auf.

Und was Bischof Sowadas Meinung angeht, derzufolge »es recht unwahrscheinlich [ist], dass die Asmat in diesem frühen Entwicklungsstadium, in dem sie sich befinden, einen Weißen töten, geschweige denn den Mut dazu haben« – nun, so war dies doch, das wurde mir langsam klar, eine Herablassung allerschlimmster Art. Es war der Gipfel westlicher Arroganz, schränkte die Asmat ein, machte sie weniger menschlich, stufte sie zurück zu einem Volk, dem es nicht möglich war, außerhalb seiner kulturellen Grenzen zu agieren, als ob abgelegene Stämme lediglich den vorgelegten, festen Regeln ihrer Mythen folgen konnten und weder genügend Kreativität noch ausreichend Leidenschaft besaßen, um von ihnen abzuweichen.

Ich hatte beinahe einen Monat lang bei Kokai gewohnt, die Männer in der Siedlung beobachtet, wie sie trommelten, tanzten, Geschichten erzählten. Ich war mit Wilem und Amates durch die Gegend gereist, und stets war ich von menschlichen Wesen umgeben. Individuen. Selbst wenn viele von ihnen gleich oder zumindest ähnlich tanzten, gab es immer jemanden, der aus der Reihe fiel und zum Beispiel mit den Händen wedelte und auf einem Fuß umherhüpfte. Wenn jeder Älteste anlässlich des neuen *jeu* tanzte und trommelte und sang, hüllte sich Kokai in einen Mantel der Trauer und sang allein vor sich hin, weinte denen nach, die er verloren hatte.

Es fiel mir wie Schuppen von den Augen. Menschen handelten nicht nach einem vorgeschriebenen Drehbuch. Ihre Geschichte ist voll von Individuen, die mit Mustern brechen, Dinge tun, die gegen die Traditionen verstoßen und die noch niemand vor ihnen gemacht hatte, wie über den Atlantik in die neue Welt aufbrechen, den Pazifik überqueren, um neue Inselgruppen zu entdecken oder sich in jemanden verlieben, der vom falschen Stamm oder der falschen Kaste ist. Weiße Engländer, die einen *Thawb*, ein typisch arabisches Gewand, anziehen, um miteinander im Zwist liegende Beduinenstämme zu vereinigen. Schwarze, die so dreist sind, Präsident zu werden. Es gibt immer jemanden, der etwas anders tut, gegen den Status quo ankämpft – in diesem Fall haben sie einen Weißen getötet. Die faszinierenden Geschichten handeln nicht von solchen, die sich brav an Schema F halten, sondern von denen, die sich dagegen aufbäumen. Wie kann man jemals erklären, wie Männer durchdrehen und ihre Frau und Kinder ermorden? Eifersucht, Wut, Zorn, Liebe, Trauer, Neid, Neugier, Stolz. Menschen lieben, begehen aber trotzdem gewalttätige, ja brutale Verbrechen; wir Menschen sind alle zu verschiedenen Zeiten und in verschiedener Art brutal. Die Asmat sind vielleicht die merkwürdigsten Menschen, die mir je untergekommen sind, ihre Geheimnisse tiefgründig, ihre kulturellen Grenzen anscheinend in Stein gemeißelt. Aber es sind Menschen, und ich erkannte fundamentale menschliche Gefühle in jedem von ihnen, Gefühle, die Ursprung von Literatur und Poesie sind, nicht Logik und Räson.

Wer auch immer den Speer in Michaels Körper gerammt hatte – Pep, Fin, Ajim –, hatte es getan, weil es möglich war. Weil er ein Mensch war, ein Krieger. Wahrscheinlich, weil Michael der erste Weiße war, der ihm machtlos erschien, wohl der schwächste Mann in ganz Asmat nach den Strapazen, die er hinter sich hatte – erschöpft, unbewaffnet, ohne Familie und mit keinerlei Beziehungen zu dieser Welt. Und er wusste, dass Michael kein Geist war, sondern ein Mann wie er selbst. Er wurde bezwungen, konsumiert. Indem er Michael das Leben genommen hatte, wurde das eigene bestätigt. Er hatte in dieser zerbrechlichen Welt den Tod besiegt, wo jeder zu jeder Zeit von einem Feind niedergestreckt oder von einem unabsichtlichen Axthieb tödlich verwundet werden konnte, und er bestätigte sein Leben genau wie ein Rennfahrer oder Bergsteiger, der sich umso lebendiger fühlt, je näher er dem Tod kommt.

Töten heißt, für sich beanspruchen, besitzen, nehmen. Töten ist Zorn und Leidenschaft. Ein Mann tötet seine Frau nicht, weil er sie hasst, sondern weil er sie so sehr liebt, dass er sie hasst. Der Serienmörder, der Frauen nachstellt, nimmt sich das, wonach er sich am meisten sehnt und doch nicht haben kann: Liebe und Fürsorge. Der Asmat tötete Michael Rockefeller an jenem Tag aus Leidenschaft und Liebe, Liebe für das, was sie bereits verloren hatten und noch immer verloren – Ipi, Foretsbai, Samut, Akon und Osom, ihre Kultur und Tradition, die Kopfjagd – weil die Moderne und das Christentum immer mehr aus jeder Himmelsrichtung in ihr Leben eindrangen. Die Tötung passte nahtlos in die kulturelle Logik der Asmat. Sie half, die Seelen ihrer *jeu*-Anführer nach Safan zu schicken. Sie berichtigte das Ungleichgewicht in ihrem Kosmos. Sie nahmen die Macht eines Mannes, wurden zu ihm, glaubten vielleicht sogar, dass sie seine Macht in der Welt der Weißen übernehmen würden, weil Michael weiß war. Aber es ging noch weiter, um etwas viel Banaleres, viel Menschlicheres: Es war ein Versuch, ihre eigene Impotenz angesichts der immer bedrohlicher werdenden westlichen Präsenz zu rächen. Insofern stimmt die Tötung auch mit einigen Aspekten Sandays nativistischer Theorie überein – es war ein Bestreben, in einem einzigen Augenblick Macht wiederzuerlangen. Es war ein Ausdruck von Stolz.

Letztendlich jedoch diente sie nur, um all die Veränderungen, die auf sie niederzuprasseln drohten, zu beschleunigen. Für die Asmat aus Otsjanep bedeutete dieser Speerhieb eine Katastrophe. Er glich dem Ende einer Lebensweise und dem Beginn einer anderen. Er entfesselte Flugzeuge, Schiffe, Helikopter und Polizisten, mehr Technologie und Macht, als sie je zuvor zu Gesicht bekommen hatten. Die Geister schlugen zurück, und kurz darauf erlagen beinahe zehn Prozent der Einwohner der Cholera. Schlimmer noch, die Epidemie läutete das Ende von Hunderten, vielleicht Tausenden von Jahren Bestattungskultur ein. Sie stärkte die Rolle van de Wouws und beschleunigte das Ende der Kopfjagd und des Kannibalismus und die Einführung des Christentums mit seiner Kultur der Scham. Bald darauf übernahm Indonesien die ehemalige Kolonie und entsandte Regierungsbeauftragte in jede Siedlung, wo sie die *jeus* verbrannten und sämtliche Zeremonien und das Anfertigen von Schnitzereien für eine Dauer von zehn Jahren verboten.

1964 erreichten die gespannten Verhältnisse mit der Hörnung Dombais in Otsjanep ihren Höhepunkt – die Geschichte, die ich bei meinem ersten Besuch in Pirien gehört hatte, passte jetzt ins Gesamtbild –, und die *jeus* zogen gegeneinander in den Krieg. Am 4. Dezember wurde Ajim von einem Pfeil getroffen und starb wenige Tage darauf. Pep, von dem die meisten behaupteten, er hätte den Speer in Michael Rockefeller versenkt, verlangte die neunjährige Tochter des Bogenschützen, um sie umzubringen und somit das Gleichgewicht wiederherzustellen. Die niederländischen Priester mischten sich ein, aber der Krieg der zwei streitenden Parteien dauerte trotzdem einen ganzen Monat an. Van de Wouw wollte Pep festnehmen. »Jemand muss eingreifen«, schrieb er in seinem Tagebuch. »Ich kann immer wieder drohen, aber wenn nichts passiert, verlieren wir die Kontrolle über die Situation.« Zudem wurde es immer klarer, dass es an jenem Morgen an der Mündung des Ewta zu einer Unstimmigkeit zwischen Dombai, dem Anführer Piriens, und Pep, Fin und Ajim, alle aus Otsjanep, gekommen sein muss. War es wirklich so schlau gewesen, Michael zu töten? Die Cholera-Epidemie muss Dombais Standpunkt und Ängste bestätigt haben, was die Anspannungen zwischen den *jeus* weiter angeheizt hätte.

Vier Jahre nach van de Wouws Hilfe mit der Cholera, im September 1968, war es endlich Zeit, dass er Asmat verließ und in die Niederlande zurückkehrte. Nach sechs Jahren des engsten Zusammenlebens mit den Asmat war er von Michaels Schicksal überzeugt. »Obwohl die streitenden Parteien der Siedlung sich noch nicht wieder vertragen haben«, schrieb er seinem Vorgesetzten, »haben sie sich angenähert. In der Hoffnung, dass nach einem Jahr oder so Pirajin (sic) wieder an seinen eigentlichen Standort zurückkehrt, baue ich nur provisorische Häuser für die Laienprediger und die Schule. Während meines letzten Besuchs in Otsjanep kam ich wieder auf das Thema Rockefeller zu sprechen. Es ist schwierig, die Asmat zu befragen, insbesondere, wenn die Feindschaft zwischen den beiden Parteien groß ist und die eine Siedlung die andere beschuldigen will. Es bestehen jedoch keine Zweifel, dass er es lebendig bis an die Küste geschafft hat.«

Letztendlich wurde die Teilung Otsjaneps nie aufgehoben, und Otsjanep und Pirien wurden durch ein Stück Niemandsland getrennt, das es bis zum heutigen Tag gibt. Dort wohnte niemand, niemand außer John, dem Außenseiter, und seiner Familie.

Das Verrückteste, Absurdeste von allem war die Tatsache, dass Michael so viel von dem fotografiert hatte, was zu seinem Tod führte. Er hatte Faniptas abgelichtet, dessen Trip nach Wagin eine Folge von Ereignissen nach sich zog, die in Max Laprés Überfall endete, in dem die vier Anführer der *jeus* Otsjaneps umgebracht wurden. Dazu noch die *bisj*-Pfähle, die daraufhin geschnitzt wurden und die darauf schließen ließen, dass es bald weitere Morde geben sollte – nämlich den seinen. Außerdem hatte er die Männer fotografiert, die ihn umbringen sollten.

Obwohl die Hauptfestivitäten in Jisar stattfanden, waren Jisar und Pirien Teil eines Ganzen, und somit musste auch Pirien feiern. Ich verbrachte einen ganzen Tag sitzend in Bers Haus, das als das *jeu* von Pirien diente, und die Beine taten mir schon weh, während Ber und Bif (Piriens *kepala perang*) und die anderen Männer trommelten und sangen, sangen und trommelten. Sie fingen am frühen Morgen an und hörten bis eine Stunde vor Sonnenaufgang nicht auf. Ab und zu gab es eine Rauchpause, hin und wieder wurden die Trommeln über dem offenen Feuer gestimmt, das den Raum mit Rauch füllte. Das Mittagessen wurde von den Frauen serviert und bestand aus dampfenden Sagostämmen voll Bockkäferlarven, die in langen Palmenwedeln eingewickelt waren. Das war ein heiliges Essen, und der Sagowurm war gleichbedeutend mit dem menschlichen Gehirn. »Mach ein Foto! Mach ein Foto!«, riefen sie, als die Frauen eintraten. Sie legten die Stämme in die Mitte unseres Kreises und begannen sogleich wild zu trommeln, sangen und johlten. Dann rissen sie Stücke für jeden heraus. Ber fütterte mich, eine wahre Ehre. Sago war trocken und geschmacklos, wie jedes Essen in Asmat, aber sobald ich auf eine Larve biss, spritzte mir heißes, geschmackvolles Fett in den Mund, das wie butterige, flüssige Pistazien schmeckte. Nach nichts anderem als Sago und Reis, Ramen-Nudeln und kleinen Fischchen über endlose Wochen kam es mir vor wie eine Explosion aus Schinkenspeck und Eiscreme.

Nachdem wir gegessen hatten, begann Marco, ich schätzte ihn auf Ende sechzig, Anfang siebzig, eine Geschichte auf Asmat zu erzählen. Jeder hörte zu, manche legten sich hin, schliefen sogar ein. Auch ich legte mich auf den Boden und erspähte einen Rattan-Beutel, der unter Bers Dach hing. Er war schwarz vor Ruß und Rauch, rund und mit Spinnweben übersät, so rund, als ob ein Ball darin läge. Ein *Schädel*? Meine Gedanken schweiften ab. Obwohl ich nichts von dem verstand, was vorgetragen wurde, und die Geschichte sowieso nicht für mich bestimmt war, folgte ich dem Drama, das sich vor meinen Augen abspielte, während die Hunde im Sumpf um das Haus tollten. Es wurden Pfeile abgeschossen, das harte Zustechen mit einem Speer. Ich hörte die Worte Otsjanep und Dombai. Marco schlich durch den Raum, stach erneut zu, zog die Hosenbeine eng nach oben und drückte die Hüfte nach vorne – nicht, als ob er Sex hätte, sondern als ob er urinierte oder ihn jemand mit dem Mund befriedigen würde. Männer grunzten, nickten. »Uh! Uh!« Endlich, nach einer Stunde, schnappte ich mir meine Kamera und filmte die Geschehnisse. Aber die Vorführung war vorbei; er redete einfach weiter, immer weiter, und nach acht Minuten schaltete ich sie wieder aus, weil die Batterie beinahe leer war und ich sie nirgends aufladen konnte.

Obwohl ich es zu diesem Zeitpunkt nicht wusste, war das vielleicht der wichtigste Augenblick meiner gesamten Zeit in Asmat.

Kurz vor Sonnenuntergang wurde eine Pause eingelegt, aber die Festlichkeiten wurden gegen acht auf dem Bohlenweg vor dem Haus wiederaufgenommen. Vom Mond war nicht viel zu erkennen, nur eine dünne Scheibe, und es war so dunkel, dass ich kaum meine Füße sehen konnte. Aber auf dem Bohlenweg loderte ein Feuer in einem Bett aus Lehm, Zigaretten glühten in der Luft, und über uns schnitten Millionen Sterne durch die Dunkelheit – die Milchstraße. Wetterleuchten blitzte am Horizont auf. Anfangs sah ich nur fünf oder sechs Trommler und eine Handvoll Männer, aber eine Stimme ertönte in der Finsternis, dröhnend, widerhallend, halb Lied, halb Ruf, und bald befanden sich hundert Menschen auf dem Bohlenweg. Die Trommeln hallten durch die Nacht, und die tiefen, sich immer wiederholenden Rhythmen riefen die Geister – Kokai hatte mir gesagt, dass sie als Brücke zu den Ahnen dienten –, und die Menschen aus Pirien ließen den Bohlenweg erzittern. Die Geister waren jetzt bei uns, schwirrten in der Dunkelheit um uns herum. Ich konnte sie nicht sehen, aber sie waren da – genauso wie die Moskitos, Eidechsen und Grillen, die die Nacht füllten. Die Luft um uns schien lebendig zu sein. Die Männer, ihre tiefen Stimmen, der Rhythmus der Trommeln, ihre Fantasie und die Bilder, die ihnen erschienen, waren genauso Teil des Dschungels wie die Insekten, das Wetterleuchten, die feuchte Luft, die Bäume und der Fluss, der nur unweit von uns gen Meer floss. Alles zusammen formte ein Bewusstsein, es gab keine Einzelteile mehr. Die Trommeln und Stimmen verstrickten sich zu einer Ganzheit, einer Ganzheit, die sich über Jahre, Generationen, vielleicht Jahrhunderte oder gar Jahrtausende zurück erstreckte. Und ich konnte mich dessen nicht erwehren: Ich stellte mir vor, dass auch Michaels Geist mit von der Partie war und über mir durch die Nachtluft, die Palmen und die Sterne schwebte, ein Geist, der endlich frei war, jetzt, wo ich das Geheimnis um sein Verschwinden verstanden hatte.

Gegen Mitternacht strömten Frauen hinzu, brachten riesige Schalen mit Reis, haufenweise blasse Jamswurzeln, Sago, sogar zwei Schalen mit grünem Gemüse. Die Männer teilten sich in fünf Gruppen auf, eine für jede Untergruppierung in Pirien, und aßen. Bif häufte das Essen neben mir an und sagte: »Für Kokai.« Das war ein großer Moment für mich, sowohl ein Ausdruck des Respekts als auch der Annahme. Ich war Kokais Vertreter.

Ihr Durchhaltevermögen war bewundernswert. Ohne Alkohol oder Drogen feierten sie unentwegt, wollten nicht aufhören, bis ich gegen drei nicht mehr konnte. Als ich bei Kokai ankam, kletterte ich über schlafende Frauen und Kinder und schlief rasch zu den rhythmischen Stimmen ein, die noch immer durch die Finsternis über den Sumpf hallten.

Mittlerweile hatte ich einen Monat in Pirien verbracht, und Wilem konnte jederzeit auftauchen, um mich abzuholen. Es war ein seltsames Gefühl, wieder zu fahren. Die Zeit war anfangs noch so langsam vorangeschritten, aber dann hatte sie einfach aufgehört zu existieren. Die Tage vergingen, bestanden einer wie der andere aus Hitze, Regen und genereller Gleichförmigkeit. Der Flusspegel stieg an, fiel dann wieder, floss aber unentwegt an uns vorüber. Ber schaute auf einen Besuch vorbei, und während meines letzten Kaffees und einer letzten Zigarette blickte ich ihn und Kokai an und fragte: »Warum haben die Männer in Otsjanep so viel Angst, über die Tötung Michael Rockefellers zu reden?«

Kokai erwiderte meinen Blick. Seine Augen waren dunkel, das Gesicht völlig ausdruckslos. Ber schüttelte den Kopf. »Darüber wissen wir nichts«, antwortete Kokai. »Es gibt eine Geschichte in Asmat, dass Michael Rockefeller in Kali Jawor gestorben ist, und alle Asmat meinen, dass er von Fin und Pep mit dem Speer getötet wurde, aber ich weiß nichts darüber.« Mehr wollten er und Ber nicht sagen.

Wir starrten einander an, als ein Motorengeräusch an unsere Ohren drang. Bouvier, Kokoais Schwiegersohn, platzte herein. »Wilem ist da!«

Die Vertrautheit, die ich den gesamten Monat über aufgebaut hatte, löste sich in Chaos auf. Wilem sprang aus dem Boot, Amates war ihm dicht auf den Fersen. Kurz bevor Wilem sich darauf vorbereitet hatte, mich abzuholen, war auch er wieder in Agats aufgetaucht. Die Leute aus Pirien erschienen aus allen Himmelsrichtungen, belagerten Kokais Haus, füllten die Veranda, lehnten sich an Türpfosten und Fenster.

Sie hatten Agats um fünf Uhr morgens verlassen, mussten gegen hohe Wellen und starken Wind an der Mündung des Betsj ankämpfen, wo auch Michael und Wassing in Schwierigkeiten gekommen waren. »Ich hatte solche Angst!«, sagte Amates. »Immer wieder habe ich gerufen: ›Wilem, wir müssen zur Küste!‹ Erst letzte Woche ist genau dort ein Boot entzweigebrochen, und siebzehn Männer, Frauen und Kinder sind untergegangen. Nur ein Mann hat überlebt.«

»Wir warten eine Stunde«, meinte Wilem, »damit der Wind abnimmt. Aber dann müssen wir los.«

Kokais Frau brachte uns Sago, und wir saßen, aßen und lachten, stets von einer Menschenhorde umgeben. Plötzlich meldete sich Kokai zu Wort: »Wir müssen nach Jisar. Du musst dem jeu Geld geben.«

Ich holte dreihunderttausend Rupiah, circa dreißig Dollar, hervor, und Kokai, Wilem, Amates und ich, gefolgt von einer Schar Menschen, gingen im morgendlichen Sonnenlicht nach Jisar. Sauer, der *kepala perang*, und ein halbes Dutzend Männer begrüßten uns. Die Feuer schwelten. Soweit ich wusste, war es das erste Mal, dass Kokai einen Fuß in das jeu gesetzt hatte. Sauer stand auf, und ich gab ihm die Geldscheine. Die Männer begannen zu singen, ein überwältigender Sprechgesang, hier und da mit Grunzen oder Kreischen unterstrichen. Sauer beteuerte, dass ich jederzeit wiederkommen könnte. Ich versuchte in meinem besten Indonesisch, ihnen für ihr warmes Willkommen zu danken, dafür, dass ich mich hier stets wie zu Hause gefühlt hatte und Sago mit ihnen teilen durfte, und entschuldigte mich unentwegt für mein schlechtes Indonesisch. Sie sangen erneut, und Amates erklärte: »Sie singen ein Gebet für dich, Mister Carl, damit dir nichts auf See passiert.«

Wir schüttelten Hände, ledern und warm, und ich nahm meine letzten Atemzüge im *jeu*, stets gefüllt von dem schwangeren Geruch von Körpern, Rauch und Gras.

Wir kehrten zu Kokai zurück, und es ging alles so schnell, dass ich es nicht aufzuhalten vermochte. Männer schnappten sich meine Taschen und warfen sie ins Boot, Wilem hüpfte hinterher. »Foto!«, rief ich. »Ein Familienfoto!«

Kokai und sein Nachwuchs standen hölzern wie Statuen in der heißen Sonne, während Amates ein paar Fotos von uns machte. Dann nahm Kokai meine Hand und sagte: »Adik« (jüngerer Bruder), rieb meine Hände an seinen heißen, kratzigen Wangen und wandte sich ab.

Ich war überwältigt und traurig, dass ich sie verlassen musste, und doch erfreut, dass ich schon bald in einem Bett schlafen, auf einer Toilette sitzen, eine heiße Dusche nehmen und so viel grünes Gemüse essen könnte, wie ich wollte. Mein Kopf war noch voller Fragen – es wurden immer mehr, je länger ich hier verweilte, je mehr ich über die Asmat lernte. Ich wollte alles wissen: Dinge über die Kinder, die zwischen Omadesep und Otsjanep ausgetauscht worden waren; mehr Details über die Spaltung von Otsjanep und Pirien und welche Rolle sie bei Michaels Tod gespielt hatte oder ob Sauer, der *kepala perang* von Jisar, der in die Fußstapfen seines Vaters Samut getreten war, nachdem dieser von Max Laprés ermordet worden war, bei der Tötung anwesend gewesen war. Aber man konnte unendlich viel Zeit damit verbringen, alte Tatsachen auszugraben, in ihrer Geschichte herumzustochern, und mir war wieder einmal die Zeit davongerannt. Mein Visum war bereits abgelaufen.

Als wir auf die Arafurasee zurasten, stellte ich mir Kokai vor, wie er auf seiner Matte saß, mit einer Stimme sang, die aus den Tiefen der Erde zu stammen schien, und währenddessen sanft vor und zurück schaukelte. Und die ganze Zeit rauschte der Fluss an ihm vorüber. Michael Rockefeller betrat ein Asmat, als er ankam, verließ aber ein anderes, als er starb. Kokai kannte beide Welten, hatte in beiden gelebt, obwohl ich mich des Gefühls nicht erwehren konnte, dass er weder in der einen noch in der anderen völlig zu Hause war. Und ich überlegte. An jenem Morgen, der jetzt schon wie aus einer anderen Ära zu stammen schien, hatte ich mit Ber und Kokai zusammen Kaffee getrunken und geraucht. Sie sind die Söhne von Dombai und Fom, die van Kessel bei der Tötung Michaels als anwesend gelistet hatte und die beide kepala desas gewesen waren: Patriarchen, Anführer, Repositorien unzähliger Lieder in mir unvorstellbarer Fülle, Geschichten und Erinnerungen – sie kannten die ganze Geschichte Piriens und Otsjaneps. Ihre Söhne hatten mir Sago gegeben, mich in ihr Haus eingeladen, an ihrem Leben teilnehmen lassen, hatten

Lieder für mich gesungen. Würden sie mich wirklich anlügen, was Michael betrifft? Wussten sie wirklich nichts? Wenn ihre Väter die Täter waren, warum mir dann alles verheimlichen, anstatt auszupacken und mir alles zu erzählen? Waren sie nach so langer Zeit in der Lage, mir in die Augen zu sehen und so zu tun, als ob sie von nichts wüssten, sich an nichts erinnern konnten?

Als wir zurück in Agats waren, zeigte ich Amates die acht Minuten Video von Marco, der beim Trommeln und Gesang seine Geschichte erzählt hatte. Mein Aufnahme begann erst, nachdem er mit der Geschichte fertig gewesen war, aber es war eine ernstzunehmende Warnung an alle Anwesenden:

»Erzählt diese Geschichte niemandem, auch keiner anderen Siedlung, denn diese Geschichte ist nur für uns. Redet nicht. Redet nicht und erzählt die Geschichte nicht. Ich hoffe, ihr erinnert euch und behaltet sie für uns. Ich hoffe, ich hoffe, dass sie für euch ist und nur für euch. Redet mit niemandem, niemals, mit anderen oder anderen Siedlungen. Wenn Leute euch fragen, antwortet nicht. Redet nicht mit ihnen, denn die Geschichte ist nur für euch. Wenn ihr sie ihnen erzählt, werdet ihr sterben. Ich habe Angst, dass ihr sterbt. Ihr werdet tot sein, eure Familie wird tot sein, wenn ihr sie weitererzählt. Behaltet diese Geschichte zu Hause, in euren Köpfen, ich hoffe, für immer. Für immer. Ich hoffe und hoffe. Wenn jemand, irgendjemand, kommt und euch Fragen stellt, redet nicht. Redet nicht. Heute. Morgen und jeden Tag. Ihr müsst die Geschichte für euch behalten.

Selbst für eine Steinaxt oder für einer Kette voller Hundezähne dürft ihr sie nicht weitererzählen.«

· · · · · · · · · · · · · · ·

Dank

TÖDLICHES PARADIES würde es ohne Erik Thijssen nicht geben. Briefe, Telegramme, Fernschreiben, Berichte, Notizen, Tagebücher, Gezeitentafeln und andere Informationen aus niederländischen Archiven liegen diesem Buch zugrunde, und Erik, mein Rechercheur in Amsterdam, hat sie alle ausgegraben und durchstöbert. Über einen Zeitraum von beinahe zwei Jahren hat er hartnäckig seine Nase überall hineingesteckt, hat telefoniert, Dokumente ausfindig gemacht und sie übersetzt, sogar diverse Interviews für mich geführt. Ohne ihn wäre ich nie auf die zwei wichtigsten Quellen dieser Geschichte gestoßen, Hubertus von Peij und Wim van der Waal, geschweige denn Cornelius van Kessels Witwe, Mieke van Kessel, und viele andere. Nicht nur das – ich durfte in Amsterdam auch auf seinem Sofa schlafen. Ich kann ihm nicht genug dafür danken.

Einen riesengroßen Dankesgruß an meine Freunde, die viele Stunden damit verbrachten, frühe Manuskriptentwürfe zu lesen: Keith Bellows, Christian D'Andrea, Iwonka Swenson, Scott Wallace, Spencer Wells und Clif Wiens. Ihre Vorschläge und Anmerkungen haben das Buch in jeder Hinsicht verbessert, und ich bin ihnen genauso für ihre Ratschläge, ihr Lachen und ihre Freundschaft dankbar, ohne die ich dies nie überlebt hätte.

Iwonka Swenson verdient ein extra Dankeschön für alles.

Ganz besonderen Dank auch an Liz Lynch für ihre Freundschaft und die Fotos.

Ich stehe tief in Peggy Sandays Schuld. Ihre Fragen, Zweifel, Einsichten, Erfahrungen, Geduld und ihr weiser Rat waren von ungeheurer Wichtigkeit, um meine Gedanken und Wahrnehmung der Asmat, ihren Kannibalismus, ihre Kosmologie zu formen und zu verstehen, wie sie mit Michael Rockefeller in Verbindung stehen könnten. Besser noch, sie wurde zu einer Freundin, und ich zolle ihr tiefe Anerkennung.

Mein zweiter Trip nach Asmat war ungemein wichtig, und ich hätte es mir ohne die großzügige Unterstützung der vielen Menschen, die meiner Kickstarter-Kampagne Gelder haben zukommen lassen, nie leisten können. Insbesondere möchte ich James Angell, Tim Buzza, Juli Hodgson, Diane Hoffman und Alida Latham erwähnen. Ohne Kris Arnold hätte es überhaupt keine Kickstarter-Kampagne gegeben, und er hat Stunden damit verbracht, das Videomaterial zu schneiden – von seiner Freundschaft ganz zu schweigen.

Einen großen Dank auch an Uppy Zein Yudhistira für die vielen Stunden und ganzen Nachmittage, die sie geopfert hat, um mir Indonesisch beizubringen. Ich zahlte, was ich konnte. Mein Aufenthalt in Pirien wäre ohne Uppys Hilfe unmöglich gewesen.

Jeder braucht einen alten Seebär-Kapitän, dem er Löcher in den Bauch fragen kann. Und genau das habe ich bei David Erickson getan, der alle meine Fragen beantwortet hat und dem ich für die Standard-Entfernungstabellen zu danken habe. Außerdem hat er mir unzählige Informationen über Gezeiten und Strömungen geliefert.

Ich stehe auch tief in Jennifer Larsons Schuld, die im Archiv für Visuelle Ressourcen, Abteilung Afrika, Ozeanien und Amerika am Metropolitan Museum of Art arbeitet. Dank ihr und dem Metropolitan Museum of Art hatte ich Zugang zu Michaels Aufzeichnungen, Briefen, Konten, Fotos und einer ganzen Reihe anderer Details.

Besonderen Dank auch an Alain Bourgeoise, der mir Zugang zu den Papieren seines Vaters, Robert Goldwater, am Smithsonian Archives of American Art gewährt hat.

Auch bei Amy Fitch, Archivistin am Rockefeller Archive Center in Sleepy Hollow, New York, möchte ich mich bedanken.

Wim van de Waal war mir eine unermessliche Hilfe. Er hat mir nicht nur seine Geschichte erzählt, sondern in Dutzenden E-Mails geduldig meine unzähligen Fragen beantwortet, mir Fotos gezeigt, Tatsachen und Schreibweisen bestätigt, mich auf gewisse Dokumente und eine ganze Reihe andere Informationen hingewiesen, von denen man nur wissen konnte, wenn man tatsächlich zu der Zeit vor Ort gewesen war. Es ist schwer vorstellbar, wie ich dieses Buch ohne ihn hätte schreiben sollen.

Danke auch an Jasper van Santen, der René Wassings langen Bericht von seiner ersten Reise durch Asmat mit Michael Rockefeller übersetzt hat, und an Tanya McCown für ihre Hilfe mit den Dokumenten bezüglich Eliot Elisofon in Austin, Texas.

Meine Kinder, Lily, Max und Charlotte, inspirieren mich tagein, tagaus. Mittlerweile holen sie mich schon vom Flughafen ab. Ich liebe euch. Vielen Dank. Ebenso Dank an meine Schwester Jean für ihre unermüdliche Unterstützung und an meine Mutter, die es gar nicht mag, wenn ich wegfahre.

Wo wäre ich nur ohne meine Agenten Joe Regal und Markus Hoffmann? Joes Ermutigungen, Einsichten und Freundschaft, und all das zusätzlich zu der ganzen geschäftlichen Hexerei, die er und Markus bewältigen, sind ein riesiger Bestandteil meiner Karriere, inzwischen länger als ein Jahrzehnt. Besonders hervorheben möchte ich Joes Bearbeitungen, für die Zeit zu finden nicht immer leicht war, die das Buch aber ungemein verdichtet haben. Ich schulde sowohl Joe als auch Markus und jedem von Regal Literary ein riesiges Dankeschön.

Jeder Autor sollte einen Lektor und Unterstützer haben, der so intelligent und enthusiastisch ist wie Lynn Grady. Ich habe mich bei ihr stets in guten Händen gefühlt. Vielen Dank auch an alle bei Morrow, insbesondere Sharyn Rosenblum und Kimberly Liu.

Ich möchte mich auch bei Terry Ward und Chris Jackson für ihre herzliche Gastfreundschaft in Bali, bei Carla van de Kieft für ihre Aufnahmebereitschaft in Amsterdam und bei Daniel Lautenslager für seine Übersetzungsarbeit bedanken.

Danke auch an Leticia Franchi für ihren Dienst als Muse.

Und natürlich Dank an jeden in Asmat, der mir geholfen hat, meine Fragen erduldet, auf mich aufgepasst und mich gefüttert hat, insbesondere an: Amates, Wilem, Kokai, Harun, Ber, Sauer und Bif.

Eine Anmerkung
zu den Quellen

DIES IST EIN Sachbuch. Alles, was zwischen Anführungszeichen steht, wurde aus Dokumenten oder Briefen oder von Interviews von Augenzeugen zitiert. Ich habe beinahe zwei Jahre lang für dieses Buch recherchiert und zwei Reisen nach Asmat unternommen, insgesamt vier Monate in Asmat, Papua, verbracht, darunter auch einen Monat in der Siedlung Pirien in dem Haus eines Asmat, einer Schlüsselperson, wie sich herausstellte. Zuweilen habe ich mich auf Vermutungen – gestützt durch Sachkenntnis – berufen müssen, um eine Szene zu rekonstruieren, die auf meinen genauen Beobachtungen und Erfahrungen am gleichen Ort beruhen, an dem die Originalgeschehnisse stattfanden, oder auf anthropologischen und ethnografischen Berichten über die kulturellen Gebräuche der Asmat. Vollständige Informationen über die Quellenfolgen in den Notizen.

Notizen

1
19. November 1961

4 *Es war acht Uhr am Morgen*: niederländische Marinekommunikation, 22. November 1961, Nationalarchiv der Niederlande, Ministerium für Bildung, Kultur und Wissenschaft, Den Haag, Niederlande.

4 *und die Flut hatte schon eingesetzt*: Gezeitentafeln für Niederländisch-Neuguinea (Getijuen Stroomtafels voor Nederlands New Guinea), 1961, Hydrographisch Bureau, Archief Dienst der Hydrografie, Koninklijke Marine, Ministerie von Defensie, Den Haag, Niederlande.

4 *weiße Baumwollunterhose*: Interview des Autors mit Hubertus von Peji, Tilburg, Niederlande, Dezember 2011. Auch Wassings Beschreibung davon, wie Michael vor dem Schwimmen Hose und Schuhe auszog, ist sehr detailliert, unter anderem in Mary Rockefeller Morgan: Beginning with the End. (New York: Vantage Point, 2012), S. 24.

5 *zwei leere Benzinkanister*: niederländische Marinekommunikation, 22. November 1961, Nationalarchiv der Niederlande.

5 *eine verschwommene, graue Linie in der Ferne*: René Wassings Einschätzung, dass die Küste nicht weiter als fünf Kilometer entfernt war, ist vielerorts zitiert, aber das scheint zu nah, wenn man die Zeit in Betracht zieht, die sie über das Meer getrieben sind, und die Position des Katamarans, den man am Nachmittag fand. Es ist aber sicher, dass sie die Küste sehen konnten, wenn auch nur undeutlich, sonst hätte Wassing nie seine Einschätzung machen können, und Michael hätte mangels Orientierung das Boot nie verlassen. Die Küste ist niedrig und eben, und die Bäume sind nicht höher als fünfzehn Meter. Laut Tabellen (Entfernung zum Horizont) können sie nicht weiter entfernt als fünfzehn Kilometer vor der Küste gelegen haben.

5 *Ebbe und Flut waren nicht gleichzeitig getaktet*: Gezeitentafeln für Niederländisch-Neuguinea.

6 *die Interstate in Maine entlangbrausen*: Milt Machlin: The Search for Michchael Rockefeller. (New York: Akadine Press, 2000), S. 154; Morgan, Beginning with the End, S. 221.

7 *»Gesellschaftliche Verantwortung« stand jedoch im Familienlexikon*: Morgan: Beginning with the End. S. 223.

7 *er und seine Kommilitonen an der Harvard-Universität mit den Augen gerollt hatten*: Interview des Autors mit Paul D'Andrea, Harvard-Absolvent 1960, Februar 2013.

8 *Zum Glück herrschte beinahe Windstille*: Interview des Autors mit dem ehemaligen niederländischen Marineoffizier Wim van de Waal, der in jener Nacht nach Michael Rockefeller gesucht hat, Teneriffa, Kanarische Inseln, Spanien, Dezember 2011.

8 *Wetterleuchten*: während der vier Monate, die ich in Asmat verbrachte, hat es entweder geregnet oder man konnte Wetterleuchten sehen.

9 *begann der Himmel zu leuchten, weiß*: Telefoninterview des Autors mit Rudolf Idzerda, dem Piloten, der die Lichtraketen abgeschossen hat, Januar 2012. Auch von Ben van Oers beschrieben, der sie von der Küste gesehen hat, siehe HN Magazin (Dezember 1996) Nationalarchiv der Niederlande.

2
20. November 1961

11 *Sie sahen ihn*: Bericht von Cornelius van Kessel an Herman Tillemans, 23. Januar 1962, Archive des Ordens des Heiligsten Herz Jesu, Erfgoedcentrum Nederlands Kloosterleven, AR-P027, Archiefinventaris Missionarissen van het H. Hart, St. Agatha, Niederlande (ab jetzt OHHJ Archive).

11 *Es war sechs Uhr*: Eine angemessene, ungefähre Zeit. Van de Waal sah sie, wie sie Pirimapun am Abend des 19. November für die Rückreise nach Otsjanep verließen; jeder Bericht bezüglich Michaels Tod – auch van Kessels an Tillemans, 23. Januar 1962, OHHJ Archive; Hubertus von Peij Bericht an Tillemans, Dezember 1961, OHHJ Archive; und das Interview des Autors mit Beatus Usain, Agats, Papua, März 2012 – platziert die Männer von Otsjanep jenen Morgen an der Mündung des Ewta. Laut den niederländischen Gezeitentafeln von 1961 war der Zeitpunkt des Hochwassers um acht Uhr, also würden die Männer die fünf Kilometer flussaufwärts zurücklegen, ehe Ebbe einsetzte.

11 »*Schaut, ein ew!*«: Interview des Autors mit Hubertus von Peij, Tilburg,
Niederlande, Dezember 2011; Interview des Autors mit Beatus Usain,
Agats, Papua, März 2012; Cornelius van Kessels Brief an Cor Nijoff,
15. Dezember 1961 und sein Bericht an Tillemans, 23. Januar 1962, beide
OHHJ Archive.

11 *Die Männer griffen nach ihren Speeren*: ebd.

12 *Michael schwamm*: ebd.

12 »*Nein*«, *meinte Fin*: ebd.

13 »*Das ist deine Chance*«: ebd.

13 *Ajim war das Oberhaupt*: Interview des Autors mit Kosmos Kokai, Pirien
Siedlung, Papua, März 2013; siehe auch van Kessels Bericht an Tillemans,
23. Januar 1962, OHHJ Archive.

13 *mehr Männer als alle andere getötet*: Van Kessels Bericht an Tillemans,
23. Januar 1962; siehe auch Kees van Kessel: »My Stay and Personal
Experiences in Asmat: A Historical Review« (unveröffentlichte
Memoiren), 1970.

14 *Er heulte auf, drückte den Rücken durch*: Interview des Autors mit Beatus
Usain, Agats, Papua, März 2012; meine Beobachtungen vieler Asmat-
Geschichten über Männer, die mit einem Speer erlegt werden.

15 *Einige Kilometer südlich*: Interview des Autors mit Hubertus von Peij,
Tilburg, Niederlande, Dezember 2011; Van Kessels Bericht an Tillemans,
23. Januar 1962, OHHJ Archive.

15 *Die Vögel aßen Früchte*: detaillierte Beschreibung von Asmat Kopfjagd
und Kannibalismus von Gerard Zegwaard: »Headhunting Practices of
the Asmat of Netherlands New Guinea«. In: American Anthropologist
61, Nr. 6. (Dezember 1959): S. 1020–41. Andere gute Quellen z.B. Tobias
Schneebaum: Where the Spirits Dwell (New York: Grove Press, 1999);
Adrian A. Gerbrands (Hg.): The Asmat of New Guinea. The Journal of
Michael Clark Rockefeller, (New York: Museum of Primitive Art, 1967),
Seiten 11–39.

15 »*Das ist mein Schädel!*«: Zegwaard: »Headhunting Practices of the Asmat
of Netherlands New Guinea.« Wir werden nie genau wissen, wie Michael
Rockefeller ums Leben kam, aber wenn die Asmat ihn getötet haben,
wären sie den heiligen Traditionen gefolgt, die Zegwaard beschrieben hat
und auf denen die weiteren Begebenheiten dieses Kapitels basieren.

3

Februar 2012

27 *Und was Haie angeht*: Interview des Autors mit George H. Burgess, Koordinator der Museum Operations und Direktor, Florida Program for Shark Resarch and International Shark Attack File, Florida, Museum of Natural History, Gainesville, Florida, August 2013. Siehe auch die Webseite der International Shark Attacks, welche die besten Statistiken aufweist: http://www.flmnh.ufl.edu/fish/sharks/attacks/perspect.htm.

29 *eine Ruhestätte im Familiengrab widmete*: Morgan: Beginning with the End, S. 62.

29 *Seine Zwillingsschwester Mary*: Mary Rockefeller Morgans Buch *Beginning with the End* handelt über ihre Bemühungen, mit dem Tod ihres Zwillingsbruders umzugehen.

31 *Nachts war es dunkel und verschlossen – zumindest für mich*: Interview des Autors mit Pfarrer Vince Cole, Agats, Papua, März 2012.

4

20. Februar 1957

34 *Die Temperaturen in New York City*: Farmer's Almanac, historisches Wetter für New York, New York, 20. Februar 1961, www.farmersalmanac.com.

34 *eine schwarze Krawatte*: Kopie der Originaleinladung, Robert John Goldwater Papers, Archives of American Art, Smithsonian Institution, Washington, D.C.

34 *John D. mit einem geschätzten Vermögen von rund neunhundert Millionen Dollar der reichste Mann der Welt*: Joseph Persico: The Imperial Rockefeller: A Biography of Nelson A. Rockefeller (New York: Washington Square Press/Pocket Books, 1983), S. 10.

35 *den typischen Akzent eines Ostküstenpatriziers*: »Rocky as a Collector«, New York Times, 18. Mai 1969.

35 *versprühte ein übersprudelndes Gefühl der Zuversicht*: Persico: The Imperial Rockefeller, S. 2.

35 *Keine gesellschaftliche Anmaßung*: ebd., S. 3.

35 *trafen die Gäste gegen halb neun abends ein*: Original Einladung, Goldwater Papers, Smithsonian Institution.

35 *von dem ein Kritiker behauptete, er sei »so geschmackvoll«*: »The Fetish and the Water Buffalo«. In: The Reporter, 2. Mai, 1957.

36 *Zum Beispiel René d'Harnoncourt*: Gästeliste, M. und Mrs Nelson A. Rockefeller, 20. Februar 1957, Rockefeller Archive Center, NAR Personal Papers, project series, Akten 1642 und 1664, Sleepy Hollow, New York.

36 *Henry Luce, der Gründer der Time und Life Magazine* : ebd.

36 *Henry Ochs Sulzberger*: ebd.

36 *Ein geschnitztes Paddel von der Osterinsel*: Museum of Primitive Art, Selected Works from the Collection (Katalog), Frühling 1957, Department of the Arts of Africa, Oceania, and America, Visual Resource Archive, Metropolitan Museum of Art, New York (ab jetzt »MMA Archiv«).

36 *weißen zylindrischen und quadratischen Blöcken*: Fotos in der Sammlung des Department of the Arts of Africa, Oceania, and America, MMA.

36 *Während die Gäste an ihren Cocktailhäppchen und Weißbrotschnittchen knabberten*: In: Esquire (Juli 1957).

37 *»Es ist unser Ziel, ihre Errungenschaften dieser Museen zu ergänzen«*: Museum of Primitive Art, Pressemitteilung, 20. Februar 1957, Department of the Arts of Africa, Oceania, and America, MMA.

37 *solchen Kabinetts aus dem Jahr 1599*: Shelly Errington: The Death of Authentic Primitive Art and Other Tales of Progress (Berkeley: University of California Press, 1998), S. 9.

38 *jeder Samen, jedes Blatt, jede Pflanze gesammelt*: ebd., S. 12.

38 *im Besitz von Sir Hans Sloane*: ebd.

39 *Sein Vater, John D. Rockefeller jr. liebte Porzellan*: Suzanne Loebl: America's Medics. The Rockefellers and Their Astonishing Cultural Legacy (New York: HarperCollins, 2010), S. 8.

40 *»Wenn du in einem solch zarten Alter deinen Geschmack und dein Verständnis verfeinerst«*: »Rocky as a Collector«, New York Times, 18. Mai 1969.

40 *1930 erhielten Nelson und seine neue Frau*: Persico, The Imperial Rockefeller, Seiten 18–19.

40 *stark unterscheidende Ausdrucksart des Individuums*: Loebl, America's Medics, S. 310.

40 *»ein Ambiente auf, das einem Museum nach Geschäftsschluss glich.«*: Persico: The Imperial Rockefeller«, S. 2.

42 *Carl Sandburg bemerkte*: Sally Price: Primitive Art in Civilized Places, 2. Auflage (Chicago: University of Chicago Press, 1989), S. 26.

44 *»Viel frappanter als jegliche gemeinsame Nenner«*: »Month in Review«. In: Arts (Mai 1957), Seiten 42–45.

44 *»Der Geist eines Ahnen lebt in einem Schild«*: Tobias Schneebaum: Where the Spirits Dwell. An Odyssey in the Jungle of New Guinea (New York: Grove Press, 1999), S. 125.

45 *Einem Interviewer gegenüber äußerte Nelson*: Kathleen Bickford Beryock und Christa Clarke (Hg.), Representing Africa in American Art Museums (Seattle: University of Washington Press, 2011), S. 125.

45 *Fragen Sie mich bitte nicht*: Nelson Rockefeller, Brief an Robert Goldwater, Goldwater Papers, Smithsonian Institution.

5
Dezember 1957

48 *Pip, Dombai, Su*: Interview des Autors mit Kosmas Kokai, Basim, Papua, Februar 2012.

50 *Mit ihnen gen Süden ruderten elf Kanus mit hundertachtzehn Männern*: Es gibt eine Reihe Berichte dieser Reise. Zuerst erschienen ist Max Laprés »Patrol Report Otsjanep, re: the headhunting on Omadesep Ultimo December 1957« im Nationalarchiv der Niederlande. Weitere Einzelheiten: »Oral History Project Collection: Memories of the East: The Lapré Interview«, aufgezeichnetes Interview mit Max Lapré, 116.2a (Titel 11-) und 116.2b (Titel 1–2), August 1997, Koninklijk Instituut voor Taal, Land- en Colkenkunde (KITLV). Siehe auch van Kessels Bericht an Tillemans, 23. Januar 1962; und van Kessels unveröffentlichte Tagebücher, alle in OHHT Archiven. Die Geschichte ist heute wohl bekannt in Asmat, und weitere Details kamen durch Interviews mit Kosmos Kokai, Basim und Pirien, Papua, Februar 2012 und mit Everisus Birojipts, Omadesep, Papua, Februar 2012, ans Licht.

51 *Seevogel kommt*: Traditionelle Asmat-Lieder, die beim Paddeln gesungen werden, von Kosmos Kokai und Amates Owun, übersetzt von Owun.

54 *David Eyde glaubte*: David Bruener Eyde: »Cultural Correlates of Warfare Among the Asmat of South-West New Guinea« (Doktorarbeit), Yale University, 1967, S. 304.

54 *In einer Studie über Kannibalismus*: Peggy Reeves Sanday: Divine Hunger. Cannibalism as a Cultural System (Cambridge: Cambridge University Press, 1986), S. 15.

55 *Desoipitsj war älter und nicht mehr in der Lage, auf die Jagd zu gehen*: Gerard Zegwaard: »Headhunting Practices of the Asmat of Netherlands New Guinea«, American Anthropologist 61, Nr. 6 (Dezember 1959). Die gesamte Geschichte der folgenden Paragraphen basiert auf Zegwaards Artikel.

60 *In Teilen Asmats hatten Männer Geschlechtsverkehr miteinander*: Der
Umfang homosexuellen Kontakts zwischen Männern in Asmat ist nicht
bekannt, teils weil er vor katholischen Priestern und Regierungsbeamten
geheim gehalten wurde, bis ein Homosexueller selbst, Tobias Schneebaum, darüber berichtete. Obwohl manche Quellen behaupten,
Schneebaum hätte die Verbreitung und Rolle überbetont, tendiere ich
dazu, ihm zu glauben. Für mehr Informationen siehe Schneebaum:
Where the Spirits Dwell. An Odyssey in the Jungle of New Guinea
(New York: Grove Press, 1989) und Secret Places. My Life in New York
and New Guinea (Madison: University of Wisconsin Press, 2000) und
Bruce M. Knauft: South Coast New Guinea Cultures. History, Comparison, Dialectic (Cambridge: Cambridge University Press, 1993).

60 *wurde der Urin des Gegenübers getrunken*: Geschichte erzählt von einer
Gruppe Männern in Pirien, Februar 2012, übersetzt von Amates Owun.

60 *sehr intime, sehr unterwürfige Akte begehen*: Cornelius van Kessel:
»A Few Notes About the Casuarinen Coast« (nicht veröffentlicht),
OHHJ Archiv.

60 *Monster und Höllenkreaturen*: Kirkpatrick Sale: The Conquest of
Paradise. Christopher Colombus and the Columbian Legacy (New York:
Knopf, 1990), S. 76–78.

61 *Pip und seine jeu-Kameraden waren keine Wilden*: Jared Diamond:
Guns, Germs, and Steel. The Fates of Human Societies (New York:
Norton, 1999), S. 38–40.

61 *Sie wussten, dass ein roter Sonnenuntergang*: Zegwaard: »Headhunting
Practices of the Asmat of Netherlands New Guinea«, S. 1038

62 *So sind sie schließlich entstanden*: Adrian A. Gerbrands (Hg.): The Asmat
of New Guinea. The Journals of Michael Rockefeller (New York:
Museum of Primitive Art), S. 21.

62 Es ist ein Vogel über dem Meer: traditionelles Lied der Asmat. Überlie-
fert von Kosmos Kokai und Amates Owun. Übersetzt von Owun.

63 *auf dem Weg zur Ortschaft Wagin*: Lapré: »Patrol Report Otsjanep, re:
the headhunting on Omadesep Ultimo December 1957«; van Kessels
Bericht an Tillemans, 23. Januar 1962; van Kessels unveröffentlichte
Tagebücher. Zusätzliche Details erhielt der Autor durch Interviews mit
Kosmos Kokai in Basim und Pirien, Papua, Februar 2012; und mit
Everisus Birojipts, Omadesep, Papua, Februar 2012.

63 *aber sie wurden in eine Falle gelockt*: Interview des Autors mit Kosmos
Kokai, Pirien, Papua, Februar 2012; auch in van Kessels Bericht an
Tillemans beschrieben, 23. Januar 1962.

64 *Hallo Schwester und Brüder*: Interview des Autors mit Kosmos Kokai,
Pirien, Papua, Februar 2012.

64 *In Wagin gibt es viele Hundezähne*: ebd., ebenso Interview des Autors mit
Everisus Birojipts, Omadesep, Papua, Februar 2012.

64 *Dieses Portal hatte einen Hüter*: Interview des Autors mit Kosmos Kokai in Basim und Pirien, Papua, Februar 2012; und mit Everisus Birojipts, Omadesep, Papua, Februar 2012.

64 *Faniptas und seine Kumpanen aus dem* jeu *Desep*: Interview des Autors mit Kosmos Kokai in Basim und Pirien, Papua, Februar 2012; und mit Everisus Birojipts, Omadesep, Papua, Februar 2012.

6
Februar 2012

68 *Francis Chichester, der Kap Horn während seiner Einhand-Weltumseg-lung umschiffte*: Sir Francis Chichester: Gipsy Moth circles the World (New York: Cowards-McCann, 1968), S. 179–180.

7
Dezember 1957

87 *hielten die ganze Zeit über einen gehörigen Abstand vom Ufer ein*: Interview des Autors mit Everisus Birojipts, Omadesep, Papua, Februar 2012. Diese Geschichte besitzt viele Variationen. Birojipts behauptete, 500 Männer waren in 50 Kanus nach Wagin gepaddelt und verbrachten dort ein Jahr, ehe sie wieder zurückkehrten, und dass 250 Mann getötet wurden, was aber keinen Sinn macht; die Asmat tendieren zur Über-treibung von Daten und Zahlen. Zeitgleiche Berichte von Lapré und von Kessel reden von 124 Mann, woran ich mich auch gehalten habe.

88 *in der Nähe der Küstensiedlung Emene an Land zu gehen*: ebd.

88 *Ein Mann aus Omadesep starb, vier aus Emene*: ebd.

88 *Am nächsten Morgen sahen sie, dass man ihre Kanus zerstört hatte*: ebd.

808 *In Baiyun ließen sechs ihr Leben*: ebd.

88 *Pip erlitt einen Hieb mit einer Stahlaxt in den Unterleib*: ebd.

89 *Er starrte auf den Toten und sagte zu seinem Vater*: ebd.

89 *Doch, er ist tot*: ebd.

89 *Aber Pip lebte noch*: ebd.; Interview des Autors mit Kosmos Kokai, Basim und Pirien, Papua, Februar 2012.

89 *die Mündung des Ewta, wo Pip auf seine Stammesbrüder traf*: Interview des Autors mit Kosmos Kokai, Basim und Pirien, Papua, Februar 2012.

89 *begannen sie zu trommeln und zu singen*: ebd.

90 *Zweihundert Männer paddelten in der Morgenröte in zwanzig Kanus*: ebd.

90 *Die Portugiesen landeten 1526*: Gavin Souter: New Guinea. The Last Unknown (Sydney: Angus and Robertson, 1963), S. 18.

90 *1595 schickten die Holländer eine Expedition zu den Molukken*: Howard Palfrey Jones: The Possible Dream (New York: Harcourt Brace Jovanovich, 1971), S. 27.

91 *Schlimmer noch war die Südwestküste*: Knauft: South Coast New Guinea Cultures, S. 26.

91 *Jan Carstenz Landung 1623*: Souter: New Guinea, S. 7.

91 *Ihre Waffen bestanden aus gemeinen, meterlangen Pfeilen*: Gerbrands (Hg.): The Asmat. The Journal of Michael Rockefeller, S. 83.

92 *Bei diesem ersten Kontakt*: Schneebaum: Where the Spirits Dwell, S. 59–60.

92 *etablierten die Niederländer 1902 einen Polizeistützpunkt*: Knauft: South Coast New Guinea Cultures, S. 33.

92 *Die Japaner etablierten vorübergehend einen Stützpunkt*: Gerard Zegwaard: »1953, Data on the Asmat People«. In: An Asmat Sketchbook Nr. 6, herausgegeben von Frank Trenkenschuh (Hastings, Neb.: Asmat Museum of Culture and Progress, 1977), S 20–21; van Kessel: »My Stay and Personal Experiences in Asmat«. OHHJ Archive, S. 2.

93 *Überfälle konnten überall und jederzeit passieren*: van Kessel: »My Stay and Personal Experiences in Asmat«; siehe auch Zegwaard: »1953 Data on the Asmat People«; Eyde: »Cultural Correlates of Warfare Among the Asmat of South-West New Guinea«.

94 *Der plötzliche Überfall einer Siedlung*: Zegwaard: »Headhunting Practices of the Asmat of Netherlands New Guinea«.

94 *Aber selbst zwischen verfeindeten Siedlungen*: ebd.

95 *Überfälle waren stets an Rituale geknüpft*: ebd.

95 *Für die Asmat sind die Ahnen*: ebd.; van Kessel: »My Stay and Personal Experiences in Asmat«; Schneebaum: Where the Spirits Dwell.

96 *Im Westen liegt Safan*: ebd.

97 *Die Überfälle fanden gewöhnlich im Morgengrauen statt*: Zegwaard: »Headhunting Practices of the Asmat of Netherlands New Guinea«.

98 *zehn Kanus mit einhundert Asmat-Kriegern*: Frank A. Trenkenschuh (Hg.): An Asmat Sketchbook Nr. 1 und 2 (Hastings, Neb.: Asmat Museum of Culture and Progress, 1982), S. 26.

98 *1947 hatten die Überfälle schließlich solche Ausmaße*: Zegwaard: »1953 Data on the Asmat People«.

99 *die Brutalität der Asmat-Kultur, von der man überall hört, herunterzuspielen*: ebd.

101 *In der Siedlung von Sjuru in den Jahren 1947 und 1948*: ebd.

102 *Alles außerhalb dieser greifbaren Unmittelbarkeit*: van Kessel: »A Few Notes About the Casuarinen Coast«.

102 *Wenn jemand starb, wälzten sich die Frauen*: Schneebaum: Where the Spirits Dwell, S. 45.

103 *Ein Flugzeug war ein opndettaji*: van Kessel: »A Few Notes About the Casuarinen Coast«.

103 *Aber sie praktizierten* papisj: Trenkenschuh (Hg.): Asmat Sketchbook Nr. 1 und 2, S. 22.

104 *eine tiefe Wanderlust in sich verspürt*: Interview des Rechercheurs Erik Thijssen mit Mieke van Kessel, Witwe von Cornelius van Kessel, Leeuwarden, Niederlande, Oktober 2012.

104 *Die Mission verfügte nicht einmal über ein Motorboot*: van Kessel: »My Stay and Personal Experiences in Asmat«, S. 7.

105 *In jedem Dorf*: ebd.

105 *Er war zutiefst religiös*: Erik Thijssen, Interview mit Mieke van Kessel, Leeuwarden, Niederlande, Oktober 2012.

105 *Außerdem glaubte er an den Himmel*: ebd.

105 *Er schätzte Zigarren*: ebd.

105 *dass man Religion nicht erzwingen konnte*: ebd.

106 *abgemahnt, weil er nicht genügend Taufen vornahm*: ebd.; siehe auch »Subject: Behavior Father van Kessel«, Brief 13/54, Nationalarchiv der Niederlande.

106 *Im Oktober 1953 stellte eine Gruppe chinesischer*: van Kessel, Bericht an Tillemans, 23. Januar 1962.

107 *Ich hätte sie alle niedermähen können*: ebd.

107 *Ich hätte sie alle niedermähen können*: ebd.

108 *den Enthusiasmus der Bewohner von*: ebd.

108 *September 1956 ermordeten Omadesep-Krieger vier*: ebd.

108 *Van Kessel reiste nach Amborep*: van Kessel: »My Stay and Personal Experiences in Asmat«, S. 10.

108 *Krieger aus Ajam*: ebd.

109 *Van Kessel führte eine Liste der Gewalttaten*: ebd., S. 97–99.

109 *Er hatte, wie van Kessel auch, seine Berufung früh verspürt*: Interview des Autors mit Hubertus von Peij, Tilburg, Niederlande, Dezember 2011.

110 *Also, ich bin weg*: ebd.

110 *an jenem Tag Ende 1957*: ebd.

111 *auf die Männer aus Omadesep*: Interview des Autors mit Everisus Birojipts, Omadesep, Papua, Februar 2012; Interview des Autors mit Kosmos Kokai, Basim und Pirien, Papua, Februar 2012; van Kessels Bericht an Tillemans, 23. Januar 1962.

112 *Van Kessel gab dem Geschehnis einen Namen*: van Kessel: »My Stay and Personal Experiences in Asmat«, S. 24.

9
Februar 1958

119 *Am 6. Februar 1958 brannte*: Lapré: »Patrol Report Otsjanep, re: the headhunting on Omadesep Ultimo December 1957«.

119 *Er wurde von von elf papuanischen Polizisten begleitet*: ebd.

119 *mit Mauser M98 Gewehren*: Interview des Autors mit Wim van de Waal, Teneriffa, Kanarische Inseln, Spanien, Dezember 2011.

120 *Lapré hatte Angst*: van Kessel, Bericht an Tillemans, 23. Januar 1962.

120 *drei Kanus mit Kriegern aus Atsj*: Lapré: »Patrol Report Otsjanep, re: the headhunting on Omadesep Ultimo December 1957«.

120 *den Ureinwohnern eine Lektion zu erteilen*: »Oral History Project Collection: Memories of the East: The Lapré Interview.«

120 *Max Laprés Ahnen*: ebd.

120 *Sein Vater war Soldat*: ebd.

120 *drei Jahre alt war, zog seine Familie*: ebd.

121 *Da war dieser japanische Laden*: ebd.

121 *und lehre sie das Fürchten*: ebd.

123 *In späteren Interviews*: ebd.

123 *Nachdem van Kessel ihn getroffen hatte, lamentierte er*: van Kessel: »My Stay and Personal Experiences in Asmat«, S. 19.

123 *Van Kessel betrachtete diese Reaktion als »unangemessen«*: ebd., S. 20.

124 *schickte Lapré einen Polizisten namens Dias*: Lapré: »Patrol Report Otsjanep, re: the headhunting on Omadesep Ultimo December 1957«.

124 *Vielleicht sahen sie darin eine Gelegenheit, jemandem den Schädel abzuhacken*: »Oral History Project Collection: Memories of the East: The Lapré Interview«.

125 *Es sind die besten Leute in der Welt*: Sale: The Conquest of Paradise, S. 100.

126 *Wie lautete die Reaktion der Wilden?*: Tobias Schneebaum: Keep the River on Your Right (New York: Grove Press, 1970), S. 65–69.

127 *schließlich besaßen sie Erfahrung im Spurenlesen*: Edward L. Schieffelin und Robert Crittenden: Like People You See in a Dream. First Contact in Six Papuan Socities (Stanford, CA: Standford University Press, 1991), S. 79.

127 *Wir haben vor Angst mit den Zähnen geklappert*: ebd., S.73.

128 *Sie kreischten, »heulten«*: Lapré: »Patrol Report Otsjanep, re: the headhunting on Omadesep Ultimo December 1957«.

128 *Am 6. Februar entsandte er*: ebd.

129 *Lapré ergriff selbst das Ruder*: »Oral History Project Collection: Memories of the East: The Lapré Interview«.

130 *Die Bewohner Otsjaneps, Männer und Frauen*: Lapré: »Patrol Report Otsjanep, re: the headhunting on Omadesep Ultimo December 1957«.

130 *Zu seiner Linken erschien eine Gruppe*: ebd.

131 *Ein Asmat namens Faratsjam wurde in den Kopf geschossen*: Details über die Erschießung Faratsjams und der anderen Krieger stammen von dem Interview des Autors mit Kosmos Kokai, Basim, Papua, Februar 2012.

132 *»Feuer einstellen!«, brüllte Lapré*: »Oral History Project Collection: Memories of the East: The Lapré Interview«.

132 *Lapré erklärte seine Taten gegenüber van Kessel*: van Kessels an Tillemans, 23. Januar 1962; siehe auch van Kessel: »My Stay and Personal Experiences in Asmat«, S. 92.

132 *Lapré verbrachte die Nacht auf See*: Lapré: »Patrol Report Otsjanep, re: the headhunting on Omadesep Ultimo December 1957«.

133 *hatte Lapré fünf Männer aus Otsjanep ermordet*: Interview des Autors mit Kosmos Kokai, Basim, Papua, Februar 2012. Laprés Report berichtet von drei bzw. vier Toten; van Kessel erwähnt vier Tote. Die Einwohner Piriens/Otsjaneps heute erinnern sich eindeutig an vier Männer und eine Frau, Ipi, die ermordet wurden und an einen weiteren verwundeten Mann.

133 *Als er Otsjanep drei Monate später erneut besuchte*: Lapré: »Patrol Report Otsjanep, re: the headhunting on Omadesep Ultimo December 1957«.

10
März 1958

135 *Kameras blitzten*: Jones: The Possible Dream, S. 70.

136 *Prinz und Bettelknabe, Adliger oder Tagelöhner*: ebd., S. 57.

137 *Er hob Indonesiens unabhängige Außenpolitik hervor*: ebd.

138 *Für die Niederlande hatte das Festhalten an ihrer Kolonie*: Arend Lijphard: The Trauma of Decolonization (New Haven, CT: Yale University Press, 1966), S. 39–48.

138 *Percy Spender, Australiens damaliger Außenminister*: »Australia's Attitude on West New Guinea Unalterable. Spender« In: Canberra Times, 26. November 1954; Bilveer Singh: Papua. Geopolitics and the Quest for Nationhood (Piscataway, NJ: Transaction Publishers, 2008), S. 65–67.

139 *siebenundzwanzig Prozent aller Stimmen für sich verbuchen*: Jones: The Possible Dream, S. 73.

110 *Ungeachtet Jones' Worte an Sukarno*: ebd., S. 70.

140 *Es ist unabdingbar, dass die Niederlande*: John Saltford: The United Nations and the Indonesian Takeover of West Papua, 1962–1969. The Anatomy of Betrayal (London: Routledge, 2006), S. 10.

142 *Der niederländische Außenminister Joseph Luns*: ebd., S. 10–11.

142 *West-Neuguinea an Sukarno abzutreten*: ebd.

11

März 1961

144 *ich bin endlich in Neuguinea*: Michael Rockefeller, Brief an Samuel
      Putnam, 29. März 1961, Abteilung für die Kunst Afrikas, Ozeaniens,
      Süd-, Mittel- und Nordamerikas, MMA.

145 *Als Heider am vorherigen Tag angereist war*: Interview des Autors mit
      Karl Heider, Columbia, SC, Juni 2011.

145 *Michael hockte im Cockpit*: Michael Rockefeller, Brief an Samuel Putnam,
      29. März 1961, Abteilung für die Kunst Afrikas, Ozeaniens, Süd-, Mittel-
      und Nordamerikas, MMA.

145 *Michael eilte zu seinem Sitz*: ebd.

146 *Wie schon Abby es mit ihrem Sohn Nelson gehalten hatte*: »Rocky as a
      Collector«, New York Times, 18. Mai 1969.

146 *als er elf war*: Morgan: Beginning with the End, S. 215.

146 *Als er die vier Jahre in Harvard beinahe hinter sich gebracht hatte*:
      Interview des Autors mit Betsy Warriner, ehemaliger Freundin und
      späterer Frau von Samual Putnam, Juni 2011.

147 *großes Abenteuer*: ebd.

147 *Gardner war Leiter des Harvard Film Study Center*: Robert Gardner:
      Making Dead Birds: Chronicle of a Film (Cambridge, MA: Peabody
      Museum Press, 2007).

148 *1959 begann er nach einem entsprechenden Projekt zu suchen*: ebd., S. 7.

148 *Gardner kontaktierte Victor de Bruyn*: ebd., S. 8.

149 *Die Vereinigten Staaten und die Sowjetunion*: Interview des Autors mit
      Jan Broekhuisje, Nieuwkoop, Niederlande, Dezember 2011.

150 *wie die meisten Beobachter, die von eingeborenen Stämmen in den Bann
      gezogen waren*: Gardner: Making Dead Birds, P. x-xv.

150 *Eines Tages auf Martha's Vineyard*: Autors Telefoninterview mit Peter
      Matthiessen, November 2011.

150 *auf den Stufen des Peabody Museums*: Interview des Autors mit Karl
      Heider, Columbia, SC, Juni 2011.

151 *Indessen stürzte sich Michael auf seine neue Aufgabe*: Gardner: Making
      Dead Birds, S. 25.

151 *»Meine erste Reaktion war schierer Horror«*: ebd., S. 33.

151 *»Zumindest werde ich Tippen üben können [sic].«*: ebd.

151 *»Ich habe eine ganze Reihe nützlicher Dinge*: ebd. S. 34.

152 *»Ich kann Ihnen versichern, dass er weiß*: ebd., S. 35

152 *»Insbesondere der Flug war spektakulär«*: Michael Rockefeller, Brief an Samuel Putnam, 29. März 1961, Abteilung für die Kunst Afrikas, Ozeaniens, Süd-, Mittel- und Nordamerikas, MMA.

153 *Wenige Tage später brachten sie zentnerschwere Ausrüstung*: ebd.

153 *hinterließ einen dauerhaften Eindruck*: Outtake eines Interviews mit Peter Matthiessen für »The Seekers of the Lost Treasure« (Discovery Channel, 1994).

153 *war tatsächlich so schön, wie Michael es beschrieben hatte*: Im März 2012 verbrachte ich beinahe eine Woche im Baliem-Tal, wo Dani-Stammesälteste, die sich an die Peabody-Expedition erinnern konnten, mir die Standorte Gardners und seines Teams zeigten.

154 *gewohntes Essen zu sich zu nehmen*: Interview des Autors mit Karl Heider, Columbia, SC, Juni 2011.

154 *Michael fand sie »emotional ausdrucksstark«*: Michael Rockefeller, Brief an Samuel Putnam, 14. April 1961, Archiv des MMA.

154 *»Polik der Krieger«*: ebd.

154 *Sie waren so nah am Geschehen*: Interview des Autors mit Karl Heider, Columbia, SC, Juni 2011.

155 *»Sie zogen mit einem Regelwerk in den Krieg*: Autors Telefoninterview mit Peter Matthiessen, November 2011.

155 *Er »fotografierte wie wild«*: Michael Rockefeller, Brief an Samuel Putnam, 14. April 1961, Archiv des MMA.

155 *»Michael ist in Tränen ausgebrochen und verschwunden«*: Outtake eines Interviews mit Peter Matthiessen für »The Seekers of the Lost Treasure« (Discovery Channel, 1994).

155 *»Mike war sehr still, sehr bescheiden«*: Interview des Autors mit Karl Heider, Columbia, SC, Juni 2011.

155 *Während Elisofon, der Profi, sie aufstellte*: ebd.

155 *Abends war Heider überrascht*: ebd.

156 *dass sich für dich und mich eine große Möglichkeit auftut*: Michael Rockefeller, Brief an Samuel Putnam, 29. April 1961, Archive des MMA.

157 *»Michaels Vater hat ihn zum Vorstandsmitglied*: Interview des Autors mit Karl Heider, Columbia, SC, Juni 2011; siehe auch Sitzungsprotokolle des Vorstands des Museum of Primitive Art, Archive des MMA.

157 *dass er auch am Sepik-Fluss*: Robert Goldwater, Brief an Michael Rockefeller, 5. Mai 1961, Archive des MMA.

158 *dass er sich freuen würde*: ebd.

158 *Die beiden trafen sich in der Hauptstadt*: René Wassing: »Report from the Journey to the Asmat Region with the Gentleman M. Rockefeller«, niederländisches Nationalarchiv.

159 *Er hatte erst spät, im Alter von zwanzig, die Schule absolviert*: Interview des Autors mit Wim van de Waal, Teneriffa, Kanarische Inseln, Spanien, Dezember 2011.

160 *Das sollte sich in Zukunft auch nicht ändern*: Trenkenschuh (Hg.): Asmat Sketchbooks Nrn. 1 und 2, S. 37.

160 *hat Schneebaum Geschichten*: Schneebaum: Where the Spirits Dwell, S. 74.

161 *Und trotzdem reiste van de Waal ohne Verteidigungsmaßnahmen*: Interview des Autors mit Wim van de Waal, Teneriffa, Kanarische Inseln, Spanien, Dezember 2011.

161 *die erste Begegnung mit australischen Entdeckern*: Schieffelin und Crittenden: Like People You See in a Dream, S. 222.

162 *Als der Engländer Charles Savage*: ebd., S. 76.

163 *Untersuchung der Strickland-Purari-Unternehmung*: Schieffelin und Crittenden: Like People You See in a Dream, S. 231–232.

163 *Der gesamte Kosmos der Asmat bestand aus wechselseitiger Gewalt*: für mehr Informationen über die Kultur und Kosmologie der Asmat siehe Schneebaum: Where the Spirits Dwell; Knauft: South Coast New Guinea Cultures; Zegwaard: »Headhunting Practices of the Asmat of the Netherlands New Guinea«; Eyde: »Cultural Correlates of Warfare Among the Asmat of South-West New Guinea«; Trenkenschuh (Hg.): Asmat Sketchbooks; van Kessel: »My Stay and Personal Experiences in Asmat« und Gerbrands (Hg.): The Asmat of New Guinea.

165 *Van de Waal führte Michael und Wassing*: Interview des Autors mit Wim van de Waal, Teneriffa, Kanarische Inseln, Spanien, Dezember 2011.

165 *Wenige Tage später schrieb er an Goldwater*: Michael Rockefeller, Brief (undatiert) an Robert Goldwater, Archive des MMA.

166 *»Meine Ankunft sowohl im Baliem-Tal als auch hier in Asmat hat etwas Mysteriöses an sich«*: Michael Rockefeller, Notizen, Archive des MMA.

167 *Aber dank Gerbrands und Eydes Hilfe*: ebd.

168 *Michael war außer sich vor Verzückung*: ebd.

168 *Zwei Tage später verließen sie*: Gerbrands (Hg.): The Asmat: The Journal of Michael Clark Rockefeller, S. 107.

168 *»Zuerst kam die ruhige, gemächliche Abreise*: ebd.

169 *ich hätte irgendwie die zwitschernden Scharen von Spatzen aufnehmen können*: ebd., S. 111.

170 *Nach sieben Stunden erreichten sie ein Biwak*: Wassing: »Report from the Journey to the Asmat Region«, Nationalarchive der Niederlande.

170 *Und als er nach Schnitzereien fragte*: Michael Rockefeller, Notizen, Archive des MMA.

172 *»Dies waren Objekte*: ebd.

172 *Gewisse Lieder sind derart potent*: Interview des Autors mit Vince Cole, Agats, Papua, März 2012.

173 *»Da steckt keine Magie dahinter«*: Michael Rockefeller, Notizen, Archive des MMA.

174 *»Eine schwer definierbare Persönlichkeit«*: ebd.

175 *»Es war ein alter, wunderschöner Speer«*: ebd.

177 *In der undurchsichtigen Welt der Bündnisse unter den Asmat*: Wassing: »Report from the Journey to the Asmat Region«, Nationalarchive der Niederlande; Michael Rockefeller, Notizen, Archive des MMA.

177 *eine seiner Töchter an Dombai*: Interview des Autors mit Kosmos Kokai, Basim und Pirien, Papua, Februar 2012.

177 *»Es war eine wunderbare Flussfahrt«*: Gerbrands (Hg.): The Asmat: The Journal of Michael Clark Rockefeller, S. 127.

178 *Der Fluss mäanderte, wurde schmaler*: Wassing: »Report from the Journey to the Asmat Region«, Nationalarchive der Niederlande.

178 *Tatsji stieß einen langen, melodischen Schrei aus.*: ebd.

179 *»Das Land hier ist wilder und weltabgeschiedener«*: Gerbrands (Hg.): The Asmat: The Journal of Michael Clark Rockefeller, S. 128.

179 *so sangen sie die ganze Nacht hindurch*: Michael Rockefeller, Notizen, Archive des MMA.

180 *fanden sie siebzehn* bisj-*Pfähle*: Gerbrands (Hg.): The Asmat: The Journal of Michael Clark Rockefeller, S. 141.

181 *obwohl Michael schrieb, dass die Pfähle für ein Fest geschnitzt worden waren*: Michael Rockefeller, Notizen, Archive des MMA.

181 *Gegen Tabak*: Wassing: »Report from the Journey to the Asmat Region«, Nationalarchive der Niederlande.

181 *Michael leistete eine Anzahlung*: ebd.; Gerbrands (Hg.): The Asmat: The Journal of Michael Clark Rockefeller, S. 142.

182 *»Um nach Biwar zu gelangen*: Michael Rockefeller, Notizen, Archive des MMA.

182 *Drei Tage später*: ebd.; Gerbrands (Hg.): The Asmat: The Journal of Michael Clark Rockefeller, S. 142.

12

März 2012

190 *Tobias Schneebaum schwärmte von*: Schneebaum: Keep the River on Your Right, S. 100–110.

13
September 1961

206 »*Wie spät ist es, und wo bin ich?*«: Gerbrands (Hg.): The Asmat: The Journal of Michael Clark Rockefeller, S. 44.

206 »*Ich glaube, ich kann mit einiger Sicherheit behaupten*«: Michael Rockefeller, Brief an Robert Goldwater, 9. Juli 1961, Archive des MMA.

208 »*Er erreichte Otsjanep und wurde augenblicklich erdolcht*«: Hubertus von Peij, Brief an Herman Tillemans, 3. Februar 1962, OHHJ Archive.

208 nannte er »*einmalig*« für die Vereinigten Staaten: Michael Rockefeller, Brief an Robert Goldwater, 9. Juli 1961, Archive des MMA.

208 Goldwater schrieb van Kessel: ebd.

208 »*Mr. Rockefeller ist, wie Sie ja schon wissen,*: Robert Goldwater, Brief an Cornelius van Kessel, 27. Juli 1961, Archive des MMA.

209 ungeachtet Mr Gaisseaus Besuchs: Tony Saulnier: The Headhunters of Papua (New York: Crown, 1963), S. 69–92.

210 »*mit ähnlich talentierten Schnitzern*«: Michael Rockefeller, Brief an Cornelius van Kessel, 10. Juni 1961, Archive des MMA.

210 »*Ich werde Otsjanep nicht auslassen.*«: Cornelius van Kessel, Brief an Michael Rockefeller, August 1961, Archive des MMA.

211 »*Ziele; Vorgehensweise der Untersuchungen*«: Michael C. Rockefeller, Notizen, Archive des MMA.

212 Nach einige Tagen in Hollandia: Gerbrands (Hg.): The Asmat: The Journal of Michael Clark Rockefeller, S. 44.

212 »*Der Schlüssel zu meiner Faszination von den Asmat*: ebd.

213 »*Nächte machen hier am meisten Spaß*: ebd.

213 Vor Ort gab es eine einzige Regierungsbarkasse: Interview des Autors mit Wim van de Waal, Teneriffa, Kanarische Inseln, Spanien, Dezember 2011.

214 Der Katamaran eignete sich hervorragend für Flüsse: ebd.

214 »*Die Bordwände waren lediglich zehn*«: ebd.

214 »*Er war geradezu geschockt, entgeistert*«: ebd.

215 »*Ich habe meinen eigenen Katamaran*«: ebd.

215 »*Wollen Sie ihn mir verkaufen?*«: ebd.

216 einen Außenborder mit fünfundvierzig Pferdestärken: ebd.

216 Im chinesischen Gemischtwarenladen: Notizen von M. C. Rockefeller, Archive des MMA.

217 »*René Wassing und ich*: Michael Rockefeller, Brief an Cornelius van Kessel, 7. Oktober 1961, Archive des MMA.

217 Zuerst fuhren sie gen Süden: Michael Rockefeller, Notizen, Archive des MMA.

218 »*Die Abendluft war kristallklar*: ebd.

218 »*Der Asmat hat einen speziellen Ruf*: Gerbrands (Hg.): The Asmat: The Journal of Michael Clark Rockefeller, S. 45.

218 *Während der nächsten drei Wochen*: ebd., S. 46.

218 *Er fertigte detaillierte Zeichnungen der Designs*: Michael Rockefeller, Notizen, Archive des MMA.

219 »*Der einzige Unterschied zwischen Mark Twains Protagonisten*: Gerbrands (Hg.): The Asmat: The Journal of Michael Clark Rockefeller, S. 46.

220 *vom größten Beitrag der Nonnen im modernen Agats Gebrauch zu machen*: ebd.

220 *Asmat gleicht einem gigantischen Puzzle*: ebd.

223 *So hat Priester von Peij in Atsj Wind davon bekommen*: Interview des Autors mit Hubertus von Peij, Tilburg, Niederlande, Dezember 2011.

224 *am 15. November*: ebd.

224 *im Pfarrhaus und tranken Tee*: ebd.

225 *Ich fahre Freitagnachmittag um fünf nach Atsj*: ebd.

225 *Ich muss erst nach Per*: ebd.

15
November 1961

238 *Der Katamaran war vollgeladen*: Interview mit René Wassing in: Morgan: Beginning with the End, S. 22–24; Notizen von M. C. Rockefeller, Archive des MMA.

239 *Sie blieben über Nacht*: Interview des Autors mit Hubertus von Peij, Tilburg, Niederlande, Dezember 2011.

240 *Wassing war am Ruder.*: Morgan: Beginning with the End, S. 22.

242 *dass Wassing den Außenborder drosselte*: ebd.

242 *Wenn wir erst mal auf dem Meer sind, wird uns niemand mehr finden.*: ebd.

242 *Sie hatten keine Angst*: ebd., S. 22–24.

243 *Michael und Wassing sammelten alles zusammen*: ebd.

243 *Es dauerte nicht lange, ehe eine Welle*: ebd.

243 *Sie bargen alles, was sie konnten*: ebd.

243 *Sie erreichten Agats um halb elf in der Nacht*: Niederländische Marine, Telegramm an das Wachboot Snellius, Nationalarchiv der Niederlande.

243 *liefen die Radioröhren heiß*: Niederländische Marine, Telegramm an das Außenministerium, 20. November, Nationalarchiv der Niederlande.

243 *Innerhalb kürzester Zeit machten die niederländischen Behörden ihr Schiff*: ebd.

244 *Am Tag zuvor jedoch hatte es eine Inspektion*: Interview des Autors mit
Hubertus von Peij, Tilburg, Niederlande, Dezember 2011.

244 *kein funktionierendes Funkgerät an Board*: Niederländische Marine,
Telegramm an das Außenministerium, 20. November, Nationalarchiv der
Niederlande.

244 *Sie rissen zwei Bretter*: Morgan, S. 23.

244 *Michael hatte sich einen leeren Benzinkanister*: ebd.

244 *Wassing glaubte, dass sie sich nur fünf Kilometer*: Reuters Bericht, Dossier
39666, Ministrie Van Binnenlandse Zaken, Nationalarchiv der Niederlande.

245 *Lass uns noch mal paddeln*: Morgan: Beginning with the End, S. 23.

246 *Wenn du glaubst, dass du es schaffen kannst, dann mach es.*
Ich aber bleibe hier: ebd.

246 *Michael hatte bereits einen leeren Benzinkanister um die Hüfte*: Niederländische Marine, Telegramm an das Außenministerium, 20. November,
Nationalarchiv der Niederlande.

246 *Anfangs noch schwamm er gegen die Ebbe an*: Gezeitentafeln für
Niederländisch-Neuguinea.

246 *Ich schaffe das schon*: Reuters Bericht, Dossier 39666, Ministrie Van
Binnenlandse Zaken, Nationalarchiv der Niederlande; Morgan:
Beginning with the End, S. 23.

246 *bis er nur noch ein Pünktchen im Meer war*: ebd.

16
November 1961

248 *Also legten an jenem Abend des 18. November*: van Kessel, Bericht an
Tillemans, 23. Januar 1962.

248 *Ajim, ein gedrungener, kräftiger Mann*: Cornelius van Kessel, Foto,
Koninklijk Instituut voor Taal-, Land- en Volkenkunde, Leiden,
Niederlande.

248 *Er trug fünfzehn Zentimeter breite Rattanbänder*: ebd.

248 *Zudem waren Fin und Pep, Dombai*: van Kessel, Bericht an Tillemans,
23. Januar 1962.

249 *paddelten sie den Ewta hinunter*: Gezeitentafeln für Niederländisch-
Neuguinea.

249 *Am Morgen des 19. Novembers erreichten sie Pirimapun*: Interview des
Autors mit Hubertus von Peij, Tilburg, Niederlande, Dezember 2011.

17
November 1961

250 *Es war Sonntag, der 19. November*: Niederländische Marine, Telegramm an das Außenministerium, 20. November, Nationalarchiv der Niederlande.

250 *Das allein war schon schlimm genug*: Singh: Papua, S. 77.

251 *Königlich Niederländische Luftwaffe eine Schwadron*: Autors Telefoninterview mit Rudolf Idzerda, 10. Januar 2012.

251 *Die Maschinen waren die ersten ihrer Art*: Siehe Military Factory: »Lockhead P2V Neptune Land-Based Patrol Aircraft/VP Transport«, siehe http://www.militaryfactory.com/aircraft/detail.asp?aircraft_id=514; und
Wikipedia: »Lockheed P-2 Neptune,« unter: http://en.wikipedia.org/wiki/Lockheed_P-2_Neptune.

251 *eine Reichweite von knapp sechseinhalbtausend Kilometer*: ebd.

251 *Mit achtunddreißig Jahren hatte der ehemalige Kampfflieger*: Autors Telefoninterview mit Rudolf Idzerda.

252 *am späten Morgen des 19. Novembers*: ebd.

252 *Von Peij wartete auf Michael*: Interview des Autors mit Hubertus von Peij, Tilburg, Niederlande, Dezember 2011.

252 *Etwas weiter die Küste entlang*: van Kessel, Bericht an Tillemans, 23. Januar 1962.

252 *Nach drei Stunden wurde Idzerdas Navigator fündig*: Autors Telefoninterview mit Rudolf Idzerda, 10. Januar 2012.

252 *René Wassing sah das Flugzeug*: Interview des Autors mit Wim van de Waal, Teneriffa, Kanarische Inseln, Spanien, Dezember 2011.

252 *Kaum hatte Idzerda das Boot gesichtet*: Autors Telefoninterview mit Rudolf Idzerda, 10. Januar 2012.

253 *erreichte die Nachricht van de Waal*: Interview des Autors mit Wim van de Waal, Teneriffa, Kanarische Inseln, Spanien, Dezember 2011.

253 *Es war dunkel, das Meer ruhig*: ebd.

253 *Er schlief in einem* jeu: Ben van Oers. In: HN-Magazin (Dezember 1996), Nationalarchiv der Niederlande.

253 *Feuer fällt vom Himmel*: ebd.

253 *Wim van de Waal war auf der* Tasman: Interview des Autors mit Wim van de Waal, Teneriffa, Kanarische Inseln, Spanien, Dezember 2011; bestätigt in niederländischen Telegrammen, Nationalarchiv der Niederlande.

254 *Mike ist verschwunden, sagte Wassing.*: Interview des Autors mit Wim van de Waal, Teneriffa, Kanarische Inseln, Spanien, Dezember 2011.

254 *Und jetzt war er da, im Schoß der Familie*: Morgan: Beginning with the End, S. 4.

254 *skeptisch und abwartend*: ebd.

254 *In den Händen hielt er ein gelbes Überseetelegramm*: ebd.

255 *Kurz davor erhielt Nelson*: »Rockefeller in Honolulu« in: New York Times, 21. November 1961.

255 *Ich fliege dorthin, erklärte Nelson Reportern*: ebd.

255 *Nachricht über Ihren Sohn betrübt mich*: ebd.

256 *eine Pan American Boeing 707*: »Rockefeller Search Joined by Natives« in: New York Times, 25. November 1961.

256 *Wir befanden uns inmitten einer Gruppe*: Morgan: Beginning with the End, S. 7.

18

November 1961

259 *Im Zusammenhang mit der enormen öffentlichen Aufmerksamkeit*: Außenministerium, Telegramm 7425 an den Innenminister, Hollandia, 21. November 1961, Nationalarchiv der Niederlande.

259 *Die Konsequenz des tragischen Verschwindens*: ebd.

261 *Am Montag, den 22. November, setzten eine niederländische DeHavilland Beaver*: Die Suche wird in Telegrammen und Fernschreiben zwischen Regierungsbeamten und Militärpersonal in den Niederlanden und Neuguinea detailliert beschrieben, Nationalarchiv der Niederlande.

261 *Ein PBY-Wasserflugzeug wurde aus Lae*: Außenministerium, Telegramm 7425 an den Innenminister, Hollandia, 21. November 1961, Nationalarchiv der Niederlande.

261 *Ken Dresser und Missionarspilotin Betty Greene*: »Explorer Sought in Crocodile-Infested Jungle« in: New York Times, 22. November 1961.

261 *Die niederländischen Patrouillenboote* Tasman, Eendracht und die Snellius: Regierungstelegramme, Nationalarchiv der Niederlande.

261 *In Biak band sich ein niederländischer Marinesoldat*: ebd.

261 *Um die Radars zu testen, warf die Marine*: ebd.

261 *dass er von der Flut von Anfragen überwältigt war*: ebd.

262 *Nelson und Mary legten einen kurzen Zwischenstopp in Biak ein*: ebd.

262 *»Meine Tochter Mary und ich sind überzeugt*: »Gourverneur Rockefeller naar Merauke vertrokken (2)« (Zusammenfassung von Presseberichten), 23. November 1961, Nationalarchiv der Niederlande.

263 *eine flache, hässliche Siedlung*: Peter Hastings: »The Press, the Press, The Awful Press« In: The Bulletin, 23. Dezember 1961.

263 *Die Story, wegen der wir alle hierhergekommen sind*: ebd.

264 *ein gepeinigter, gebrochener Mann:* Interview des Autors mit Jan Broekhuisje, Nieuwkoop, Niederlande, Dezember 2011.

264 *Es war das erste Mal in meinem Leben:* Morgan: Beginning with the End, S. 18.

264 *Die Küste hier ist trostlos:* Brief von Eliot Elisofon (undatiert, Empfänger unbekannt), Eliot Elisofon Dokumente, Harry Ransom Center, University of Texas-Austin.

265 *René Wassing wurde präsentiert:* Morgan: Beginning with the End, S. 19.

265 *spiegelte meine eigene, tiefliegende Angst wider:* ebd.

265 *Ich kann Aufklärungsflugzeuge:* CINC Pacific Fleet, niederländische Marinekommunikation an CINC Marine Niederländisch-Neuguinea, 23. November 1961, Nationalarchiv der Niederlande.

266 *Ich ziehe Ihr freundliches Angebot in Erwägung:* Admiral Niederländisch-Neuguinea, niederländische Marinekommunikation an CINC amerikanische Pazifikflotte, 23. November 1961, Nationalarchiv der Niederlande.

266 *Der indonesische Außenminister hat am Freitag angedeutet:* Reuters, 24. November 1961, in Zeitungsausschnitten vom Attaché für Niederländisch-Neuguinea, Niederländische Botschaft, Canberra, Nationalarchiv der Niederlande.

267 *Nach einer Unterredung mit Gouverneur Nelson Rockefeller:* COSTRING niederländische Marinekommunikation an BDZ, 24. November 1961, Nationalarchiv der Niederlande.

267 *dass Beamte in Hollandia alle Hoffnung aufgegeben:* Associated Press, 23. November 1961, in Zeitungsausschnitten vom Attaché für Niederländisch-Neuguinea, Niederländische Botschaft, Canberra, Nationalarchiv der Niederlande.

267 *Es besteht keine Hoffnung mehr, Michael Rockefeller lebend zu bergen:* »Dutch Rejoin Navy Hunt«. In: New York Times, 24. November 1961.

267 *Ich bin Realist:* »Rockefeller Hunt Joined by Natives« in: New York Times, 25. November 1961.

267 *Wenn Michael es bis an die Küste geschafft hat:* ebd.

268 *viel Loyalität und Zuneigung:* ebd.

268 *Rockefeller enthusiastisch über die Suchaktion:* Hollandia, Telegramm ans Innenministerium, Den Haag, 25. November 1961, Nationalarchiv der Niederlande.

269 *zwei Bell 47 G2-A Helikopter:* Captain Dick Knight: »The Search for Michael Rockefeller«. In: Fourays Journal 1, Nr. 1 (März 1995), siehe http://beckerhelicopters.com/oscar/oscar-joins-the-army/Oscar-looks-for-rockefeler.html

269 *hundertfünfzig Kilometer entlang der Küste und zehn Kilometer Inland:* ebd.

269 *sengenden, feindlichen Wildnis:* ebd.

269 *einen roten Johnson-Benzinkanister für einen Außenbordmotor*: niederländische Marinekommunikation an das Innenministerium, Nationalarchiv
der Niederlande.

269 *Der Tank wurde Wassing unter die Nase gehalten*: »Rockefeller Hunt
Joined by Natives«, in: New York Times, 25. November 1961.

270 *Nelson sah aus, als wäre er im Country Club*: Fotos in OHHJ Archiven.

270 *Das gehört Ihnen?*: Interview des Autors mit Wim van de Waal, Teneriffa,
Kanarische Inseln, Spanien, Dezember 2011.

270 *Sie landeten die Catalina*: Morgan: Beginning with the End, S. 30–31.

19
November 1961

272 *Erstens greifen Haie Menschen nur in den seltensten Fällen an.*: Interview
des Autors mit George H. Burgess, Gainesville, FL, August 2012.

273 *Van Kessel schickte unverzüglich seinen Assistenten Gabriel*: van Kessels
Bericht an Tillemans, 23. Januar 1962.

274 *Gabriel sah nichts Außergewöhnliches*: ebd.

274 *Van Kessel folgte ihm*: ebd.

274 *Van Kessel tat sich mit der* Tasman *zusammen*: ebd.

274 *verbrachte Gabriel den ganzen Tag*: ebd.

275 *Die Bewohner flüchteten angsterfüllt und schreiend in den Dschungel*:
ebd.; Interview des Autors mit Kosmos Kokai, Pirien Siedlung, Papua,
März 2013.

275 *war die Siedlung menschenleer*: van Kessels Bericht an Tillemans,
23. Januar 1962; Interview des Autors mit Kosmos Kokai, Pirien Siedlung,
Papua, März 2013.

276 *dass sie nichts über Michael wussten*: ebd.

276 *In Atsj beobachtete von Peij, wie ein Schiff nach dem anderen*: Interview
des Autors mit Hubertus von Peij, Tilburg, Niederlande, Dezember 2011.

276 *Von Peij wartete eine Woche in Atsj.*: ebd.

276 *Da gibt es ein paar Männer, die Sie sprechen wollen*: ebd.

276 *Gut, ich warte*: ebd.

20
Dezember 1961

277 *kamen van Kessel zuerst merkwürdige*: van Kessels Bericht an Tillemans, 23. Januar 1962.

277 *schickte van Kessel Gabriel erneut nach Otsjanep*: ebd.

277 *Wir haben eine riesige Schlange im Meer gesehen!*: ebd.

277 *Bere aber lief Amok*: ebd.

277 *Van Kessel schickte ein Kanu*: ebd.

278 *»Männer aus Otsjanep«, begann Gabriel*: ebd.

279 *Pep besaß einen neuen Dolch*: ebd.

279 *Er sah, dass sie schauspielerten*: ebd.

279 *Van Kessel war sich nicht sicher*: ebd.

279 *Am 9. Dezember gelangte von Peij nach Omadesep*: Interview des Autors mit Hubertus von Peij, Tilburg, Niederlande, Dezember 2011.

279 *Er war beunruhigt*: ebd.

280 *als plötzlich vier Männer in den Raum traten*: ebd.

280 *Der Anlass, einen Pfarrer zu besuchen, ließ sie Shorts tragen*: ebd.

280 *»Okay«, meinte von Peij. »Dann erzählt mal.«*: ebd.

280 *Stück für Stück entfaltete sich die Geschichte.*: ebd.

281 *»Trug er eine Brille?«*: ebd.

281 *Ihre Antwort brannte sich in sein Bewusstsein*: ebd.

281 *Fin-tsjem aotepetsj ara*: ebd.

281 *Und seine Oberschenkelknochen?*: ebd.

281 *Pep hatte einen Oberschenkelknochen*: van Kessels Bericht an Tillemans, 23. Januar 1962.

282 *Wegen der Morde vor vier Jahren in Otsjanep*: Interview des Autors mit Hubertus von Peij, Tilburg, Niederlande, Dezember 2011.

282 *Von Peij war überwältigt.*: ebd.

282 *Nda kapak to*: ebd.

283 *Von Peij kritzelte hastig*: ebd.

283 *Am 12. Dezember kam van Kessel in Agats an*: van Kessels Bericht an Tillemans, 23. Januar 1962.

283 *Am 15. Dezember schrieb van Kessel*: ebd.

284 *diente Gabriel als Dienstbote, um den Bericht Nijoff bringen*: ebd.

284 *fünf Tage später, am 20. Dezember*: ebd.

284 *»SIE HABEN DEN MORD NICHT GELEUGNET«, schrieb van Kessel*: ebd.

288 *Der Vertreter der Kolonialverwaltung in Merauke [Eibrink Jansen]*: Telegramm des Außenministeriums, Nr. 7740 an das Innenministerium, 21. Dezember 1961, Nationalarchiv der Niederlande.

22
Januar, Februar und März 1962

307 *Am 20. Dezember 1961, einen Monat nachdem Michael verschwunden war:* P.J. Plateel, Telegramm an die niederländische Botschaft, Canberra, Australien, 20. Dezember 1961, Nationalarchiv der Niederlande.

307 *»Die gesamte Gegend ist von diversen Einheiten:* Telegramm von P.J. Plateel an Nelson Rockefeller, 21. Dezember 1961, Nationalarchiv der Niederlande.

308 *werden Ihnen für immer dankbar sein:* »New Guinea Dutch End Search for Rockefeller's Missing Son«, in: New York Times, 22. Dezember 1961.

308 *Van Kessel und von Peij nannten fünfzehn Männer:* van Kessels Bericht an Tillemans, 23. Januar 1962.

310 *Van Kessel hatte schon lange auf eine Reise nach Hause in die Niederlande gedrängt:* Herman Tillemans, Brief an Cornelius van Kessel, 27. Dezember 1961, Archive des OHHJ.

311 *Ich habe Genehmigung beim Vertreter der Kolonialverwaltung eingeholt:* ebd.

311 *Ich schrieb meinem Bischof:* Interview des Autors mit Hubertus von Peij, Tilburg, Niederlande, Dezember 2011.

311 *die Sache Rockefeller:* Herman Tillemans, Brief an Cornelius van Kessel, 1. Februar 1962, Archive des OHHJ.

312 *»Was ich am wenigsten verstehe«, schrieb Sowada:* Alphonse Sowada, Brief an Herman Tillemans, 22. Februar, Archive des OHHJ.

313 *Ich habe Ihren Brief diesbezüglich erhalten:* Hubertus von Peij an Hermann Tillemans, 3. Februar 1962, Archive des OHHJ.

314 *Alle behaupten, dass:* Herman Tillemans, Brief an F. R. J. Eibrink Jensen, 14. Februar 1962, Archive des OHHJ.

314 *Ich will, dass Sie van Kessel unmissverständlich klarmachen:* Herman Tillemans, Brief an den Provencial, 25. Februar 1962, Archive des OHHJ.

315 *Ich verlasse mich auf Sie, van Kessel die Abreise nach Amerika zu verbieten:* Herman Tillemans, Brief an den Provencial, 18. Februar 1961, Archive des OHHJ.

315 *Report der niederländischen Bischofskonferenz und Ordensgemeinschaften von Dezember 2011:* »Catholic Church Involved in Abuse of Dutch Children, Report Finds«, in: Los Angeles Times, 17. Dezember 2011.

315 *bestand die übliche Strafe aus einer Vertuschung mit einer Versetzung:* ebd.

316 *Am 4. März entsandte der Priester van de Wouw Gabriel:* Anton van de Wouw an Herman Tillemans, 23. März, Archive des OHHJ.

316 *Gabe nichts in Ocenep {sic} herausgefunden hat:* Anton van de Wouw an Herman Tillemans, 23. März 1962, Archive der OHHJ.

316 *Wenn Sie neue Informationen bezüglich des Rockefeller-Falls in Erfahrung bringen*: Herman Tillemans an Anton van de Wouw, 4. April 1962, Archive der OHHJ.

317 *Priester W. Hekman, der ebenfalls in Asmat stationiert war*: »Zendeling Hekman: Rockefeller Jr. is opgegeten; Wraak tegen moorden van politie«, in: De Waarheid, 29. März 1962.

317 *Presseberichte aus den Niederlanden*: Telegramm der niederländischen Botschaft in Washington, DC, an das Außenministerium, Den Haag, 27. März 1962, Nationalarchiv der Niederlande.

318 *Ähnliche Gerüchte halten sich auch*: ebd.

318 *Nichtsdestotrotz erfüllte das Dementi seinen Zweck*: »Rockefeller Not Eaten by Cannibals«, in: Canberra Times, 29. März 1962.

319 *Es muss schon merkwürdig für sie gewesen sein*: Interview des Autors mit Wim van de Waal, Teneriffa, Kanarische Inseln, Spanien, Dezember 2011.

320 *»Die Antwort«, schrieb van de Wouw*: Anton van de Wouw, Brief an Herman Tillemans, 15. Mai 1962, Archive des OHHJ.

321 *Van de Wouw erklärte weiterhin, dass Otsjanep*: ebd.

321 *Ich brauchte Beweise, nicht nur Namen*: Interview des Autors mit Wim van de Wall, Teneriffa, Kanarische Inseln, Spanien, Dezember 2011.

322 *Er hatte große Angst*: ebd.

327 *hatte ich die Koordinaten von zwei Punkten*: Telegramme der niederländischen Marine, Nationalarchiv der Niederlande.

330 *Der Anthropologe Gananath Obeyesekere nannte dies »cannibal talk«*: Gananath Obeyesekere: The Man-Eating Myth and Human Sacrifice in the South Seas (Berkely: University of California Press, 2005).

335 *In dem vielleicht bemerkenswertesten Fall*: Frank Trenkenschuh: »Cargo Cult in Asmat. Examples and Prospects«. In: An Asmat Sketchbook Nrn. 1 & 2, herausgegeben von Frank Trenkenschuh, S. 59–65.

336 *die laut Versicherungsagenten im August 1962*: Versicherung der Michael Rockefeller Asmat Sammlung, Museum of Primitive Art, Archive des MMA.

336 *2012 hatte das Metropolitan Museum of Art sechs Millionen Besucher*: Metropolitan Museum of Art, »Metropolitan Museum Announces 6.26 Million Attendance«, 16.Juli 2012, siehe: http://www.metmuseum.org/about-the-museum/press-room/news/2012/attendance

337 *dessen wunderschönes Kanu heute noch im Met steht*: Interview des Autors mit Asmat Museum of Culture and Progress, Agats, Papua, Dezember 2012.

337 *Wenn ein Asmat-Krieger von einem Gegner einer feindlichen Siedlung getötet wird*: ebd.

338 *der im Juni antwortete.*: Anton van de Wouw, Brief an das Metropolitan Museum of Art, 26. Juni 1962, Archive des MMA.

339 *ist ein Brief, den van Kessel 1974*: Cornelius van Kessel, Brief an Robert Goldwater, 3. Juli 1974, Archive des MMA.

340 *Kanzlei Milbank, Tweed, Hope and Hadley und dem niederländischen Generalkonsul*: Briefe zwischen Rockefellers Anwälten Milbank, Tweed, Hope and Hadley und der niederländischen Regierung, 8. Februar, 18. April, 3. Mai, 6. Juni und 6. Juli 1962, Nationalarchiv der Niederlande.

339 *Michaels Nachlass*: »Rockefeller Son Ruled Dead; Estate Valued at $660,000«, in: New York Times, 2. Februar 1964.

340 *Es wäre eine große Hilfe*: William Jackson von Milbank, Tweed, Hope and Hadley an den niederländischen Generalkonsul in New York, 8. Februar 1962, Nationalarchiv der Niederlande.

341 *er erklärte die Ergebnisse seiner Recherchen in einem Brief*: Machlin: The Search for Michael Rockefeller, S. 193.

342 *Als Mr. Whitlam bemerkte, dass das Rätsel nie gelöst wurde*: New York Times, 8. Mai 1975.

342 *Mir ist etwas Merkwürdiges untergekommen*: Frank Monte: The Spying Game. My Extraordinary Life as a Private Investigator (Sydney, Australien: Vapula Press, 2003), S. 180.

344 *Gerüchte und Geschichten über Michaels erfolgreiche Rückkehr*: Morgan: Beginning with the End, S. 36.

345 *dass die Familie sich weigert*: Telefoninterview mit Peter Matthiessen, November 2011.

24
November 2012

368 *Pirien selbst war in fünf Untersiedlungen aufgeteilt*: Interview des Autors mit Kosmos Kokai, Basim und Pirien, Papua, Februar 2012.

369 *ließen indonesische Regierungsbehörden sämtliche jeus abbrennen*: Frank Trenkenschuh: »Some Additional Notes on Zegwaard from a 1970 Vantage«, in: An Asmat Sketchbook Nrn. 1 & 2, Trenkenschuh (Hg.), S. 31–36.

370 *Erschießung des Priesters Jan Smit*: Frank Trenkenschuh: »An Outline of Asmat History in Perspective«, in: An Asmat Sketchbook Nrn. 1 & 2, Trenkenschuh (Hg.), S. 32.

374 *führte Indonesien eine weichere Gangart ein*: ebd., S. 31–36.

374 *trommelte Fumeripitsj die Asmat aus seinen Schnitzereien zum Leben*: Gerbrands (Hg.): The Asmat. The Journal of Michael Rockefeller, S. 21.

382 *»Mein ganzes Leben lang«, schrieb er, »habe ich nach Wegen gesucht«*: Schneebaum: Secret Places, S. 3.

25

Dezember 2012

AUSGEWÄHLTES
LITERATURVERZEICHNIS

Anderson, Warwick: *The Collectors of Lost Souls. Turning Kuru Scientists into Whitemen*. Baltimore: Johns Hopkins University Press, 2008.

Arens, William: *The Man-Eating Myth. Anthropology and Anthrophagy*. Oxford: Oxford University Press, 1979.

Avramescu, Catalin: *An Intellectual History of Cannibalism*. Princeton, NJ: Princeton University Press, 2011.

Bickford Berzock, Kathleen und Christa Clarke (Hg.): *Representing Africa in American Art Museums*. Seattle: University of Washington Press, 2011.

Chichester, Sir Francis: *Gipsy Moth Circles the World*. New York: Coward-McCann, 1968.

Cook, James: *The Journals of Captain Cook*. London: Penguin Books, 1999.

Diamond, Jared: *Guns, Germs, and Steel. The Fates of Human Societies*. New York: W. W. Norton, 1999.

Errington, Shelly: *The Death of Authentic Primitive Art and Other Tales of Progress*. Berkeley: University of California Press, 1998.

Eyde, David Bruener: «Cultural Correlates of Warfare Among the Asmat of Southwest New Guinea." Doktorarbeit, Yale University, 1967.

Flannery, Tim: *Throwim Way Leg. Tree-Kangaroos, Possums, and Penis Gourds—On the Track of Unknown Mammals in Wildest New Guinea*. New York: Atlantic Monthly Press, 1998.

Gardner, Robert: *Making Dead Birds. Chronicle of a Film*. Cambridge, MA: Peabody Museum Press, 2007.

Gerbrands, Adrian A. (Hg.): *The Asmat of New Guinea. The Journal of Michael Clark Rockefeller*. New York: Museum of Primitive Art, 1967.

Girard, Rene: *Violence and the Sacred*. Baltimore: Johns Hopkins University Press, 1977.

Goldman, Laurence R: *The Anthropology of Cannibalism*. Westport, CT: Bergin and Garvey, 1999.

Heider, Karl: *Grand Valley Dani. Peaceful Warriors.* Belmont, CA: Wadsworth Group, 1997.

Hemming, John. *Red Gold. The Conquest of the Brazilian Indians, 1500–1760.* Cambridge, MA: Harvard University Press, 1978.

Jones, Howard Palfrey: *The Possible Dream.* New York: Harcourt Brace Jovanovich, 1971.

Kapuscinski, Ryszard: *The Other.* London: Verso, 2008.

Knauft, Bruce M.: *South Coast New Guinea Cultures. History, Comparison, Dialectic.* Cambridge: Cambridge University Press, 1993.

Leahy, Michael J.: *Explorations into Highland New Guinea, 1930–1935.* Tuscaloosa: University of Alabama Press, 1991.

Lijphard, Arend. *The Trauma of Decolonization.* New Haven, CT: Yale University Press, 1966.

Loebl, Suzanne: *America's Medicis. The Rockefellers and Their Astonishing Cultural Legacy.* New York: HarperCollins, 2010.

Machlin, Milt: *The Search for Michael Rockefeller.* New York: Akadine Press, 2000.

Malinowski, Bronislaw: *A Diary in the Strict Sense of the Term.* Stanford, CA: Stanford University Press, 1967.

Matthiessen, Peter: *Under the Mountain Wall. A Chronicle of Two Seasons in Stone Age New Guinea.* New York: Penguin Books, 1996.

May, R. J.: *Between Two Nations. The Indonesia-Papua New Guinea Border and West Papuan Nationalism.* Bathhurst, Australien: Robert Brown and Associates PTY Ltd., 1986.

Monte, Frank: *The Spying Game. My Extraordinary Life as a Private Investigator.* Sydney, Australien: Vapula Press, 2003.

Morgan, Mary Rockefeller: *Beginning with the End.* New York: Vantage Point, 2012.

Obeyesekere, Gananath: *The Man-Eating Myth and Human Sacrifice in the South Seas.* Berkeley: University of California Press, 2005.

Persico, Joseph: *The Imperial Rockefeller. A Biography of Nelson A. Rockefeller.* New York: Washington Square Press/Pocket Books, 1983.

Price, Sally: *Primitive Art in Civilized Places, 2. Ausgabe.* Chicago: University of Chicago Press, 1989.

Sale, Kirkpatrick: *The Conquest of Paradise. Christopher Columbus and the Columbian Legacy.* New York: Knopf, 1990.

Sanday, Peggy Reeves: *Divine Hunger. Cannibalism as a Cultural System,* Cambridge: Cambridge University Press, 1986.

Saulnier, Tony: *The Headhunters of Papua.* New York: Crown, 1963.

Schieffelin, Edward L. und Robert Crittenden: *Like People You See in a Dream. First Contact in Six Papuan Societies.* Stanford, CA: Stanford University Press, 1991.

Schneebaum, Tobias: *Keep the River on Your Right.* New York: Grove Press, 1969.
– *Secret Places. My Life in New York and New Guinea.* Madison: University of Wisconsin Press, 2000.

- *Where the Spirits Dwell. An Odyssey in the Jungle of New Guinea.*
New York: Grove Press, 1988.
Singh, Bilveer: Papua. *Geopolitics and the Quest for Nationhood.* Piscataway, NJ:
Transaction, 2008.
Smidt, Dirk: *Asmat Art. Woodcarvings of Southwest New Guinea.* Amsterdam:
Periplus, 1993.
Souter, Gavin: *New Guinea. The Last Unknown.* Sydney, Australien: Angus and
Robertson, 1963.
Zubrinich, Kerry: »Cosmology and Colonisation: History and Culture of the
Asmat of Irian Jaya.« Doktorarbeit, Charles Sturt University, 1997.

Carl Hoffman

Frauen und Kinder zuerst!
Die gefährlichsten Reisen der Welt

352 Seiten, btb Taschenbuch
ISBN 978-3-442-74215-8

Buchen Sie jetzt!

Das größte Abenteuer aller Zeiten
– einmal um die Welt in den gefährlichsten
Fortbewegungsmitteln dieser Erde.
Carl Hoffman schreibt über berührende Schicksale, amüsante
Missverständnisse, außergewöhnliche Menschen und über die
Großzügigkeit mittelloser Fremder. Ein aufschlussreicher,
oft urkomischer Blick auf unseren Planeten, auf dem Milliarden von
Menschen ständig in Bewegung sind, um ihr Glück zu finden.

»Ein im besten Sinne abenteuerliches Buch,
reflektiert und informativ und zugleich fesselnd erzählt.«
Bayern 2

»Phantastisch! Die packenden Beschreibungen, der erhellende Blick,
die Weisheiten der Menschen vor Ort und abenteuerliche Gefahren, die wir uns gar
nicht erst ausmalen wollen. Ein Buch über das wahre Reisen. Carl Hoffman
hat mir die Augen geöffnet und mich zu Tränen gerührt.«
Keith Bellows, National Geographic Traveler

Die amerikanische Originalausgabe erschien 2014
unter dem Titel »Savage Harvest. A Tale of Cannibals, Colonialism,
and Michael Rockfellers Tragic Quest for Primitve Art«
bei William Morrow, New York.

Alle Fotos mit freundlicher Genehmigung des Autors,
mit folgenden Ausnahmen: S. 13, 37, 125, 217, 237, 249: Library of Congress,
S. 83: Mieke van Kessel, S. 111, 207, 229, 255: MSC/OSC Brotherhood,
Order of the Sacred Heart.

Verlagsgruppe Random House FSC® N001967
Das für dieses Buch verwendete FSC®-zertifizierte Papier
Munken Premium liefert Arctic Paper Munkedals AB, Schweden.

Besuchen Sie unseren LiteraturBlog www.transatlantik.de!
www.btb-verlag.de
www.facebook.com/btbverlag